南海文库

主编 朱锋 沈固朝

行舟致远 扬帆丝路

——何国卫船史研究文选

何国卫 著

南京大学出版社

图书在版编目(CIP)数据

行舟致远 扬帆丝路：何国卫船史研究文选／何国卫
著. — 南京：南京大学出版社，2017.10
（南海文库／朱锋，沈固朝主编）
ISBN 978-7-305-19300-2

Ⅰ. ①行… Ⅱ. ①何… Ⅲ. ①船舶—历史—中国—古
代—文集 Ⅳ. ①U66-092

中国版本图书馆 CIP 数据核字(2017)第 232167 号

出版发行　南京大学出版社
社　　址　南京市汉口路 22 号　　　　　邮　编　210093
出 版 人　金鑫荣

丛 书 名　南海文库
书　　名　**行舟致远　扬帆丝路——何国卫船史研究文选**
著　　者　何国卫
责任编辑　王　静　官欣欣　　　　　编辑热线　025-83593947

照　　排　南京南琳图文制作有限公司
印　　刷　江苏凤凰通达印刷有限公司
开　　本　718×1000　1/16　印张 34.5　字数 500 千
版　　次　2017 年 10 月第 1 版　2017 年 10 月第 1 次印刷
ISBN 978-7-305-19300-2
定　　价　148.00 元

网址：http://www.njupco.com
官方微博：http://weibo.com/njupco
官方微信号：njupress
销售咨询热线：(025) 83594756

导　言(自序)

　　中国古代的造船和航运技术在一个很长的历史时期中,一直处于世界领先水平,船尾舵、水密舱壁、车轮舟、减摇龙骨、船橹、拔水板等都是中国对世界造船技术的重大贡献,中国指南针在航海上的应用对世界造船和航运史产生了极其深远的影响。

　　船舶技术史是船史的一个重要方面,笔者求学于船舶设计和制造专业,一直从事于船舶的教学和研究工作,船舶知识为船史研究提供了技术基础。

　　自1975年开始的船史研究不觉已四十年有余,虽前后撰写过一些小文,但成果不显,现在选编成文集,定名为"行舟致远　扬帆丝路——何国卫船史研究文选"得以自慰。文选涉及古沉船研究、古船技术研究、学术论辩和综合研究等方面。船史研究是一项挖掘继承祖国宝贵的舟船文化的重要工作,对此的宣传、普及就显得更加必要。

　　始于西汉的"海上丝绸之路"是中国古代对外海上贸易的航行轨迹。货物通过海上运输到达目的地进行贸易,贸易是通过实施海上运输的船舶和航海来实现的。海上运货没有船不行,有船不能航不行,运货而不做贸易就失去其意义,"海上丝绸之路"的贸易目的就成了一句空话。船舶、航海和贸易是"海上丝绸之路"的三个基本要素,缺一不可。"海上丝绸之路"的船舶是载体,航海是手段,贸易是目的,它是由船舶、航海和贸易组成的一部雄壮的"海上丝绸之路"大合唱。其中造船和航海是"海上丝绸之路"的运输技术基础,先进的造船和航海技术是"海上丝绸之路"赖以维系和拓展的技术保证。先进的古代造船航海技术是"海上丝绸之路"繁荣发展的支撑和保障。

　　与"海上丝绸之路"关联最密切的船舶技术莫过于利用风力的船帆和控制航

向的船舵。虽然中国出现风帆较西方晚了很多,但中国的风帆具有独特的技术特点,它可以绕着船桅作大角度的转动,称为"活帆"。中国风帆是采用多根横桁支撑的"硬帆",它具优良的空气动力性能,从而可利用各个方向的风力,产生最高效率的推力。到了明代,航船不仅能在斜侧风下航行,即使遇到正逆风(顶头风)仍可驶向目标,它是靠熟练地掌握和运用转动船帆、结合操舵和有效使用披水板相配合,采用走"之"字形航线的打戗驶风技术,神奇地做到船驶八面来风。

早在汉代中国就有了绕点转动的拖舵,到唐代出现了转轴舵,这是真正意义上的船尾舵。中国发明和应用船尾舵早于西方 1 000 年。船舵自从产生后与风帆的配合使用使两者相得益彰,从此航船如虎添翼,开创了帆船航行的新时代。对古船的结构、材料、建造工艺和桅、帆、舵、锚等船舶属具的研究是船史研究中的微观研究,文选中也有较多的篇幅论及。

造船技术的研究离不开在浩如烟海的中国史籍文献中寻找史料,因为其中不乏涉及古船的记载,这些是研究古船技术史的重要史料依据。但是许多记载往往非常简单和抽象,对船舶技术更缺少细致准确的描述,古文献、绘画中还常有夸张的描写,真谬难辨。某些古代术语后人难以准确解读,因此,出土文物鉴于其真实性,历来为史学研究者所关注和重视,涉及中国古船技术的出土文物同样成为船史学者的重点研究对象。出土(水)古船最可靠、最真实地显露古船的真面貌,它是史料文献所不可替代的,是古船研究不可或缺的重要方面。尽管出土沉船数量有限,往往残缺甚多,给复原带来较大的不确定性,但古船的考古发掘仍是研究船舶技术史的重要途径。出土的宁波宋船、山东梁山明代河船、蓬莱水城古沉船等,笔者都曾做过一定的研究,对浙江萧山跨湖桥出土的独木舟和珠海宝镜湾遗址的船形岩画也有探索。

船史研究是多学科研究,它不仅涉及造船、航海、材料、地理、考古、历史等专业,还与对外交通史、经济贸易史、人文交流史等史学紧密关联。对同一史实的研究往往会对所涉及的论证依据、辩证逻辑等产生不同的理解,得出不同的结论,这是很正常的事。郑和宝船尺度是否可信? 广州挖掘出土的秦代遗址是古代造船工场吗? 这是当前船史学界影响极大的两大学术争论课题,为此,我们提倡百花齐放、百家争鸣，期盼在不同学术观点的碰撞中迸发出真理的火花。

让我们掌稳船舵，把准航向，乘风破浪，行舟致远，扬帆在"海上丝绸之路"上。

序

《何国卫船史研究文选》的出版，是船史研究学界的大事。

何国卫进入船舶工程学界已经 57 年，他是我国船舶检验、船舶规范领域为数不多的教授级高级工程师，对于小型船舶的稳性尤有深入研究。何国卫教授是我国最早开始研究船舶史、从事舟船考古的少数学者之一，他自开始撰写第一篇船史研究学术论文迄今已经有 40 年。他由于在船史研究领域的造诣与人望，于 2010 年被武汉理工大学造船史研究中心敦聘为特约研究员，并于近年被南京大学中国南海研究协同创新中心聘为研究员（史地平台）。

收入本船史研究文选的论文共 49 篇。其中第一部分为"舟船考古"，收论文 10 篇。何国卫教授对泉州宋代古船、宁波宋代古船、梁山明代古船、象山明代古船，蓬莱第一、第二号古船以及对跨湖桥遗址出土的新石器时期独木舟的研究及其结论，均成为我国舟船考古学术界的经典。2014 年发表的《从珠海宝镜湾遗址岩画看岭南史前舟船文化》一文，通过研究认为，岩画中的船是木板船，这就比过去公认的木板船始于殷商时代要早，笔者以为，这一学术观点值得重视。论文让人信服地提出岭南的珠江流域与我国的黄河、长江一样，都是中华舟船文化的发祥地与摇篮，笔者愿意对此点赞。

文选的第二部分是"技巧探源"，收论文 17 篇。从各篇论文可以看出，这是以造船工程师的学识与视角来分析、评论中国古代造船技术成就的，例如《中国古船的减摇龙骨》《蓬莱出土的三艘古代海船初探》《初探长江口外出土的古代木舵》《中国古船建造法考述》《析中国古帆船行驶八面风技术》《泉州南宋海船船壳的多重板鱼鳞式搭接技术》等论文就是。"料"和"更"在船史和航海史学术界极受重视却又时常被搞混淆，何教授的论文《析中国古船的料》《试析更路薄上的更》,给出清晰的分析与见解,笔者相信会受到读者的欢迎。值得提出的是论文《〈清明上河图〉上的船》,这是深入分析《清明上河图》中各式各样的客船与货船以及他们的技术成就的文章。该文虽然刊发于 2004 年,却是在上个世纪 1993 年在中国船史研究会的温州学术年会上宣读过的,会上被评为"优秀论文"。时任船史研究会会长的辛元欧教授在电话中兴奋地对我说:"武汉的同志再一次显示了力量。"辛元欧教授已于 2007 年逝世,但是他对于何国卫教授论文的喜爱与好评却让我记忆犹新。

文选的第三部分是"百家争鸣",收入论文 11 篇。众所周知,在中国舟船考古学术界有两大问题存在激烈的学术争论:一是"郑和宝船"问题。争论的焦点是文献所记 44 丈长的大型宝船存在不存在? 是真的还是哪个作者杜撰的? 二是所谓"广州秦代造船工场"问题。1975 年在广州市文化局院内发掘到的大型木构遗存,究竟是"造船工场的下水滑道遗址"还是"南越王宫苑遗址"? "郑和宝船"争论的主要对立面是中国造船学界第一位中国科学院资深院士杨槱教授和美籍华裔海洋学家苏明阳先生。"广州秦代造船工场"争论的主要对立面是著名考古学家麦英豪和中国科学院资深院士杨槱教授。与争鸣的对手相比,本书作者何国卫当属年轻与资历较浅的一方。在这两大问题的争鸣中,何国卫与笔者是亲密战友,有一些论文是两个人共同署名的,这是笔者引以为荣的,也是引以为自豪的。

学术争鸣当然不会轻易或短时间内获得结论。但是,我们的论点与论据获得了中国学术界的支持则是明显和明确的。为纪念郑和下西洋 600 周年,北京大学于 2004 年编辑出版《郑和研究百年论文选》,在 900 多篇论文中选择 20 篇。在前言中虽然尽述杨槱教授的观点,但是却刊载了何国卫、席龙飞的论文《试论郑和宝船》。在不承认大型郑和宝船的文章中,经常拿南京静海寺残碑中的2 000 料海船充当郑和宝船。南京静海寺残碑的发现者、山东大学的郑鹤声教授则著文指出:2 000 料海船是"将领官军乘驾的军舰",郑和宝船与此有别,应为"郑和、王景弘等领导成员乘坐的旗舰"以及"装载大宗宝货的船只"。

何国卫等两教授的《没破掉也没立稳——评苏明阳先生关于郑和宝船的两

篇专文》,犀利地指出"苏明阳先生所依论据、所设假定、所用逻辑都过于随意和偏颇,所推定的结论就不可靠和不可信"。针对苏明阳依据 400 料、2 000 料海船的尺度,又根据发现的长度为 11 米的舵杆,认为可以匹配 222 尺的船,再按照船的排水量(或料)与船长立方间的关系,推定宝船是 6 000 料的船。何国卫在论文中指出:"在造船学里,当船型相近,船速相当,排水量相差不大(通常不大于15~20%)时,排水量与长度的立方间有比例关系。如今,400 料与 2 000 料相差5 倍,与 6 000 料相差 15 倍,船型相似的关系已不复存在。用这种办法来作'新估计'是没有任何意义的。"

何国卫两教授在福建省图书馆寻访到海内孤本——马欢的《瀛涯胜览》淡生堂抄本,发表有《马欢〈瀛涯胜览〉明代淡生堂抄本寻访记》,认为其原本及抄本的年代是"永乐丙申"和"景泰辛未",远较罗懋登所著《西洋记》问世为早。何国卫的《明代淡生堂抄本〈瀛涯胜览〉为郑和宝船佐证》一文,彻底否定了美国海洋学家苏明阳杜撰的马欢《瀛涯胜览》所记宝船尺度抄自罗懋登《西洋记》的无稽之谈。

当 2005 年纪念郑和下西洋 600 周年时,国家博物馆举办大型展览,详论郑和下西洋的伟大壮举,并展出大型宝船模型,出版相应图册《云帆万里照重洋》。在该图册发表了席龙飞、何国卫的文章《关于郑和宝船的论辩》和何国卫的文章《郑和宝船下洋出海的史实无可置疑》。这是我国学术界支持与赞赏何国卫、席龙飞等学者对郑和宝船研究成果的又一例证。

在"广州秦汉造船遗址"的争鸣中,何国卫教授贡献卓著。在 2000 年发表的《对"船场说"的剖析与商榷》一文中,何教授对许多技术问题经过剖析后指出:"出土的平行大木板不是船台,位于其上的成对排列的残断木柱也不是木墩。在这样的'木墩'和'船台'上无法造船。这平行大木板也不是下水滑道。在这样的'滑道'上是无法下水的。"何国卫教授为论文郑重结语:"广州秦汉遗址绝不是造船工场遗址。'船场说'不能成立。"

在所谓"秦汉造船遗址"的论辩中,坚持"船台说"的学者们抛出"弯木地牛"。能够烤弯船板的"弯木地牛"竟成了"船台说"的重要根据。尽管持"船台说"的杨橹教授也觉得它"并不是造船遗址定性的主要依据",但一些人仍抓住"弯木地牛"不放。

何国卫教授在《这不是弯木地牛》一文中经过论证,得出结论:(1)出土的"弯木地牛"与今日木船厂的"弯木地牛"不是所见无异,而是大不相同;(2)出土的"弯木地牛"结构无法满足弯木作业的要求;(3)木船厂的弯木地牛只在少量木构件中使用,在同一遗址竟出现3个"弯木地牛",实在是太离谱了;(4)缺乏充分的出土文物佐证的"鉴定"是不可靠的。其结论只是缺乏科学性的牵强附会的"推想"而已。

文选的第四部分是"史海钩沉",收论文11篇。其中《解析明州舟船文化内涵展现宁波辉煌造船历史》一文是为林士民著《宁波造船史》写的序言。20世纪80年代,在宁波东门口交邮工地发现宋代古船,宁波的考古学家林士民主持发掘。何国卫与笔者曾去宁波参与合作研究,从而与林士民先生结识。何国卫教授对宁波的造船史比较熟悉,因而被邀请写序是很自然的事情。

《展造船历史风貌　探技术发展规律——喜读席龙飞教授撰著的〈中国造船史〉》与《丰硕的研究成果　宝贵的经验总结——读〈中国造船通史〉有感而发》这两篇文章是何国卫教授撰写的书评。由于何国卫是我国最早参与造船史研究的学者,各有关学术刊物邀请他撰写书评则是顺理成章的了。

早在大清国时期,我国有一批帆船模型参加在美国举办的国际博览会,这批古船模型后来被比利时收藏。2011年,何国卫与杨雪峰两位远赴比利时,对这一批古船模型进行观摩、考察与研究。《漂泊百年的中国古船模》则是发表在《中国船舶报》的文章。

《从明代舵杆上的印烙看早期船用产品检验标志》发表在《港航监督》,《中国最早的验船师探索》发表在《中国船检》。何国卫是中国船级社武汉规范研究所的教授级高级工程师,他从事船舶检验以及规范的研究和修订工作。两篇文章显示,我国在古代就有类似于今日的验船师职务和船舶产品的检验工作。

在本文选的论文中,是否"百密一疏",个别论文的结论是否还有待商榷？我想是的,笔者认为论文就是供探讨与讨论的。以《议古沉船水下考古——探"小白礁 1 号"沉船》为例,何国卫教授认为,三个隔板不是水密舱壁,我是十分赞赏的。文章中说使用肋骨是中国学习外国经验的做法,笔者也赞成。但是把只有肋骨而没有水密舱壁的船,也说成是中国的,笔者就难以苟同了。文章中曾举例说,在广州市新近发现的清代河船就使用大量肋骨,但是该两船也都有舱壁。还有说"小白礁Ⅰ号"在两层外板间有一个加水密材料的隔层。这一事例据我所知是中外古船中都没有先例的,应当深入研究或存疑。但是在文中说这是双层板,说中国有双层板先例而一笔带过。笔者以为这些都是不够严谨的。以上仅仅是笔者管见,或者就是谬论。

综合考察本书选的 49 篇论文,可以看出,作者涉及的船史研究领域广泛,探究问题深入、细密。应当承认,何国卫教授是我国少有的对船史研究做出重大贡献的学者,这部《何国卫船史研究文选》就是最好的例证。

是为序。

席龙飞

目　　录

一、舟船考古

对泉州湾出土的宋代海船及其复原尺度的探讨

本文就泉州古船的船型特点、结构特点和舱壁布置、造船工艺、舵的发展演变等问题,对我国的造船技术成就进行一些讨论。同时,还根据我国历代船舶的统计资料,结合古船残骸的残存尺度,从稳性、强度、载货容积和淡水仓容积等各个角度,推论本船应有的各项尺度。以期与造船界各同行进行讨论,并就教于研究科学技术史的专家。

1 从泉州船的发掘看宋船的技术成就

1.1 关于船型及其尺度比值

"海船出土时,船身基本水平","船体上部的结构已损坏无存,基本上只残留一个船的底部。船首保存有首柱和一部残底板。""船身中部底板、舷侧板和水密舱壁保存较完好。舱底座和船底板也较好地保存下来。"[1]

残骸长 24.20 米,宽 9.15 米,深 1.98 米。由于尾部已看到舵承座的舵轴孔口,可见尾部的延展实属有限。首部龙骨已开始上翘,实际上已变成一段首柱,可见船长在首部也不会有更大的延展。该残骸的水平视图略呈椭圆形,船的长宽比是比较小的。从现代船舶的快速性出发,对此点似乎难以理解。但是当我们考察一下历史文献记载的古船尺度及其比值之后,则认识到取小的长宽比在古船上是屡见不鲜的(参见表1)。

表1　一些古船的尺度及其比值

船舶	年代	长(L)	宽(B)	深(D)	L/B	B/D	L/D	参考文献
吴船	三国	二十丈	三丈	三四丈	6.66	小于1	6左右	朱应:《南洲异物志》
中国朝鲜间客船	宋	十余丈	二丈五尺	三丈	4左右	小于1	3以上	徐兢:《宣和奉使高丽图经》
一千料船	宋	七丈	二丈五尺		2.8			《宋会要辑稿》
漳泉一带海船	明	十余丈	三丈五尺		2.86			张燮:《东西洋考》
郑和出使西洋船	明	四十四丈	十八丈		2.44			张廷玉:《明史》
使琉球船	明	十五丈	二丈六尺	一丈三尺	5.77	2.0	11.5	陈侃:《使琉球录》
泉州湾出土海船	宋	约30米	10.5米	5.0米	2.86	2.1	6.0	本文推断值

　　长宽比小而船宽大者可保证船舶的稳性,正如现代船舶中,当长宽比小到某一值时可免除核算稳性一样。使船长不过分大也有利于使用整根木材造船,或减少板材的接头,以保证船体的强度。

　　这样小的长宽比是不是会影响船的快速性呢?这是人们必然会提出的问题。众所周知,航速越高,相应地,长宽比也应当越大才好。而古代木帆船的航速毕竟属于低速船范围,因此,选用较小的长宽比是可行的。特别应当指出的是,古船的型线非常瘦削,这对保证快速性是很重要的。古船的设计是采用了小的长宽比,配合以瘦削的型线。正如宋代徐兢所撰《宣和奉使高丽图经》所指出的:"上平如衡,下侧如刃,贵其可以破浪而行也。"根据残骸测绘值初步复原的型线横剖面呈V形,斜剖线很平缓。当船舶运动时,水流除在满载水线附近大致上是沿水线流动之外,主要是沿斜剖线流动。据计算,该船的方形系数为0.43,这一点既可弥补长宽比过小对快速性带来的不利,同时平缓的斜剖线可使弯曲外板的加工工艺得到改善。V形的横剖面有利于改善船的耐波性。尖底与深吃水相配合有较好的适航性,受到横向风吹袭时,抗横漂能力也较强。由此可见,泉州湾宋代海船的船型设计是综合考虑了稳性、快速性、耐波性和加工工艺等多种性能要求的。这样的设计,从现代船舶设计理论的角度来评论,也是值得称道的。

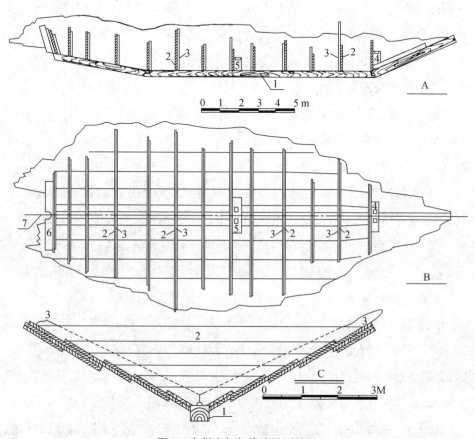

图 1　泉州宋船船体残骸测绘图

1—龙骨;2—隔舱板;3—肋骨;4—头桅座;5—中桅座;6—舵杆承座;7—舵轴孔

1.2　结构特点和水密舱壁的设置

泉州古船的龙骨采用松木,现保存完好。主龙骨断面的尺寸是宽 420 毫米,厚 270 毫米,长为 12.4 米。近尾部则接上长度为 5.25 米的尾龙骨。龙骨在近首部接以樟木首柱,残长4.5米。主龙骨两端接头处均挖有"保寿孔",计有七个小圆孔和一个大圆孔,内置铁钱、铜钱和铜镜,据称这是"七星伴月"的象征,是福建造船的一种传统习惯。龙骨是保证船舶总纵强度的重要构件,当承受坐墩、搁浅和碰撞等各种外力时,对保证局部强度也极为重要。古船龙骨的接头部位选在弯矩较小的近首尾处,接头形式的设计也能适应可能遇到的各种外力。造船匠师的丰富经验和深思熟虑,现在看起来也是无可指责的。无怪乎我国古船具有很强的抗汹涛骇浪的能力。

船壳板系用柳杉制成,保存较好。底部为二重板,舷侧为三重板。三重板的总厚度达180毫米。壳板的连接方法是搭接与平接结合使用。二重板和三重板的采用,说明这艘古船的加工是精良的。不难理解,如果采用180毫米的单重板,不仅弯板困难,而且将会由于板材具有残留应力而有损于强度。另外不可忽视的是,这样精细的设计和施工可减轻船体的自重,有利于增加载重量和适于远航。关于中国船舶结构上的特点和优点,马可·波罗曾叙述说:"船用好铁钉结合,有二厚板叠加于上。"日本学者桑原骘藏曾考证"侧面为欲坚牢,用二重松板",古船的发现对上述记叙和考证提供了极充分的实物证据。

水密舱壁的创造是我国在造船技术上的一项重大成就,许多中外文献都加以肯定。马可·波罗说:"若干最大船舶有大舱十三所,以厚板隔之,其用在防海险,如船身触礁或触饿鲸而海水透人之事,其事常见……至是水由破处浸入,流入船舶,水手发现船身破处,立将浸水舱中之物徙于邻舱,盖诸舱之壁嵌甚坚,水不能透。然后修理破处,复将徙出货物运回舱中。"泉州古船用十二道舱壁将舶分隔成十三个舱。这与马可波罗的记叙是非常一致的。据庄为玑教授等人的调查:"十三舱的结构,近代泉州沿海一带的货船还有沿用。"[2]古船的舱壁板采用杉木,板厚达100~120毫米,保存较好,板缝间榫接,舱壁板与壳板的交界处装设由樟木制成的肋骨。值得注意的是,船长中点以前的肋骨都装在舱壁板之后,船长中点以后的肋骨又都装在舱壁板之前。让我们再看看近代铆接钢船上的水密舱壁及其周边角钢,对比之后可以发现,从功用到结构及装配形式,古船与近代铆接钢船都非常相像,可以说后者是由前者演变而来的。所以我们说,古船这种极其合理的设计,使今人也为之称赞不已。

过去一般认为水密舱壁的设置是保证抗沉性的有力措施。考察这艘古船之后,水密舱壁在船体的强度和便于货物装卸方面给人以极深刻的印象。

关于开始使用水密舱壁的年代,很值得继续探讨。过去对在宋代已开始采用水密舱壁是比较肯定的。例如杨槱教授在他的研究中,曾概括宋代海船的特点,指出:"船内部严密隔开为几部分,一部分受损,不致影响其他部分。"近年来的一些发现既证实了上述论断,同时又有所进展。如1956年在山东梁山县黑虎庙区发现明初洪武年间木船,全船有十三舱。又如1960年在扬州施桥镇发现古木船,全船分五个舱,初步判断是宋代内河船[3]。特别是1973年在江苏如皋发现唐代木船,全船共分九个舱[4]。由此看来,在船舶结构上使用舱壁和采用分舱的设计,可以更上溯到唐代。有人认为晋代的八槽舰就是八个不漏水的水密隔舱,虽然当时已经具备了制造水密隔舱的条件,但是还没有确切的证明[5]。

1.3　关于造船工艺

1957年杨熹同志发表了论文《中国古代船舶》,史料丰富,对船史的研究有一定参考价值。文中他根据唐代刘恂所著《岭表录异》和宋代周去非所著《岭外代答》等文献,曾提出"唐宋时不用铁锚用石碇","造船时也不用铁钉,唐宋造船用思劳竹钉,或用桄榔丝、藤将船板串联,并用橄榄糖作捻料加以胶合",认为"很可能是考虑到对船用罗盘的影响而避用铁器"。据日本学者桑原骘藏的考证,唐时大食海舶"不用钉,以椰子树皮制绳缝合船板,其隙则以脂膏及他尔油涂之,如此而已"。桑原还特别指出,"唐末刘恂居广州",其《岭表录异》卷上所述的"贾人船不用钉,只使桄榔丝系缚",实乃指波斯人的船,并在"大食船与中国船之比较"条中加以对比说明。杨熹同志对此点可能略有疏忽。

1960年在扬州施桥出土的宋代内河船,由楠木制造。船板厚13厘米,船身的联接以榫头和铁钉并用。船舷由四根大木料以铁钉成排钉合而成[3]。1962年,杨槱教授在他的研究[6]中得出结论:"宋时造船无疑已广泛采用铁钉来钉造船板。"并引用扬州船为佐证。泉州古船的发掘证明了杨槱教授的论断是正确的。鉴于更发现如皋唐船已采用铁钉钉连船板的技术，[4]似可以说唐宋造船已广泛采用铁钉。

泉州古船的船板上下左右之间的联接，大多采用榫接。缝隙则塞以麻丝、竹茹和桐油灰捣成的捻合物。"泉州古船除用榫合连接木板外，还用铁钉加固，船上残存的铁钉有钩钉、宽钉、禀钉、锁钉等六种，由于用处不同而分为三角形、菱形、圆形及带钉帽的各种形状，与现代泉州造船所用的铁钉基本一致。"[2]这种先进的造船工艺保证了船体的坚固性与水密性。如果说宋时广州船还没有用桐油麻丝的话，那么到了元明时期，我国的温、台、闽、广可能都已广为应用（《天工开物》记载）。

众所周知，桐油和麻丝是我国传统的出口物资，而冶铁技术也是由中国传到欧洲的。叶文程在其论文[7]中转引了英国科学家、汉学家李约瑟（Joseph Needham）的话说："欧洲的铸铁技术，是在十一、十二世纪之间由中国传去的。"换句话说，类似如泉州湾宋船这样的海船还没有把中国的冶铁技术带到欧洲之前，西方则少有铁器，那就更谈不上用铁钉造船了。中国造船技术的领先地位由此可见一斑。

1.4　关于舵的发展演变

许多古籍都记载了舵，它是我国对船舶技术发展的一项贡献。新中国成立以来，我国出土的许多文物不仅证实了这一点，而且使我们进一步了解了舵的发生、发展和演变过程。

1956年在广州一座西汉末年的古墓中出土了一只木制船模。船首舱的四个木俑各持木桨一把。船尾舱坐一木俑手持一把特别形式的木桨以作舵用[6]。无独有偶，1973年在湖北江陵凤凰山西汉墓[8]中及1974年在同一地区的168号汉墓中都各出土一只木制船模，现展于湖北江陵博物馆。虽然湖北江陵与广州相距是那样遥远，但是这三只船模却有极其相似之处。特别耐人寻味的是湖北江陵的两只木船模和广州的木船模一样都各具五把桨,船尾的一把桨是兼起舵的作用的。可以认为这是桨向舵演变的开始。

1955 年在广州近郊发掘的东汉墓中出土有一只陶船模[6][9],今展出在广州越秀公园内的广州市博物馆,该陶船模尾设舵。这个舵比西汉时期的以桨代舵或桨形舵有所发展,即由瘦长的桨形舵演变到具有较大的舵面积,只是舵的转动还不是沿着竖向的轴线,也就是说还保留了桨的某些特点。

泉州湾的宋代海船在出土时虽然没有发现舵,但是极可贵的是看到了带有舵轴孔口的舵承座。从舵轴孔径为 0.38 米这一数据可以推断出,舵杆直径至少可有 0.35 米。以尾部出土的绞关轴残段为依据,可推断出该船的舵可以升降,这就有力地说明了我国远在宋代就具有相当现代化的舵设备了。宋代名画家张择端所绘的《清明上河图》,除了对桥梁结构有详尽逼真的描绘之外,对当时各类内河船舶和船舶主要属具如舵的刻画也是极其细致入微的。由该画可以看出,诸多内河船舵的面积很大,而且有的类似于现代的平衡舵。泉州湾宋代海船的发现与《清明上河图》所描绘的船舶又互为印证,雄辩地证明了祖国造船技术的优异成就。

使我们感到高兴的是,1978 年春,天津市考古工作者在静海县元蒙口发现一艘宋代木船,特别是舵保存完好,且属于较先进的平衡舵。这是至今为止我国发现的第一具完整的宋代平衡舵实物。由于系内河船,吃水较浅,所以舵叶宽度很大,几乎与船宽相近。元蒙口古船的发掘,为舵的发展演变的研究又提供了新的实物资料。

2 对泉州古船复原尺度的探讨

泉州古船出土时只有残骸,因此,对其主要尺度的复原是复原工作中最为重大的课题之一。

2.1　关于船长和船宽的复原

关于船长的复原尺度,我们从残骸的尺度出发,曾初估约为 30 米。庄为玑教授等指出,宋代海船已经有了大中小的分类,并认为泉州古船属中型,全长可达 30 米左右,即 10 市丈。此值与《复原初探》中的船长也很相近。

从表 1 中列出的"一千料船"和"漳泉一带海船"的数据看,两者长宽比很相近,约可取为 2.86。从造船的年代和造船的地点这两点出发,泉州古船似可取与之相同的比值。如果是这样,取船长为 30 米,长宽比取 2.86,则船宽应为 10.5 米,即三丈五尺。

我们曾参阅古船复原小组所复原的古船型线图,发现残宽已经是 9.15 米。而按《复原初探》取复原后的最大宽度为 9.9 米,则使横剖线的曲度在局部不够协调。我们取甲板处的最大宽度为 10.5 米,实际上已经是低限值了。这时满载水线处的船宽约为 10 米。

2.2　关于古船的吃水

许多史料都记载,宋代远洋海船的吃水较深且具有较好的航海性能。诸如宋代周去非在《岭外代答》中说:"其舟大载重,不忧巨浪,而忧浅水。"宋朱彧在《萍洲可谈》中说:"海中不畏风涛,惟惧靠搁。"(《中西交通史料汇编(第三册)》记载)

我们曾建议试取吃水为 3.0 米,但鉴于宽度与吃水比值偏大,故特指出或有大于 3.0 米的可能。现在,看了复原小组所复原的型线图之后,深感吃水 3.0 米太浅,致使船舶横剖面有如浅盆状。所以,吃水值要有所增加才更趋合理,且至少应达到 3.5 米。

从现代船的眼光来看,为避免摇摆过剧,海船的 B/T 不可能太大。《船船设计原理》曾指出:

$$小型沿海船\quad B/T=2.5\sim2.8$$

远洋货船 $B/T=2.3\sim2.5$

远洋客船 $B/T=2.6\sim3.0$

考虑到水线宽约为 10.0 米,如取吃水为 3.5 米,则 $B/T=2.86$,尚属适宜。

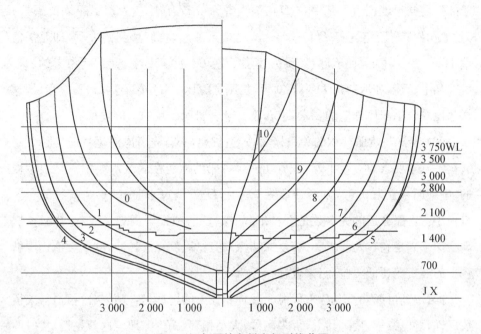

图 2 经复原的泉州宋船型线草图

2.3 关于船深和干舷

船舶深度减去吃水即为干舷。船深的大小与船体强度和船舱容积有密切关系。船深及干舷的数值过小,则当船倾斜某一小倾角之后,甲板边缘即将浸入水中,对保证船的稳性是很不利的。据《复原初探》[10]一文的意见,干舷值仅为 0.27 米,这个数值是很不够的。现在试从强度、舱容、稳性等各个角度进行一些分析。

(1) 宽与深的比值 B/D 与船体强度有关。此比值过大则减弱了对船舶在波浪上所受弯矩的抵抗能力。内河船以及浅吃水船,因吃水小,型深也相应地较小，B/D 值通常较大。对内河或沿岸航区，因波浪较小，此比值稍高尚无太大妨碍。但对远洋船来说，此比值总不应太大。例如沙船是浅吃水的船型，一般来说 B/D 值较大。周世德先生在他的研究《中国沙船考略》[11]中曾给出几艘典型沙船的尺度与尺度比值。其中 B/D 值最大者为 4.17，最小者为 2.5，平均值 3.30；《复原初探》[10]所定的 B/D 值为 3.20，已接近沙船，我们感到偏大了，即船深值偏小了。表 1 中的"使琉球船"实为福建所造，B/D 为 2.0，这是值得参考的。

如上所述，如取船深 D 为 5.0 米时，则宽深比 B/D 接近于 2.0。应当说，这样才比较合乎船体强度的要求，也合于文献资料所反映的一般规律。

（2）船深与货舱容积的关系极大，凡造货船，必首先考虑满足货舱容积要足够这一基本要求。古今中外，概莫能外。古船的型线在满载水线以下是很尖瘦的，中剖面系数为 0.67，方形系数为 0.43。D/T 值过小时，则每吨货物的仓容将很小。古船载运的大多数是香料木、胡椒、瓷器和日用货等轻泡货，势必要提高型深来满足仓容的要求。据《复原初探》的意见，$D/T=1.09$，这个数值比干舷较小的液货船还低一些，实欠合理。

据《萍洲可谈》的记叙，宋代海船载货和住人的情形是："商人分占贮货，人得数尺许，下以贮货，夜卧其上，货多陶器，大小相套，无少隙地。"这就是说，货舱的下部载货，上部住人。这对于降低船的重心以保证船的稳性真是非常合理的措施。船深如按 3.27 米复原，则从货舱容积的角度考虑，也似欠合理。

宋代海船对设置水舱和水柜是极为重视的，认为这是生死攸关的大问题。宋代徐兢所撰《宣和奉使高丽图经》记有"海水味剧咸，苦不可口。凡舟船将过洋，必设水柜，广蓄甘泉，以备食饮。盖洋中不甚忧风，而以水之有无为生死耳"。据庄为玑先生的研究，泉州船常设十三个舱，而第七舱名曰"中垛"，用于装淡水。淡水舱的容量随船深的增减而增减。古船的第七舱长度为 1.4 米，经计算得淡水舱容积各为：

取船深 D 为 3.27 米（按《复原初探》取值），则淡水仓容积为 29 立方米，可装淡水 29 吨；

取船深 D 为 5.0 米，则淡水仓容积为 56 立方米，可装淡水 56 吨。

如果按全船共 100 人计（船员 50～60 人，载客 40～50 人），每人每天用淡水量取为 10 公斤，则每日全船淡水消耗量为 1.0 吨。上述两方案的淡水贮量分别可供 29 天和 56 天之需。如果从泉州去印度尼西亚，按宋代赵汝适《诸蕃志》记载："冬月顺风月余方到凌牙门。"由之可见，船深 3.27 米之议，从淡水仓容积这一点考虑也是不可取的。如果取这个尺度则难以远航。

（3）甲板边缘开始浸水的角度过小则不能保证安全，为此有关方面常提出某些最低要求。例如政府间海事协商组织（IMCO）[1]对平甲板船要求甲板边缘进入角 $\varphi_f > 12.50°$，为此则有：

$$\frac{2F}{B} > \tan 12.5°$$

由之可计算出干舷 F 的最小值为 1.16 米。

对于受风面积较大的古代帆船来说，甲板边缘进水角 φ_f，应比 12.50° 大一些才是合理的。也就是说干舷值 F 应比 1.16 米更大一些才合适。而据《复原初探》仅取干舷为 0.27 米，即甲板边缘进水角只有 3°，这显然是不合理的。

我们绝不是想要用现代的规范或标准来"检验"古船，只是认为我国性能良好的古船对于合乎科学道理的和以实践经验为基础的某些最低要求，是应该和能够满足的。

（4）考虑到小型船舶在波浪上具有足够的稳性和安全性。《船舶设计原理》指出，若船长小于 35 米时，应使：

$$F/B = 0.12～0.15 \tag{a}$$

$$F/D = 0.25～0.30 \tag{b}$$

据（a）式，取船宽 $B = 10.5$ 米，则干舷 $F = 1.2～1.0$ 米。如取 $F = 1.5$ 米，而船深 $D = T + F = 3.5$ 米 $+ 1.5$ 米 $= 5.0$ 米。则

$$F/D = 0.30$$

由之可见，如取干舷 F 为 1.5 米，即型深为 5.0 米，则可满足波浪上稳性的

---

① 链接：政府间海事协商组织（IMCO）自 1982 年 5 月 22 日改名为国际海事组织（IMO）。

要求和对甲板边缘进水角的限制。

综上所述,我们认为,船深这一重要尺度以按 5.0 米复原为宜。关于干舷,则由前述取 1.5 米。在吃水一节中已经谈到,吃水至少应为 3.5 米。实际上吃水的数值在船舶营运过程中,视水文、气象和货物淡水的装载情况是经常变化的。我们觉得最大吃水可达到 3.75 米,与之对应的干舷是 1.25 米。这样的尺度和尺度比值也是比较适宜的。

2.4　泉州湾古船复原尺度小结

如果把上述讨论综合起来,则以取(名义)船长为 30 米,甲板宽为 10.5 米,船深为 5.0 米为宜。以吃水分别为 3.5 及 3.75 米计,可得两组尺度及尺度比值如表 2。

表 2　对复原尺度的建议

方案	1	2
吃水 T	3.5 米	3.75 米
船长 L	30.0 米	30.0 米
水线长 L_{WL}	26.5 米	27.0 米
甲板宽 B_{max}	10.5 米	10.5 米
水线宽 B	10.0 米	10.2 米
型深 D	5.0 米	5.0 米
干舷 F	1.5 米	1.25 米
宽吃水比 B/T	2.86	2.72
干舷船宽比 F/B	0.15	0.123
干舷型深比 F/D	0.30	0.25
深吃水比 D/T	1.43	1.33
方形系数 δ	0.43	0.44
排水量 Δ	339 吨	454 吨

参考文献

[1] 泉州湾宋代海船发掘报告编写组. 泉州湾宋代海船发掘简报. 文物,1975(10).

[2] 庄为玑,庄景辉. 泉州宋船结构的历史分析. 厦门大学学报:哲学社会科学版,1977(4).

[3] 江苏省文物工作队. 扬州施桥发现了古代木船. 文物,1961(6).

[4] 南京博物院. 如皋发现的唐代木船. 文物,1974(5).

[5] 周世德. 中国古代造船工程技术成就 // 中国古代科技成就. 北京:中国青年出版社,1978.

[6] 杨槱. 中国造船发展简史 // 中国造船工程学会 1962 年年会论文集(第二分册),北京:国防工业出版社,1964.

[7] 叶文程. 从泉州海船的发现看宋元时期我国造船业的发展,厦门大学学报:哲学社会科学版,1977(4).

[8] 长江流域第二期文物考古人员训练班. 湖北江陵凤凰山西汉墓发掘简报. 文物,1974(6).

[9] 杨熹. 中国古代船舶. 大连海运学院学报,1957(2).

[10] 泉州湾宋代海船复原小组,福建泉州造船厂. 泉州湾宋代海船复原初探. 文物,1975(10).

[11] 周世德. 中国沙船考略 // 中国造船工程学会 1962 年年会论文集(第二分册). 北京:国防工业出版社,1964.

原文发表于《武汉水运工程学院学报》1978 年第 2 期;《中国造船》1979 年第 2 期。

对宁波古船的研究

导　言

　　1979 年 11 月 26 日,新华社播发了"宁波发现宋代海运码头遗址和古船"的消息。接着,1980 年 1 月 3 日的《人民日报》作了如下报道:"浙江省宁波市新近发现古代海运码头遗址和一艘古船。据考证,这是宋代的遗物……宋代海运码头和外海船的发现,为研究古代宁波的对外交通贸易和造船工业提供了新的实物例证。"[1]这是继 1974 年在福建省泉州湾发掘出一艘宋代海船[2]和 1978 年在天津静海出土一艘宋代河船[3]之后的又一重要考古发现。

　　宁波港地处东海之滨,是我国南北海路的中点,海运便利。自古以来就是我国对外交通和贸易的重要口岸。秦时宁波地跨鄞、鄮、句章三县,属会稽郡。秦始皇在三十七年(公元前 210 年)曾作最后一次出游[4],即东巡会稽并莅临宁波,足见当时的统治集团对该地的重视。宁波城垣始建于东晋安帝隆安四年(公元400 年)。唐穆宗长庆元年(公元 821 年)始设州并称之为明州。唐时去日本、高丽,多从明州港放洋,此后航线扩大到南洋诸国。[5]据研究,唐代鉴真赴日时因遇风曾漂泊到宁波,他的第三、四次东渡的出发点就是宁波。[6]到了宋代,明州成为我国四大港之一。北宋后期,两浙路温州和明州的造船年产量各为 600 艘,居全国之冠。[7]当时凡出使国外,多在明州和福建建造大船。徐兢在报告他出使高丽之行时(1124 年)记有:"旧例每因朝廷遣使,先期委福建、两浙监司顾募客舟。复令明州装饰,略如神舟,具体而微。"客舟长十余丈,而明州所造神舟之载量又三倍于客舟,为世人所瞩目。"华人自西绝洋而来,既已累日,丽人料其甘泉必尽,故以大瓮载水鼓舟来迎"(《宣和奉使高丽图经》记载),倾国耸观,欢呼嘉叹。由此可窥见明州造船业盛况之一斑。宁波宋代海船的出土,不仅为研究明州的海上交通和造船业发展史提供了宝贵文物,而且对中国造船发展史的研究也具有重要意义。

本文结合这一考古发现,就宁波古船的船型和结构特点以及造船工艺等方面的技术成就进行一些讨论。特别应当提出,宁波古船装有具有减缓摇摆作用的舭龙骨,无论它的装设部位还是它的长度、宽度和总面积,都与现代文献所提出的要求大致相符。这是一项重要发现。这一技术成就要比其他国家早几百年。我国的这一重大发现必将引起国内外同行的极大兴趣和重视。本文还将依据古船的残骸尺寸,结合文献的记述,对古船进行复原工作,推论出船舶的尺度和排水量并给出复原草图,以期同造船和科技史界的同行们共同讨论。

1 宁波古船的尺度与型线

宁波古船是在 1979 年 4 月于宁波市东门口交邮工地施工中被发现的。尾部自第 8 号肋位起因施工而遭到严重破坏。好在自首至尾的第 1 号到第 7 号肋位的船体底部均得以发掘并有实测图可作复原的依据。

在发掘工作中,除实测有古船舶的俯视图和侧视图之外,在各肋位处均测绘有横剖面图。图 1 所示者为七张横剖面实测图中的一张。图中的点划线为该肋位处的横剖线的合理延伸。根据林士民的《宁波东门口遗址发掘报告》[①]和实测图,宁波古船留有首柱,故首部大体上是确定了的。"龙骨用松木制成",断面为宽 260 毫米,厚 108 毫米。"龙骨的前一段长 1.98 米,第二段长 2.10 米,第三段刚好从接头处残去,第三个接头从端部看已开始起翘,第三段的龙骨应是向上翘

---

① 链接:本文发表时,林士民的《宁波东门口遗址发掘报告》尚未公开发表,后于 1981 年发表于《浙江省文物考古所学刊》。

的。加上从发掘现场收集拢来的残碎龙骨看,这条船的三段龙骨总长约为10.5米。"

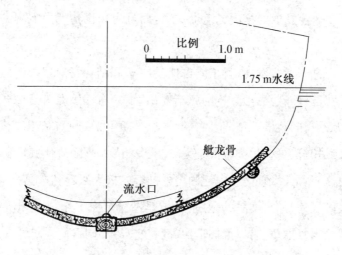

比例

1.75 m水线

舭龙骨

流水口

图 1　第 6 号肋位横剖面实测图

按残骸的上述实际情况,将第三段龙骨按上翘的趋势接长到 10.5 米,再绘出船舶尾封板线,则可按不同的吃水值得出水线长,列于表 1。

表 1

方案	吃水 T(米)	水线长 L(米)	型宽 B(米)	B/T	L/B
1	1.50	12.67	4.72	3.14	2.68
2	1.75	13.00	4.80	2.74	2.71
3	2.00	13.30	4.92	2.46	2.70

如果依据实测图绘出的第 1 到第 7 号肋位共 7 分横剖面图,画出各肋位处的横剖线,约略可以看出,第 6、第 7 肋位处的横剖线,即可相当于船中的最大横剖面线。将此横剖面线按合理的趋势画出其延伸线,则可以在 1.5、1.75、2.0 米三种吃水线处得到相对应的型宽值,也将它们列入表 1。

由表 1 可见,若吃水值增大到 2.00 米,则宽与吃水的比值 B/T 又嫌偏小,将使稳性感到不足。为保证船的稳性,B/T 的数值不能太小,但也不宜过大,因

为 B/T 的数值过大将使船摇摆剧烈,这也不利于航行安全。通常认为,小型沿海船的 B/T 值以 2.5～2.8 为宜。[8][9] 由此可见,复原时以取吃水为 1.75 米较为合理,这样将得到较好的航行性能。吃水再小也不宜小于 1.5 米。否则在海上必然摇摆剧烈。过小的吃水使船在航行时遇风容易飘荡,不便操驾。

从保证船舶稳性并使其不致于产生过于剧烈的摇摆这一角度出发,表 1 中的第 2 方案可作为复原的参考。人们一定会发现,该古船的长度与宽度的比值偏小,如第 2 方案之 L/B 为 2.71。船型如此短而肥宽,当然会影响到航行的快速性。但是我们知道,古代木帆船的航速实际相当于现代的低速船,对于低速船选用较小的长宽比对快速性的影响是不大的。这里应当指出,古船的设计是采用小的长宽比并配合以瘦削的型线,这正是"上平如衡,下侧如刃,贵其可以破浪而行也"。1974 年在泉州湾出土的那一艘宋代海船,[2] 其底部较为完整,长与宽的复原尺度较为准确可靠,该船的长宽比也只有 2.86。[10,11] 以水线长计算的长宽比尚不足 2.70。由此可见,宁波古船的长宽比取为 2.71 还是合适的。

船的干舷对于安全性至关重要。从稳性出发,干舷的相对值应有下列范围[8]:

$$F/B = 0.12～0.15;$$

$$F/D = 0.25～0.30。$$

式中 F——船舶干舷;

$\qquad B$——船宽;

$\qquad D$——船深。

如试取 $F/B = 0.135$,则干舷 F 与型深 D 之值各为:

$$F = 0.135B = 0.135 \times 4.80 = 0.65 \text{ 米};$$

$$D = T + F = 1.75 + 0.65 = 2.40 \text{ 米};$$

$$\frac{F}{D} = \frac{0.65}{2.40} = 0.271。$$

如果取型深 D 为 2.4 米,则甲板处的宽度按复原的型线图可知约为 5.0 米,这时的甲板宽与型深之比为 2.08,这个比值对船体强度来说大体也相宜。

现时航行于浙江沿海的木帆船主要有宁波和温州的"绿眉毛"两种,根据浙江省船型普查资料[12],将"绿眉毛"和古船的尺度以及尺度比值列入表2,由此可见,经复原的古船除长宽比过小外,其他尺度比值皆属正常。

表2

船型	L_{WL}	B	D	T	L/B	B/T	B/D	D/T
宁波绿眉毛	15.6	3.38	2.26	1.45	4.61	2.34	1.47	1.56
温州绿眉毛	17.1	5.12	2.46	1.62	3.40	3.16	2.17	1.52
宁波古船	13.0	4.80	2.40	1.75	2.71	2.74	2.00	1.37

按这组复原尺度,考虑到尾封板的位置和首尾的自然延伸,再结合残存的首桅座和主桅座的位置,我们可以给出复原草图(图略)。

据此,再结合实测的七个肋位的横剖面轮廓线,我们初步复原出型线图(图略)。

由于古船挤压在淤泥层中,船身还略有倾斜,船体存在着弯曲变形,实测的横剖面图有的左右舷并不对称。在型线复原时,进行了必要的光顺。第8号肋位后的船体在施工中遭破坏,型线复原工作只能适当参考当地木船船型。不过由于有约占三分之二船长的水线可资利用,复原后的型线图相当光顺,还是可信的。

根据复原的型线图可以算出,该船当吃水为1.75米时,其排水体积为51.69立方米,方形系数为0.473;当吃水由1.5米变化到2.0米时,该船的排水体积和海水中的排水量有如表3所列数值。

表3

吃水 T(米)	排水体积 V(立方米)	排水量 Δ(吨)
1.50	40.98	42.0
1.75	51.69	53.0
2.00	63.14	64.7

综上所述,宁波古船的复原尺度为

水线长　13.00 米　　　　总　长　15.50 米

型　宽　4.80 米　　　　甲板宽　5.00 米

吃　水　1.75 米　　　　排水量　53.00 吨

型　深　2.40 米

船的载重量如果按排水量的一半计算,则该船载重可达 26.5 吨。

2　宁波古船的构造

龙骨是保证船舶总纵强度的重要构件,当承受坐墩、搁浅和碰撞等各种外力时,对保证局部强度也极为重要。宁波古船的龙骨与泉州古船的设计类似,接头部位选在弯矩较小的近首处,接头形式的设计也能适应可能遇到的各种外力。从明、泉两州的两种船型的龙骨设计来看,我国宋代的造船经验是相当丰富的,而且是有优秀传统的。

前面提到过,残存的龙骨分为两段(图略),第一段龙骨长度只有 1.98 米。这是原设计的龙骨分段呢,还是修船时更换的局部呢? 我们认为这不可能是原设计。造船时选用 7 米长的整龙骨并不困难,不必用两段拼凑,这种拼凑的办法在施工上也相当麻烦,更不要说对强度不利了。第 3 号肋位处只有肋骨而无舱壁。第 3 肋位与第 2 肋位的肋位间距在全船来说是最短的,因此,我们认为这第 3 肋位的肋骨很可能是为增强接头处强度,在修船时局部更换龙骨时后加装的。从这里可以看出,造船匠师的传统经验与局部施工中的灵活性是结合得很巧妙的。

水密舱壁的创造是我国在造船技术上的一项重大成就,许多中外文献都已经肯定。舱壁是保证船体强度最有效的构件之一,它同时又有利于船的抗沉性。到目前为止,可以说我国最晚自唐代就有水密舱壁的出现。宁波宋船的发掘进一步证明,我国在唐宋时期造船时运用水密舱壁技术已很普遍。

残存的舱壁只有五个,设在第 1、2、4、5、7 肋位处。在第 8 肋位处的外板上残留有参钉孔,并且排成一线,从舱室长度分布来看,第8号肋位处应设有舱壁,而且正好设置在龙骨接头和起翘处。这和泉州古船的构造是非常相似的,这种结构的合理性是值得称赞的。

自第8号肋位到尾封板之间,尚有3米多的距离,根据全船肋位分布的规律,可以设想其后宜再设三挡肋位,即第9、10、11肋位。第9号设肋骨,第10、11号为舱壁。

综上所述,古船共分11挡肋位,共有八道舱壁,将全船分成九个舱室。

宁波古船除舱壁外还设有肋骨(第3、6、9号肋位处),这是结构上的又一特点。它与泉州古船不同,泉州古船是全部设置舱壁而不单设肋骨。由于古船本身船长不大且船壳板较薄,若为保证船体强度过密地设置舱壁,势必使舱长变小,造成货物装卸的困难。若满足舱长的要求,又势必使两舱壁间船体板架的跨度过大,造成强度不足。因此在较大的舱中,在两舱壁之间再填设一挡肋骨,既缩小了舱室段船体板架的跨距,又不影响舱室长度,从而使两方面要求都得到满足。例如,若第3号肋位处假设为舱壁,那么相邻两舱的长度各约为0.5米及0.8米,这样显然是不合适的。若第3号肋位设肋骨,则第2到4肋位是长度大于1.3米的一个舱,基本上能符合使用要求。第6、9号肋位设置肋骨也是出于同样的考虑。可以看出,我国古代造船匠师考虑的周全和经验的丰富,这种聪明才智也值得我们钦佩。

舱壁是水密的,但在每个舱壁的最低点,即在龙骨中线的上方,将肋骨凿一小孔作为流水孔,俗称"水眼"(图1)。用木塞将此流水孔塞紧可保证舱壁的水密,除去木塞可供流水。这对清除舱底积水和洗舱是很方便和必要的。

船壳板多用杉木制成,极厚,达60～80毫米。如图1所示,板列最宽者达420毫米,最窄的有210毫米。壳板列数由首到尾是一致的,于是首部板列较窄,到中部则逐渐增宽。由此可见,施工是相当精细的。板列之间采用子母口搭接(图1),并加钉参钉,还使用桐油灰加麻丝作捻缝以保证壳板的水密性。残存壳板最长的有8米多,同一列壳板的对接则用斜长刃连接法连接。

宁波古船的首柱与龙骨相嵌接处又正好处在第1号舱壁附近,该舱壁之前设有头椇的底座,于是形成一个易漏水的狭小空间。这对保证该处的水密性是很重要的,这样的施工方法是很周到合理的,充分反映了我国古代造船匠师的丰富经验。

3　古船设有舭龙骨值得注意

根据实测的各肋位处的横剖面图,可以看到在第七和第八列外壳板的连接缝处,有断面为 140×90 毫米的半圆木,用参钉钉在外壳板上。自第 2 号到第 7 号肋位处均有此种半圆木(可参阅图 1)。此种半圆木的残长共为 7.10 米。图 2 为将其拆下后所摄的照片。

图 2

该半圆木构件的断面尺寸沿船长向船首方向是逐渐减小的。依其变化的趋势看,向船首方向不会有更多的伸延。如果按断面的变化规律估计,其再向后稍加伸延并达到第 9 号肋位之后,长度将为 7.50 米左右。

此种半圆木构件,有关同志开始曾称为"护肋",也有称为"直肋"的。它究竟是什么构件? 它能起什么作用? 这是值得认真研究的。

从所在部位看,它远在舷边之下,绝不是通常的护舷木。从部位和断面尺寸看,也不是对纵总强度有重要作用的大檣。由图 1 以及各肋位处的横剖面图可以看出,此半圆木正处在船的舭部,即使船舶在空载时它也不会露出水面。当船舶在风浪里做横摇运动时,装在两舷舭部的这两条半圆木会增加阻尼力矩,从而能起到减缓摇摆的作用。我们认为,它正是现代船舶中经常应用的舭龙骨,或称为"防摇龙骨",虽然在我国古文献中尚未查到有关的记载。

舭龙骨的结构极为简单,它"不占据船舶内部的体积,并且能造成显著的减摇效果,所以舭龙骨获得了广泛的应用,目前在世界各国船队中都采用它"。[16]
正因为如此,现代文献对舭龙骨的长度、宽度以及总面积等项都提出适宜的数值
范围。这些数值可供我们对宁波古船的舭龙骨做进一步的考察。

表4　舭龙骨长度 l、宽度 b、总面积 A_b 的相对值

	l/L	$0.5A_b/LT$	A_b/LB	b/B
现代船	0.25~0.75	(2~4)%	(2~4)%	(2~4)% (2~5)%
宁波古船	约0.576	2.96%	2.16%	1.88%

宁波古船的舭龙骨长度 l 为7.5米,宽度 b 为0.09米,单侧面积 $A_b/2$ 为
0.675平方米,总面积 A_b 为1.35平方米。现将这些数值与有关尺度之比值列
入表4,同时将各文献对现代船的要求也一并列入表中。我们从对比中可以看
出,除舭龙骨的宽度 b 之值较小之外,古船的舭龙骨与现代船的各种参数大致是
相符的。我们认为,这绝不是巧合,把古船在舭部安装的半圆木称作"舭龙骨"是
有道理的。如果以现代技术和知识来苛求古船的舭龙骨,指出它的缺点和不足
的话,一个是半圆木的厚度 b 尚嫌小,再一个是半圆形断面虽便于安装而且牢
靠,但半圆形的断面形状对横摇时的阻尼将减弱,这也是古代受到造船材料的局
限所致。

C・H・勃拉哥维辛斯基在他的《船舶摇摆》[14]一书中说:"开始使用舭龙骨
是在十九世纪的头十五年,即在帆船时代。"那么,宁波古船的这一实践要比外国
早六七百年。这说明,早在八百多年前,我国就注意到减缓摇摆的重要性并采取
了最恰当的措施。因此这一发现是值得注意的。

4　关于桅、帆、舵等属具

桅:根据实测草图,古船有头桅和主桅的底座,具有两个桅是肯定了的。参

照《中国海洋渔业船图集》[16]和《浙江省木帆船船型普查资料汇编》[14],本船似乎应有一个尾桅为宜。

前面根据残骸已确定龙骨长度为 10.5 米,如取头桅、主桅、尾桅的桅高各为龙骨长度的 1.0、1.14 和 0.9 倍,则各桅的情形可略。

帆:头帆、主帆和尾帆的面积通常可取船长与船宽乘积的某一百分数。参照文献[10],此百分数各取为 0.45、0.89、0.19,则头、主、尾帆的面积各为 28、55.5 和 11.9 平方米。

舵:宋代海船多采用可升降的长形舵。参照文献[12],取舵面积为船长与吃水乘积的 9.45%,则有 2.65 平方米。如取舵高为 2.96 米,则平均舵宽为 0.90 米。根据随船出土的舵杆承座残段,可推算出舵杆应向后倾斜 12.5 度,舵杆直径约为 250 毫米。

结束语

中国的造船发展史是悠久而辉煌的。宁波古船的发现使我们进一步开了眼界,我们感谢文物考古工作者的辛勤劳动和贡献,也盼望有更多的同志来对这些新发现进行深入的研究。

发掘报告根据地层关系和沉船出土的部分瓷器和钱币,特别是龙骨与首柱接头处方孔中发现的六枚北宋前期年号的铜币,判断沉船是宋代船。根据这艘船舶具有尖头尖底的船型,前后有两桅或三桅的规模以及间距很密的水密舱壁等,文物工作者断定是一艘外海船。[1]

对于断定为宋代船,目前未见有分歧意见。鉴于这艘古船的舭龙骨是一项新发现,我们感到对断代作缜密的研究是很重要的,这是我们寄期望于文物考古工作者的。

至于宁波古船是海船还是内河船,正因为才刚刚开始研究,有不同的意见是正常的,这将助于学术发展。我们认为,对有些船舶来说,其航行区域是受到严格限定的,而也有些船舶,其航区可以是变化的。现代船有这样的情况,古船也不会例外。就宁波古船的船型特点和排水量的大小来看,它既可以航行于江河下游,也可以出海。如果和我国已经出土的宋代船比较的话,它和泉州湾出土的海船在船型上有许多近似之处,和天津静海县出土的内河船就相差太大了。北宋末期张择端所绘著名的《清明上河图》中有大小船舶二十五艘之多,都是典型的内河船。那些船的桅杆是轻型的,拉牵绳时竖起,过桥时放倒。宁波古船与那些内河船相比也是差别极大的。舭龙骨的装设则使宁波古船更具有海船的特征。

当我们到宁波现场调查时,承蒙市文管会同志热情指导和帮助,有关宁波古船的资料和照片都是宁波市文管会提供的。冯恩德、徐永绥、王肇庚等同志在本文初稿的讨论中,提出了不少宝贵意见。我们还高兴地采纳了李世谟同志在审稿中提出的宝贵建议。对所有的帮助和支持,我们谨致以深切的谢意。

参考文献

[1] 佚名. 宁波发现宋代海运码头遗址和古船. 人民日报,1980-1-3.

[2] 泉州湾宋代海船发掘报告编写组. 泉州湾宋代海船发掘简报. 文物,1975(10).

[3] 天津市文管处考古队. 天津静海县发现宋代河船. 天津文物简讯(9).

[4] 司马迁. 史记. 北京:中华书局,1959.

[5] 林士民. 古代的港口城市——宁波. 文物与考古,1980,10(106).

[6] 耿鉴庭. 中日科技交流史上的鉴真,中华全国中医学会,1980.

[7] 王曾瑜. 谈宋代的造船业. 文物,1975(10).

[8] 诺吉德. 船舶设计原理. 杨仁杰译. 北京:机械工业出版社,1957.

[9] 席龙飞,徐永绥. 船舶设计原理. 武汉水运工程学院,1964.

[10] 杨槱. 对泉州湾出土的宋代海船复原的几点看法. 上海交通大学,1979(1).

[11] 席龙飞,何国卫. 对泉州湾出土的宋代海船及其复原尺度的探讨. 中国造船,1979(2).

[12] 浙江省交通厅. 浙江省木帆船船型普查资料汇编. 出版者不详,1960.

[13] 南京博物院. 如皋发现唐代木船. 文物,1974(5).

[14] C·H·勃拉哥维新斯基. 船舶摇摆. 魏东升等译,北京:高等教育出版社,1959.

［15］冯铁城. 船舶摇摆与操纵. 北京：国防工业出版社，1980.

［16］一机部船舶产品设计院编. 中国海洋渔业图集. 上海：上海科学技术出版社，1960.

原文发表于《武汉水运工程学院学报》1981 年第 2 期。

山东梁山明代古船复原研究

1956 年 4 月,梁山县黑虎庙区馆里乡红光农业生产合作社第三生产队社员在村西宋金河支流挖藕,发现一条古船。当时将船拆分后,船木被运到贾庄村存放,少部遗失。[1]随后,山东省文物局即派刘桂芳和博物馆郑君培同往调查。[2]在县、村的大力支持协助下,散落在民间的许多船板和零件得以收回。7 月 18 日遂将其运回济南。[2]

山东省博物馆为梁山古船专门建造一所库房并妥善保存。1992 年,省博物馆迁到新址并专辟梁山古船展室,正式对公众展出,如图 1 所示。

图 1　梁山古船

1987 年夏,武汉水运工程学院的文尚光、席龙飞、何国卫和海军工程学院的唐志拔等人,对在库房保存的梁山古船进行了为期一天的考察与测绘。1991 年 12 月,何国卫在上海“世界帆船史国际会议”上,发表了论文《对明代梁山古船的测绘及研究》(英文)。[3]由此,梁山古船的有关资料也为英语世界的船史著作所引用。[4]1998 年,关于梁山古船的论文在《武汉水运工程学院学报》上用中文发表。[5]

1 梁山古船的年代

据文献[2]报道,伴随古船出土的文物有:铜器 5
种,铁器 26 种,陶瓷器及其他 9 种。其中与判断年代
有关的文物是:

（1）铁锚一件,高 160.36 厘米,上有铁环,四爪,
锚上刻有"甲字五百六十号八十五斤洪武五年造
□（原字迹不清,下同）字一千三十九号八十五斤重"
铭文（图 2）。

（2）铜铳（文献[1]及[2]均误认为炮）一件,长 44
厘米,口径 2.15 厘米。上刻"杭州护卫教师吴住孙习
举□王宦音保铳筒",左刻"重三斤七两洪武十年月日造"等铭文（图 3）。

图 2　洪武五年四爪铁锚

图 3　洪武十年造铜铳长 44 厘米[1]

（3）铜钱 4 枚,计"洪武通宝"2 枚（1 枚背有"浙"字）、"大观通宝"1 枚,另 1
枚"皇□通宝"字迹不清。"大观通宝"为北宋钱;"皇□通宝"的年代也远较"洪武
通宝"为早。

根据上述 3 种文物的年代,可以判断梁山古船为洪武初年建造。鉴于船体
木板并无严重腐损情况,梁山古船大抵也是在洪武年间沉没的。

2　梁山古船的用途

(1) 文献[2]的标题是"山东梁山县发现的明初兵船",但文章的结束语部分却写明:"在洪武时期,这一地带没有水战。"洪武年间,燕王朱棣曾多次出战,都是面向北方的后元。北平以南并无战事,也不需要兵船。然而为供应北平的军民之所需,运河里的漕运却十分重要。文献[2]在结束语中写道:"漕运需要护航,这船也许是一支护航的船。"

(2) 梁山古船并无兵船的一些特征。《明史·兵志》在述及兵船时写道:"其制上下三层,下实土石,上为战场,中为寝处。其张帆下碇,皆在上层。"考察梁山船,船舱内并无在木铺板之下加压载土石的空间。甲板之上并无"女墙半身"的设置,与公认的元末明初蓬莱古战船[6]和明代象山古战船[7]有极大的区别。

(3) 从船型看,梁山船具有首尾连通的可防雨水的舱口围板,并且舱底排放有厚度大于10厘米的木铺板,这些正是运粮漕船的基本特征。

综上所述,可知梁山古船并非兵船,从船体的结构特征看,它是一艘运河里的漕船。从船上发现有兵器等项分析,说该船是有护航功能的漕船则更为贴切。

"船上的炮(应为铳)是浙江铸的,又有'浙'字背文的铜钱,它大约是由浙江而来,船发现时头向东南,因而推测系返航时在今梁山县宋金河支流处因故沉没。现在的宋金河,也可能是当时的漕运故道。"[2]

3　船体结构的科学性

梁山古船的舱壁、桅结构以及船中剖面结构图如图4、图5所示。图5是第6舱壁处向船尾看的剖面。分析该图可以看出该船构造的合理性与科学性。

(1) 为适应运河里吃水比较浅的航道,船底外板齐平。为保证总纵强度,用

3块内凸的平板龙骨替代了一般海船常用的外凸龙骨。平板龙骨两侧各有3列底板。这就是古代船舶中常应用的"正底九路"。

图4 梁山古船舱壁、桅夹、桅座

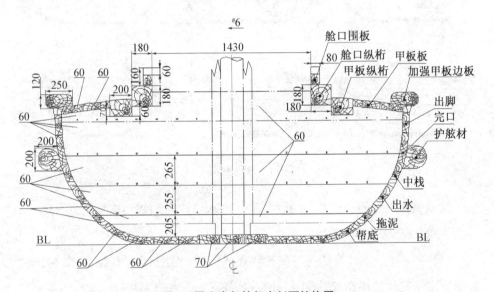

图5 梁山古船的船中剖面结构图

（2）作为漕船，为方便装卸粮谷，采用了较宽的货仓口，这势必有损于总纵强度。作为补偿，在舱口处设尺寸较大（180×180平方毫米）的舱口纵桁和相比邻的宽度为200毫米的甲板纵桁。此外，在甲板边板上，有另加一尺寸较大的加强甲板边板。这些措施将有力地保证上甲板的结构强度。

（3）设横向水密舱壁（由尾至首共设12道舱壁，见图6），使船底龙骨板、船底板、舷侧外板、甲板板，以及甲板纵桁、舱口纵桁构成统一的整体构造，有力地增加了船体的刚度和强度。

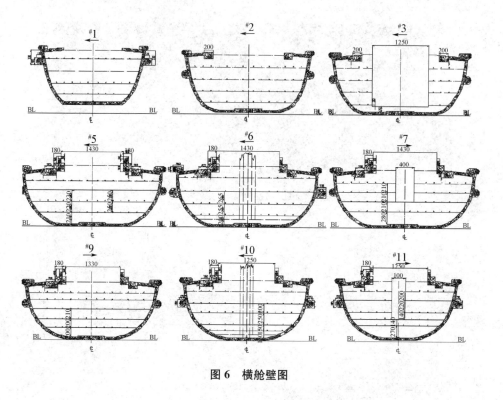

图 6　横舱壁图

横舱壁在内凸的平板龙骨两侧各留一流水口。当卸货后洗舱时，污水可以流到尾舱，便于汲出舱外。

（4）桅结构使桅杆与船底与横舱壁连成一气。图 7 为桅杆结构图，桅结构包括固定于舱底的桅座板，桅座板开有桅夹板的榫孔，桅夹板置于榫孔内并将其钉在横舱壁上。桅杆置于两个桅夹板间并用销钉固定。这样，风帆的推力即可通过横舱壁、船底作用于船体。抽去桅夹板的销钉，桅杆可以起倒，这是中国可起倒桅杆的特点和优点。为便于桅杆的起倒，桅杆前的舱壁留有豁口，参见图 6 的第 7 号和第 11 号舱壁图。

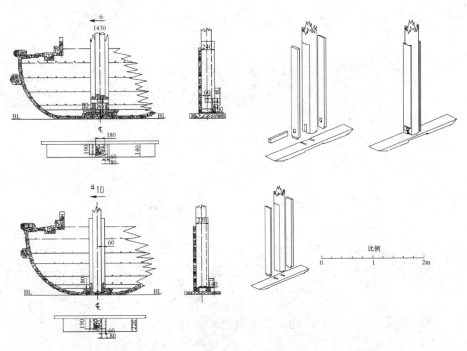

图7 桅杆结构图

（5）可排出雨水的舱口盖承梁及舱口盖结构。图8为舱口及舱口盖结构图。舱口由首至尾是连续的，可方便装卸粮谷。在舱口围板上开有许多槽口，在槽口处设置带流水槽的舱口盖承梁，雨水由此流水槽流向舱口围板的两侧，可保证货舱内的粮谷不受雨水的浸湿。

（6）大尺度的护舷材结构。虽然护舷材距离船体的中和轴较近，对船体的总纵强度的作用较弱，但对保证船体的局部强度却非常有效。

船体在水中会时常伴有纵向俯仰运动。梁山船的护舷材首尾有相当大的起翘，这样即可保证船舶在任何纵倾状态时，护舷材都会有良好的保护船体的功用。

（7）梁山古船船体底板、舷侧外板的路数是正底九路，帮底二路，拖泥二路，出水栈二路，中栈二路，完口栈二路，出脚板二路，总计共二十一路（列），参见图5及图13。梁山船船板的路数与明代著作《南船纪》[8]卷一所载"二百料一颗印

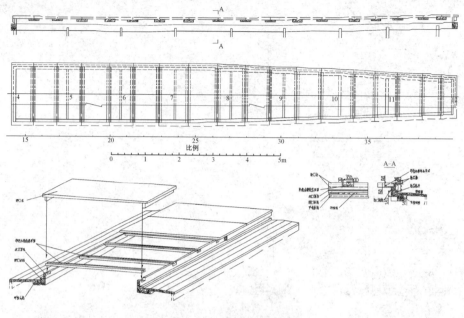

图8　舱口及舱盖结构图

巡船"(见图9)的路数颇有一致性,一颗印巡船只较梁山古船缺少帮底、拖泥共四路。

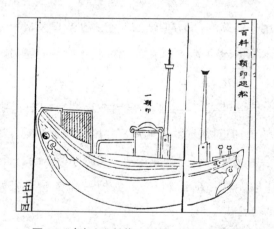

图9　《南船纪》所载二百料一颗印巡船图

上述事实说明,早在600多年以前,中国内河或运河里的运船在设计和建造方面已接近规范化了。

4　外板端接头的连接形式精彩纷呈

　　梁山船外板端接头的连接形式,比以往所见到的诸多古船都更为多样、先进和精彩。可以说,梁山古船外板的连接工艺是中国古代木船连接工艺的集大成者。

　　在外板端接头的连接形式上,在梁山古船上看到的有:直角同口、滑肩同口、单榫滑肩同口、双榫滑肩同口、钩子同口、双头钩子同口、蛇形同口、双头蛇形同口(图11、图12)。笔者们过去只在文字上见到过所谓"蛇形同口",现在在梁山古船上见到了实体,而且还有双头蛇形同口(图11、图12右),这在过去即使是文字上也没有见到过。

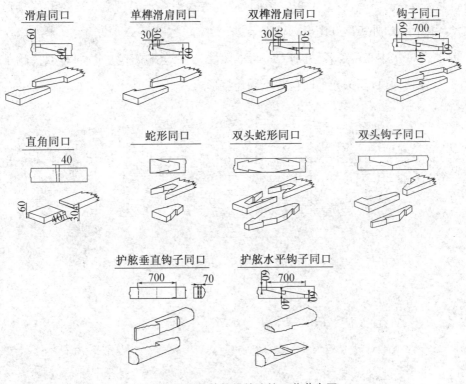

图 11　外板与护舷材的连接工艺节点图

图 12　梁山古船外板端接头连接节点图

　　过去，双头钩子同口和双头蛇形同口都未曾见过。梁山船板的双头钩子同口和双头蛇形同口的工艺方法为造船现场施工带来了方便，也更能保证连接工艺的施工质量。

　　如图 11 所示，除了外板端接头的连接工艺之外，护舷材的连接工艺在梁山船上也有新的发现，既有垂直钩子同口，也有水平钩子同口。关于各种连接形式，由图 13 的外板展开图可一览无余。

　　图 13 集中表示了各种同口于一图，为更方便地查找到钩子同口、双头钩子同口、蛇形同口、双头蛇形同口等不同连接形式。

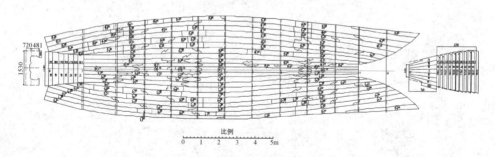

图 13　梁山船外板展开图

5 梁山古船船体的测绘

与 20 世纪 80 年代的测绘工作相比较,本次测绘工作的环境与条件更为良好和便利。山东省博物馆为保护和展出梁山古船,在展厅内为古船建造了表面覆盖有磁砖的平台;并按船体型线的变化情况,安装有四个与船体表面相吻合的钢管支架,进行了刚性固定,如图 14 所示。从而确保了复原的基础工作——船体测绘的准确与便捷。

图 14   钢管支架固定

测绘是复原古船的关键。测量数据的准确和可靠是船体复原和船舶性能研究的基础。测绘工作的主要内容包括:船体型线测绘和船体结构测绘。

5.1   型线测绘

根据船体结构与制图的标准以及规范的定义,木船的型表面指船体的外表面。根据这个定义,对型线的测量是在古船外表面上进行的。

首先,将船体按舱壁位置分为 14 个理论站,尾封板在中纵剖面上与外板的交点处(即舵杆位置)定义为 0 站,13 号站位于首轮廓线与设计水线的交点处,各站位于舱壁处。设置于各舱壁的站点之间为不等间距。这样的划分,对于后续测绘工作及图样的绘制均称便利,并不会影响船舶的性能计算。

首先采用铅垂吊线,在平台上定点;结合激光水平仪进行校正和画线,在平台上勘绘基准线,然后确定船体主尺度和各型线。

船舶总长的确定如图 15 所示。

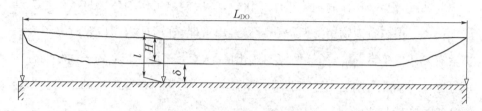

图 15　总长与甲板边线在基线 *BL* 高度的确定

型宽的测量如图 16(a)所示。

同理,确定船体与各水线面的交线在舱壁站点处的半宽值,如图 16(b)所示。因为古船尺度较小,只测取了 300 毫米和 700 毫米两条水线的数值。

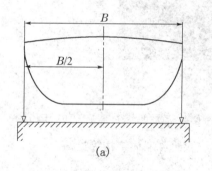
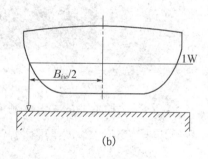

图 16　型宽与水线宽测量

甲板边线及首、尾轮廓线的测绘方法与前述方法基本相同。通过铅锤吊线在平台上定点,确定该点至中线的距离即为半宽,而吊线长度可以确定边线上点的高度值,如图 15 中:

$$H_i = l_i - \delta$$

式中　H_i——第 i 站甲板边线至基线的高度值;

l_i——第 i 站甲板边线至平台的高度值(吊线长度);

δ——基线至平台的高度。

通过上述测量方法,能够得到各舱壁站点甲板边线、300 水线、700 水线以及首、尾轮廓线的型值。在此基础上,绘出型线,通过纵剖线的绘制,调整和光顺型线,检查、修正绘图中的奇异点和不正确的数据,从而保证型线图的完整性、正确性和可靠性。图 17 是梁山古船的型线图。

5.2　结构测绘

相比型线的测绘,结构的测绘直观但繁复,工作量较大。为了保证结构测绘的准确、无错漏,山东省博物馆派员参与课题组,对每一块板进行了编号、记录和实物标记。为结构测绘奠定了良好的基础。在此基础上,逐板地进行了草图测绘。对特殊的连接形式,如同口方式、桅结构等,还特别绘制出节点图,并进行了详细的测绘,以保证制图的准确、真实。

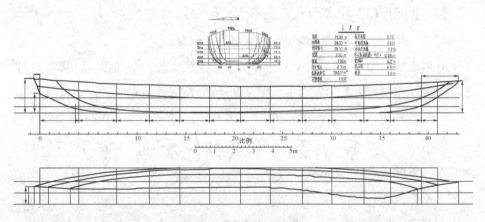

图 17　梁山古船型线图

外板的编号方法:纵向从尾至首,每块板依次记为 1、2、3……;横向列板从船舶底中部向舷侧,中心平板龙骨记为 K 板,左右两侧自龙骨翼板依次记为 L_1、L_2、L_3……L_{10} 和 R_1、R_2、R_3……R_{10} 等。首、尾封板直接以尺寸标注的形式标记。

对外板的测绘是在船舱内部进行的。因为外板受到整体横向曲度变化的影响，内外宽度有小的误差。由内部测量产生的误差可以通过型线图，在绘图时调整和修正，不影响整体的正确性。

6　梁山古船的复原

山东梁山古船结构保存完整，使得测绘和复原工作能够比较顺利地开展。对梁山古船的复原为开展对山东梁山地区航运以及造船工艺的研究，提供了更加丰富的内容。因此，复原梁山古船是研究当时船舶发展最直观和可靠的方法。

6.1　型线的复原绘制

梁山古船保存完好，船体变形也不是太大，经过前辈考古和文物工作者的研究和保护，本次测绘工作进行顺利，结果也令人满意。

在测绘的基础上，首先对型线进行了复原。型线从 0 站到 13 站，共分 14 个点站。各站点间均为不等间距。利用已测绘的数据，绘制完成了古船轮廓，即首尾、甲板边线等的三个视图，进一步完成了横剖线图的绘制。再进行水线的绘制。同时对一些不光顺的点进行了再次测量和调整、修正。最后通过作纵剖线对整个型线的光顺性和协调性进行检验和再次调整。最终完成了梁山古船型线的三个投影图，即梁山古船型线图(图 17)。

通过研究型线可以看出，梁山古船保持了中国古代内河木船的传统船型：大宽深比、纵流型、平首、平底的多重水密舱的木质船舶。

6.2　船体结构的复原

梁山古船的外板、舱壁、甲板甚至舱口均保存完整，在详细测量的基础上，复原工作进行得很顺利。

全船共有 12 道水密舱壁,各舱壁图对了解船体结构十分形象和直观,图 6 即全船部分典型舱壁的舱壁图。

货舱以及货舱底部铺有木铺板,其中货舱铺板纵向铺设,居住铺板横向铺设。从受力的合理性及使用的方便性诸方面都具有特点。对舱口和舱盖板的复原,系根据舱口围板的结构形式和我国典型木船的舱盖板防雨功能,复原了带流水槽的舱盖梁。上层建筑仿"一颗印"船,设置有居住舱及尾驾驶棚结构。图 18 是梁山古船的基本结构图。

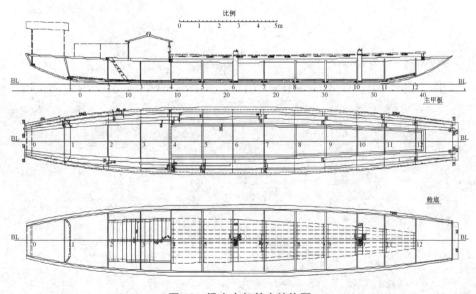

图 18　梁山古船基本结构图

详尽表示外板宽度变化和端接头形式的结构图见图 13。由于各型船舶常是左右严格对称的,所以通常的外板展开图只绘出右舷一侧。经考察,本船左右板列和同口并不相同,所以本船绘出左右两舷。梁山古船外板的端接头形式精彩纷呈,在外板展开图上可一目了然。

对于帆船,桅结构十分重要。梁山古船的桅结构保存基本完好,图 7 为桅结构图。

6.3　船舶总体布置复原

在总布置复原设计中,主要有帆装、锚泊、舵叶和舱室、舵棚。

在帆装设计中首先要确定桅高。本船相当主龙骨长度约为 13 米,主桅高度取其 0.85 倍,则桅高 11 米。相应的取首桅高为 9.5 米。取主帆和首帆面积各为 24 平方米和 18.5 平方米(图 19)。

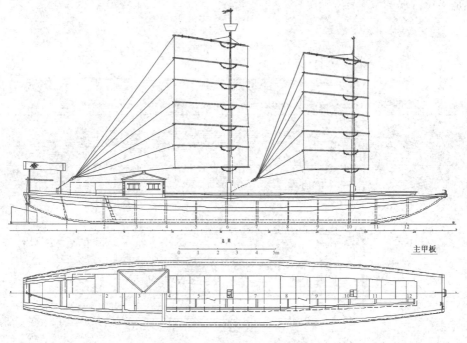

图 19　梁山古船总布置图

舵选用悬式平衡舵,舵叶宽度为 1.4 米,舵叶平均高度为 0.72 米,展弦比为 0.514,舵面积为 1.0 平方米,舵面积系数为 0.0714。

锚已有原船的 85 斤重的四爪锚不变。

船员居住的舱室和舵棚的形式依据现有实船的资料并参照《南船纪》所载"二百料一颗印巡船"(图 9)格局进行设计,梁山古船总布置如图 19 所示。

7 梁山古船船舶静水力计算

经计算,梁山古船静水力曲线图如图 20 所示。假设取设计吃水为 0.7 米,则船舶的主要要素、船型系数、船舶排水量的数据如下:

总长: 21.90 米   菱形系数: 0.767

水线长: 20.00 米   中剖面系数: 0.824

垂线间长: 20.50 米   水线面系数: 0.815

型宽: 3.20 米   浮心纵向位置(向前): 0.086 米

型深: 1.20 米   首舷弧: 0.32 米

设计吃水: 0.70 米   尾舷弧: 0.16 米

型排水体积:29.017 立方米   梁拱: 0.15 米

方形系数: 0.632

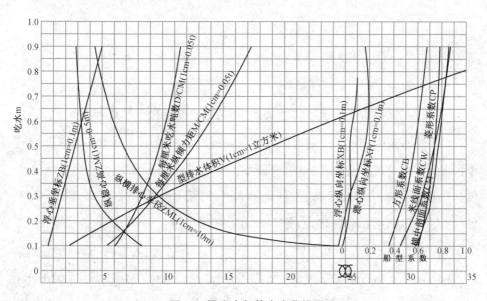

图 20 梁山古船静水力曲线图

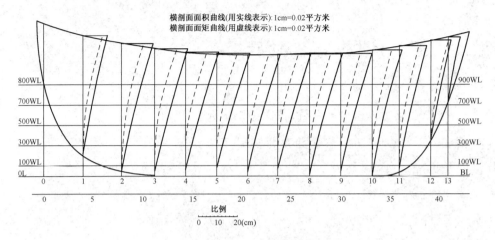

图 21　梁山古船邦金曲线图

表示各站点处、各水线处的横剖面面积及其对基线的面积矩的图样——邦金曲线图如图 21 所示。由图 20、图 21 相配合可方便地计算出船舶各种吃水下或在各种纵倾水线下的船舶静水力性能。

8　结　语

(1) 山东梁山古船建于明代洪武初年,大抵也是沉没于洪武年间。

(2) 山东梁山古船是一艘有武装护航功能的运粮漕船。当年在运河边上的卫河船厂和靖江船厂有很强大的造船能力,相信梁山古船也是在运河水域建造的。早在唐代就有"江船不入汴,汴船不入河,河船不入渭"的规律,文献[2]认为的"它大约是由浙江而来"之说,并不确切。吃水只有 0.7～0.8 米的浅船,一般是不宜横渡长江的。

(3) 山东梁山古船的结构设计科学而合理,船壳的构件虽然并不十分厚重,但是船底板正底九路、甲板及甲板纵桁、舱口纵桁均采用较大的尺寸,有效地增大了船体梁的剖面模数,当然也弥补了开较大货舱口引起的强度损失。设置了

12道横舱壁,又有贯通全船的护舷材,有效地增大了船体刚性、总纵强度及局部强度。

(4)外板端接头的连接形式精彩纷呈,有斜角同口、钩子同口、双头钩子同口、蛇形同口、双头蛇形同口等多种,可以说是接头连接形式的集大成者。本船的建造工艺显示了我国造船工艺的先进性。

(5)货舱口有带流水槽的舱口承梁和舱口盖板,可以防止雨水的浸湿。货舱底部有高度为100~150毫米的木铺板,即使舱内有极少量渗水,也可保证所承运的粮谷不被浸湿。

(6)山东梁山古船设二桅二帆:主桅帆和首桅帆。风顺则张帆,风逆或无风时则拉纤。拉纤靠本船的船员,有时也会雇用运河边上的临时纤工。牵绳系于主桅之顶端,纤工的拉力虽然是脉冲式的,但因有桅杆的弹性,船舶行进仍然是稳定的。本船的帆面积并不大,可以用人力升帆。

(7)舵采用悬式平衡舵,这是宋代以来就盛行的式样,在甲板上用舵柄操控,比较轻捷而有效。

(8)经计算和静水力曲线图显示,在设计吃水为0.7米时,船的排水量为29吨,若吃水达到0.8米时,则排水量可增加到近35吨。船的净载货量可达到20~25吨。

(9)今次所测量的梁山古船已出土50多年,船板已十分干燥,板厚远较新船为薄。

(10)因为山东梁山古船结构完整,型制具有一定的代表性,所以,复原与深入研究既能够佐证古文献的记载,又为了解元末明初内河船舶的结构和建造工艺提供了最珍贵的实物。对于现代船史研究和指导仿古船设计与建造也具有很重要的科学价值。

参考文献

[1]梁山县文化科.山东省梁山县发现明初木船.文物参考资料,1956(9).

[2]刘桂芳.山东梁山县发现的明初兵船.文物参考资料,1958(2).

［3］He Guowei. *Measurement and Research of the Ancient Ming Dynasty Ship Unearthed in Liangshan*. Proceedings of International Sailing Ships History Conference，1991.

［4］Sean Mc Grail. *Boats of the World*. London：Oxford University Press，2001.

［5］顿贺，席龙飞，何国卫等.对明代梁山古船的测绘及研究.武汉交通科技大学学报，1998（3）.

［6］席龙飞，顿贺.蓬莱古战船及其复原研究.武汉水运工程学院学报，1989(1).

［7］宁波市文物考古研究所，象山县文管会.浙江象山明代海船的清理，考古，1998(3).

原文收入《中国航海文化之地位与使命——中国航海博物馆首届国际学术研讨会文集》。

象山明代海船的研究(提纲)

前　言

　　1994年,在浙江省宁波象山县涂茨镇后七埠村发现一条明代前期的海船。经1995年12月抢救性发掘,清理出的海船保存较为完好。由于种种发掘条件的限制,除局部外没有对全船进行解剖测量。鉴于暂时无完好的保存条件,采取了临时回填原土的措施加以保护,并在《考古》1998年第3期上发表了《浙江象山县明代海船的清理》一文。笔者据此对象山明代海船进行粗浅的研究,研究时对照了泉州宋代海船、蓬莱一号船、蓬莱二号船、宁波宋代海船、新安元代海船等五艘出土古船,颇有收益,加深了对象山古船的认识。

一、龙骨板及其补强结构

1. 平板龙骨板

　　· 象山古船有底宽较窄的平底,"没有发现龙骨,只是中间的船底板较其他部分要厚一些",是否由此就可以认为它是一艘无龙骨船呢?

　　·《水运技术词典》把龙骨定义为"夹置在底板中的纵向厚板材"。龙骨是船舶的强力结构物件,它承受船舶的总纵弯曲应力,所以尖底船的龙骨截面特别粗大,但对于具有平底的船舶,有的在船底中间部分的列板比在其两边的船底板厚一些,这相当于现代钢船的平板龙骨板。如果船底列板全部等厚,这在《南船记》中称为"正底",例如,"二百料战船"是"正底十一路(即列)"。因此,只能把有"正底"的船说成无龙骨船,而象山古船则应该视作有龙骨板的平底船。

· 因为平底船的龙骨板与其他平底部分的船底板等效地共同参加了船舶总纵弯曲,因此龙骨板就没有必要像尖底船龙骨那样粗大了。

· 蓬莱一号和二号船也有平底多列底板,也是中间的一列底板比其他底板粗大,它们是公认的龙骨,它们的粗大只是比象山古船明显而已。

2. 龙骨补强结构

· 主龙骨与首柱、尾龙骨的连接部位是在首柱、尾龙骨起翘的转折处。影响它连接强度的因素,除了端接工艺外,在端接处的龙骨补强结构也非常关键。

· 象山船在首柱和尾龙骨起翘处与蓬莱一号船和蓬莱二号船一样,都设置龙骨补强结构(见图1)。

· 龙骨补强结构的形式与特点在于:

① 龙骨端接处上方加置龙骨补强材,增加了端接断面处的横截面尺度;

② 在龙骨补强材所叠压的龙骨端接处或附近设置舱壁,强有力地支撑端接部位的水压;

③ 龙骨补强材长度跨搭龙骨端接部位的前、后舱壁,即龙骨补强材共跨越了2个舱,搭了3个舱壁。舱壁是对龙骨接头的强力支撑,它们不仅使补强材与龙骨牢固结合,还使补强材的受力跨距缩小,形成一个三支点的梁;

④ 龙骨补强材与龙骨用铁钉钉连。

· 象山船的龙骨补强结构也是如此结构,只是在首柱的翘起处略有差异:它的龙骨补强材后缘虽没有舱壁位于其上,却被舱壁前侧的前桅座紧紧压住,由于桅重的直压,对补强材的支撑作用也不比舱壁差。(见图1)

· 在泉州船、宁波船和新安船上尚未见到龙骨端接补强结构。

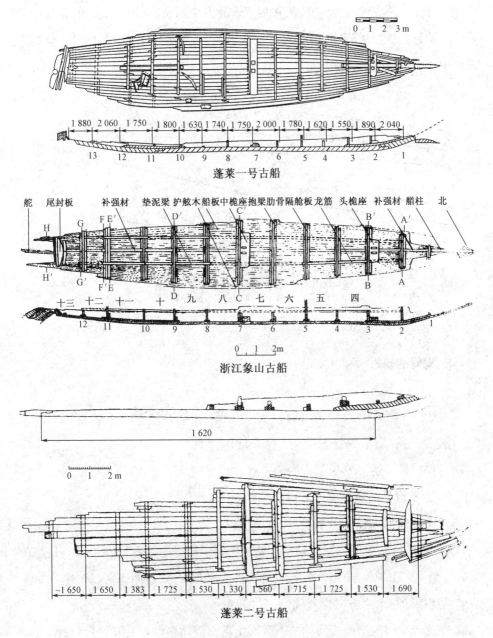

蓬莱一号古船

浙江象山古船

蓬莱二号古船

图1 蓬莱一号船、象山明船、蓬莱二号船平面及纵剖面图

· 龙骨端接部位在交变应力作用下容易发生断裂，采用了上述的龙骨端接补强结构是否就能达到等效连接，或者达到多大程度的连接效果，仍是古船结构强度中很有价值的研究课题之一。

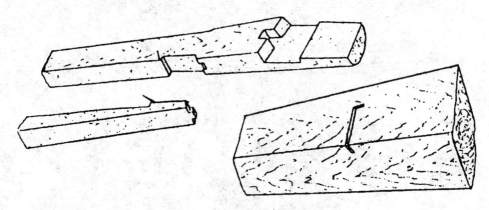

图2　蓬莱一号船龙骨端接形式

3. 龙骨的端接

· 龙骨由主龙骨、尾龙骨和首柱三段组成，首柱和尾龙骨在船首船尾是起翘的，主龙骨的前、后端部分别对其支撑并与其端连。

· 端接部位避开弯矩最大的船中处，而选在弯矩较小的靠首尾近四分之一处附近，当然也是适应首尾起翘位置的需要。

· 龙骨的端接强度与端接工艺直接相关。

· 蓬莱一、二号船的龙骨端接都是采用钩子同口连接方式（见图1），只是蓬莱一号船除采用了钩子同口外，同时加有凹凸榫（见图2），而蓬莱二号船主龙骨的前端连接却有水平方向横通榫（见图3）。

· 龙骨端接的凹凸榫使端接不会产生端面横向移动，而横通榫可使端接面不产生上下方向的位移。

· 泉州船和宁波船的龙骨端接采用了简单的直角同口。

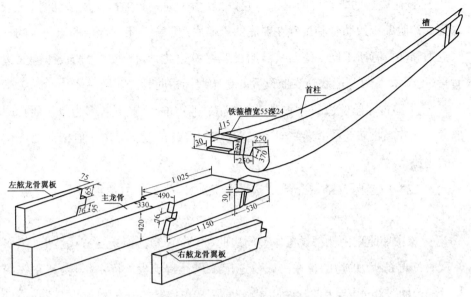

图3　蓬莱二号船龙骨端接形式

4. 一个疑问

象山古船首柱起翘"倾斜度 20°"，尾龙骨起翘较缓，但未见到主龙骨板的端接介绍，在测绘图(见图 1)上也没见到端接位置所在，即使龙骨端接采用与外侧列板端接一样的简单的平面同口形式，图上也该有所反映，难道它是由"残长23.7 米"的整木制成？这是不可能的。不得不令人生疑，也许是图上漏画或发掘时尚未发现。

二、舱壁边肋骨与舱间肋骨

· 舱壁边肋骨又称抱梁肋骨，是沿着舱壁板与船壳板交接线设置的构件，它与舱壁和船壳板紧密钉连，具有增强船体刚度和强度的作用。

• 按舱壁边肋骨设置的部位不同,可分为全周设置的舱壁周边肋骨、设置在舭部的舱壁舭边肋骨和设置在船底的舱壁底边肋骨。不同部位的边肋骨的补强范围和部位有所不同。蓬莱一号船设舱壁舭边肋骨,蓬莱二号船设舱壁底边肋骨(见图1)。泉州船和新安船设置的是舱壁周边肋骨。

• 中国古船舱壁边肋骨通常是在舱壁靠船中的一侧安装,因为船舶通常中部宽大向首尾收缩变窄并船底向上起翘,这种安装位置就有阻止舱壁向船中位移的趋势。

• 也有舱壁两侧都设有舱壁边肋骨,例如,蓬莱二号船的某些舱壁就是如此。

• 象山船舱壁两侧都设置舱壁周边肋骨(见图1)。但是在有些舱壁(例如6、7、9、11号舱壁)的边肋骨在船底段选用了尺寸特别大的樟木材料,其左右端与舭段边肋骨相连接,因此,这种"大型肋骨"从现代船的概念上说,是实肋板,只不过它贴置在舱壁底边缘,因此,称它为舱壁边肋板更为确切。显然,象山船不仅有舱壁边肋骨,还有舱壁实肋板,确实讲究。(见图4)

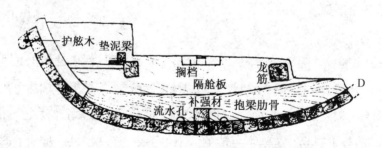

图4 象山明代海船第9号隔舱板剖面图

• 宁波船除舱壁外,在较长舱的舱间还加设肋骨,这样既满足了为装卸货物方便、增长舱长的需要,又不使两舱壁间船体板架跨度过大,造成强度不足。

三、龙骨的拱曲现象

· 龙骨的拱曲现象在出土古船中常有出现:

象山船龙骨"舯部微向上弯曲,挠度约为 0.1 米";新安船的龙骨呈曲线形,且有 0.54 米的挠度;蓬莱一号船主龙骨在船中部位略向上挠曲,但发掘时未能精确测量到其挠曲值,蓬莱二号船主龙骨中部明显向上拱起(见图 1)。

· 有学者认为,这种龙骨挠度的存在是为放压载重物所需要的龙骨预拱曲,也就是说,这是船舶设计所为。

· 不论舱装货物或压载重物,除非这种压底重物是固定不变的,而且重压刚好使龙骨挠度为零的理想状态,看来象山古船的固定压载也没有达到此目的,否则,这种拱曲的存在对承受中垂波浪弯矩有利,但对承受中拱波浪弯矩就反而不利了。出土的象山船发现"压舱石在第三、四舱数量最多",它并不是在船中区域。

· 也有学者认为,出土古船龙骨拱曲并非是设计所为,而是龙骨受到各种可能的外力作用产生弯曲变形的结果,例如:

① 船沉浸时的船舶重量分布呈船中轻、两头重,而产生中拱弯曲。

② 沉没时搁在海床上,由于海床土质、地形等原因使船底中部区域承受海床的支撑反力大于两头,造成中拱弯曲。

③ 古船建造完成后,由于舷侧顶边的大橹强力构件安装予应力的释放,通过首柱和尾龙骨传递到主龙骨两端,使主龙骨两端受到向下的压力,造成龙骨的中拱弯曲。

· 近代福建某些木帆船,例如丹阳货船和大围缯渔船的龙骨拱曲应是设计所为,但为何如此,尚不清楚,有待深究。

笔者以为,出土古船,尤其是龙骨板较薄的象山船,是由于龙骨受到各种可能的中拱弯矩所造成的可能性更大。

四、梗水木

· 现代船称梗水木为舭龙骨,又称减摇龙骨,起加大船舶横摇阻尼、减小摇幅的作用。

· 象山船上有一段整根杉木制成的"紧贴在舷板上"的构件,它"距船外底高约 1.2 米,距船体最宽处中轴线 2.4 米"。笔者判断,它是梗水木而不是护舷木。其理由如下:

① 护舷木应设置在舷侧的顶端部位和船体最宽处才能起到护舷作用(见图 4);

② 从象山船复原研究来看,这根构件已在水线以下,这是梗水木起减摇作用的必要条件;

③ 浙江古船多为圆弧船舭,横摇阻尼相对较小,所以更是需要设置梗水木;

④ 该构件"残长 5.8 米",复原长度应略长于此值,若是如此,按"宽 0.18～0.20 米,厚 0.16 米"计算它的舭龙骨相对尺度比较值与宁波船的梗水木大体相当。

· 宁波宋船也有梗水木的事实似乎说明,梗水木是浙江宁波地区圆舭形古船的特征之一。

五、舱底板纵梁

· 象山船在"距船底……约 0.45～0.75 米"高度处"存在纵向从 2 号船隔舱板开始,穿过 3 至 12 号各隔舱板的两条'龙筋'",它实际上贯穿了除首尾尖舱外的全部隔舱。它是供铺设舱底板用的纵向搁梁,因此可称为舱底板纵梁(图 1)。

· 舱底板纵梁应该是分段的,两端插搁在舱壁的凹槽中,以其为撑点。它应该是不参加船舶总纵弯曲的纵向物件(图 4)。

· 蓬莱一号船的舱壁上有 2 对相距约为 0.7 米的凹槽,也是为设置 2 对舱底板纵梁而凿成的,这与象山船有相同之处。

· 有了舱底板纵梁就可在上面铺搁舱底板,在铺板下面置压载重物,上面就是载货平面了。

六、船型

1. 主尺度

· 6 艘出土中国古船的复原尺度(见表)除宁波宋船较小外,其余 5 艘基本相当,总长在 30 米上下。

· 从长宽比看,泉州船、宁波船和新安船分别为 2.86、2.71、3.19,都比较小,是短宽型的;象山船与蓬莱一号、蓬莱二号相近,分别为 4.96、5.37、5.64,这是船舶用途对快速性要求较高的结果。

2. 型线

· 出土古船型线可由出土残存舱壁的形状测绘,再根据舱壁所在位置经光顺型线后生成。

· 从出土古船复原型线来看,象山船横剖面在首部呈 V 形,中部略呈 U 形,平底大圆舭,近尾部弧度变小,头尖尾方船首上翘(图 5),与蓬莱一、二号船相似(图 6、7);泉州船(图 8)和新安船(图 9)是典型的尖底船,横剖面呈极 V 形,且有向里反曲。两者只是反曲程度有所不同,新安船更甚之;宁波船的中部横剖面是无平底的大圆舭,与象山船相近,似乎介于前两种之间(图 10)。

中国出土古代海船概况表

序号	古船名	出土时间与地点	残体尺寸（米）	复原尺度 $L×B×D×d×△$*	尺度比 L/B	尺度比 B/D	分舱数	横剖面形状	船舶用途	古船断代
1	象山明代海船	1994年,浙江宁波象山县	23.70×4.90×1.20	26.47×5.34×2.4×1.60×?	4.96	2.30	13	首部V形,中部U形,窄平底大圆舭,近尾部弧度变小	巡座船	明代前期
2	泉州宋代海船	1974年,福建泉州后渚港	24.20×9.15×1.98	30.0×10.5×5.0×3.75×454	2.86	2.1	13	V形稍有反曲	货船	南宋末年
3	蓬莱一号船	1984年,山东蓬莱水城	38.60×15.60×0.90	32.2×6.0×2.6×1.8×173.5	5.37	2.31	14	U形,圆舭平底	海防战船	元末明初
4	宁波宋代海船	1979年,浙江宁波东门口	15.50×5.00×2.40	15.5×5.0×2.4×1.75×53.0	2.71	2.08	12	大圆弧形,无平底	货船	北宋
5	新安元代海船	1992年,韩国新安郡道	23.70×4.90×1.20	约30.0×9.4×3.7×?×?	3.19	2.54	8	反曲V形,首部反曲变大	货船	元末
6	蓬莱二号船	2005年山东蓬莱水城	28.00×5.60×0.80	33.85×6.0×2.6×1.8×171	5.64	2.31	15	首部V形,尾部U形,中部圆舭平底	军需官船	明初

说明　*①$L×B×D×d$分别代表船总长、船宽、船深和吃水,单位:米;△代表排水量,单位:吨。
②各学者的复原尺度虽有不同,但相差不大,此表仅列一家之见。

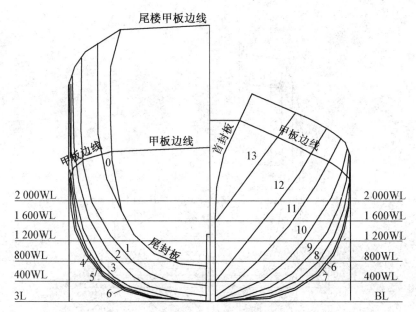

图 5　象山明代海船横剖线图

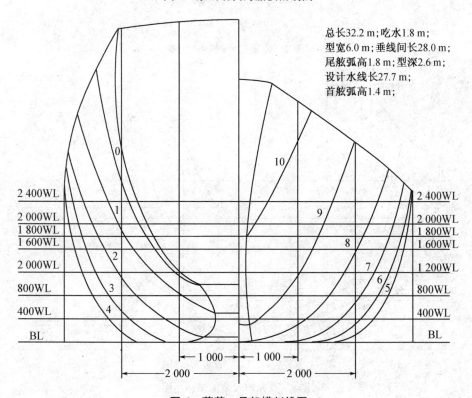

总长32.2 m;吃水1.8 m;
型宽6.0 m;垂线间长28.0 m;
尾舷弧高1.8 m;型深2.6 m;
设计水线长27.7 m;
首舷弧高1.4 m;

图 6　蓬莱一号船横剖线图

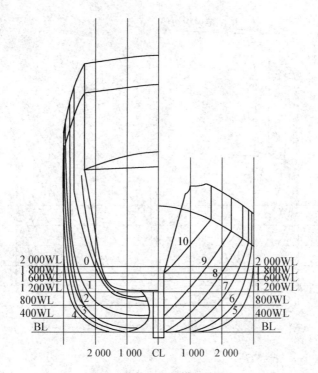

图7 蓬莱二号船横剖线图

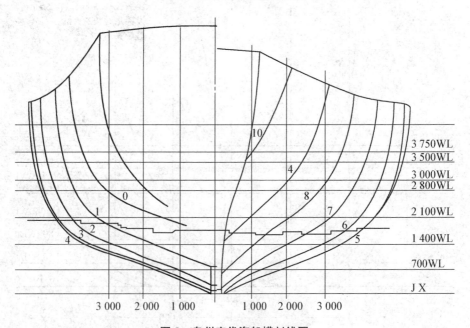

图8 泉州宋代海船横剖线图

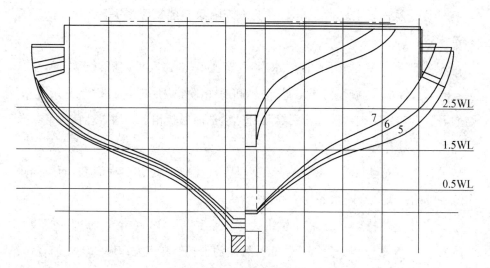

图 9　新安元代海船横剖线图

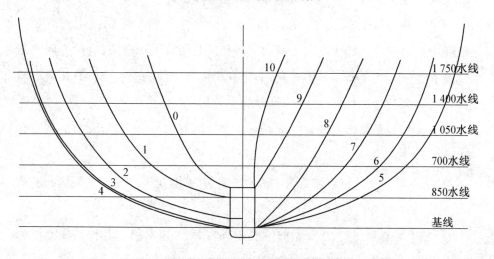

图 10　宁波宋代海船横剖线图

3. 船型

· 中国古代的传统船型分为沙船、福船、鸟船、广船四大船型,鸟船实际上是福船派生的一种船型。

- 无论从古船主尺度还是型线上来判断象山船属于哪一种船型,似乎都不妥。

- 沙船是方头方稍平底浅吃水,长与宽比值较大,其横剖面近于矩形,航行于长江口一带水域,船底稍搁无碍;福船和广船都属尖底船,福船"上平如衡,下侧如刃",广船"下窄上宽,状若两翼",可见横剖面形状相近。两者在首尾形状布置和用料上是有所不同的。

- 福船是福建、浙江沿海一带船型,是用途相当广泛的尖底海船,而广船是南海一带的首尖尾高吃水深的尖底海船。

- 鉴于上述特点,有人将中国古代海船船型以长江口或者江苏大陆棚浅水沙滩为分界,简单地划分为航行于北方海域的平底船和南方海域的尖底船,从大的方面来说也无可非议,但毕竟过于简单化了。

- 中国沿海有渤海、黄海、东海和南海。为适应不同海域的不同自然条件,船型必然有所差异。出土的象山船和宁波船就是最好的例子了,这两艘船既不是北方的平底船也不是南方尖底船,而是介于两者之间的圆舭船。浙江沿海船几乎都是圆舭且平的船底,通常用稍厚的龙骨板,因此,我们称其为"浙江船"也无大碍。浙江船的最大特征是大圆弧舭。当然除此以外,鲁南沿海船也有圆舭型的。

- 浙江船主要应以宁波造为主。宁波古称明州,是该地区的主要造船基地和贸易港口。

- 象山船与泉州船、新安船的尖底船有较大的差异,但与其他的属浙江船型的宁波船,蓬莱一号和蓬莱二号船等出土古船各有相同之处:

① 象山船和宁波船都有梗水木;

② 象山船与蓬莱一号船都有纵向的舱底板纵梁;

③ 象山船与蓬莱一号和蓬莱二号船都有龙骨补强结构;

④ 除宁波船外都设有舱壁边肋骨;

⑤ 象山船与宁波船的型线类同,但主尺度和长宽比值相差较大。

- 船舶船型特征和造船工艺技术具多样性,其原因有:

① 船舶航域的不同;

② 船舶用途的不同;

③ 船舶建造地的不同,造船习惯也不同;

④ 时代的不同,表现出的造船技术不同;

⑤ 古代舶船通常不是定型产品,即使有小批量建造,也没有统一的建造图纸,一个师傅一个法。

· 象山明船大概是反映以宁波为基地的浙江船型最具代表性的一艘出土古船,我们甚至可以直呼其为"宁波船型"。在《唐船之图》中就有"宁波船",还有"厦门船""南京船"等以港口名称谓,可见宁波船型在古代船型中也可独树一帜。宁波宋船当然归属此船型,但其长宽比较小,与象山船相距甚大,这恐怕是船舶对航速不同要求所致。

· 象山船的建造工艺相对比较简单,不太可能是战船,但从其船长宽之比较大看,应是从快速性考虑,故又不像商运船,最大可能应是一艘官方的沿海巡座船。

七、对象山船重新发掘与研究的期待

· 象山船的出土如同蓬莱一、二号船和宁波宋船一样,都是浙江沿海优秀造船技术的珍贵物证,它极大地丰富了宁波地区造船史和海外交通史的内涵,为学术研究提供了翔实的实物资料。

· 据悉,近期宁波已有重新挖掘的安排,让沉睡了700余年的象山明代海船发出文物的光彩。如同蓬莱古船博物院的蓬莱元代古船、泉州海交史博物馆的泉州宋代海船一样,重新出土的象山明代海船必将成为正在建造中的宁波博物院的镇馆之宝之一,展现中国造船史上曾经出现过的辉煌。

· 鉴于1994年为了保护发掘出土的象山船而临时回填埋土,在此即将重新挖掘之前,我们期待着对全船进行解剖测绘及材质鉴定,搞清结构工艺等诸多

方面的问题,并为今后深入研究提供可靠的依据。在此先提出期待的几个主要方面:

① 平板龙骨是否有一根长达 23.7 米的整木? 在首柱、尾龙骨起翘部位有龙骨端接吗? 若有,端接工艺如何?

② "垫泥梁"的结构与作用如何?(见图 4)

③ "舱底板纵梁"共有几段? 是每舱一段吗? 如何牢固地搁在厚度有限的舱壁板孔槽里?

④ 出土"舵叶板残宽 1 米","系用三层板合成",尚属首现。它为何种材质? 尤其是为何采用三层板来合舵叶? 舵叶总厚达 10~11 厘米已是够厚的了。出土未见舵杆,当时如何确定它是舵叶板的?

⑤ "船尾出艄,两侧船板伸出呈燕尾形,上置尾封板",这在出土古船中难得一见,这种"燕尾形"船尾出艄在何种古船中常见? 为什么? 这是一个值得关注的问题。

⑥ 压舱面的数量多少以及分布位置是研究古船压载的重要资料。

原文发表于《船史研究》第 20 期,2011 年,第 29—39 页。

蓬莱一、二号中国古船属浙船型考析

一、问题的提出

中国古代海上木帆船的船型传统地分为沙船、福船、鸟船、广船四大船型,有学者认为,鸟船实际上是一种福船派生的船型,因此应分为沙船、福船、广船三大船型。蓬莱一、二号船属于哪一种船型?有说福船型的,也有说沙船型的,然而,当我们把蓬莱一、二号船与沙船、福船、广船作仔细比对后发现,福船型和沙船型都不是,说不上它该归属哪一种船型。通过与浙江出土的象山明船、宁波宋船对照后却发现,他们是何等地相似和类同,这就是讨论这个问题的方法和切入点。笔者由此入手展开讨论,先将蓬莱一号船、二号船、象山明船和宁波宋船的主尺度列于表1以便进行对比。

表 1　蓬莱一、二号和象山船、宁波船主尺度比较表

序号	古船名	出土时间与地点	残体尺寸	复原尺度 $L \times B \times D \times d \times \Delta$	尺度比	
					L/B	B/D
1	蓬莱一号船[1]	1984 年,山东蓬莱水城	28.60×5.60×0.90	32.2×6.0×2.6×1.8×173.5[5]	5.37	2.31
2	蓬莱二号船[2]	2005 年,山东蓬莱水城	28.00×5.60×0.80	33.85×6.0×2.6×1.8×171[6]	5.64	2.31
3	象山明代海船[3]	1994 年,浙江宁波象山县	23.70×4.90×1.20	26.47×5.34×2.4×1.60×?[7]	4.96	2.30

（续表）

序号	古船名	出土时间与地点	残体尺寸	复原尺度 $L \times B \times D \times d \times \triangle$	尺度比	
					L/B	B/D
4	宁波宋代海船[4]	1979年,浙江宁波东门口	15.50×5.00×2.40	15.5×5.0×2.4×1.75×53.0[8]	3.10	2.08
说明	*L、B、D、d 分别代表船总长、船宽、船深和吃水,单位:米;△代表排水量,单位:吨。各学者的复原尺度虽有不同,但相差不大,无碍问题的讨论。					

二、蓬莱一、二号船源于浙江刀鱼船

从蓬莱一、二号和象山明船、宁波宋船主尺度比较看(见表1),4艘出土古船的复原尺度除宁波宋船较小外,其余3艘船的总长都在30米上下,其长宽比分别为5.37、5.64、4.96,不仅相当接近而且较大,远大于宁波宋船的3.10;它们的宽深比为2.30～2.31,几乎一样,也高于宁波宋船的2.08。较大的长宽比反映了军船对快速性的追求,较小的宽深比乃是货船对强度的较高要求。

蓬莱一、二号船建造用材基本上取自南方树种。蓬莱一、二号船的用材(见表2)清楚地反映了这一点。"一、二……号船的龙骨多使用的是松木"[9],船板"选用的是杉木"[9],"宁波船也多用杉木"[4]。象山明船除"船板(包括舷侧板和底板)用材均为杉木"[3],"补强材系用杉木制成"[9]外,其他构件多用樟木。产于南方地区的杉木、楠木、松木、樟木、锥木等树种都是优质的造船材料,"兹因南方木性与水相宜"[10]被造船广泛选用。

表2　蓬莱一、二号船用材表

船名	首柱	龙骨	船板	桅座	舱板	抱梁肋骨	补强材
蓬莱一号	樟木	松木、樟木	杉木	楠木	锥木		
蓬莱二号	榆木	松木	杉木*	锥木		锥木	榆木
说明	*"部分船板是榆木、锥木和松木"[9]						

蓬莱水城是于北宋庆历二年(公元 1042 年)为"备御契丹"[11]而建的水寨，当时的登州郡守郭志高"奏置刀鱼巡检，水兵三百戍沙门岛"[11]，因驻泊战船船体狭长形如刀鱼而称水寨为"刀鱼寨"，刀鱼战棹为当时重要的兵船。宋代的明、温、台等地造船兴旺，大量建造具该地区特色的刀鱼船是必然的事，并为其他地区选用和(或)仿造也是完全可能的。

蓬莱一、二号战船不仅尺度与象山明船相近、用材选自南方树种，而且船的形制与浙江刀鱼船类同，不难看出，它们的建造与浙江船存在着一定的关联。蓬莱一、二号船就是这种形同刀鱼船的浅水巡海战船。刀鱼船船型源自浙江沿海的钓槽船，"浙江民间有钓鱼船，谓之钓槽……而广丈有二尺，长五丈"[12]，这种刀鱼船吃水较浅，长宽比不算小，非常适用于风浪不大的沿海水域，宋后的元和明初承其制而建造这种刀鱼形战船作为海防战船。刀鱼船原叫"鲂鱼船"，原来是渔船，出现于"五代末或宋初"[13]，由于它的快速性较理想地满足了沿海浅水巡防的要求，逐步演变成为航海性能优良的浅水巡海战船。蓬莱地处近海，与浙江沿海海域的自然条件基本相同，作为海防战船的蓬莱一、二号船沿用浙江刀鱼船船型乃理所当然。

正如已故辛元欧教授所说，"此类战船系由江浙濒海去处的渔船演变和改装而成"[13]，"刀鱼船乃北宋时一种较普遍使用的中型战船"[13]，蓬莱一、二号船"不脱浙江地区近海战船特色的大型刀鱼战棹"[13]，其"为蓬莱附近浅海区之近海巡视船"[13]。

象山明船的建造工艺相对比较简单，似乎不太可能是战船，但其较大的长宽比应是从快速性考虑故又不像商运船，最大可能应是一艘官方的沿海巡座船。通过与蓬莱一、二号船相比较后，"推断，象山船……它仍是'刀鱼船'的船型"[14]。由此可说，象山明船与蓬莱一、二号船同属浙江刀鱼船船型，蓬莱一、二号船源于浙江刀鱼船船型。

三、蓬莱一、二号船诸多结构特征与浙船类同

蓬莱一、二号船诸多结构特征与浙船类同，象山船是反映以宁波为基地的浙江船型最具代表的一艘出土古船，现重点将同时代的蓬莱一、二号船与象山明船作比照，从如下诸主要结构特征可以说明，这种相似或类同绝不可能是简单的"偶然"和"巧合"所能解释得了的。

1. 有效的龙骨端接补强结构

龙骨是木船承受总纵强度的强力构件。中国古代海船的龙骨通常由中龙骨、尾龙骨和首柱三段端连而成，主龙骨两端支撑首柱和尾龙骨，主龙骨与首柱、尾龙骨的连接部位通常在首柱、尾龙骨起翘的转折处。端接部位避开弯矩最大的船中处，而选在弯矩较小的靠首尾近四分之一附近，当然也是适应首尾起翘位置的需要。主龙骨与首柱、尾龙骨的端接部位在交变应力作用下容易发生断裂，蓬莱一号船和蓬莱二号船与象山明船一样，为确保龙骨接头处的连接强度，采取了有效的龙骨端接补强结构。

在首柱和尾龙骨起翘处都采用了设置龙骨补强材的龙骨端接补强结构。其结构形式是龙骨补强材叠压龙骨端接处上方；龙骨补强材跨搭 3 个舱壁；中间舱壁置于龙骨端接处或附近；龙骨补强材与龙骨用铁钉钉连。这种结构特点对增加连接处节点的结构强度是非常科学有效的。象山船在首柱翘起处的龙骨补强结构略有差异，它是被舱壁前侧的前桅座紧紧压住，同样起到了对补强材的支撑作用（见图1）。

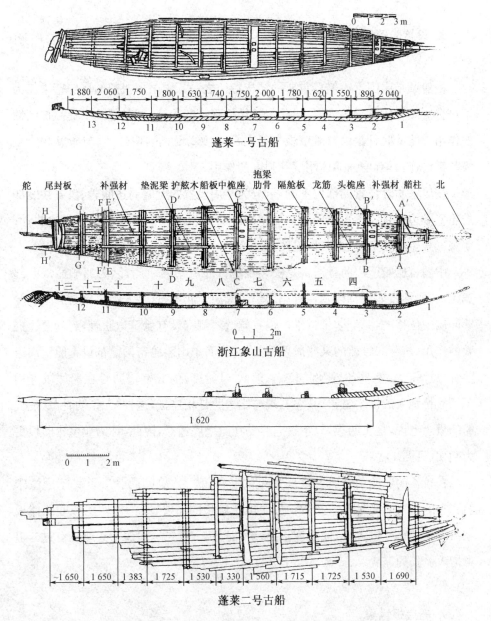

蓬莱一号古船

舵　尾封板　补强材　垫泥梁　护舷木船板中桅座　抱梁　肋骨　隔舱板　龙筋　头桅座　补强材　艏柱　北

浙江象山古船

蓬莱二号古船

图1　蓬莱一号船、象山明船、蓬莱二号船平面及纵剖面图

2. 设置舱壁肋骨

横舱壁是中国木帆船最重要的结构特征之一。中国木帆船的横舱壁不仅为了符合船舶主体分隔的需要,更是船体结构强度的保证,同时起到了提高抗沉性的作用。舱壁肋骨是沿着舱壁板与船壳板交接线设置的构件,它与舱壁和船壳板紧密钉连,具有增强船体刚度和强度的作用。

按舱壁肋骨设置的部位不同,可分为全周设置的舱壁周边肋骨、设置在舭部的舱壁舭边肋骨和设置在船底的舱壁底边肋骨。蓬莱一号船设舱壁舭边肋骨;蓬莱二号船设舱壁底边肋骨(见图1)。

中国古船舱壁边肋骨通常是安装在舱壁靠船中的一侧,因为船舶通常中部宽大,向船端收缩变窄以及在首尾部位船底向上起翘,这种安装位置就有阻止舱壁向船中位移的趋势,非常科学。也有舱壁两侧都设有舱壁边肋骨,起到两边夹紧的作用,蓬莱二号船的某些舱壁就是如此,而象山船舱壁两侧都设置舱壁周边肋骨(见图1)。有些舱壁(例如6、7、9、11号舱壁)的舱壁边肋骨在船底段选用了尺寸特别大的樟木材料,其左右端与舭边肋骨相连接,这种"大型肋骨"从现代船的概念上说,是实肋板,只不过它紧贴在舱壁底边缘,因此,称为舱壁边肋板更为确切(见图1)。

在较长的船舱前后舱壁之间加设的肋骨,称为"舱间肋骨",首见于宁波宋船。它的设置既满足了装卸货物方便增长舱长的需要,又不使两舱壁间船体板架纵向构件跨度过大,造成强度不足。可能蓬莱一、二号船作为兵船没有过分追求增大舱长的需要。

3. 舱底板纵梁

象山明船在"距船底……约0.45~0.75米"[3]高度处"存在纵向从2号船隔舱板开始,穿过3至12号各隔舱板的贯通两根'龙筋'除首尾尖舱外的全部隔舱"[3]，此龙筋就是供铺设舱底板用的纵向搁梁，因此可称为"舱底铺板纵桁"（见图1）。有了舱底铺板纵桁，就可在上面铺搁舱底铺板，在铺板下面置压载重物，其上就是载货平台了。

蓬莱一号船也有相同之处，在"舱壁上有2对相距约为0.7米的凹槽"，[1]这是为设置两对舱底板纵梁而凿成的。

4. 龙骨的拱曲现象

象山船龙骨"舳部微向上弯曲，挠度约为0.1米"[3]，而蓬莱一、二号古船的龙骨同样存在拱曲现象，蓬莱一号船主龙骨在船中部位略向上挠曲，蓬莱二号船主龙骨中部明显向上拱起（见图1）。只是发掘时未能精确测量到其挠曲值，出土的新安船龙骨也有0.54米的拱曲挠度。龙骨为何有拱曲？有学者认为，龙骨的拱曲对承受中垂波浪弯矩有利，岂知对承受中拱波浪弯矩反而不利了。也有学者认为，这是供放压载重物所需要的龙骨予拱曲。事实上，不论舱装货物或压载重物，除非这种压底重物是固定不变的，而且重压刚好使龙骨挠度为零。可是发现出土象山船的"压舱石在第三、四舱数量最多"[3]，并不是在船中区域，看来象山古船的固定压载也没有达到此目的。又有结合近代福建丹阳货船和大围缯渔船的龙骨也有拱曲，这似乎是设计所为，但究其缘由，还是未能作出令人满意的解释。总之，认为出土古船龙骨拱曲是设计所为。

还有学者认为，出土古船龙骨拱曲可能是由于龙骨受到各种外力作用产生的中拱弯曲变形，譬如：① 古船沉没时的船舶重量分布呈船中轻二头重状态；② 沉船搁在海床上，由于海床土质地形等原因使船底中部区域承受海床的支撑反力大于两头的情况；③ 古船建造完成后由于舷侧顶边的大橌强力构件安装予应力的释放，通过首柱和尾龙骨传递到主龙骨两端使主龙骨两端受到向下的压力，造成龙骨的中拱弯曲。这仅是一种推测性的分析而已，目前还未见令人信服的例证。

龙骨的拱曲现象究竟是设计所为，还是受外力弯曲变形的结果，或兼而有之,目前尚不清楚,学者也无共识,有待研究。笔者倾向认为:属同一形制的蓬莱一、二号古船和象山明船的龙骨拱曲是由龙骨受到各种可能的中拱弯矩所造成的可能性更大,尤其是龙骨板较薄的象山明船。

蓬莱一、二号船与浙船诸多的结构类同现象似乎透露出两者之间存在某种相关联的信息,令人产生有意思的联想。

四、蓬莱一、二号船是大圆弧舭船

船底形状决定了船舶主体线型的基本走向。通常称呼的"平底船"和"尖底船"是对船底形状的概述,它并没有反映船底平、尖的程度如何,船舶主体横剖面上的横剖线形状和底宽大小就能清析地描述。

1. 尖底船和平底船

横剖线形状有 U 形、UV 形、V 形以及极 U 形、极 V 形的不同,若横剖线有船底宽度,则该剖面处有平底,底宽越大越趋 U 形;V 形横剖线的是尖底,越 V 则越尖。不同部位的横剖线 U、V 程度反映了对应部位船底的平、尖程度的不同,船首或船尾是 U 形、极 U 形的则呈方头或方尾,船首或船尾是 V 形、极 V 形的则是尖首或尖尾。

船中横剖线的形状是对船舶主体体形最基本的描述。在船侧与船底的连接部位称作船的舭部,在船中横剖面上,连接船底线与船侧的弧形线段形状就是对舭部形状的描述。船底线从平板龙骨向两侧翘起的高度称作舭部底边升高,简称"舭升高"(见图 2)。船中横剖线有舭升高的是尖底,舭升高越大则横剖线越V,船底就越尖,尖底船就是指有舭升高横剖线呈 V 形,且越向船首 V 度越大,形成船首尖底的船型。福船"上平如衡,下侧如刃"[15],广船"下窄上宽,状若两翼"[16],尽管两者首尾形状不尽相同,但都是尖底船。福船是福建、浙江沿海一带用途相当广泛的尖底海船,有的福船无船底宽度,有舭升高,舭部呈园弧形,有的虽无舭升高但有设置外龙骨形成尖底;航行南海远洋的广船是首尖尾高的尖底海船,它无船底宽度而舭升高通常较大。出土的泉州宋船(见图3)是一艘典型的尖底型福船,新安船(见图4)的 V 形横剖线更有甚之。

　　船中横剖线无舭升高的,只要存在底宽,不论其大小,从道理上讲它具有一定的平底,但还不能由此就简单地将它视作平底船。底宽大小和底宽沿船底纵向分布的情况的不同,反映出船底大小和形状的不同,即使船中底宽很大,如

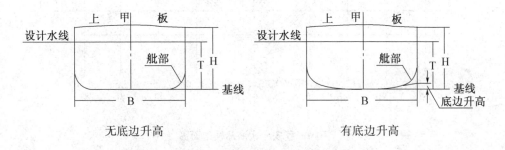

图 2　船中横剖面图

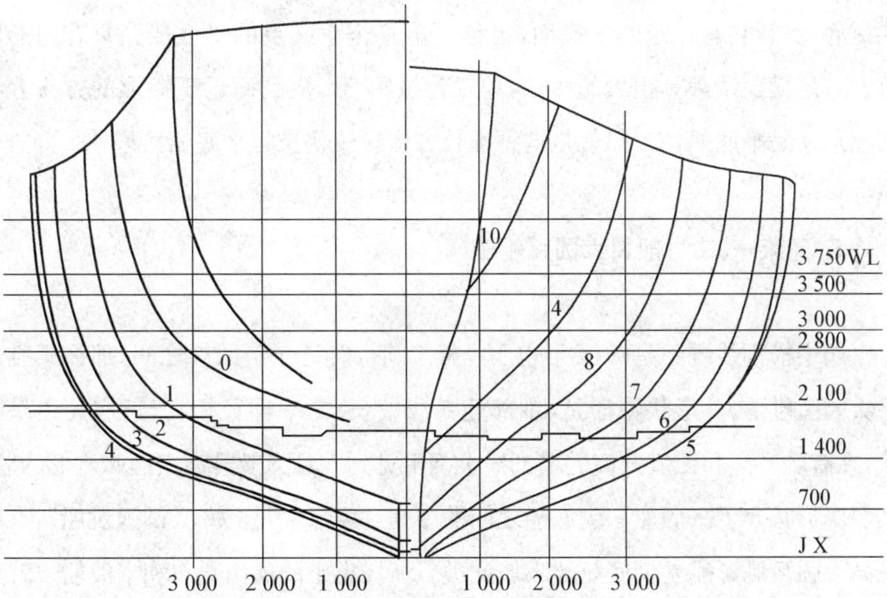

图 3　泉州宋代海船横剖面图

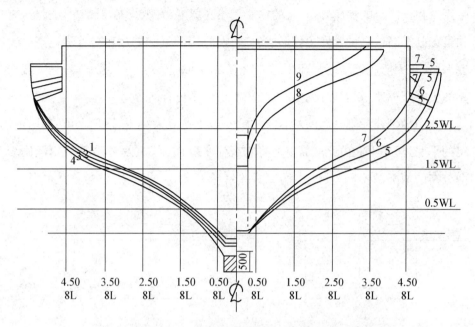

图 4　新安元代海船横剖面图

果底宽向船的首、尾端减小直至底宽为零,即首、尾端船底呈尖形,它具尖首底、尖尾底,尽管它有一定的平底面,也称不上真正意义上的平底船。只有当船的首、中、尾横剖线都具很大的底宽,即皆为极 U 形,横剖面近于矩形的方头方梢的船形才是平底船。沙船就是这种准长方体扁浅狭长的平底船典型。

2. 蓬莱一、二号船属大圆弧舭船

船中横剖线既不是极 V 形也不是极 U 形,而是介于两者之间,那么其舭部呈大园弧舭形,其形状特征是,舭部处弧线较长、曲率半径较大,近底处稍呈弧状,在有舭升高和无舭升高的横剖线上都可见到。具无舭升高大园弧舭形的船,其船底形状介于平底船和尖底船之间的中间过度形船,称为"大圆弧舭船",有舭升高大圆弧舭形船是尖底船故不属此类。浙江出土的象山船[2]和宁波船[3]就是这种大圆弧舭船型。象山船横剖面是窄平底大圆弧舭,在首部呈 V 形,中部略

呈 U 形,近尾部弧度变小,头尖尾方船首上翘(见图5);宁波船的中部横剖面是无平底的大圆弧舭,虽无平底但船底不尖(见图6)。两者十分相近,大圆弧舭且无舭升高是它们的共性所在。

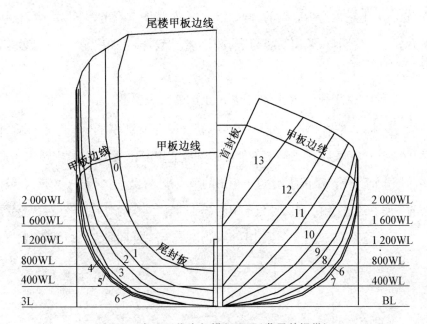

图5　象山明代海船横剖面图(龚昌其提供)

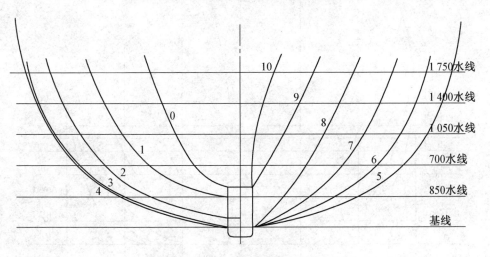

图6　宁波宋代海船横剖面图

平底船和大圆弧舭船都是无舭升高、船中有（或无）底宽，它们的主要区别在于，前者的任意部位横剖线都是极 U 形，而后者却不是；与大圆弧舭船尖底船的主要区别在于前者没有舭升高，后者却有之。有的大圆弧舭船无底宽但具有外龙骨，也有人把它视为尖底船的，例如宁波宋船，从图上看出，它的横剖线已接近有舭升高了。很明显，象山明船与宁波宋船相比较，前者船底稍"平"一点后者稍"尖"一点。

分别于 1984 年和 2005 年在蓬莱出土的蓬莱一号船[4]和二号船[5]，从其复原型线[4][5]来看，两者相近（见图 7、8），其特征就是尾翘、尖首、有平底，无舭升高的大圆弧舭，尽管蓬莱一、二号船的船中横剖线底宽要比象山明船、宁波宋船来得大些，但不同于全船横剖面都是近于矩形的平底沙船，也完全不同于泉州宋船和新安船的尖底。通过蓬莱一、二号与象山船、宁波船横剖线的对照比较就很容易得出这样的结论：蓬莱一、二号船与象山明船和宁波宋船一样同属大圆弧舭船型。

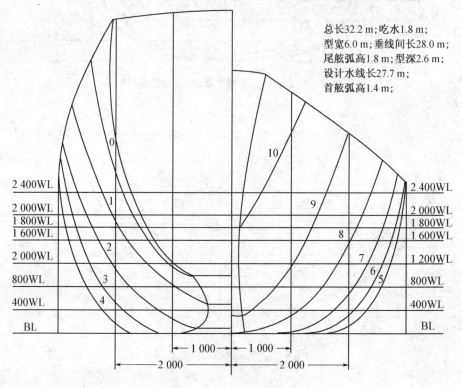

图 7　蓬莱一号船横剖面图

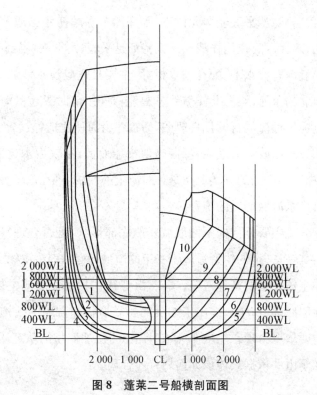

图 8　蓬莱二号船横剖面图

五、蓬莱一、二号船属浙船型

1. 船型分类的依据

　　船型分类有多种多样，例如，民船、兵船；运输船、工作船；货船、客船；海船、河船；木船、钢船；平底船、尖底船；沙船、福船、广船等。

　　中国船史研究中的中国古船分类通常是依据船舶的船型特征、航域和建造地等。传统的分法是沙船、福船和广船三大船型，此分类就是以海域来命名的，福船、广船系指福建、广东的船，沙船泛指航行于水浅多滩的北洋航域的船。

沙船，宋代名"防沙平底船"，元代称"平底船"，嘉靖初年已通称"沙船"。沙船本是运输船，宋代以后也用作战船。其特征是平底、小平头，尾部有出艄，身长而扁，吃水浅，舭部有梗水木，配有披水板，因主要是适应浅水沙底海域而造，通常走长江口以北的黄海、渤海北洋航线。福船，是明、清时福建沿海的各种战船统称。福船是适于远海航行的优良船舶，为福建沿海所建造，故名。广船，在明、清时代由广东民用船改装为战船，形制略似福船而大，用铁力木建造，较福船坚而巨。沙船、福船和广船的分类最初是针对海上战船的，现在已演变为分别对北洋航区、福建、广东海域船舶的统称。

这种船型分类主要是依据不同航域船舶底部形状，是否合理？笔者以为合理，理由有三：其一，一定的船型适应于一定的航域，两者密切相关；其二，船底形状决定了船舶主体线型的基本走向；其三，沉船往往只残存船舶主体部分，比较多的沉船仅存船底部分，所显露出来的沉船船底形状和古船的结构特征等成为船型分类的主要依据。现在船史研究中对出土古沉船船型的认定通常也是这样做的。问题在于由此依据具体该如何划分才合理。

2. 新的三大船型分类

以船底形状特征及其所航海域来作船型的分类，有人将中国古代海船船型以长江口或者江苏大陆棚浅水沙滩为分界，简单地划分为两大类，即航行于北方海域的平底船型和南方海域的尖底船型。从大的方面来说也无可非议，但毕竟过于简单化了。只分成平底和尖底两大类船型无疑不便于区分多种多样的船型，船底既不是平底也不是尖底的大圆弧舭船底该划归哪一类船型呢？必然无法归类。也有人以《唐船之图》有"宁波船""厦门船""南京船""台湾船""广东船"等区分为由，就以此来细分，不过，这不能算是船型的分类，只是对不同地方船的称谓而已，当然也反映出不同地方船的地方特征，再说，古船的船型分类也不宜过于细分，既有悖船型分类的本意，也没有此必要。

为适应不同海域的自然条件，各海域的船型必然有所差异。中国沿海有渤海、黄海、东海和南海之分,船型也不同。沙船主要航行于水浅多沙滩的北洋航线,因其底平不怕沙浅,一旦搁浅,平底坐落滩上不致翻船,它有优良的"稍搁亦无碍"[17]的坐滩能力。而正因为沙船吃水浅、船底平,使得它在航行中抗漂性能极差,从而产生了一种独特的助帆、助舵工具——披水板,开创了帆船逆风调戗的操驾技术。航行于南方海域以出洋远航为主的福船和广船其底尖吃水深,具有良好的抗漂能力,航域水深无搁浅之忧,这种尖底船万一搁浅,定将倾覆。明代的广州被指定为南海贸易港口,为适应远洋航海的广船吃水就变得更深,船型更为尖瘦。

浙江海域地处江苏大陆棚浅水沙滩和闽、广等地的深水海域之间,长江口南北正是浙船频繁活动的海域,它的大圆弧舭船兼有尖底船优良的适航性和平底船稍搁无碍的适浅特性,正符合浙船航行海域的自然环境的需要。在浙江沿海同一地区出土的大园弧舭船,如象山明船和宁波宋船就是最好的例证。就船底形状来看,随由南向北航域改变,船底由尖底向平底过渡变化,这个规律是非常明显的。我们"将船型介于平底船和尖底船之间的浙江海船另归一类称其为浙船何尝不可"[18]。由此,笔者特将中国古代海船船型分为平底型的沙船型、大圆弧舭型的浙船型、尖底型的福船型和尖底型的广船型,称作"四大船型",笔者曾在《蓬莱舟船文化》[18]中提出过此见,本文仅作进一步的论述。如果将同属尖底型船的福船和广船合二为一归为尖底型的广福船型,那么,古代海船又可分为平底型的沙船、大圆弧舭型的浙船和尖底型的广福船,即称"三大船型"。不论分为三大船型还是四大船型似乎都言之有理,至于如何选取,笔者尚无定论,盼聆专家学者高见。

3. 正确认识船型与地域的关系

应该指出的是,讨论古船船型的分类不能绝对、孤立地看问题。我们不能绝对地认为,福建或广东的船就是福船或广东船,北方海域的船都是沙船,也不能绝对地说,福船或广船就是尖底船,或者说尖底船一定是福船或广船,这都是不符合实际的。某种船型比较适宜于某一航域航行,古代不同地区的船厂一般所造船型具有明显的地方特征。沙船、福船、广船虽以航域为分,但实质是反映船型的不同。

同一个海域会有不同船型的船舶航行。同一地区的船舶因其航行于沿海、近海和远海的不同,船型必有很大的不同,福建有沿近海航行的大圆弧舭型船,航行于福建、广东外海及远航外洋的福船、广船多为尖底船,浙江沿海也存在一些船底稍尖的尖底船,长江以北的船也不少见大圆弧舭型船,沙船也有南下航行的。不同船型的船舶跨海域航行是再正常不过的了。相近航域船舶的特征同样会有相接近的反映,有的沙船与浙船相近,有的福船与浙船类似,有的福船与广船类同。

同一地点也不会只建造单一船种,例如,福船有大福船、草撇船、鸟船、快船等;广船有乌艚船、横江船、红头船、七艕船等。古代船厂为外地造船也是屡见不鲜的事,例如,宋代"客舟"并不是宁波所造,"旧制,每因朝廷遣使,先期委由福建、两浙监司雇募客舟,复令明州装饰"[15]。

沉船地点不是判断船型的唯一依据,所以不能认为福建出土的沉船就是福船,广东出土的一定是广船,中国元代海船在韩国新安出水、蓬莱水城出土了编号为"蓬莱三号"的韩国古船就是明证。

不同船舶的船型特征除了船舶的主要尺度、尺度比等外,主要体现在船舶主体型线的形状、船舶上层建筑的分布与造型、船体结构特征、船舶属具的特征与设置以及船民习俗诸多方面的不同。

六、结论

由上所论可得结论:

· 蓬莱一、二号船与以宁波(古称明州)地区海船为主的浙江船一样是大圆弧舭型船;

· 中国古代海船船型可分为平底型的沙船型、大圆弧舭型的浙船型和尖底型的广福船型的三大类船型；

· 蓬莱一、二号中国古船属浙船型。

参考文献

[1] 烟台市文物管理委员会、蓬莱县文化局：《山东蓬莱水城清淤与古船发掘》，山东省文物考古研究所、烟台市博物馆、蓬莱市文物局：《蓬莱古船》，北京：文物出版社 2006 年版，第 165—182 页。（原载《蓬莱古船与登州古港》，大连海运学院出版社 1989 年版，第 1—48 页）

[2] 山东省文物考古研究所、烟台市博物馆、蓬莱市文物局：《蓬莱古船》上编第四章《古船形制和结构》，北京：文物出版社 2006 年版，第 25—34 页。

[3] 宁波文物考古研究所、象山县文管会：《浙江象山县明代海船的清理》，《考古》(3)，第 33—40 页。

[4] 林士民：《宁波东门口码头遗址发掘报告》，浙江省文物考古所学刊，北京：文物出版社 1981 年版，第 105—109 页。

[5] 席龙飞、顿贺：《蓬莱古战船及其复原研究》，山东省文物考古研究所、烟台市博物馆、蓬莱市文物局：《蓬莱古船》，北京：文物出版社 2006 年版，第 165—182 页。（原载《蓬莱古船与登州古港》，大连海运学院出版社 1989 年版，第 49—59 页）

[6] 顿贺、席龙飞、龚昌奇、蔡薇：《蓬莱二号古船结构特征及其复原研究》，山东省文物考古研究所、烟台市博物馆、蓬莱市文物局：《蓬莱古船》，北京：文物出版社 2006 年版，第 89—105 页。

[7] 席龙飞：《中国造船史》，湖北教育出版社 2000 年版，第 257—258 页。

[8] 席龙飞、何国卫：《对宁波古船的研究》，武汉水运工程学院学报(2)，1981，第 23—32 页。

[9] 山东省文物考古研究所、烟台市博物馆、蓬莱市文物局：《蓬莱古船》，北京：文物出版社 2006 年版，第 65 页。

[10] 品颐浩：《忠穆集》卷二，文渊阁《四库全书》台北影印本，第 13 页。

[11] (清)《蓬莱县志》卷四，清道光刻本。转引自袁晓春：《海上丝绸之路——蓬莱》，《武汉水运工程学院学报》1989 年第 1 期，第 12 页。

[12]（宋）李心传：《建炎以来系年要录》卷七，上海商务印书馆1936年版。

[13]辛元欧：《蓬莱水城出土古船考》，刊于《蓬莱古船与登州古港》，大连海运学院出版社1989年版，第67—73页。

[14]席龙飞：《中国造船史》，湖北教育出版社2000年版，第256页。

[15]（宋）徐兢：《宣和奉使高丽图经》卷三十四，故宫博物馆1931年影印本。

[16]（明）茅元仪：《武备志》卷一一六至一一七，明天启辛酉年（1621）刻本。

[17]辛元欧：《上海沙船》，中国书店出版社2004年版，第103页。

[18]何国卫：《蓬莱舟船文化》，组委会：《蓬莱阁文化学术研讨会论文集》，2011年第8期，第470—477页。

原文发表于《海上丝绸之路与蓬莱古船·登州港——国际学术研讨会论文集》，（烟台）黄海数字出版社2012年版，第96—104页。

对跨湖桥独木舟的研讨

2002 年 11 月 28 日,《人民日报》海外版报道了一条考古新发现消息:在浙江省杭州萧山跨湖桥考古发掘到的新石器时期的独木舟距今约 7 000~8 000 年。《中国文物报》于 2003 年 3 月 21 日以《跨湖桥遗址发现中国最早独木舟》[1] 为题发表了浙江省文物考古研究所蒋乐平等 4 位考古学者的专题文章。我国著名船史专家席龙飞教授为此撰写题为《八千年前独木舟凸显中国舟船文明辉煌》[2] 特稿刊登在 2004 年 2 月 27 日的《中国水运报》上。笔者有幸读到跨湖桥遗址考古发掘队 2003 年 1 月的《跨湖桥遗址 2002 年发掘简介》[3] 并到实地观看考察了出土独木舟,事后也曾撰文但未投刊,今因好友提及而重新整理拟就小文粗述拙见以求学者赐教。

一、中华第一舟

跨湖桥遗址出土的独木舟"保存基本完整,船头上翘,比船身窄"[1][3],且"弧收面及底部的上翘面十分光洁"[1][3],在"离船头一米处有一片面积较大的黑炭面,东南侧舷内发现大片的黑焦面,西北侧舷也有面积较小的黑焦面","船头留有宽度约 10 厘米'挡水墙',已破缺","船体较薄"[1][3]。这里的"上翘"且"窄""挡水墙"都是独木舟舟体形状特征,"这些黑焦面当是借助火焦法挖凿船体的证据"[1][3] 是独木舟挖凿工艺的明显反映,跨湖桥遗址出土了一条独木舟是确定无疑的(见图 1,跨湖桥新石器时期独木舟)。

据"14C 年代测定,跨湖桥遗址的校正年代在距今 7 000~8 000 年间","树

图1　跨湖桥新石器时期独木舟(席龙飞摄)

轮校正后的年代约距今 7 500～8 000 年"[1][3]，这是中国出土距今年代最早的独木舟。自 1956 年至 1979 年止，在我国境内先后出土的独木舟计有 35 条，布及 25 处之多[4]。跨湖桥独木舟连同这些出土的独木舟对某些外国学者认为"中国木船是直接从筏发展而来"[5]的偏见做出强有力的无声批驳，雄辩地证实了中国舟船龙骨的存在。

　　这 35 条独木舟中距今年代最早的要算"1979 年山东长岛县大黑山岛"出土的一条"4 000 年前"的独木舟了，但它"只保存舟尾残部"，而 1977 年山东荣成出土的一艘"舟体保存基本完好"的独木舟也只是商周时代的[4]。可见，目前将距今约 7 500～8 000 年的新石器时代的跨湖桥独木舟称为"中华第一舟"并不为过，当之无愧。

　　在独木舟舷侧加木板则演变成木板船，木板船比独木舟在稳定性和装载容积上的提高有着质的飞跃。木板船的产生至少应具备三个技术条件才能实现：其一，制板技术；其二，木构件连接技术；其三，确保连接部位不渗漏水的捻缝技术。独木舟是木板船的基础，独木舟的制作技术直接关系到木板船的产生和发展。跨湖桥"独木舟的东南侧堆放着许多基本与船体平行的木料与木板"[1][3]，说明当时已能制板。7 000 年前河姆渡干栏式建筑表明当时已具备了制板和木构件连接技术,虽然目前尚不知道最原始捻缝材料是什么,捻缝技术产生于何时,但跨湖桥独木舟的出土动摇了木板船最晚也应是殷商时代的产物的推论[6],木板船产生年代有可能推向比殷商时代更久远。

二、石锛是刳木为舟的有效工具

恩格斯说过,"火和石斧通常已使人能够造独木舟"[7]。跨湖桥独木舟遗址出土"数件石锛柄、石锛、石器崩片、砺石"[1][3]表明,新石器时代先人已经使用石锛制作独木舟了。用火和石锛比用火和石斧来刳木为舟是独木舟制造技术的重大进步。人类在生活实践中学会用燧石器打击出火,用火烧烤要削去的那部分木质使其成炭木,以便石斧容易砍削,火和石斧并举应用使得制作省工见效。但以砍削为主的石斧作业对制作独木舟来说,只是"能够造",却不能说很有效,制作独木舟用石锛要比石斧有效得多,因为石锛适用于挖凿作业,而挖木正是制作独木舟的主要作业工艺。

为什么石斧利于砍削而石锛便于挖凿呢? 仔细观察可以发现,石斧和石锛在结构上和作业机理上有着根本的区别。石斧的刃面与石斧柄是在同一平面上,石斧刃边与石斧柄平行,手握斧柄挥动石斧,当石斧刃接触到被烤焦的炭木时,炭木就被砍削下来,往往会采用左右斜砍的办法来达到提高砍削效果的目的。石锛的刃面与石锛柄是成垂直或存在略小于 90°的夹角,石锛刃边与石锛柄相垂直,当握柄挥锛使石锛刃边入木后,只要抬动手柄后端就很容易挖去炭木并将其扒开。石斧在斜砍剥落炭木时,在它的手柄上不可避免地产生手柄轴向转动力,而石锛作业时这种转动力不会存在,这是石斧作业比较费力的原因之一。生活经验告诉我们,当独木舟被砍挖得越深,舟体就越窄,这时作业面宽度受到了限制,石斧就不便于左右斜砍了,而石锛不会受此影响,砍挖得越深,石锛的优越性越明显,尤其在沿独木舟纵向面作业时,石锛更胜一筹,因为石锛有利于深挖而石斧不利于深砍。石锛容易扒剥深处炭木,对独木舟加工面的光洁加工也优于石斧。总而言之，制作独木舟石锛比石斧更有效、更先进，石锛是石斧的进步。当然，独木舟的制作过程中石锛和石斧往往会配合使用。

新石器时代独木舟制造技术发展可分前后两个时期，即用石斧的初始时期和用石锛的成熟时期。初始时期仅做到能够制造，而成熟时期达到了能有效制造。石锛的使用是新石器时代独木舟制造水平达到成熟时期的标志。杭州萧山跨湖桥出土的 7 500～8 000 年前的"中华第一舟"就是新石器时代制造独木舟的成熟时期产品。

三、对独木舟出土情况的分析

1. 独木舟出土情况

这艘"独木舟……的东南舷侧，并列打入多根木桩，分柱桩与板桩两种，基本呈等距分布，经解剖的两根木桩均深入生土，船体的西北舷侧也发现木桩及柱洞。在离船头 20 厘米的底部，压有一根横木，中部的一根木桩旁，另有一根横木似被船体压断。从这些现象表明，独木舟当时是支放在由这些木桩、横木构成的架子上的。另外，独木舟的东南侧堆放着许多基本与船体平行的木料与木板……船体两侧还发现两件未见使用痕迹的木桨和数件石锛柄、石锛、石器崩片、砺石。从综合的现象分析，这应该是一个与独木舟有关的木作加工现场"。[1][3]"独木舟通体光滑，原始的斧凿痕迹不明显，可见是一条旧船，并非处于制作状态。"[3]以上出土信息简而言之：出土的独木舟是"一条旧船"，"当时是支放在由这些木桩、横木构成的架子上的"，"并非处于制作状态"，出土现场"是一个与独木舟有关的木作加工现场"。

针对出土独木舟的现场情况，很自然地产生两个必须要加以解释的问题，这就是：第一，独木舟为何支放在木架子上？ 第二，一艘旧独木舟与加工现场有何关系？对此试做如下分析。

2. 一艘改作木槽使用的独木舟

认为支放在架子上的是一条"并非处于制作状态"的独木舟是有道理的，"独木舟通体光滑，原始的斧凿痕迹不明显"就是很好的说明。假如独木舟正在进行制作或修理或改装作业，完全可以在地面上进行，若对舟底加工，也只需将舟身翻转就可以，解决这并不困难，根本没有将它支放在架子上的必要。因此，独木舟支放在架子上不是加工独木舟的需要，而是另有所用。笔者认为，一个符合情理的推测是，这艘旧独木舟是被改作木槽使用而被支放在木架上的。先民们把它当作一件长条形盛器用来盛放物品，它离地面有一定的高度不仅方便取用还有利于防止受潮，尤其盛放粮食、兽肉等食物。这木槽被用作喂养牲畜的食料槽再好不过了，这种可能性似乎更大。旧独木舟确实是木槽的理想代用品。遗址出土的"以纵横木条作撑骨的苇草类编织物……整幅面积约 55×55 厘米"[1][3]，它完全有可能是用来遮盖木槽口的，它的尺度与"离船头 25 厘米处，宽度突增至 52 厘米"[1][3]是相当的。

论至此时必定会问，一条航行在水面上的独木舟为何改作木槽使用呢？难道木槽比独木舟更需要吗！当然不是这样，而是因为这艘独木舟存在着两个主要技术缺陷使它难以继续在水上正常使用。第一，该独木舟稳定性极差，最大残宽只有"52 厘米"，从舟体形状推测已接近于舟体最大宽度，估计不太可能超过 55 厘米，而"残长 5.6 米"[3]，看来该舟乘坐 4 人也坐得下，乘坐如此狭窄的独木舟极易倾翻；第二，在通体光滑的独木舟"船底樟节处有一个破洞"[3]，当然会使舟体漏水。先民因该独木舟不稳和漏水不得不将其改作它用，最合适的莫过于将它当作木槽使用了。

3. 一艘旧独木舟与加工现场

既然独木舟"并非处于制作状态"，那么，独木舟两侧"发现两件未见使用痕迹的木桨和数件石锛柄、石锛、石器崩片、砺石"[1][3]的石器工具不是用作该独木舟加工,又作何解释呢? 要知道,支放独木舟的"由这些木桩、横木构成的架子"[1][3]也是需要进行必要加工的,哪怕是简易的和粗糙的加工;再说,在遗址处有过制作木桨等木质物品的活动也在情理之中,不足为奇;也不排除在此址制造过独木舟的可能,因为制作独木舟并没有多大的条件限制,造好了几个人将其抬或拖到河边就可以下水使用了。

四、结论

由上研讨可得出结论如下:

1. 2002 年杭州萧山跨湖桥出土的独木舟是我国出土的距今年代最早的新石器时代独木舟。木板船出现年代有可能提前。

2. 制作独木舟石锛比石斧更有效、更先进。杭州萧山跨湖桥出土的"中华第一舟"是新石器时代制造独木舟的成熟时期产品。

3. 它是一艘旧独木舟,因其稳定性太差且舟底有破洞漏水,故将它改作木槽使用并支放在木架子上,它与加工现场并不矛盾。

"中华第一舟"是辉煌的中国舟船文明最有力的见证,它在中国灿烂的舟船文化中占有重要的一页,它对船舶技术发展史的研究价值和文物价值是不言而喻的。

参考文献

[1] 蒋乐平、朱倩、郑建明、施加农:《跨湖桥遗址发现中国最早独木舟》,《中国文物报》2003 年第 3 期,第 21 版。

[2] 席龙飞:《八千年前独木舟凸显中国舟船文明辉煌》,《中国水运报》2004 年第 2 期,第 27 版。

[3] 跨湖桥遗址考古发掘队:《跨湖桥遗址 2002 年发掘简介》,2003 年 1 月。内部资料,未经

正式发表。

[4] 王冠倬:《中国古船图谱》,北京:生活·读书·新知三联书店,2004 年 4 月,第 19—20 页。

[5] 戴开元:《中国古代的独木舟和木船的起源》,《船史研究》第 1 期,第 14 页。

[6] 杨槱:《中国造船发展简史》,《中国造船工程学会 1962 年年会论文集》(第二分册),北京:国防工业出版社,第 2 页。

[7] 恩格斯:《家庭、私有制和国家的起源》,《马克思恩格斯选集》,北京:人民出版社 1972 年版,第 9 页。

原文发表于《跨湖桥文化国际学术研讨会论文集》,(北京)文物出版社,2012 年 9 月第 1 版。

跨湖桥独木舟与舟船起源

2002 年在浙江省杭州萧山跨湖桥考古发掘到新石器时期的独木舟距今约 7 000～8 000 年,它是中国发现最早的独木舟。笔者有幸到过实地进行了观看考察,并在 2010 年参加首届"中国国际(萧山)跨湖桥文化节"时再次走近了它的身旁,为八千年前的独木舟凸显出的中国舟船文明的辉煌感叹不已。

说到舟船起源,也就是船的产生,必定要论及独木舟,它们是密不可分的。舟船起源的全过程就是从自然浮物直到木板船的演进历程。独木舟的产生和演化成木板船的过程就其获得浮力的技术层面上来说,经历了两次重大技术飞跃,独木舟在舟船起源进程中处于独特地位。跨湖桥独木舟是中国舟船历史久远的最早实物见证。

一、舟船的起源是对自然浮水物体的加工和利用

生活在原始大自然中的远古先民们从观察枯木、野兽尸体等漂浮在水面上,认识到它们具有浮性。自然浮水物体有植物的和动物的两大类,植物的有树木、竹子、葫芦、树皮、芦苇和纸莎草等,动物的有皮囊、兽皮等。

单体自然浮物虽然本身重量很轻,能漂浮在水面上,但因排水体积(除皮囊稍大一点外)实在太小,都无法载人载物。"八仙过海"故事中,八仙驾乘的都是单体自然浮物,事实上是不可能的,所以它只是神话故事。圆柱形的大树木有较大的浮力,驮上一两个人是不成问题的,但它在水面上极易滚动,难以满足正常的载渡。

远古先人在充分享用大自然的恩赐中逐步懂得了用最原始的工具将这些不

同的自然浮物进行最原始的加工,进而创造出各种原始渡水工具,自然浮物就是制作原始渡水工具的原始材料。

原始渡水工具是多件自然浮物的有效集合。所谓有效集合是指,多件自然浮物的集合使浮力比单体自然浮物成倍地增加,达到可以载人载物的目的。用藤条等绳索把几根树干并排捆扎起来就成了木筏(排),它能平稳浮于水面而不翻滚;用竹子同样可以制作竹筏(排);将多个皮囊充气或填充兽毛、干草等轻物后编扎在一起就成了皮筏;将几个葫芦连在一起,可以拴在腰间渡河,这就是腰舟。这种由树木、竹子和皮囊分别集合成木筏、竹筏和皮筏等筏型渡水工具,在它们各自的实践中都有改进和发展,有的在特定地区至今还有使用,显示出其强大的生命力。

还有用树枝作骨架、把树皮作外壳的树皮舟和把兽皮作外壳的兽皮舟,这是舟型浮具。美索不达米亚人用成捆的芦苇编扎成船型浮具,秘鲁人用的却是纸莎草,只是取材不同。这些筏型或舟船型的浮具因受到材质性能和成型制作的局限,不可能朝着更大、更实用和更科学的方向继续发展,也就是说,它们不可能发展成为真正意义上的船舶,它们脱离不了自身的原始性,仍属原始渡水工具范畴。

在舟船起源所利用的自然浮物中,只有树木才能最终演进成船舶,这是其他浮物不可替代的,可谓一枝独秀。本文论述舟船起源的重点当然是由树木向木船演进的历程。

二、木筏和独木舟是对树木的不同加工利用

舟船起源中被作为自然浮物加以利用的树木,因其粗细的不同,有着两个的途径,较细一点的树木往往用来捆扎成木筏,而粗大的树木用来挖空制成独木舟。尽管木筏和独木舟用的都是树木,但两者之间并不存在进化的关系。独木舟不是由木筏演进而来的,木筏船也不会演变成独木舟。

1. 木筏是多根树木的有效集合

木筏的多根树木集合是用藤条或其他绳索并排捆扎来实现的。木筏可以并排成很大的浮水面积,载货面积也随之扩大,并且稳性很好。有的为了增加浮力,采用两层、三层叠加在一起的办法来增加载重量,所以说,木筏是多根树木的有效集合。木筏的缺陷在于,它在波动的水面上,水会从排木之间的空隙和筏的四周涌上来,打湿乘员和货物。

靠集合多根树木的自身浮力获得载重量是筏的技术本质,从浮力的获得方式看,其原始性就在于仅靠树木的自身浮力,还未达到通过加工浮物制造浮力的技术阶段,所以木筏只是原始渡水工具。

2. 刳木成舟是舟船起源的一次重大技术飞跃

独木舟由单段粗木刳挖而成,树木经火烧、砍削,挖空中间部分的木质而成为槽型空壳构件。由粗木段刳挖成的独木舟与用多根树木并排捆扎而成的木筏有质的不同,木筏是靠集合多根树木的自身浮力获的载重量,而独木舟通过挖空加工减轻自身重量,使得干舷增加,即提高了载重量。独木舟载重量的获取主要是通过对独木本身刳挖出水密空间所增加的浮力,也就是说,独木舟的主要浮力是人工制造出来的,它在本质上不同于木筏,它已脱离了原始渡水工具的范畴。

独木舟也是在不断地演变发展,例如,舟底两端起翘与首尾部削尖、多体独木舟出现、舟体多段接长和设置舷外支架等,但自身挖空减重的本质并没有改变,所以也称不上真正意义上的木船,因为它还未进化到木板船。独木舟是树木向木板船进化过程中的一个重要环节,独木舟的产生是舟船起源中制造浮力空间的一次重大技术飞跃。

3. 使用石锛制造独木舟意义重大

新石器时代已具备了制造独木舟的两个基本条件：火和石斧。制作独木舟时，先用燧石器打击出火，用火烧烤要削去的那部分木质使其成炭木，再用石斧砍削。当使用石锛剜挖时情况大为改观，因为石锛的刃边与石锛柄相垂直，而石斧刃边与斧柄平行，这种方向的不同使得石锛比石斧更适用于深挖作业。挖木是制作独木舟的主要作业，当用石斧发展到以采用石锛为主配合石斧进行剜挖加工后，工效得到了大幅度的提高。

据此，独木舟制作可分为用石斧的初始时期和用石锛的成熟时期，初始时期仅做到能够制造，而成熟时期达到了能有效制造。石锛的使用意义重大，它是独木舟制造技术的重大进步，它标志着新石器时代独木舟制造水平已到了成熟时期。当然，成熟时期的独木舟必定向木板船的产生靠近了一大步。

三、木板船的产生是独木舟发展的必然

1. 独木舟向木板船进化

在独木舟两旁加装水密拼连的木板就是向木板船演变进化，这是独木舟发展的必然趋势。木板剖制、构件连接和水密捻缝是产生木板船的三个技术条件。

1979年在上海川沙北蔡镇出土的川扬河隋代古船[2]，它的船底是一根挖有浅槽的独木舟，舷侧是5厘米厚的呈弧形的独幅木板，与船底钉接，接口填有油灰（见图1）。1975年在江苏武进县万绥乡出土的一艘汉代古船[3]，其底是由三段木材组成的一长条扁平厚实的木板，船侧是由独木剖开并挖空的半圆形构成（见图2）。这两艘出土古船的横剖结构图形象地展示了独木舟向木板船的进化。

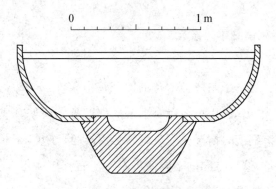

图 1　上海川沙川扬河隋代古船

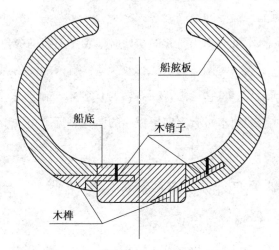

图 2　江苏武进县万绥乡汉代古船

2. 木板船的出现是舟船起源中又一次重大技术飞跃

独木舟靠剜挖加工减轻自身重量,可是受粗木段自身尺度的限制,舟体挖得再薄终有极限,增加的干舷必然是有限的,远远不能满足装载的要求,另外,独木舟极易倾翻不便使用。若在舟体两侧上缘加接舷侧板就能增大容积和载重量,如果继续增装舷侧列板并向高度和宽度扩展,容积和载重量亦随之急剧增加。木板船与独木舟虽然都是通过人工制造水密空间获得干舷,但不同的是,木板船在独木舟基础上通过加装两旁木板产生新的更大的水密空间,而独木舟只是通过在其本身挖空制造水密空间。

独木舟的挖空空间量对木板船而言是微不足道的,独木舟的干舷无法与木板船相比。可见,木板船的浮力产生方式与独木舟有着质的区别,木板船的出现是舟船起源中又一次重大技术飞跃。

3. 木板船才是真正意义上的木船

木板船的技术发展最具科学性。只有木板船才能使得木船的大型化和线型的多样化成为可能,促使木船向实用、经济、科学方向发展。所以,木板船才是真正意义上的木船。

木板船的产生是独木舟发展的必然。独木舟在向木板船演进的过程中逐步退化,原来的挖槽变得越来越浅,最终成为一根无槽、矩形截面的龙骨。龙骨两旁的木板朝两侧斜高方向加装,就成了尖底船;在龙骨两旁先水平地加装若干列木板后再向斜高或直高方向继续加装就成了平底船,原来的龙骨就是中心龙骨板,在其旁就是龙骨翼板,通常龙骨板略大于龙骨翼板。当然也有船底板是等厚的,如《南船记》[1]所记平底船"正底"的各路(即各列底板)尺度是相同的。因为平底船远离中和轴的船底横截面积相对于尖底船要大,对它的龙骨尺度要求自然可以有所减小,即便如此,也不能得出平底船是没有龙骨的结论,只是此时的中心龙骨板和龙骨翼板尺度相同而已。特别引起笔者注意的是,《南船记》所记"正底"的路数竟然全是单数,"正底"的中间一路不就是处于左右对称船底列板中心位置的龙骨板吗!这正好给独木舟向平底船发展作了很真实的注释。平底船由木筏演变而成的说法是缺乏技术依据的。

就木筏、独木舟和木板船获得浮力的技术可归纳如下:木筏依靠树木的自身浮力;独木舟靠挖空自身减轻自重;木板船靠向宽度和高度方向加装木板制作出排水空间而获得更大的浮力。就浮力的产生而言,独木舟产生和独木舟向木板船进化经历了两次重大技术飞跃。

四、跨湖桥独木舟凸显中国舟船文化的久远历史

跨湖桥独木舟"距今 7 500～8 000 年"[4]，是我国到目前为止出土的年代最久远的独木舟，堪称"中华第一舟"。它是中国舟船起源的重要实物见证，它证实了中国古代由最重要的自然浮物——树木，进化到了独木舟阶段的最早年代。它与在荷兰罗宁根（Graningen）的庞斯（Pesse）地区发现的经 C_{14} 测定年代为公元前 6315±275 年[5]的独木舟相比，虽不是最早但基本相当，起码也是世界上出土最早的独木舟之一。

同跨湖桥独木舟同时出土了"数件石锛柄、石锛、石器崩片、砺石"[2]，既然当时已有了石锛柄、石锛，这就表明，杭州萧山跨湖桥出土的 7 500～8 000 年前独木舟应是新石器时代制造独木舟的成熟时期产品，据此可以断定，跨湖桥独木舟绝不是中国最早制造的独木舟，只是用火和石斧制造的初期独木舟尚未见出土而已，这也是期盼所在。

跨湖桥独木舟的"东南侧堆放着许多基本与船体平行的木料与木板"[2]，说明当时已能制板，7 000 年前的河姆渡干栏式建筑表明，当时已具备了制板和木构件连接技术，尽管目前尚不清楚中国最原始的捻缝材料是什么和捻缝技术产生何时，但跨湖桥独木舟的出土毫无疑问地动摇了木板船最晚也应是殷商时代的产物的推论[6]，表明木板船产生年代应该更久远。

跨湖桥独木舟凸显了中国舟船文化的久远历史，它精彩地展示了中国舟船演进中独木舟的特殊地位，它的发现出土显得格外珍贵。

参考文献

[1]（宋）沈莹：《南船纪》。

[2] 王正书：《川扬河古船发掘简报》，《文物》1983 年第 7 期，第 50 页。

[3] 武进县文化馆、常州市博物馆：《江苏武进县出土汉代木船》，《考古》1982 年第 2 期，第

373—376 页。

[4] 跨湖桥遗址考古发掘队：《跨湖桥遗址 2002 年发掘简介》，2003 年 1 月。内部资料，未经正式发表。

[5] Richard Woodman：*The History of The ship*，Conway Maritime Press，1997，p. 11.

[6] 杨槱：《中国造船发展史》，《中国造船工程学会 1962 年年会论文集》（第二分册），北京：国防工业出版社，第 2 页。

原文收录于《跨湖桥文化国际学术研讨会论文集》，（北京）文物出版社，2012 年 9 月第 1 版，第 148—152 页。

议古沉船本身的文物考古价值

一、古沉船本身是最重要的文物

船舶是水上运载工具，通过它才能实现物质和人员的海上交通，才有海外贸易和人文交流，因此，古沉船必定是海外交通史研究的重要考古对象。古沉船对航海史、海外交通史、海外贸易史、海外人文交流史及造船技术史的研究价值是不可低估和不可取代的。尤其对造船技术史，它是最直接的考古文物。古沉船如果是在满载航行中沉没的，那么，当它出土（或出水）时必将伴随着大量文物的出土（水），这些文物中不乏价值连城的珍品，这已被许多古沉船的发掘所证实。不过，光看到这些出土文物是远远不够的，也是很片面的，因为古沉船本身相对船载物而言，它是体型最大、最珍贵、最重要的文物。考古工作者对古沉船必须要有这样的认识，也只有有了这样的认识才能把对沉船本身的考古放在应有的位置，才能避免和减少在古沉船考古中产生不必要的损坏和无意中的失误。

二、中国古沉船考古研究硕果累累

中国古代水上航运发达，造船技术先进，历来沉船颇多，这些出土的古沉船以及船舶属具等实物与史料记载从不同的侧面互为补充和印证，让中国古代许多先进造船技术得以生动的展示。例如，中国的平衡舵和可升降舵、带有流水孔的水密隔舱壁、防摇的舭龙骨和最早的车轮船等，这些技术发明牢固地确立了中国古代造船技术在世界造船史上的领先地位；可驶八面风的船帆和可倾倒的帆樯、具横杆的木石碇和木锚、各种结构的连接和补强等，无不显示了中国古代船匠的聪明才智。自 1956 年山东梁山出土一艘明代河船以来，相继出土了不少古沉船，今年又有一艘元代河船在山东菏泽出土，引起了广泛关注。1974 年福建泉州宋代海船的出土引发了古沉船考古研究的首次高潮，近期的"南海Ⅰ号"和"南澳Ⅰ号"古沉船水上考古更是举世瞩目。陆续出土的古代海船有宁波宋代海船、泉州法石宋代海船、象山明代海船、两艘蓬莱明代海船和韩国新安出土的中国元代海船，极大地丰富了中国古海船考古资料。现已探明的中国古沉船不论河船还是海船何其之多，近 50 年来中国古沉船不断出土（水），真可谓中国古沉船考古高潮迭起，考古研究硕果累累。

为了更好地说明问题，有必要对凸显沉船考古的价值且与海外交通史密切关联的几艘具有一定代表性的出土古代海船的技术考古作些简要介绍。

泉州宋代海船惊现难得见到的多重板结构，它科学地解决了为满足船体强度需要增加板厚与弯板工艺的矛盾；它的 V 型横剖面展示了福船的尖底船型特征；它的船体复原长与宽之比仅为 2.52，这种短而宽的船型也得到多艘其他出土沉船的证实，有力地否定了因为郑和宝船过小的长宽比（只有 2.47）与一般认知不符，进而怀疑《明史》对郑和宝船尺度记载有误的错误论点。该船的龙骨结合处凿有"七星伴月"状排列形式的放置铜镜、铜钱的"保寿孔"，这正是福建造船的传统民俗。

宁波宋代海船 1979 年 4 月出土于宁波市东门口，沉船发现的减摇龙骨（舭龙骨）比国外早出现约 700 年。该船在较长隔舱的前后舱壁之间加有肋骨，这种称作"舱间肋骨"的结构也是首见于此。

1982 年出土的泉州法石宋代海船在隔舱板与舱底的连接加固采用了木钩钉（舌形榫头），说后来的铁（挂）锔是对木钩钉（舌形榫头）的模仿不无道理。

1994 年在宁波象山县涂茨镇出土的象山明代海船上呈现的贯通"除首尾尖舱外的全部隔舱"的舱底板纵梁在其他出土古船未曾见到过。在舱底板纵梁上面铺设舱底板，就是载物平台，铺板下面可置压载重物。

1984 年和 2005 年先后在山东蓬莱出土的元末明初和明代的两艘蓬莱海船,在龙骨与首柱和龙骨与尾龙骨的端接处上方加置龙骨补强材,这非常科学,不仅增加了端接断面处的横截面尺度,并有舱壁作强有力的支撑。象山明代海船也有类同的龙骨补强材结构。

新安元代海船虽然出土于韩国,但其许多技术特征表明,它是一艘中国元代海船。新安海船反映了元代中国与朝鲜半岛的海上贸易和文化交流。

三、水下古沉船考古中的两颗海上明珠

水下考古是指对包括了沉船、海港、海洋聚落等人类海洋活动的遗物、遗迹进行全方位考察的过程,它包含了遗址的定位、测量、照相和绘图,水下考古对技术的要求要比陆上考古高得多。20 世纪 60 年代以来,随着轻潜技术被应用,考古学家沉潜水下进行考古成为可能,并得到迅速发展,开拓了考古学全新的领域——水下考古。发现最多的水下遗物、遗迹是沉船,因此最多见的就是水下沉船的考古。

中国水下考古工作始于 20 世纪 80 年代,1980 年成立了中国唯一的国家级水下考古专业机构——水下考古研究中心,虽然起步较晚,但水下考古取得可喜的成果已令世人瞩目。尤其“南海Ⅰ号”沉船整体出水的打捞方式取得成功是世界首创,中国水下考古从而跻身于世界先进行列。

“南海Ⅰ号”于 2007 年 12 月 22 日在广东省川山群岛的上川岛与小川岛间海面成功出水。“南海Ⅰ号”是在水下装入一个沉箱里的,现连同沉箱一起入驻位于阳江的为它特建的“水晶宫”里,以保护沉船和船载文物。根据已打捞出来的文物初步判断,这是一艘南宋远洋贸易船。该船体型尺度较大,船体相当完整,船载文物极其丰富而且不乏精美极品,水下初步观察已获得木石碇的石质碇杆等很有研究价值的技术信息。

2010 年 4 月在广东汕头市南澳县半潮礁海域发现的明代沉船定名为“南澳

Ⅰ号",沉船很完整,在水下抽泥清理中显露出隔舱板,隔舱板之间整齐地码放着一摞摞保存完好的瓷器,在水下考古中发现了大量的青花瓷。"南澳Ⅰ号"还在海底,等待不久的将来打捞出水,据悉"南澳Ⅰ号"的打捞方案尚未最后确定。

"南海Ⅰ号"和"南澳Ⅰ号"都是远洋贸易商船,它对广东古代航海史和海外交通史有着不可低估的文物研究价值,它是进行"海上丝绸之路"研究的最直接史料。这两艘相当完整的古代远洋货船更是古代造船史研究中不可多得的实物资料。"南海Ⅰ号"和"南澳Ⅰ号"是水下古沉船考古中的两颗海上明珠,虽然目前还不能看到它们的真面目,但人们对它们寄予极高的期盼,若能发现航海使用的"指南浮针",将是世界级的文物出现!

四、对古沉船考古研究的认识

对出土文物的考古是一项多学科多专业的综合性的学术研究,作为最重要文物之一的古沉船本身,对它的考古也当如此。如何正确认识沉船本身的文物考古价值是值得各界关注的问题,笔者由古沉船特性出发,提出几点肤浅认识。

其一,由于出土(水)古沉船的真实性和可靠性,使得对它的考古发掘成为研究船舶技术史的重要途径。因为中国古代历来轻视技术,古文献中极少有技术方面的记载,在文人所撰史料中,对技术不是一字不提就是一笔带过,即使有所提及,也只是非常笼统的短短几句概括性的记载,更不用说详细描述了。所以,造船技术史的研究光靠文献史料是远远不够的。出土(水)古沉船非常直观生动,直接展现造船技术的真实模样,用它对照文献史料的记载加以研究,就容易认识古船的历史真面貌。

其二,沉船考古涉及的专业学科更为广泛,它涉及造船、航海、水文、气象、地理、天文、测量、生物、材料、贸易、人文历史等,它不仅仅是考古专业的,也应是各相关专业的工作。它的研究成果是各学科相互配合、相互融合、相互印证、相互补充、互相支持的合作研究结果。出席沉船考古学术会议活动的专家学者通常也是来自众多学科领域。不同专业与考古研究之间的关系是一种相互不可取代的紧密合作关系。

其三,古沉船作为文物,它的出土完整性往往较差,较多的出土沉船通常只残留船底部分,尤其船体突出部分的桅、帆、锚、舵等船舶属具更易受损,一般很难随沉船同时出土。这是因为古代木质沉船及其属具除长时间水浸外还常受到由多种原因引起的不同程度的损坏,例如,木船遭受不正常外力(如风浪、碰撞、搁浅、火灾、战争等),海损沉没海底后遭受海流、泥沙、海生物的损害,沉船被水面船舶抛锚无意触及,还有水下文物偷盗者的偷盗和人为破坏等。目前出土最完整的要算梁山明代河船了,它的船体完整到甲板俱在,真是难得。不过它的桅、帆、舵未曾见到。

其四,木质古沉船在打捞发掘和出土过程中往往会受到一定的外力作用,因而极易受损和变形,这无疑给出土沉船的考古和复原造成困难。

其五,对长期浸泡在水里的沉船出土(水)后的保护是一项难度大、技术要求高且非常专业的文物保护工程,这是不言而喻的。

其六,从事古沉船考古的人员掌握一定的古船知识非常必要,从现状来看,这方面可能还是比较薄弱的。若沉船考古人员缺乏古船知识,就难免在考古中会忽略出土古船的一些结构特征、连接方式、接缝的捻缝材料等技术细节;对可能散落在沉船附近的沉船的桅、帆、锚、舵等属具没能引起应有的关注和对沉船受损部位的遗存观察记录不详等,这无疑为沉船考古带来损失。

其七,沉船复原研究难度较大。沉船不同于碗、盆、碟、缸等陶瓷器具有360°的回转轴对称性,复原难度相对较大。船舶只具有左右的面对称,正如前面所述,沉船通常只残留船底部分而且存在因各种原因引起的变形,若沉船首尾残缺较多,其首尾的复原难度相比之下就更大。由于船舶的线型不同,沉船的复原船宽和型深较难得出精确值,各学者各自依据船型特点和船舷板形状延伸趋势得出的复原数值往往不尽相同,这也不足为奇。

其八,对沉船考古的某些结论有不同的认识也是很正常的。由于学者的专业不同、所掌握的出土信息和史料不同、学者的学术水平与经验不同,甚至受到时代认知的影响等原因,对同一考古对象得出不尽相同甚至相反的结论,这正说明考古的全方位深入研究和多学科学术研讨的重要性。学术界存在不同的学术见解并不可怕,只要是通过学术研讨和学术争论来探索历史真实面貌。若对重大考古的学术分歧避而不谈或不理不睬,这就不是学者应有的学术态度,是与学术发展背道而驰的。

五、古沉船考古内容丰富

古沉船考古涉及内容非常丰富。考古工作者通过对沉船的考古研究必然会企图对几个主要问题作出合理解释,这是很自然的。例如,① 沉船是何种船型与船种? ② 沉船建造于何地? ③ 沉船从何地来向何处去? 即沉船的航线。④ 古船因何种原因而沉没? ⑤ 沉船断代有何文物依据? ⑥ 船主是谁? ⑦ 沉船的文物研究价值何在? ⑧ 沉船的历史地位如何? ……

除这些问题外,就沉船本身技术而言,同样有许多方面问题欲通过对沉船的考古研究获得解决,例如:

1. 尺度与船型——沉船残存尺寸和复原主尺度以及排水量与载重量;

2. 总布置概貌——主体的分舱与舱室分布及其大小,上层建筑的形式与布置,帆、桅、绞车及缆索等属具在甲板面上的分布位置等;

3. 整体结构及其特征——包括船底、舷侧、甲板及龙骨、大橹、舱壁、首端与尾部、舱口等部位的结构;

4. 构件连接方式——构材的端接与边接、舱壁与船壳连接、桅与桅座连接、舱口围板连接等;

5. 构件连接用钉和捻缝材料——各种榫、木钉、铁钉、销钉、锔钉等和捻料的成分比例及制作;

6. 各部位结构构件的尺寸和采用的材料——船壳、龙骨、桅杆、舵杆、木锚等尺寸和用材;

7. 古沉船的推进、操纵、系泊等设施——锚、舵、桅、帆等船舶属具的尺寸、结构、材质和使用。

以上所述再次说明：沉船考古工作者掌握古船知识的重要性，造船技术史学者应该成为沉船考古的重要工作者之一，对沉船本身的考古来说，他们往往能提出比较专业的合理见解、建议和判断，相信他们定能在考古中发挥更大的作用，更有作为。船史学者同样需要更多地学习考古知识，虚心向考古学者学习，只有这样，才能与考古学者在古沉船考古中默契配合达到有效工作的目的。

结语

愿中国的古沉船考古更上一层楼。

原文收录于《携江海文明　品海上中国——2013 宝德中国古船研究所五周年年会论文集》。

从珠海宝镜湾遗址看岭南史前舟船文化

珠海市博物馆在高栏岛文物调查时,于 1989 年 10 月 4 日发现了宝镜湾摩崖岩画和山坡至海滩上的遗址,并于 1997 年 11 月 17 日起,至 2000 年 6 月 9 日共进行了四次抢救性试掘和发掘工作,取得了丰硕的考古成果。珠海宝镜湾文化遗址出土的石网坠、石锚和在出土陶器及摩崖岩画上出现的波浪纹饰,特别是摩崖岩画上出现的船舶形象图案,无不反映了岭南先民生动的海上生活,它们是研究岭南海洋文化和舟船文化的极其珍贵的考古资料。宝镜湾史前文化遗址强烈地透析出浓厚的史前岭南舟船文化气息,岭南地区的珠江与黄河、长江共同孕育了中国的舟船文化和海洋文化。

一、宝镜湾摩崖岩画中的岭南海船

《珠海宝镜湾海岛型史前文化遗址发掘报告》[1]提供了丰富的出土考古材料,汇编在《珠海考古发现与研究》一书中的徐恒彬、梁振兴的论文《高栏岛宝镜湾石刻岩画与古遗址的发现和研究》,[2]对宝镜湾摩崖岩画有专论,本文先就宝镜湾摩崖岩画中的岭南海船展开讨论。

1. 宝镜湾摩崖岩画

摩崖岩画是宝镜湾遗址文化的重要组成部分。

"宝镜湾岩画是中国南方地区面积最大,内容最丰富的早期岩画,在我国东南地区乃至全国岩画中都占有突出的地位"[3]"……宝镜湾岩画是在花岗岩石上凿刻制作……宝镜湾岩画凿刻线条繁缛,线条的宽度多为3～4厘米,最窄的地方也有1厘米,凿刻深度也有在1厘米"[4]。

对宝镜湾岩画的年代,在广东省文物考古研究所、珠海市博物馆编著的《珠海宝镜湾海岛型史前文化遗址发掘报告》[1]第五章第五节"从遗址内涵看岩画的年代"中有如下论述:

"宝镜湾遗址可分为三期,其中一期文化属新石器时代晚期早段;二期文化属新石器时代晚期晚段;三期文化已进入本区青铜时代早期,即相当于中原地区的商时期。至于宝镜湾岩画的年代,我们认为与宝镜湾遗址的第二期和第三期相当。"[5]"其中藏宝洞东西壁岩画的年代与遗址第三期相当……根据北京大学加速器质谱实验室进行加速器质谱(AMS)14C测试的四个数据结果,可将宝镜湾岩画的绝对年代推定在距今4 000年前后。"[5]按此推定的年代,宝镜湾岩画对探索史前岭南舟船文化具有极其重要的价值。

2. 岩画中的岭南海船

据《珠海宝镜湾海岛型史前文化遗址发掘报告》和徐恒彬、梁振兴的《高栏岛宝镜湾石刻岩画与古遗址的发现和研究》一文所论,在宝镜湾遗址范围及周邻共发现可以辨认具有船形的石刻岩画有"天才石""大坪石""藏宝洞西壁"和"藏宝洞东壁"岩画4处。

1)"天才石"岩画,"有认为是'一个船形、二个人和三个看不清的图形'"[6],在"两个人形的左上部有一个船的图形,船长85厘米,船头细长尖翘,头顶装饰似鸟头,船身以两条线构成,后部竖一条长竿,竿高75厘米,竿上向后飘一旗幡之类的物体,有人认为是船桅和帆,船尾呈方形,船下刻水波花纹"[7]。可惜的是"此石亦因填海工程毁去"[6]。

2)"大坪石"岩画,"岩石东西长5米,南北宽3.3～4.3米。凿刻画面为一条大船,船前有一群人和少量动物,线条粗而抽象,惟半条船形较形象。"一说认为是"聚集海岸的人群庆祝出海大船的归来"[6]。"画面高约 1 米多,面宽约 3 米多,船高 35 厘米,长 150 厘米"[6]。

"岩画的中心内容环绕着一条大船,船头有'龙头'似的装饰,船高 0.35 米,长 1.5 米,船前聚集 20 多个人物和少量动物:人物和动物大小不等,高在 17 厘米至 35 厘米之间,船停岸边,人在岸边绕着船欢庆,左前部有二人沿跳板往船上爬,下面是聚集海岸边的人群,人群中可看出手舞足蹈的多种人物形象,有的侧立摆动,有的伸臂正舞,有的甩手斜舞,有的屈肢跪拜,有的似小孩蹦跳,有的似狗等动物,内容应该是庆祝大船出海归来,构图比较随意,船、人物、动物的线条简单、粗糙,用敲打,敲凿的原始方法雕刻而成。"[8](图 1)

图 1 "大坪石"岩画

3)"藏宝洞西壁"岩画,"风化侵蚀比较严重,岩画多数朦胧不清,难以显现和恢复石刻画面的本来面目。从残存的部分线条观察……雕刻有船、人物等图形"。[8]

4)"藏宝洞东壁"岩画,"是宝镜湾岩画中画面积最大、内容亦最为丰富的一幅,画面宽 5 米,高 2.9 米。以凿刻繁复迂回的线条,半形象半抽象地表现了船、

人、动物等组成的图案,其手法和意念令今人浮想联翩,赞叹不已"[6]。(图 2)
"整幅画面以船为中心……有四只船在海中排列,大小不一,花纹不一,形状相
似,均为两头尖,底近平。右上方的船(注:简称"1 号船")最为明显,船的两头尖
翘,船边和船底平直,船身正中近船舷处刻饰两个相连的云雷纹,中部刻一条水
波纹,靠近船头处的水波纹变成云雷纹,船体的下面刻成波浪状,波浪中有三个
向右勾斜的勾连云雷纹,船的上面,中间为相对的卷云纹,两边有一些无法辨认
的线纹,这些纹饰可能与行船的天气有关。"[8]

图 2　"藏宝洞东壁"岩画

"右上方船的左下方为画的正中,有一大一小两只船头尾相交错,小船在左
上方(注:简称"2 号船"),大船在右下方(注:简称"3 号船"),大船的船头尖翘,头
顶分三个尖,船体较深,船身刻三个云雷纹,形似三只眼睛的兽面纹,船下的花纹
和生物难以辨认,船的上面有四个人,三人手上举,腿分立,一个侧身蹲立……小
船两头尖,船身刻鱼鳞形花纹。"[9]"左下部有一只大船(注:简称"4 号船"),大船
船身较长,船头尖翘,尖头向上伸出两角,角顶分枝相连,呈倒三角形,船身有曲
折形装饰花纹,船尾上翘,平顶上有一圆头;船中站立一人……"[9]

3. 岩画中的岭南海船研讨

由上引文可知,宝镜湾摩崖岩画共有 7 条船,除了"天才石"岩画"因填海工程毁去"[6]和"藏宝洞西壁"岩画因"风化侵蚀比较严重,岩画多数朦胧不清,难以显现和恢复时刻画面的本来面目"[8]外,在"大坪石"岩画中有"一条大船"和"藏宝洞东壁"岩画中有"四只船在海中排列"[8],即可见到五只凿刻在石壁上的海船形象。笔者对此可见岭南海船形象的宝镜湾摩崖岩画作如下研讨。

1) 船上有用作挂帆的船桅结构

笔者辨认岩画刻纹后认为,"大坪石"岩画(图 1)中的"一条大船"船首前倾,抽象的画面上显示的是一条船无疑,但在船上刻有互相垂直的一根竖杆和一根横杆,横杆上悬挂之物就其图形来看确实不像是风帆,是何物呢?却也难以辨认。不过从其位置和架式来看,竖杆立于船中正,是船桅的位置,在竖杆顶上部位处的横杆与其垂直组成船桅结构,它是最合情理的挂帆结构。若此船桅结构不是用作张挂风帆,那么又作何用? 此竖杆不可能是用作拉纤的牵桅,因为拉纤适合于逆流和平水的航道,多见于内河船舶,在海边并不适用,再说设置横杆与拉纤毫无关联,画面显示的横杆比竖杆还长,这又该作何理解呢? 岩画上的船桅结构唯用作张挂风帆的才能得到合理和有据可论的解释。毋庸讳言,毕竟在画面上未见到风帆,此说具有一定的推测性,不过尽管如此,既然此桅不可能是纤桅,那么有桅应有帆的推理当能接受。如果由此认为"大坪石"岩画(图 1)中的"一条大船"是一艘帆船可以成立的话,那么,关于中国船舶风帆出现的年代,"据诸多学者考证,从文献和文物两方面求索,在战国时期,风帆已出现"[10]的结论就向前推近 2 000 年左右。至于"天才石"岩画中"凿刻画面为一条大船,后部竖一条长竿,竿高 75 厘米,竿上向后飘一旗幡之类的物体,有人认为是船桅和帆"[7],实因"此石亦因填海工程毁去"[6]而未能见到画面,也没见《珠海宝镜湾海岛型史前文化遗址发掘报告》和徐恒彬、梁振兴的《高栏岛宝镜湾石刻岩画与古遗址的发现和研究》一文有发表或引用图片,也就无从研讨了。

2）尚难定论是甲板船

在"藏宝洞东壁"岩画上可以见到"四只船在海中排列，大小不一，花纹不一，形状相似，均为两头尖，底近平"[9]，尤其1号船"最为明显，船的两头尖翘，船边和船底平直"[9]，不过不能据此就认为它们是尖头、尖尾和平底的船，因为岩画显示的仅是船的侧视图像，从视像原理来说，它们也完全有可能是平首平尾或尖首平尾船；也完全可能不是平底而是尖底的船。

岩画船上有一条上边线，所说"船边……平直"[9]应是指上边线"平直"，从画面上看，上边线在中段"平直"，意味着该段的纵向比较平直。这条中段平直、首尾弧形高翘的上边线表示什么？与上同理，画面上的上边线有两种可能，这就是甲板边线或舷边顶线。若画中的上边线是舷侧板的舷边顶线，则它是敞口船；若岩画上的上边线是甲板线，则它是甲板船。船舶有没有甲板，在侧面图上的反映都是一样的一条上边线，所以有上边线不能说明船舶一定具有甲板。可见，岩画上的上边线究竟表示了什么，并不清楚，因此岩画上的海船是否具有甲板还难以确定。笔者以为，若直接在上边线上有人物或建造物的形象，那就容易确定其为甲板边线了，但从宝镜湾摩崖岩画中的岭南海船图像上边线上的纹饰看，有点是似而非，难以得出明确的结论。3号船"船的上面有四个人，三人手上举，腿分立，一个侧身蹲立"[9]，似乎不像是直接站立和蹲立在甲板上，而4号船"船中站立一人"[9]，也较难认定是直接站立在船的上边线上，只能说是有这种可能，但不能肯定。若画面上的上边线确实是甲板边线，则中国古船甲板的出现年代将由当前船史学界认定的战国时期大大地提前到距今4 000年之前。

3）不是独木舟而是木板船

舟船的技术发展演变是由独木舟向木板船进化，"在独木舟两旁加装水密拼连的木板就是向木板船演变进化，这是独木舟发展的必然趋势"。"独木舟靠刳挖加工减轻自身重量"，而"木板船在独木舟基础上通过加装两旁木板产生新的更大的水密空间"，"木板船的出现是舟船起源中又一次重大技术飞跃"。"只有木板船才能使得木船的大型化和线型的多样化成为可能，促使木船向实用、经济、科学方向发展，所以，木板船才是真正意义上的木船。""木板船的产生是独木舟发展的必然。"[11]

从岩画船形上看,船的上边线呈首尾高翘的弧线,上边线距船底线相对较高,即船舶型深较高,船形显示的长深比(即船长与船深的尺度之比)要比独木舟小得多,也就是说,画面上的船比独木舟有大得多的干舷。这正是木板船与独木舟外形尺度上最明显的差别,足见岩画上的船早已脱离了独木舟的形态,当属木板船范畴的海船无疑。从画面所显示船形的光顺曲线刻纹来看,这些海船似乎已具有一定的线型,已经不是简单的木板船了。

比宝镜湾遗址更早的跨湖桥文化遗址出土的"许多木料与木板"[11]和河姆渡遗址出现的干栏式建筑,已从根本上"动摇了木板船最晚是殷商时代的产物的推论"[12]。

宝镜湾摩崖岩画上的船形乃是至今最早出现的木板船的形象,也为中国距今4000年前就出现了木板船提供了有力的形象佐证。

还应指出的是,宝镜湾摩崖岩画的船舶的首尾起翘比船中高出很多,这表明先民已经认识到船舶纵摇时船的首尾容易上水的现象,为此而起翘首尾以适应在海上航行。

宝镜湾摩崖岩画中出现的岭南海船多达7艘,其中"画面宽5米,高2.9米"的"东壁岩画"面积不到15平方米,就有"大小不一,花纹不一"的,"四只船在海中排列",足见船舶在宝镜湾先人生活中起的重要作用。所以,宝镜湾摩崖岩画的岭南海船在中国造船史上的地位是不能低估的,还有许多课题值得深入研究。

4)中国最早的舟船形象

除宝镜湾岩画出现舟船图画外,1960在黑龙江海林县牡丹江右岸岩壁上发现的岩画上也有舟船,在画面的"右下为一叶扁舟,舟上左端有一人背坐作划船或把舵状,船中一人两手高举过顶,其上似为筐篓或撒渔网,船右端站立一人微屈身"[13],黑龙江博物馆指出,"由于缺乏对比材料目前还难以确定其年代"[13]。但王冠倬在《中国古船图谱》一书中认为它是"一独木舟"[14],遗憾的是,他对自己所说"相当于新石器时代后期"[14]的结论并未提供断代依据。据现有的史料看,仍可以说距今4000年前后的宝镜湾摩崖岩画中的岭南海船是出现最早的中国舟船形象。

二、宝镜湾文化遗址出土的石锚

"宝镜湾文化遗址出土一具,为椭圆形花岗岩砾石加工而成。沿短轴外部凿出一周较深的用于系绳的凹槽,槽宽2.5厘米,深0.5～1.1厘米。器体长径33厘米,短径27厘米,厚13厘米,重18.5公斤"[4],"大型石锚……年代是距今4 000多年"[15]。(见图3)

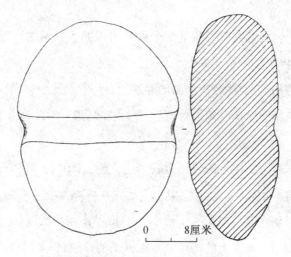

0　　　8厘米

图3　宝镜湾文化遗址出土船用石锚

锚是泊船工具,锚的出现是船舶技术的一项重大进步。石锚是指全石质的船锚,古代称石锚为"碇",亦称作"矴"。石锚是最原始的锚泊设备,用长绳一端系住石块,绳索的另一端系在船上,当石锚抛入水底依靠石头的自身重量和它与水底的吸附力、摩擦力通过绳索拉住船舶使其不能移位。当船在开阔水面停泊时,就将大石头抛入水底,用作固定船位,即是古代"系石为碇"。后来出现的以锚爪的抓力为主要系泊力的有爪锚是锚泊技术的飞跃。石锚的出现显示了先民已使用最原始锚泊工具——石碇来达到在水面上停船的目的。

作为碇石的石块从石锚的技术上来说，可分为未经加工的原石块和经加工过的石块。未加工的原石是装在编织网兜里的，实践经验告诉我们，网兜里的石块在水底被拖移时，网兜绳索在受石块重压下与海底直接摩擦极易损断，致使网兜损破，碇石漏出。若在石块上作凿孔或挖槽的简单加工以供系绳之用，显然情况大为改善，宝镜湾遗址的石锚就属此类。但是宝镜湾石锚的系绳槽挖在石块的中腰处，其目的在于系绳不易从槽里滑出。从石块系绳角度看，挖槽不如凿孔，当然挖槽加工易于凿孔，若在靠近长形石块的一端部位凿孔，当石块被绳索穿孔系住后抛落水中，则使石块成落锤状态从而提高了入土效果。足见，经加工过的石锚要比未经加工的在技术上有了很大进步。

1985 年于"江苏赣榆县大港头村徐阜村附近曾先后出土五件秦代石碇"[16]，这些石碇重量都比宝镜湾石锚大得多，但宝镜湾文化遗址出土的距今4 000 多年的石锚"是迄今为止所发现的南海地区先秦时期最大的一件石锚"[17]是应该肯定的，它与浙江余姚河姆渡遗址的新石器时代晚期的石碇年代基本相当，当属我国发现最早的石锚之一。

与宝镜湾同在珠海的"珠海平沙棠下环遗址"[18]中也有石锚出土，只是"与宝镜湾遗址所出石锚相比，形状与制法都大体相似，只是形体稍小而已"[18]。还有，"在香港新界屯门西部海岸的涌浪遗址"出土了一具"香港大石锚"[18]，其"长径 24 厘米，短径 18.7 厘米，厚 14.4 厘米……这个遗址的年代大体距今 3810—4170 年，石锚的年代也在此之间"[18]，这些出土石锚足以说明宝镜湾石锚不是个例。锚的系泊力大小与锚重成正比，其值大小也与水底地质性质有关，在单锚重量不足的情况下舟船也会配用多锚。

锚是船的属具，它和船是紧密关联的，它是舟船文化的重要标志之一。

三、宝镜湾文化遗址出土石网坠

"宝镜湾遗址出土与航海捕鱼有关的石坠形器 1 195 件……根据重量的不

同与形状特点……分为常规石网坠、沉石、石锚、穿孔石坠等四大类。"[19]除了前面提到的一具石锚外，其中有"常规石网坠共 1 096 件，是目前国内单个遗址出土史前网坠最多的一个古文化遗址之一。网坠……是网的部件。通常网坠不是单独使用，而是多件配合使用，系于编织而成的网衣的边缘，使网能张开并下沉，以达到网罗鱼类（猎物）的目的"[20]。"大于 500 克的石坠定名为沉石。出土沉石共 59 件。沉石也是渔网的部件，与常规形制的网坠的使用方法大致相同。"[20]还有"穿孔石坠……39 件"。[17]考古发现，在珠江口地区还有有许多遗址出土石网坠。

宝镜湾遗址是目前出土史前石坠数量最多、密度最大的遗址之一。石坠的"年代范围在新石器时代晚期至夏商之间"[21]。石网坠是古代的网鱼工具，宝镜湾文化遗址出土如此之多的石网坠足以表明，捕鱼是宝镜湾一带先民们的重要活动之一，与之必有不少用作捕鱼的船舶存在。

四、宝镜湾文化遗址岩画和出土陶器中有水波纹饰

宝镜湾岩画中出现水波状和波浪形凿刻，例如，在"天才石"岩画中的"两个人形的左上部有一个船的图形……船尾呈方形，船下刻水波花纹"[7]；在"藏宝洞东壁"岩画的"右上方的船……中部刻一条水波纹，靠近船头处的水波纹变成云雷纹，船体的下面刻成波浪状"[9]。

岩画中的水波纹是与船的图形结合在一起刻绘的，并且波纹在船的下面，这表明了船在水面上，这些波浪形状的水波纹无疑是水波的艺术反映。

在宝镜湾岩画的一幅"宝镜石"岩画中也"凿刻三条略作微弧的横线，似乎象征波浪形的海水"[4]。

宝镜湾文化遗址出土的陶器上有不少水波纹饰。在"宝镜湾遗址出土的陶器比较丰富"，"以 4B 层和 H21、H26 为代表"的陶器"纹饰以刻纹与划纹组合为主……有……凹弦纹、波浪纹弧线纹"；"以 4A 层和 H9、H22 为代表"的"器类有

釜、器盖……等","纹饰仍以刻纹、划纹为主……划纹一般多施于釜肩部,深浅不一,呈网格状、弧线……小波浪……多种多样……贝划纹以多道弧线组成水波、's'形纹等,颇有特色。"以3B层和H2、H5、H28为代表"的"釜的口沿及折领部位一般施贝刻纹,通常是先贴泥条后施纹,呈水波状或波浪状"。"以3A层和H10、H14为代表"的"釜的……唇外及折领部位、肩部……有双层小波浪纹、双层反向水波纹……"[22]

现将宝镜湾遗址出土刻划有水波状和波浪纹饰陶器列表如下:

宝镜湾遗址出土刻划有水波状和波浪纹饰陶器表

序号	器名	标本号	纹饰刻划	资料来源*
1		H21:01	主体纹饰……下面一组为波浪纹。	P43
2		H14:01	纹饰为划纹,折领处为一圈小波浪纹,器身上为复线大波浪、小波浪和凹弦纹组合。	P45
3		T21③B:01	肩部和折领部位各一道划纹,呈小波浪状。	P47
4		T9③B:138	肩部施较深的划纹,可见复线凹弦纹、多重半个"回"字纹及小波浪组合。	P47
5		T26②B:01	肩部残存纹饰可见复线波浪纹。	P49
6		T21③B:02	折领处……上为划纹,呈波浪和短弧线状。	P49
7		H5:01	肩部为划纹,呈小波浪和凹弦纹样。	P50
8	釜	H5:03	肩部施划纹,为间杂一周小波浪纹……折领部位也施一周小波浪纹。	P50
9		T19③B:01	折领部位……纹饰,均呈水波状。	P50
10		T11③A:01	划纹,近唇部呈小波浪状。	P50
11		T24③A:03	颈部……凸棱……施纹,呈凹弦纹和波浪纹样。	P52
12		H10:01	唇外凸棱上为贝划纹,呈水波状。	P53
13		T9③B:24	折领处为一周小波浪纹。	P55-56
14		T13③B:01	肩部纹饰……施以多道波浪纹。	P57
15		T29③A:01	唇部和折领部位……施以贝划纹,呈双层反方向的水波状。	P57

（续表）

序号	器名	标本号	纹饰刻划	资料来源*
16		T15③A:01	唇部施贝划纹,呈双层小波浪纹,折领部位亦施贝划纹,呈双层反方向水波状。	P57
17		H27:01	束颈下缘有一周凸棱,凸棱下为贝划纹带,呈波浪状。	P57
18	器盖	T9③B:35	器盖口沿由两圈凹弦纹和一圈小波浪纹构成。	P60
19		T11③B:05	盖顶……可见细斜线纹、小波浪纹。	P66
20	圈足盘	H22:4	划纹为盘口处一周波浪纹。	P70
21	钵	T9③B:01	上腹部有一周划纹,呈双线波浪纹。	P76
22		T12④B:11	纹饰为贝划纹……中腰为双层波浪纹。	P80
23	器座	T16③B:02	纹饰为划纹……凸棱以上纹饰由小波浪和双线圈纹组成,束腰的上缘有两周细小波浪和一周凹弦纹。	P80
24		T12④B:4	外壁施划纹,为双道竖线纹和双道相同纵向波浪纹组合。	P80
25	未名器	H26:01	主体花纹……有……波浪纹。	P88
26		T9③B:156	上施贝划纹,呈小波浪状。	P89

* 引自广东省文物考古研究所、珠海市博物馆:《珠海宝镜湾海岛型史前文化遗址发掘报告》,北京:科学出版社,2004 年 1 月。

　　仅以上表中序号 15 标本号为 T29③A:01 的一件陶器釜为例,见图 4 所示,其"唇部施贝划纹,呈双层小波浪纹,折领部位亦施贝划纹,呈双层反方向水波状"清晰可见。

　　出现在陶器上的波纹不能简单地看作一种单纯的几何装饰图案,因为宝镜湾遗址不仅在出土的岩画中出现的水波状和波浪形凿刻与船紧密相关,而且出土的刻划有水波状和波浪纹饰陶器达 26 件之多绝非偶然。不论出现在宝镜湾岩画上的还是陶器上的水波纹饰,应该都是先民们对随时能观察到的大海波浪景象在岩画和陶器上的艺术反映,也从另一个侧面反映古民对海洋波浪情有独

图4　一件陶器釜上的双层反方向水波状的划纹

钟,对海洋和舟船有浓厚感情。

五、浓厚的岭南史前舟船文化气息

宝镜湾文化遗址透析出浓厚的岭南史前舟船文化气息,可归结如下:

1. 宝镜湾文化遗址岩画出现的船舶图像是目前出现最早的中国舟船形象。

2. 宝镜湾文化遗址岩画出现的船舶有力地佐证了中国距今4 000年前就出现了木板船,它动摇了木板船最晚是殷商时代的产物的推论。

3. 宝镜湾文化遗址岩画的船舶图案上出现的船桅结构应该是用来挂帆的,若此说成立,则中国风帆的出现年代将推前近2 000年左右。

4. 若画面上船的上边线确实是甲板边线,则中国古船甲板的出现年代将由当前船史学界认定的战国时期大大地提前到距今4 000年之前。

5. 宝镜湾出土的石锚是中国最早的锚泊工具之一,是迄今为止所发现的南海地区先秦时期石锚中最大的一件。

6. 宝镜湾出土的石网坠是先民海上捕鱼工具的遗存。

7. 刻划在岩画及出土陶器上的波浪纹饰是舟船文化的艺术表现。

8. 珠海宝镜湾文化遗址摩崖岩画上出现的船舶图案、石锚、石网坠和刻划在岩画及出土陶器上波浪纹饰不是孤立地出现，而是紧密有机关联的，这些都是珠海宝镜湾先民们海上渔捞生活的生动写照，是对岭南史前舟船文化的佐证。

9. 珠海宝镜湾文化遗址强烈地透析出一股浓厚的先秦岭南舟船文化气息。珠海宝镜湾文化遗址成为研究岭南舟船文化的极其珍贵的考古资料。

10. 尽管珠江流域与黄河、长江流域的舟船文化在时间和程度上不尽相同，但笔者以为，珠海宝镜湾文化遗址结合岭南地区考古发现出土的与舟船文化有关联的大量文物表明，岭南地区的珠江与黄河、长江共同孕育了中国的舟船文化。

参考文献

[1] 广东省文物考古研究所、珠海市博物馆：《珠海宝镜湾海岛型史前文化遗址发掘报告》，北京：科学出版社，2004 年。

[2] 徐恒彬、梁振兴：《高栏岛宝镜湾石刻岩画与古遗址的发现和研究》，收入珠海市博物馆、广东省文物考古研究所、广东省博物馆：《珠海考古发现与研究》，广州：广东人民出版社，1991 年。

[3] 同[1]第 160 页。

[4] 同[1]第 163 页。

[5] 同[1]第 170—171 页。

[6] 同[1]第 161 页。

[7] 同[2]第 283 页。

[8] 同[2]第 285 页。

[9] 同[2]第 287 页。

[10] 席龙飞：《中国造船史》，武汉：湖北教育出版社，2000 年，第 54 页。

[11] 何国卫：《跨湖桥独木舟与舟船起源》，杭州市萧山跨湖桥遗址博物馆：《跨湖桥文化国际学术研讨会论文集》，北京：文物出版社，2012 年，第 150—151 页。

[12] 同[11]第 154 页。

[13] 黑龙江省博物馆：《黑龙江省海林县牡丹江右岸的古代摩崖壁画》，《考古》1972 年第

5 期。

[14] 王冠倬:《中国古船图谱》,北京:生活·读书·新知三联书店,2000 年,第 14 页。

[15] 同[1]第 386 页。

[16] 同[14]第 73 页。

[17] 同[1]第 370 页。

[18] 同[1]肖一亭,宝镜湾遗址出土石坠的研究,附录六第 389—390 页。

[19] 同[1]肖一亭,宝镜湾遗址出土石坠的研究,附录六第 361 页。

[20] 同[1]肖一亭,宝镜湾遗址出土石坠的研究,附录六第 367 页。

[21] 同[1]肖一亭,宝镜湾遗址出土石坠的研究,附录六第 385 页。

[22] 同[1]第 33—37 页。

原文发表于《国家航海》(第七辑),上海古籍出版社,2014 年 5 月第 1 版,第 31—41 页。

议古沉船水下考古　探"小白礁Ⅰ号"沉船

古沉船有埋藏于现在已成为陆地或滩涂的地下和现在仍埋藏在水下两种地理环境，不同的沉船环境决定了工作难度的不同，水下发掘显然要比地下或滩涂发掘难度更大。对"小白礁Ⅰ号"沉船的发掘即属于后者。该船于 2008 年在浙江省宁波市象山县石浦镇渔山列岛海域被发现，先后于 2012 年 6～7 月、2014年 5～7 月完成船载文物发掘与船体拆解发掘工作，出水的船体构件已安全搬运至国家水下文化遗产保护宁波基地内专门开辟的沉船修复室，边保护边展示。

拙文对如何认识古沉船本身的文物价值有所议论，对"小白礁Ⅰ号"的考古研究也有所探索，亦望有所助益。

一、古沉船本身是最大型最重要的文物

船舶是水上运载工具，通过它才能实现物质和人员的水上交通，才有水上贸易和人文交流。因此，海上古沉船必定是航海史、海外交通史、海外贸易史、海外人文交流史及造船技术史的重要考古对象，它的研究价值是不可低估、不可取代的。尤其对于造船技术史，它是最重要、最直接的考古文物。古沉船出土（水）时，有的伴随着大量文物的出土（水），这些文物中不乏价值连城的珍品，这已被许多古沉船发掘所证实。不过，光看到这些出土文物是远远不够的，也是片面的，应该认识到，古沉船本身相对船载物而言，是体型最大的而且往往也是最重要、最珍贵的文物，只有这样认识才会把对古沉船本身的考古放在应有的位置，才能避免、减少在古沉船考古中产生不必要的损坏和无意中的失误。

中国古代水上航运发达，造船技术先进，历代航船很多，必然沉船也较多，这

些出土（水）的古沉船以及船舶属具等实物与史料记载互为补充，相互印证，生动展示了中国古代先进的造船技术。

中国古沉船考古研究成果充分说明了古沉船的文物研究价值。例如，出土沉船所显示出来的中国平衡舵和升降舵、水密隔舱壁、防摇龙骨等技术发明，牢固地确立了中国古代造船技术在世界造船史上的领先地位。可驶八面风的船帆和可倾倒的眠桅、具有横杆的木石碇和木锚、各种结构的连接和补强等，都显示了中国古代船匠的聪明才智。

近50年来，中国古沉船不断出土（水），考古研究硕果累累。1956年山东梁山出土一艘明代河船；1974年福建泉州宋代海船的出土，引发了古沉船考古研究的首次高潮；之后陆续出土的古船有浙江宁波和义路宋代海船、福建泉州法石宋代海船、浙江宁波象山明代海船、山东蓬莱明代海船、山东菏泽元代沉船、河南洛阳清代沉船、浙江宁波慈溪潮塘江元代沉船等等，极大地丰富了中国古船考古资料；新世纪以来的"南海Ⅰ号""南澳Ⅰ号""碗礁Ⅰ号""华光礁Ⅰ号"和"小白礁Ⅰ号"等古沉船的水下考古更是闻名遐迩，举世瞩目。

二、水下古沉船考古中的海上明珠

水下考古是指对包括了沉船、海港、海洋聚落等人类海洋活动的遗物、遗迹进行全方位考察的过程，它包含了遗址的定位、测量、照相和绘图，水下考古对技术的要求要比陆上考古高得多。20世纪40年代以来，随着轻潜技术的应用，考古学家沉潜水下进行考古成为可能并得到迅速发展，由此开拓了考古学全新的领域——水下考古。

中国水下考古工作虽然起步较晚，但取得的成果已令世人瞩目，尤其是"南海Ⅰ号"沉船整体打捞的成功，成为世界首创之举；国家文物局水下文化遗产保护中心的组建、"中国考古01"水下考古专用船的下水和国家水下文化遗产保护宁波基地的正式建成投用，进一步提升了我国水下考古与水下文化遗产保护的工作水平。

"南海Ⅰ号"于2007年12月22日在广东省川山群岛的上川岛与下川岛间海面成功出水。"南海Ⅰ号"是在水下装入一个沉箱里的,现连同沉箱一起入驻位于阳江为它特建的"水晶宫"里,以保护沉船船体和船载文物。根据已有的出水文物初步判断:这是一艘南宋远洋贸易船,其体型较大,船体相当完整,船载文物极其丰富,而且不乏精品。

2010年4月在广东汕头市南澳县半潮礁海域发现的明代沉船定名为"南澳Ⅰ号",该船很完整,在水下抽泥清理中显露出隔舱板,隔舱板之间大量、整齐地码放着一摞摞保存完好的青花瓷。

"小白礁Ⅰ号"与"南海Ⅰ号"和"南澳Ⅰ号"一样,都是海洋贸易商船,它们是水下古沉船考古中的三颗海上明珠,是"海上丝绸之路"研究最直接而重要的考古例证,是古代造船史研究不可多得的实物资料。

三、对古沉船考古研究的认识

考古是一项结合多学科、多专业的综合性学术研究,对作为重要文物的古沉船本身的考古是值得各界关注的问题。笔者由古沉船特性出发,提出几点肤浅认识:

其一,由于出土(水)古沉船的真实性和可靠性,使得对它的考古发掘成为研究船舶技术史的重要途径。因为中国古代历来轻视技术,古文献中极少有技术方面的记载,在文人所撰史料中对技术不是一字不提,就是一笔带过,即使有所提及,也只是非常笼统的短短几句概括性的记载,所以研究造船技术史光靠文献史料是远远不够的。出土(水)古沉船非常生动、直接地展现造船技术的真实成果,用它对照文献史料记载加以研究就容易认识古船的历史真实面貌。

其二,古沉船考古涉及的专业学科更为广泛,它涉及造船、航海、水文、气象、地理、天文、测量、生物、材料、贸易、人文历史等,因此它不仅仅是考古专业的,也应是各相关专业的工作,它的研究成果是各学科相互配合、相互融合、相互印证、相互补充、互相支持的结果。出席古沉船考古学术活动的专家学者通常也是来自众多学科领域,不同专业之间的研究是一种相互不可取代的紧密合作关系。

其三,作为文物的古沉船,它的出土完整性往往较差。笔者见得较多的出土古沉船通常只残留船底部分,尤其是桅、帆、锚、舵等船体突出部分的船舶属具更易受损,很少随沉船同时出土(水)。这是因为古代木质沉船及其属具除长时间水浸外,还经常受到由多种原因引起的不同程度的损坏,例如,木船遭受不正常外力(如风浪、碰撞、搁浅、火灾、战争等);海损沉没海底后遭受海流、泥沙、海生物的损害;沉船被水面船舶抛锚无意触及;还有文物偷盗者的人为盗掘破坏等。目前出土最完整的要算梁山明代河船了,它的船体完整到甲板俱在,真是难得,不过它的桅、帆、舵也未曾被发现。

其四,木质古沉船在发掘和出土(水)过程中往往会受到一定的外力作用,因而极易变形、损坏、残缺,这无疑给出土(水)沉船的考古和复原造成困难。

其五,长期浸泡在水里的沉船,在出土(水)后的保护是一项难度大、技术要求高且非常专业的文物保护工程,这是不言而喻的。

其六,从事古沉船考古的人员掌握一定的古船知识非常必要,从现状来看,他们在这方面可能还是比较薄弱的。若古沉船考古人员缺乏必要的古船知识,就难免在考古中会忽略出土古船的一些结构特征、连接方式、接缝的捻缝材料等技术细节,对可能散落在沉船附近的桅、帆、锚、舵等沉船属具没能引起应有的关注,对沉船受损部位的遗存观察记录不详等,这无疑会给古沉船考古带来损失。

其七,沉船复原研究难度较大。沉船不同于碗、盆、碟、缸等陶瓷器具有360°回转轴的对称性,对它们的复原相对沉船容易得多。船舶只具左右对称特征,而且沉船通常只残留船底部分,还存在因各种原因引起的变形,若沉船首尾残缺较多,其首尾的复原难度相比之下就更大。由于船舶的线型不同,沉船的复原船宽和型深较难得出精确值,学者各自依据船型特点和船舷板形状延伸趋势得出的复原数值往往不尽相同,这也不足为奇。

其八,对沉船考古的某些结论有不同的认识也是很正常的。由于学者的专业不同、所掌握的出土信息和史料不同、学者的学术水平与经验不同，甚至受到时代认知的影响等原因，对同一考古对象却得出不尽相同甚至相反的结论，这正说明考古的全方位深入研究和多学科学术研讨的重要性。学术界存在不同的学术见解并不可怕，通过学术研讨、学术争论和共同深入探索就能逐步接近历史的真实面貌。

四、古沉船考古内容丰富

古沉船考古涉及内容非常丰富。考古工作者通过对古沉船的考古研究，必然会试图对几个主要问题作出合理的解释，这是很自然的。例如，① 古沉船是何种船型与船种？② 古沉船在何地建造以及选用哪些木材？③ 古沉船从何地来向何处去？即古沉船的航线。④ 运输的货种包括哪些？⑤ 古沉船因何种原因而沉没？⑥ 古沉船断代有何依据？⑦ 船主是谁？⑧ 古沉船反映出哪些技术亮点？⑨ 古沉船的文物研究价值何在？⑩ 古沉船的历史地位如何？……

除这些问题外，就古沉船本身而言，同样有许多方面的技术问题需要通过古沉船的考古研究获得解决，例如：

（1）尺度与船型——古沉船残存尺寸和复原主尺度以及排水量与载重量。

（2）总布置概貌——主体的分舱与舱室分布及其大小，上层建筑的形式与布置，帆、桅、绞车及缆索等属具在甲板面上的分布位置等。

（3）整体结构及其特征——包括船底、舷侧、甲板及龙骨、大樯、舱壁、首端与尾部、舱口等部位的结构。

（4）构件连接方式——构材的端接与边接、舱壁与船壳连接、桅与桅座连接、舱口围板连接等。

（5）构件连接用钉和捻缝材料——各种榫、木钉、铁钉、销钉、锔钉等和捻料的成分比例及制作。

（6）各部位结构构件的尺寸和采用的材料——船壳、龙骨、桅杆、舵杆、木锚等尺寸和用材。

（7）古沉船的推进、操纵、系泊等设施——锚、舵、桅、帆等船舶属具的尺寸、结构、材质和使用。

以上所述再次说明了古沉船考古工作者掌握必要的古船知识的重要性，造船技术史学者应该成为古沉船考古的重要参与者之一，对古沉船本身的考古来说，他们往往能提出比较专业、合理的见解、建议和判断，相信他们定能在考古中发挥更大的作为；同样，船史学者也需要更多地学习考古知识，虚心向考古学者学习，只有这样，才能与考古学者在古沉船考古中默契配合，达到有效工作的目的。

五、对"小白礁Ⅰ号"复原工作的几点建议

"小白礁Ⅰ号"沉船采取在水下逐件分解拆卸残存船体并提取出水的发掘方式，这是一项技术难度很大的水下考古发掘作业。出水船体构件的完整性、形状的原真性、测绘的精确性和修复的可行性程度是日后船体拼装复原的质量基础。目前"小白礁Ⅰ号"已完成构件水下分解和发掘出水，后期工作重点首先是出水构件的保护，随后是对位拼装，这些都是非常细致和专业的工作。就保护而言，除出水构件的防腐防损外，还包括尽可能地减小构件的变形。船体构件的对位拼装必须确保每个构件的位置、连接方式以及构件功能作用的正确性，构件的连接铁钉和钉孔、钉眼痕迹必将成为构件拼装的可靠依据。

现就"小白礁Ⅰ号"出水构件的拼装复原提出如下建议：

1. 为保证出水后船体的形状可靠性、构件完整性和修复可行性，在构件拼装时设置定型支撑设施尤为必要。

2. 对拼装复原的作业人员，应提早进行必要的古船基本知识学习培训。

3. 拼装复原工作若有船史专家参与将是非常有益的。

4. 特别注意易损部位构件的保护，例如钉连接头部位极易受损，必须格外

小心。

5. 在拼装时,对在沉船周围出水的散落物应给予足够的关注,例如船用铁钉、舱料、滑轮、船索、指南针等。

6. 全过程的保护工作更为迫切。

六、对"小白礁Ⅰ号"研究中几个问题的思考

"小白礁Ⅰ号"尚未完成拼装复原,现仅就本人所获悉的点滴信息,对其研究中的几个技术问题略作探讨。

1. "3道舱壁"的作用

水下测绘显示,"小白礁Ⅰ号"全船残存20多道肋骨,残留"3道舱壁"。"小白礁Ⅰ号"出现的"3道舱壁"是什么性质的构件? 拙见以为,它们是货物分隔板壁,而不是船体的结构舱壁,据沉船测绘信息,分析如下:其一,这残留的"3道舱壁"设置在靠近船的前部,似乎是出于使用功能的需要而不是出于强度的考虑;其二,"3道舱壁"基本上设置在肋骨之间,第2道并不居中,还偏向船前,从强度考虑,实在无此必要;其三,肋骨间距500毫米左右,肋骨厚度在160~180毫米,而"3道舱壁"很薄,其厚度(测量值未知)估计不到肋骨厚度的二分之一,显然不是出于船体强度,而是为满足布置功能的需要而设;其四,在"3道舱壁"处还设置了抵住舱壁的加强板,还有撑梜顶住加强板,当然起到了该壁的定位扶强作用;其五,水下测绘显示,"3道舱壁"间的两个空间舱底肋骨上铺满了纵向垫舱板,这两个空间舱的舱长分达2~3个肋骨间距,似乎是特意设置的货物分隔舱。

若此分析合乎情理,那么"小白礁Ⅰ号"的"3道舱壁"就不是结构意义上的舱壁,只是货物分隔板壁而已。"小白礁Ⅰ号"的船首已残缺不全,但从构件分布现状来看,似乎也不会有船首防撞舱壁的设置,那么也就不存在肋骨和舱壁混合

结构的说法,也就是说,"小白礁Ⅰ号"是一艘首现的全肋骨框架结构的古沉船。但是此壁周边留有钉眼痕迹,说明它与船壳板钉连,若此壁仅为分隔货物而设似无此必要,如何理解还有待研究。

2. 船体的肋骨结构

不能因为中国古代海船长时期采用舱壁结构,西洋船多见肋骨框架结构,而让此成为"小白礁Ⅰ号"可能是外国船的一个立据。

首先,清代,尤其到了清代后期,中国木帆船采用肋骨框架结构已很普遍,不过大多数还保留有一些舱壁,成为舱壁与肋骨混合结构,只是肋骨数量相对于舱壁的多少有所不同而已。有的以肋骨为主,更甚者出现如"小白礁Ⅰ号"这样的全肋骨结构。

广州近期出土的清代木船(图1),其中平排在一起的两条所显示的结构形式充分说明了这一点,从那两艘沉船的船体结构上看,稍大的一艘主要是肋骨,也有数量不多的舱壁。而稍小那艘的舱壁数相对来说要多一些。

图1 广州出土清代沉船

　　其次,实际上,中国很早就有采用肋骨框架结构的船,例如淮北柳孜运河的六号唐船就是全肋骨的结构(图 2)。

图 2　柳孜运河六号唐船出土现场

　　再次,中国古船横舱壁结构自晋产生之后,鉴于它的结构强度、水密抗沉和船桅设置等技术上的先进性得到了广泛采用。古船尤其是海船在很长一段时期里几乎是全舱壁结构,这已被诸多出土古沉船所证实。舱壁结构为满足船壳局部强度的需要,不可能将舱壁间隔设置得较大,否则势必造成舱长过长,则于强度不利,但过短的舱长又不利于货物装卸,这是全舱壁结构的最大缺陷。为此,在较长的舱间加设肋骨,称其为"舱间肋骨",这样既满足了为提供装卸货物方便而增长舱长的需要,又不使两舱壁间船体板架跨度过大而有损强度。舱壁实质上是满实了的肋骨框架结构,它本身的结构强度比肋骨框架有较大的富裕,肋骨框架间距的设置可以比水密舱壁小得多,只要肋骨构件尺度足够大,它的强度是不成为问题的,在舱壁之间多设几道肋骨框架,就产生了舱壁与肋骨混合结构,后来肋骨结构逐渐被广泛采用。

　　尽管肋骨结构是中国学习西方还是中国本身的实践创造现在尚难有定论,

但西方帆船多用肋骨结构是无疑的,所以不能排除长期使用舱壁结构的中国古船逐步引用了西方帆船肋骨技术的可能性。笔者以为,中国木帆船广泛采用肋骨框架结构,是引进西洋船肋骨技术的可能为大,"小白礁 I 号"也是中国船引进了西洋船的肋骨结构技术的一例。但是,切忌一见到肋骨结构的船就认定为西洋船,这种逻辑是不成立的。

3. 所见中国古船元素

据从沉船测绘者处所获得的"小白礁 I 号"的考古信息,笔者发现有诸多明显的中国古船元素存在,列举如下:

第一,设有桅座,尽管未见赖以支靠的舱壁,其桅杆可能由甲板等构件固定;

第二,底肋骨下缘开有类同横舱壁的流水孔,广州清代沉船的底肋骨也是如此;

第三,使用了大量与中国古代造船完全相同的人工锻打的船钉;

第四,板缝间的艌料呈灰白略带红,测绘者分析后认为,其成分可能接近中国古船使用的艌料;

第五,重板结构也是中国出土古船有所见的;

第六,设置有中国古船常用的舱底铺板;

第七,从出土底肋骨弯曲形状看,是大圆弧形船底,与浙江、福建的船型有相似之处;

第八,板材的端接有平面同口、滑肩同口、直角同口等几种形式和主龙骨与尾龙骨采用带凹凸榫槽的搭接,都是中国古船所常见的;

第九,尾龙骨与主龙骨用直角企口搭接,在尾龙骨上的方槽内发现两枚圆形金属垫片,应是中国船民的习俗反映;

第十,随船出水了几件具有浓厚中国文化气息的船载文物,例如,一只毛笔和砚台盒、一枚阳刻有"源合盛记"的中国图章、一把小巧精致的紫砂壶等等。

4. 几个有待探讨的问题

"小白礁Ⅰ号"有几个古船技术问题有待研究和讨论：

（1）关于桅座

"小白礁Ⅰ号"桅座的两个槽的形状和尺寸略有不同，似不是制作的误差，而是有意为之，对此如何解释？

（2）关于龙骨端接

"小白礁Ⅰ号"主龙骨与首柱为直角企口搭接，主龙骨在下，首柱在上，而主龙骨与尾龙骨采用带凹凸榫槽的较长的搭接，它是主龙骨在上，尾龙骨在下，这与以往所见尾龙骨位于主龙骨之上的端接形式不同，此乃首见。两种尾龙骨端接形式的技术优劣如何？

（3）关于重板

"小白礁Ⅰ号"外板是 2 重板结构，内层厚外层薄，内层厚度约为外层的 3 倍。中国出土古沉船采用重板结构并不少见，但"小白礁Ⅰ号"的 2 重外板结构具有夹层材料是以往未曾见过的。据测绘者现场观察，"小白礁Ⅰ号"在外层板与内层板之间夹一道防水层，层厚 3～7 毫米，防水层用的是某种树木叶或植物皮纤维，防水纤维上涂抹一种带黏性较透明的略呈红色的材料。具夹层的重板结构为何采用内层厚外层薄的重合？此夹层材料的作用是防水还是粘接或防腐或兼而有之？防水层究竟是什么材料？

七、关于"小白礁Ⅰ号"的几点初步认识

1. "小白礁Ⅰ号"的"3 道舱壁"不是结构意义上的舱壁，而是货物分隔板壁，因此不是肋骨和舱壁的混合结构。

2. 中国清代海船木帆船采用肋骨框架结构已屡见不鲜，这是中国引进了西

洋肋骨技术的结果。"小白礁Ⅰ号"就是例证之一。

3．"小白礁Ⅰ号"上可以见到许多中国古船的元素，这是佐证它是一艘中国木帆船的重要方面。

4．对"小白礁Ⅰ号"出现的一些首见的古船技术，依目前的沉船信息而言，无法证明它们就是西洋造船技术。以前没有见过的，并不能否定它是中国技术的可能。例如，宁波宋船的舭龙骨出现、泉州宋船的重板结构和它的尖底小长宽比船型，在出土当时也是首次出现。所以说，出土（水）古沉船出现我们首次见到的造船技术，并不等于就是外国技术而不是中国的技术。

5．经树种鉴定，"小白礁Ⅰ号"造船用材基本产自于东南亚。东南亚盛产木材，不仅品种多而且质优价廉；又据史籍记载，在清代曾有大批中国船匠在东南亚一带用中国运去的铁钉并用当地的木料造船。因此，拙见以为，"小白礁Ⅰ号"乃是中国古代船匠按照中国船的式样、结构、工艺在东南亚建造的一艘中国船，建造中当然也会融入当地的某些造船技艺，这种可能性应该是最大的。

原文收录于《新技术·新方法新思路——首届"水下考古·宁波论坛"文集》，北京：科学出版社，2015年版，第147—154页。

二、技巧探源

中国古船的减摇龙骨

船舶在风浪中航行,产生一系列的摇摆运动,其中尤以横摇的摇摆幅度为大,给船舶的航行性能及使用性能造成一系列有害影响。设计与安装减摇装置是改善横摇性能的重要方法。减摇装置有多种形式,其中以减摇龙骨结构最简单、减摇效果最显著。所以,减摇龙骨的出现,是改善船舶适航性的一项重大的技术进步,它对促进航海事业的发展起着极为重要的作用。我国早在北宋末年就实际应用了减摇龙骨这一技术,比国外记载要早大约七百年。本文就中国古船的减摇龙骨问题进行一些探讨。

1

1978 年在宁波发现宋代海运码头遗址和古船[1],据《发掘报告》[2] 指出,出土的这艘古船在第四文化层,属宋代层。古船龙骨保寿孔中藏有北宋早期的铜钱共十二枚。在古船的第七和第八列外壳板的边接缝处,有断面为 140 毫米×90 毫米的半圆木,残长达 7.1 米,用两排间隔 400～500 毫米的参钉固定在壳板上。此半圆木"远在舷边之下(图 1),它绝不是通常的护舷木,从部位和剖面尺寸看,也不是对纵总强度有重要作用的大㯭。由图 1 可以看出,此半圆木正处在船的舭部,即使船舶在空载时它也不会露出水面。当船舶在风浪里做横摇运动时,它会增加阻尼力矩从而能起到减缓摇摆的作用,它正是现代船舶中经常运用的舭龙骨,即减摇龙骨"[3]。

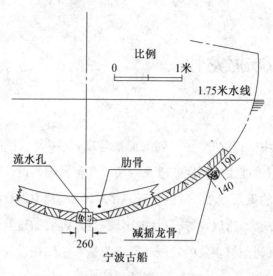

图1 第六号肋位横剖面实测草图

减摇龙骨通常是顺着流线安装在船身舭部区域的长条板（图2），它是靠船舶横摇时的流体动力作用产生稳定力矩的一种被动式的减摇装置。在两舷舭部安装的减摇龙骨总面积 A_b 通常有表1中所列的相对值[4][5]。

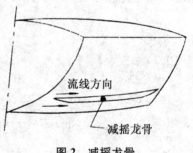

图2 减摇龙骨

表1 减摇龙骨长度、宽度、总面积的相对值*

l/L	b/B	A_b/LB	$0.5A_b/LT$	参考文献
0.25～0.75	3～5%	2%～4%	—	《船舶摇摆》
0.25～0.75	2～5%	—	2%～4%	《船舶摇摆与操纵》

*表中 L、B、T 分别为船长、船宽及吃水；l、b、A_b 分别为减摇龙骨的长度、宽度及总面积。

宁波古船减摇龙骨的相对尺寸分别为

$$l/L = 0.57 \qquad b/B = 1.88\%$$

$$A_b/LB = 2.16\% \qquad 0.5A_b/LT = 2.96$$

两者相比较,除宁波古船减摇龙骨的相对宽度 b/B 比表 1 所列的数值稍小之外,其余几项大致相符。据此尺寸,按现代钢质扁平的舭龙骨计算[6],设置舭龙骨的摇摆幅度比不设可减小 25.0%。可见,减摇龙骨的减摇效果是很显著的。

"国外开始使用舭龙骨是在十九世纪的头二十五年,即在帆船时代。"[4]这是说在 1800—1825 年间。宁波出土的宋代海船说明,我国最晚在北宋(960—1127)末年,就实际应用了减摇龙骨,比国外大约要早七百年。

2

清代道光六年(1826)刊印的《江苏海运全案》中,有关于梗水木(即减摇龙骨)的文字记载与图形资料。梗水木是设在船舶底部开始向舷部转弯部位(即舭部)的两条木板(图 3),当船舶横摇时因有梗(阻)水的作用,从而产生阻尼力矩以减轻摇摆。用"梗水木"一词既确切又形象。这幅图画得逼真,不失为我国古典图籍中少有的佳品。

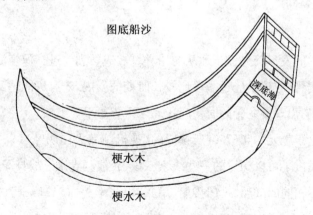

图 3　梗水木(采自《江苏海运全案》)

在《江苏海运全案》中还记叙一种叫"撬头"的设备(图 4),设在船之两旁,可以御浪,还说至今已被船底的两根梗水木所替代。所谓"撬头",就是现在的披水板,也称之为腰舵或翼舵[7][8]。

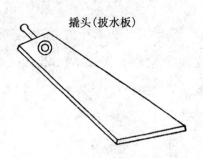

撬头(披水板)

图 4　披水板(采自《江苏海运全案》)

披水板虽也有增加横摇阻尼的作用,但其根本目的在于防止和减缓船舶的横向漂移,不用时可以收起。侧风航行时,特别是前侧风航行时,横漂较为严重,这时将背风舷的披水板放到水中,这披水板通常都远超过船底,作用在披水板上的抗横漂阻力能使船之横漂减小。"披水者,分水御漂也。"[8]因此,我们可以相信,披水板的这种抗横漂作用是减摇龙骨(梗水木)所不能替代的。正如周世德先生在《中国沙船考略》中所论:"逆风行船,撬头(披水板)仍是必备之具。"事实上,迄今的木帆船在前侧风中航行时仍使用披水板。因此,我们认为《江苏海运全案》一书中的"今船底多梗水木两根,撬头遂废"之说是不确切的,两种设备的作用不同,不能互相取代。

3

任何技术的发展都是逐步地从初始、简单、成熟到先进。像宁波宋代海船的半圆木减摇龙骨,应该是经过一段比较长时期的发展,才有可能达到如此高的水平。因此,最初出现舭龙骨的时代应比北宋末年更早。

唐代李筌于乾元二年(759)所撰成的《神机制敌太白阴经》(以下简称《太白阴经》)一书提供了可以探讨的一些线索。该书《战具卷水·战具篇》中列述六种战术作用各不相同的战船:一曰楼船,用其"以张形势";二曰蒙衝,"以犀革蒙复其背",取其"矢石不能败";三曰战舰,前后左右皆可迎敌,取其"人无覆背"之虞;四曰走舸,"棹夫多,战卒少",取其"往返如飞,乘人之不及备";五曰游艇,实为侦察船,"回军转阵,其疾如飞","以备探侯";六曰海鹘,"头低尾高,前大后小,如鹘之状,舷下左右置浮板,形如鹘翅,其船虽风浪涨天,无有倾侧,背上左右张生牛皮为城,牙旗金鼓如战船之制"。显而易见,这海鹘实为具有优异航海性能的战船。这六型战船构成了我国古代的混合舰队:一为旗舰;二为装甲舰;三为战列舰;四为快艇;五为侦察艇;六为海鹘船,可理解为全天候战舰。现着重讨论这最后一型战船。

海鹘船的主要性能特点是"其船虽风浪涨天,无有倾侧"。就是说这型战船摇摆幅度较小,在风浪中也有较好的稳性。其所以能有此优越性能,在于"舷下左右置浮板,形如鹘翅"。

对此种"浮板",目前有两种解释:一说为披水板,另一说为舭龙骨,两种说法都各有道理。

上文已述,减摇龙骨(梗水木)与披水板(撬头)的主要作用是不同的:前者在于减小船在风浪中的摇摆,后者在于阻止和减缓船在侧风航行中的横向漂移。如果按照这样理解,据《太白阴经》所述"浮板"的作用,则"浮板"应是梗水木。

但是,在《武经总要》中也有关于海鹘船的记叙:"海鹘者船形头低尾高,前大后小,舷上左右置浮板,形同鹘翼翅,以助其船,虽风涛涨天,而无倾侧。"这里记述的"浮板"是置在"舷上"而不是置在"舷下",将舷上"浮板"解释成披水板,似乎也不无道理。

我们知道,《太白阴经》撰于盛唐,而《武经总要》是北宋晚期官修,由曾公亮主编。其中关于海鹘船的记述,显然是《武经总要》抄录自《太白阴经》。如果注意到《武经总要》"四库本图象失真,文字亦多窜改"这一评述,"上"字是否是"下"字的抄误呢?值得存疑。

我们还注意到,清代陈元龙的《格致镜原》卷二十八引《事物绀珠》关于海鹘船的这样一段记载:"海鹘船头低尾高,前大后小,左右置浮板,如翅。"这里既没有"舷上"也没有"舷下"一词。同书同卷又引《海物异名记》,有"越人水战有舟名海鹘,急流浴浪不溺"的记载。

可见,文献对海鹘船良好的抗摇性能都是肯定的,问题在于"浮板"是怎样的一种设备。

"浮板"究竟是在"舷上"还是在"舷下"？如果依《武经总要》所载，说"浮板"在"舷上"，解释为"披水板"，则与"虽风涛涨天，而无倾侧"以及"急流浴浪不溺"的机理似难以统一起来。如果从《太白阴经》所说"浮板"在"舷下"，解释为"梗水木"，虽然在御浪的机理上尚能自圆其说，但对"浮板"的"浮"字应作何理解？这也是值得进一步研究的问题。

不过，我们可以肯定地说：至迟在北宋末年，我国就实际应用了减摇龙骨这一技术，比国外的记载要早大约七百年。这一技术对保证航海安全、发展海上运输起了重要作用。由于这一技术具有简单、经济的重要特点和优点，迄今仍在继续发挥重要作用。这是我们祖先对世界航海事业的重大贡献之一。

参考文献

[1] 佚名. 宁波发现宋代海运码头遗址和古船. 人民日报,1980-1-3.

[2] 林士民. 宁波东门口码头遗址发掘报告//浙江省文物考古所学刊. 北京:文物出版社,1981.

[3] 席龙飞,何国卫. 对宁波古船的研究. 武汉水运工程学院学报,1981(2).

[4] C.H. 勃拉哥维新斯基. 船舶摇摆. 魏东升等译. 北京:高等教育出版社,1959.

[5] 冯铁城. 船舶摇摆与操纵. 北京:国防工业出版社,1980.

[6] 中华人民共和国船舶检验局. 海船稳性规范. 人民交通出版社,1981.

[7] 周世德. 中国沙船考略//中国造船工程学会 1962 年年会论文集(第二分册). 北京:国防工业出版社,1964.

[8] 李邦彦,辛元欧. 披水板的探索与其流体动力性能. 上海市造船学会船史组,1983.

[9] 辞海编撰委员会. 辞海. 上海:上海辞书出版社,1979.

原文发表于《自然科学史研究》1984 年第 4 期。

《清明上河图》上的船

一、中华之瑰宝

《清明上河图》是一幅高 25.5 厘米、长 525 厘米的长卷画,是一幅具有重要研究价值的不朽杰作。北宋末期职业画家张择端运用高度概括和集中的手法,通过对北宋都城汴梁(今开封)各界人物活动情况的描绘,真实地反映了这一历史时期的社会形象和民俗风貌。

《清明上河图》是一幅写实画佳作。长卷画所绘场面之浩大、内容之丰富、绘技之高超是无与伦比的。画卷作者成功地运用了透视学原理,就是运用固定的或流动的视点来表现更丰富的具有连续性的内容,整个画面如同用移动镜头拍摄下来似的。这幅利用散点透视画成的长卷画,就犹如一部宽银幕电影,画面上人物、景物比例正确、线条流畅,又有协调的粗细变化,着笔恰到好处。

《清明上河图》画面结构分明,层次清晰,整体感很强。它的写实性使它成为研究美术史、建筑史、风俗史、车马舟船交通史、社会政治经济史等的珍贵史料,无论其艺术价值、文物价值和历史价值,皆堪称中华之瑰宝。

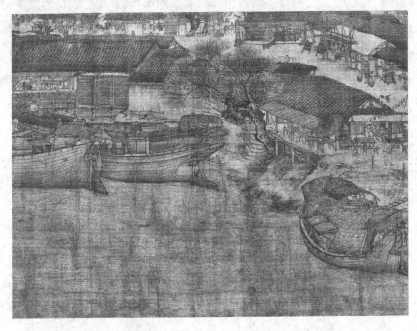

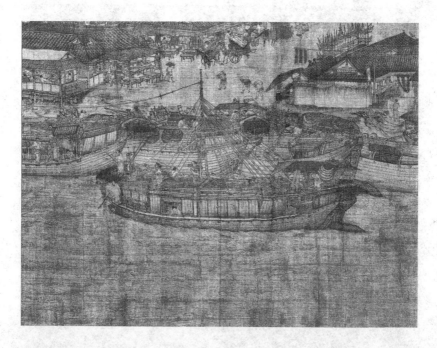

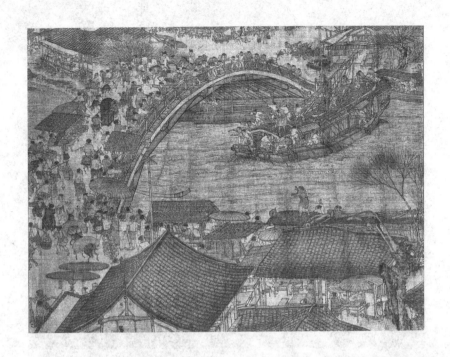

二、船史研究的珍贵史料

1. 汴河与汴河船

船，是《清明上河图》表现的主题之一。图上共绘出大大小小各种船舶达25艘。除停泊在京都郊外的一艘小划子外，全部集中于虹桥附近约长400米左右的河道上，船只分布密度约高达每百米6艘，可见汴梁航运之繁荣。

为叙述方便，将画面上船只以郊外小划子为起始，按逆流而上船舶所在的位置顺序给以编号，除郊外小划子外的24艘船详见《清明上河图》长卷（以下简称《图》）。[1]

从画面上的汴河水流湍急伴有漩涡，船舷使用急流航道所独有的操纵工具——招和梢，以及运用浅水航道常用的推进方式——撑篙，可以判断，汴河是浅水急流河道。据《宋史·河渠志》记载："……汴舟重载，入水不过四尺。"[2]看来，汴河船的吃水应不超过1.2米为宜。

画面上的船都有较高的干舷。船舶知识告诉我们，干舷越高，船舶航行的安全性就越好，足见古人对船舶干弦的重要性早有深刻的理解和实践。画面上船舶舷弧走势明显。弧线光顺，通常是尾高首低。尾舷弧之所以高于首舷弧是为了提高船尾操舵位置，以扩大操船视野。

除1号小划子和10号小渡船外，其余的23艘船从船型上大体可分为货船和客船两大类，其中货船11艘（2号、3号、5号、7号、9号、11号、16号、19号、20号、22号、24号船），客船12艘（4号、6号、9号、12号、13号、14号、15号、17号、18号、21号、23号、25号船）。

较大的客船吃水约1米，估计排水量为75吨左右；较大的货船吃水约1.2米，估计排水量为90吨左右，其载重可达60吨左右。

2. 客船与货船

客船与货船由于用途不同，在船型上有着明显的区别。为了能在舱内多载货，货船的体态比客船显得肥胖得多，也就是货船的方形系数较大，这样可获得较大的载货量和载货空间。2、3号船最为明显。

客船为了增大甲板和舱室面积以多布置客舱，往往将其尾甲板向后伸延，构成虚梢（见6、9号船），也就是现代内河船常用的假尾。货船虽然也有虚梢，但与客船相比短小得多。为了达到同样的目的，有的客船首甲板也向前伸延（见18号船）。

货船不像客船那样具有又多又大的门和窗，货船一般只设比较低矮的半圆拱形舱篷，在篷侧开有简易窗户（见3号船）。不言而喻，货船的上层建筑远不如客船发达；客船的生活设施远远超过货船。只要将3号货船与9号客船作一比较就一目了然。

货船与客船之差别,在现代船舶中也是如此。

3. 多姿的航态

《图》中船舶的航态不尽相同,多达 19 艘在弯曲河道的内凹水域的沿岸停泊。靠岸船舶通常是装卸货物、上下乘客和稍作休整。2 号船正在卸货;3 号船是满载到港,已放好岸跳板准备卸货;22 号船正在上供应品;7 号船的船夫正在饮茶聊天;22 号船的一位船夫在船尾右舷边提竿垂钓,但未见到上下乘客的画面。

处于航行状态的船舶大体有三种情况:6 号和 19 号船正在拉纤逆水航行;11 号和 20 号船船尾朝下游,正奋梢倒行顺流而下;15 号船正操舵使篙欲过虹桥;16 号船似乎正在紧急停泊。

虹桥和其上下 2 艘船(15 号、16 号船)是整个画面的"动"态高潮所在。画作者对航船操作的逼真描绘令人信服。15 号船操左满舵,船首左转,为保船舶不被流水漂下,及时弼正航向顺利穿过桥孔,3 名船夫在船头使劲向左撑篙;同时,3 名船夫在左舷向后撑篙以保持船舶的前进力;右舷的 1 名船夫乘势用篙勾勾住桥梁下面的构件,蓬顶上的船夫同时在放倒牵桅。此时 16 号船似乎已倒行而下到了虹桥,由该船前招后梢清楚可见。为防止与 15 号船发生危险的碰撞,16 号船急扳前招,使船尽可能靠拢岸边,并不得不紧急锚泊,此时该船后半个船身已进入了桥孔。两船的船夫相互呼喊协调操船作业,气氛甚为紧张。

《图》的作者将船夫们在激流中奋不顾身、齐心合力、活龙活现的操船神态描绘得淋漓尽致。虹桥栏杆旁边挤满了观看航船的民众,他们神态各异、表情丰富。我们仿佛听到了他们的喧闹声、船夫的呼喊声、撑篙的击水声,各种声音汇成一首充满生活气息的大合唱。桥下的船夫与桥上的人群,弯曲的陆岸与流动的河水,高大的虹桥与漂浮的航船互为映照,好一派精美绝伦的动人景象。

4. 拼板工艺

《图》的画面上,船板拼合钉眼孔特别显眼,从钉眼孔沿板列纵向密集排列来看,应该是采用了锹钉(又称铲钉)拼合工艺。这种拼合工艺连接强度较高,被船体各部位及舵叶等板材拼合广泛采用。我国采用铁钉连接船板工艺早已被出土的唐、宋代古船所证实,画面上的钉眼对此作了强有力的印证。唐时,大食船舶还处于"不用钉,以椰子树皮制绳缝合船板"[3]的阶段。

画面上,船侧板钉眼孔是靠板列一边排列的,2号和3号船的船底板板缝两边都有钉眼,这表明船底板是对接拼合,而船侧板采用搭接拼合,也是有可能的。

5. 珍贵史料

《图》上的船舶图样是船史研究的珍贵史料,其具有极高研究价值的原因可用"多、真、全、细"四字概括。

多,是指《图》上的船多,画面上出现大小各种船舶达25艘之多,其中货船11艘、客船12艘。这些船有停泊靠岸的,有拉纤逆行的,有奋梢倒行的,有操船过桥的,还有紧急锚泊的。这为研究的比较、参照和互相印证提供了可能,为探索各种船舶的共性与个性提供了帮助。

真,是指《图》的写实性,使《图》上的船具有高度的真实性。船舶尺度的正确比例,舵、桅、梢、篙等船舶属具真实可靠,过桥航船操作逼真……史料的真实性是研究价值的基础,以正确可信的史料为依据的研究结论更具科学性,更符合历史实际,更令人信服。

全,是指《图》对船舶描绘的全面性和完整性。画面上不仅显示了整船船型、全船布置、船舶航态,而且还全面地展现了各种船舶属具及其使用情况。众所周知,出土古船往往连甲板都难以残存,更不用说见到船舶上层建筑了,而《图》却提供了宋代河船全面和完整的信息,可以这样说,《图》上的船虽然不是出土"实船",但它远远胜过出土实船。

细,是指《图》上的船描绘得如此细腻详尽,如成排的船钉孔眼、编织的席篷、悬垂的纤缰等。例如,第 15 号船头一名船夫手持的撑篙连竹节也绘了出来,由此得出这是竹篙而不是木篙的结论应是正确无疑的。

总而言之,《图》所提供的船舶信息是如此的全面完整,直观详实、正确可靠,说它是船史研究的稀世珍宝绝不过分。

三、宋代河船的真实写照

臻于成熟的宋代造船技术在《图》上也有诸多真实展现。

1. 舷伸甲板和竹橐

不论客船还是货船,在船的两舷都有外伸的短横梁,在其上铺设板材形成舷外走道,这就是舷伸甲板。9 号船共有 20 对短横梁,基本上是等间距分布的,宽约 0.5 米,左右相等。

汴河船的舷伸甲板是船夫的作业通道,主要是撑篙操作。正因为如此,以撑篙作为动力之一的航行于浅水河道的船舶普遍设置舷伸甲板。现代钢质河船也常见类似的舷伸甲板,这主要是为了扩大甲板面积,增加外走道的宽度。舷伸甲板也有利于对船体的保护。

在 15 号和 17 号船的舷伸甲板下还可发现缚有用竹子捆成的橐。橐有助于消浪和减少船舶的摇摆,提高船舶稳性。不仅如此,古船装载控制满载水线不超过橐,宋代徐兢在《宣和奉使高丽图经》中就有这样的记载:"……舟腹两旁缚大竹为橐以抗浪。装载之法,水不得过橐以衡轻重之度。"[4] 可见橐还是满载水线的限高标志。由此,橐可视为最原始的船舶载重线标志。

2. 拉纤和撑篙

拉纤和撑篙是汴河船的航船作业。

拉纤又称背纤,用人力背挽纤绳牵引船舶前进,这适用于逆水和平水流航道。根据对拉纤力的需要,由数名纤工沿纤绳一列排列合力拉纤。6 号和 19 号船正由 5 名纤工拉纤逆流上行。

纤绳一端系于牵桅上端,使纤绳不因悬重而落入河水和方便越过障碍物;再则,纤绳与牵桅都有一定的弹性,这使拉力得到缓冲,舟船行进会平稳得多。纤工只需将套背在各自肩上的拉绳套接在纤绳的另一端就可拉纤了。

虹桥大体上是南北向跨河的,在北端的桥孔下设置有栏杆的桥孔纤道,以适应众多的拉纤船舶过桥作业的需要,众所周知,下水船舶是不拉纤的,而且纤道一般在岸边拉纤走道条件较好的河道一侧,画面上的船舶就是在北岸拉纤的。在桥南端就没有见到桥孔纤道,若桥南端也有桥孔纤道,从画面的投影关系看,画上应显示出该桥孔纤道的局部,这不会是画家的疏忽。

撑篙是将篙子插到河底或岸边地物,对篙用力靠其反作用力推船前进。船夫使篙着力后沿舷伸甲板自船首走向船尾。这样重复操作使船持续行进。通常多名船夫轮流循环如此撑篙以保持一定的航速(见 15 号、19 号船)。

篙子一般选用强度高、弹性好的竹竿或杉木圆杆。正因为撑篙用于浅水河道,篙子自然而然地也是水深的测量工具。

篙末端通常固定套上铁制的篙钻。篙钻的形状有所不同,以适合不同用途。最常用的称为"挽篙",其篙钻有两个一竖一横互成直角的两个钻尖。横钻尖的尖部有向上的小弯钩。挽篙既能插河底撑船,又能钩住邻船或岸边地物使船行进。也就是说,挽篙有撑和钩二种功能。15 号船左舷和右舷顶蓬上的船夫使篙动作已表现得够清楚了。最难得的是,6 号船左舷船首处一位船夫所持的篙头刚好露出水面,它的篙钻形状非常清楚,几乎与当今的挽篙一模一样。6 号船顶蓬上的船夫也在紧张地用篙。

在不同船位和不同方向撑篙可使船舶朝不同方向移动,因此撑篙还可兼作船舶操纵。即使在今天,机械动力推进的浅水河道船舶还常撑篙辅助操船。

直到如今,浙江的俗语中常把"船员"称"撑船的",可见撑篙在古代浅水船舶中的重要位置。

3. 招、梢和船篷

招和梢是在急流航道航行船舶的专用操纵工具。其形似桨和橹,但尺度较大,下部镶接刀形的木板,上部略弯,中部在全长上下约 2∶3 之分处装有作支点的垫块。由于招和梢尺度长大,扳招和操梢会发生很大的转船反应。故有"一招顶三舵"之说。

招和梢的形状和功能基本类似,一般是船首用招以助舵,船尾用梢以代舵。实际上招、梢可以通用。为了获得更大的转船力矩,招、梢的支点往往安装在船首、尾外伸平台端(见 11 号船)。因为招、梢较长,操作时需要很大的力量,所以常见多人合操,11 号船上 8 人合力奋长梢的生动场面就是其真实写照。

船篷是木船避雨遮阳的重要属具。船篷的形制各式各样,《图》上也有翔实的展现。

货舱一般采用半圆形拱篷(见 2 号、3 号、5 号船);客舱通常是房屋式小拱度顶篷(见 21 号船);船首、船尾的船篷一般都形同屋顶,有小拱度形(见 9 号船)、斜顶形(见 21 号船)和平顶形(见 18 号船)。

船篷一般采用木板拼合(见 3 号船)或竹篾编织(见 4 号船)两种。板篷比较牢固,而篾篷容易加工成形,且质轻故被广泛使用。

4. 铰关

铰关是船上靠转动可以产生很大拉力的起重工具,铰关分立式和卧式两种。古代木船上的铰关是靠人力转动的,竖立放置靠推动车柱转动的称作铰盘;平卧放置靠扳动板柄转动滚筒的称作铰滚。

铰关通常用于起锚、树桅、提舵、过滩、收放缆绳等作业。

铰关在汴河船上得到了充分的应用，15号船尾顶蓬上正由3名船夫在推转着铰盘；5号、7号、8号船的铰滚在船首清晰可见。

四、颇具特色的内河客船

《图》作者对客船的写实描绘格外细腻，把汴河客船的特色展现无遗，细细品味，令人陶醉。

1. 功能合理的布置

客船是一座面积有限、乘载旅客的水上移动建筑，它的布置必须紧凑合理，满足载客的使用要求。

客船的船员与乘客生活区域应相对独立分开，如4号船，首甲板设有炉灶，尾部是船员舱室和操舵房，将最宽大的船中部位布置客舱，使客舱尽可能的宽敞。

客舱也有厅室、卧室、坐舱之分。9号船第3舱是厅室，厅内设有八仙桌、坐椅等，17号船的厅室在第2舱。9号船的第2舱和4号船的顶篷上设置双列半筒形拱篷，这不仅扩高了舱室空间而且改善了通风采光，此舱用作卧铺舱室应在情理之中；4号船有4列这样的拱篷，它有2个卧铺舱室。17号船的第3舱里布置有许多坐凳，似是坐席客舱。

船内通道布置至关重要，汴河客船也不例外。客船左右舷的贯通一般是靠在船尾的船员舱前设一道横向通道，例如9号船的腰道门，其上有门阙。在该船两舷外走道靠腰道门旁还设有斜扶梯，这是供船夫上下顶篷用的。再细细一看，斜梯下端有一根钉在甲板上的木横档，显然是为防梯子滑移而设。

客船顶蓬处是船夫的主要作业区域之一，为此篷周设有栏杆以策船夫安全和防堆放的杂物掉落，足见考虑之周到。

还应该提到的是，在6号船尾部左侧舷外悬挂着一个小笼屋，从其位置着，似乎是船上的厕所，粪便直接排出舷外。当然室内是否有厕所，在画面上就看不到了。

2. 落舱式客舱

小型客船型深较小，甲板以下因高度不够难以布置客舱；若客舱布置于甲板以上就不会受此限制，而且舱室条件也大为改善，但是甲板以下的空间实属浪费，为二者兼顾，通常设计成落舱式客舱。所谓落舱式客舱是指客舱的铺底板位于甲板之下，客舱顶面却高于甲板，无疑，甲板必有一个大开口。

6号船的前客舱是很典型的。落舱里有一个妇女和一个小孩依扶着窗沿正在观看外景，这位妇女有半个身子在甲板之下，而小孩仅露出一个头。由此估计，该客舱的铺底板离甲板约有0.7～0.8米，甲板至顶篷的距离估计有1.2～1.3米，这样客舱高度可达2米左右，乘客完全可以直立行走。

落舱也有深浅程度的不同，9号船客舱的落舱深度比6号船浅得多。落舱越深的客舱载客条件必然越差，因此，落舱深浅程度也是客舱等级区分的表现之一。船尾的船员舱一般都是落舱式的。

落舱式客舱是小型客船布置的一个特色，在现代内河小客船上也常见。落舱不仅充分利用了船舶空间而且降低船舶重心高度，减少受风面积，有利于提高船舶稳性。落舱还减低了船舶水面以上的高度，这更能使船舶免受河道上桥孔通航高度的制约。

3. 方便实用的门窗

门窗布置直接关系到舱室的采光和通风以及船舶外观造型，客船更是如此。

《图》上客船的门窗保留着某些陆上房屋建筑的特性,最明显表现在客船的腰道门及窗户上沿都有门檐和窗檐(见9号船),它不仅具有遮阳挡雨的功能,还给客船的造型装饰增色不少。

9号船的腰道门是向里开的,而前客舱侧面似乎是移门,它是由两扇门组成,只需移动移门即可开闭,移动式舱门对充分利用舱室空间非常有效。

舷侧窗户一般向里开(见6号船前客舱),与腰道门向里开一样,是为了不影响舷边船夫作业。若向外开,那么在船夫撑篙时不得不把窗户关上,6号、15号船的侧窗就是如此。6号船尾部有一扇窗向外只打开了一点点,原因就在于此。

船尾部船员舱舷边没有外走道,因此舷侧窗一般向外开,这有利于客舱布置(见4号、9号船)。货船半圆形拱篷侧面窗户向外开不会凸出太多,所以通常向外开(见3号、5号船)。

17号船的中、后客舱的窗户是全敞开的,对照前舱关闭着的窗户,推测它很可能是采用门板式活动窗,可随时装卸,这更有利于空间的利用。

4. 豪华型旅游客船

仔细观察和对比《图》上的客船,会惊喜地发现,画面上18号船颇为与众不同,它在布置、外观造型、建筑装璜以及生活设施诸多方面可称汴河客船之最。用现代的船舶用语可称其为豪华型旅游客舱,这主要表现在华丽、舒适和安全等方面:

(1) 客舱全部布置在甲板以上,显得特别宽敞,在采光、通风、舱室布置等远远优于落舱式客船。

(2) 全船有前后两个腰道,左右两舷通达性很高,全船交通畅道,而9号船只有一个腰道,6号船连一个腰道都没有。

(3) 船型瘦长,长宽比大,具有一定的快速性。

(4) 首尾端甲板向外延伸特别长,扩大了甲板使用面积。首部特地设置了一个观景台,四周设栏杆,这正是为了满足旅客观景的需要。

（5）船顶篷窗排列整齐，也没有像其他船舶顶篷上堆放许多缆绳、蓑衣之类的船具杂物。在尾部操舵室上采用平台形席篷，这种轻快匀称恰到好处的造型为该船英姿添色许多。

（6）全船客舱采用方格形透光门窗装璜，横竖线条格外鲜明协调，豪华感也由此而生。

（7）船篷上似有6行横向布设的老虎窗式的篷窗，它使客舱格外明亮，空气新鲜，如此设计唯独该船有之。

（8）在该船尾部处还可以见到一架直通岸边的木结构线桥，完全有可能是一座专用码头。

由上所述，称该船是汴河上一艘豪华型旅游客船一点也不会过分。

总之，颇具特色的汴河客船已有明显的等级区别，以适应不同层次的旅客需求。

五、一艘与众不同的货船

《图》上货船基本上大同小异，共性明显，唯独5号船与众不同，与其他货船相比，大体可以看出下列不同之处：

1. 尾封板特别小，近似于椭圆形，尾部线型收缩甚快；
2. 尾甲板面积很小，几乎没有虚梢；
3. 船舶宽深比及长深比都较小；
4. 干舷很高，画面上该船虽是空载，但即使满载时它的干舷也是高的；
5. 从舷弧线的走向看，首舷弧略高于尾舷弧；
6. 船篷特别低矮，且是木结构的，其钉眼可证；
7. 两舷没有供撑篙作业的舷伸甲板；
8. 设有舷墙，并开有许多缆孔；
9. 舵的展舷比（指舵高与平均舵宽之比）较大。

据此,笔者倾向于,该船是一艘以航行于大江、大河、大湖为主的货船,也偶而航行于汴河。

六、先进的船尾舵

中国古代先进的船尾舵技术是造船技术史上重大发明之一,它遥遥领先于外国,在世界造船史上占有光辉的一页。

船尾舵早在东汉刘熙所著《释名·释船》中已有记载:"其尾曰柁。柁,拖也。在后见拖曳也。且言弼正船,使顺流不使他戾也。"[5]广州出土的东汉陶船模[6]的船尾正中已有船尾舵。先进的尾舵与风帆的结合使中国的木帆船技术有了突飞猛进的发展。

汴河船船尾舵的先进性在《图》上得到了最完整、最充分的展现,具体表现在如下几个方面:

1. 舵结构

舵叶(又称舵板)由数列竖向排列的木板条拼合而成,舵板两面用水平桁材夹紧固牢。如 6 号船舵叶由 14 块竖板拼成,水平桁材露出水面的有两道,按图比例可以推测水下还有两道。各船舵形大体相同:舵上边缘线向后稍有下斜,后缘边线略向前倾。舵的展舷比很小,约为 1 左右。

舵杆是圆柱形的,在断水梁(即尾封板)纵中线处装有上、下舵盘,舵杆从中通过,舵杆只能作固定轴位的轴转动而不能作非轴向移动。以舵杆为固定转轴作舵叶转动才是真正意义上的舵。它与橹、桨、招、梢或操纵桨最根本的区别就在于此。画面上只见到下舵盘,而上舵盘是装在断水梁上部的一块横向加厚的板材上,画面上没能见到。

2. 平衡舵

汴河船船舵的舵杆都是垂直式布置,按船尾的船底斜升的不同在舵杆前布置一部分舵叶面积。舵杆前一部分有舵面积的舵称为"平衡舵",舵杆前面无舵面积的称为"不平衡舵"。当平衡舵转动时,作用在舵叶上的水压力中心就比不平衡舵靠近舵杆中心线(即舵转动轴线),这就减小了转舵力矩,操舵省劲,减轻了舵工的劳动强度。

平衡舵的出现是船舵技术发展的主要标志,天津静海出土的被推断建造于公元 1117 年之前的宋代古船已发现有平衡舵[7],比西方早了 673 年,堪称世界第一。因为"西方到公元十八世纪末(公元 1790 年前)还未见有使用平衡舵者"[8]。

3. 升降舵

汴河船的船尾舵的上边缘处系有绳索吊在船尾,这绳索是提降舵用的,它可以根据航道的深浅将舵升起或降下。在深水航道上,将舵降下增加舵叶浸水面积提高舵力;在浅水航道,将舵叶升起以免擦底造成舵的损坏。

4. 可卸舵

11 号、20 号船的尾部不见舵,原来舵被拆卸了。《图》上可见到舵盘两侧设有夹钳状构件,其根端紧固在断水梁上,舵杆位于其中,在其后还有一根圆柱木横闩锁住舵杆不让其脱出,打开横闩就可卸舵。11 号、20 号船虽不见舵,但其下舵盘清楚可见。

可卸舵技术正是急流河道船舵的先进之处。当船在急流河道顺流而下时会因舵与水没有相对速度使舵失效,此时往往采用扳招、操梢来控制航向。不过扳招、操梢设置的作业平台必会受到舵柄、舵杆等构件的阻碍。船舶处于船尾朝下游顺水倒行状态时同样也应卸舵。11 号、20 号船就是如此。

船尾舵的升降和可卸技术及平衡舵的应用在浅水急流河道上驶行的汴河船上已得到了充分的体现。

七、独特的牵桅

《图》上的船桅别具一格，它是可倒式"人"字形牵桅。6 号船的船桅画得最详尽细致。其独特之处表现在以下几方面：

1. 牵桅不张帆

汴河船的船桅不是张挂风帆的，而是专供拉纤用的。牵桅上端部位引出长长的纤绳，由纤夫沿岸拉着纤绳行走，使船被牵行进。

在牵桅上见不到任何篷帆、帆桁等帆桅属具，它不是帆桅。

2. 桅脚不伸向船底

汴河船的牵桅是由两根张开成"人"字形的桅木和竖立其上的一根桅木捆绑组合而成的。竖立部分和"人"字形部分基本等高。"人"字形牵桅与常见的直立式牵桅有所不同。直立牵桅桅脚直通到桅舱底部的桅底座上，桅被桅面梁处的桅夹所固定，故而桅的受力能传递到船体。但直立桅不便于舱室布置，同时倒桅困难。

"人"字形牵桅的桅根是榫接在横于顶棚略高处的圆木上，圆木是由与舷侧一组宽厚大木材组成的支架所支撑，这支架是与舷侧结构连成一体的，因而能同样有效地传递桅的受力。

3. 可倒式"人"字形牵梢

支撑"人"字形牵梢的圆木是可以绕圆木轴向转动的,所以起、倒梢很方便。船梢可倒是适应内河船过桥航行的需要。汴河上会有众多桥梁,航船起倒梢势必频繁,难怪《图》上的牵梢几乎清一色地采用这种可倒式"人"字形牵梢。

这种牵梢梢脚位于舱棚之上,梢脚就是倒梢的转动点,这样便于起倒梢的操作和倒梢的收藏。牵梢收藏是向船尾倒放在船篷上的。

"人"字形梢的稳定性也远远超过直立式梢。

"人"字形可倒式牵梢使用时是靠多根左右对称布置的稳索拉住的。6号船牵梢的梢前左右舷各有2根,纵中处1根,梢后两舷各有5根稳索。稳索一端按离梢的远近紧系在梢的上端不同高度处,另一端左右成对地系于顶篷舷侧边沿处,这样既有利于受力又利于操作。6号船牵梢后的稳索是拉紧的,梢前的稳索却是松垂的,它真实、形象地反映了该船正处在拉纤航行之中,牵梢处于受力状态。

17号船有二具索梢都倒放在船篷上,完全有可能当需要时两根牵梢同时拉纤以增加船舶航行动力。

八、几个有待探索的问题

经对《图》上船舶的观察和如上的论述,尚觉得还有不少的问题不能得到满意的解释,现将几个主要的问题提出来供进一步探索和研讨。

1. 为何不见橹和帆?

橹、帆技术在宋代已是很成熟了,理应得到广泛使用,而汴河上航行的汴河船却仅用拉纤和撑篙行船,其原因何在? 帆船过桥导致落帆、倒桅太频繁有太多不便? 狭窄河道不利于侧漂较大的浅吃水风帆船航行? 浅水急流河道撑篙比摇橹更为有效? 很可能兼而有之。

2. 如何锚泊?

《图》上停泊靠岸的船舶都是采用缆绳系在岸边的木桩上,那么河中船舶是如何锚泊的?《图》上唯独 16 号船的船首可见到有落入水中的缆绳,该船似乎正在紧急锚泊,抛入水下的是锚还是碇不得而知。

16 号船首下落入水中缆绳多达 5 根,这是为何? 是嫌一缆一碇的重量和抓力不够?

从缆绳的形状看似铁链,但对照 10 号小渡船船首的缆绳似乎该船也是用了铁链,这样的小船用铁链也不完全合乎情理,再说该船铺头板上放着一个用绳索捆缚的石碇,人力起碇用缆绳比用铁链更方便,因此汴河船更多的可能是用缆绳而不是用铁链。

总之,船舶锚泊时下落水底的锚泊属具不论是铁锚还是碇,在《图》中均未能见到它们的形制如何,实在可惜!

3. 为何船首有凹口?

仔细观察 6 号、9 号和 17 号船的船首部,发现在甲板以下、水线以上的船首有一个凹口,不知其用途如何? 结构如何?

更有趣的是,9 号船头还置有一个形如网架的东西,它由绑固在船首两边的两根竹篙和在其上绕成网状的绳索组成,斜向水面,这网架是作什么用的?

参考文献

[1] (宋)张择端绘,张安治著文:《清明上河图》,北京:人民美术出版社,1979 年版。

［2］《宋史》卷九四《河渠志》,上海:上海古籍出版社。

［3］［日］桑原骘藏著,陈裕菁译:《蒲寿庚考》,上海:中华书局,1929 年版。

［4］(宋)徐兢:《宣和奉使高丽图经》,北京:故宫博物馆 1931 年缩印本。

［5］(东汉)刘熙:《释名·释船》,(清)王先谦撰集:《释名疏证补》,上海:上海古籍出版社,
1984 年版。

［6］广州市文物管理委员会:《广州东郊汉砖室墓清纪略》,《文物参考资料》1955 年第 6 期。

［7］天津市文物管理处:《天津静海元蒙和宋船的发掘》,《文物》1983 年第 7 期。

［8］辛元欧:《中国古代船舶人力推进和操纵机具的发展》,《船史研究》1985 年第 1 期。

　　本稿曾于 1993 年在温州召开的中国造船工程学会船史研究会学术年会上宣读,发表于《船史研究》18 期,2004 年,第 121—130 页。

读《图经》议神舟

　　神舟,北宋名船,是中国与高丽(朝鲜半岛)友好交往的重要载体和历史见证。宋徐兢《宣和奉使高丽图经》[1](简称《图经》)一书对北宋遣使高丽的神舟有最早的记载,它为神舟的复原研究提供了宝贵的依据。但惜其述不详,给复原留下了诸多疑难,本文仅就神舟的大小及建造地试作探索。

一、遣使高丽　神舟赐名

　　《图经》记载三次遣使高丽。第一次,"神宗皇帝……元丰元年(1078),命左谏议大夫安焘为国信使,起居舍人陈睦副之,自明州定海绝洋而往"[2];第二次,"崇宁元年命户部侍郎刘逵,给事中吴拭持节往使,二年(1103)五月由明州道梅岑绝洋而往"[3];第三次,"宣和四年……诏遣给事中路允迪、中书舍人傅墨卿,充国信使副往高丽……五年(1123)……促装治舟……神舟发明州"[3]。

　　奉使高丽使臣乘坐的大型官船称作"神舟"。《图经》只提到第一、三两次遣使的神舟,皇帝都予赐名,为了论述方便,将第一、三次遣使神舟分别称作"元丰神舟"和"宣和神舟"。前后两种神舟各有二艘,元丰神舟"一曰凌虚致远安济神舟;二曰灵飞顺济神舟"[4];宣和神舟"一曰鼎新利涉怀远康济神舟;二曰循流安逸通济神舟"[4]。宣和神舟不仅是元丰神舟的"增其名"[4],而且还"大其制"。[4]

　　现将《图经》所载两种神舟的出使日期、使臣姓名、出海地点和赐名列于表1,以供对照。

表1　北宋出使高丽神舟对照表

神　舟	出使日期	使臣姓名	出海地点	神舟赐名
元丰神舟	元丰元年（1078）	安焘、陈睦	明州定海	凌虚致远安济神舟，灵飞顺济神舟
宣和神舟	宣和五年（1123）	路允迪、傅墨卿	明　州	鼎新利涉怀远康济神舟，循流安逸通济神舟

笔者注意到，除《图经》外的其他史籍对元丰神舟的赐名记载略有差异，如表2所示。

表2　元丰神舟赐名的史籍记载比较表

史籍名	赐名记载	引　文
《图经》	凌虚致远安济神舟，灵飞通济神舟	[4]
《宋史·高丽传》	凌虚安济致远神舟，灵飞顺济神舟	[5]
《四明谈助》卷二十	凌虚致远安济神舟，灵飞顺济神舟	[6]
《四明谈助》卷四十六	凌虚致远，凌飞顺济神舟	[7]

从表2中可以看出：

1.《宋史·高丽传》与《图经》比照，存在"安济"与"致远"两字组的序位先后之异；

2. 成书于清道光八年（1828）的《四明谈助》卷二十中的记载虽与《图经》一致，但该书卷四十六中不仅将第一艘舟名简缩掉了"安济"两字，而且将第二艘舟名的"灵"字写成"凌"字，"灵""凌"同音不同字，按理不应替换。笔者认为，《图经》成书最早，且《宋会要辑稿》[8]所记也与《图经》完全相同，上述史籍记载的差异乃为笔误所致，不足为怪。

徽宗遣使高丽"以二神舟、六客舟兼行"[3]，但"允迪以八舟使高丽，风溺其七，独允迪舟……而免"[9]。八舟出，一舟还，足见当时的航海还是一件相当危险的差使。

二、质万斛神舟　疑造于明州

当前学术界流传着"元丰元年(1078)……勒明州造万斛船二只"[10]，且"据《四明谈助》载，此二舟皆造于明州的招宝山下"[10]。多家地方媒体也有类同报道，如《宁波晚报》称："明州招宝山船场先后制造……四艘万斛神舟。"[11]北宋明州造万斛神州似乎已成主流认识，此说是否成立？依据何在？笔者有疑，并质之。

1. 万斛神舟之说查无实据

遣使造的高丽神舟载量果真是万斛吗？其实不然，这是因为：

（1）"万斛神舟"之说并不见于史籍记载

不但《图经》而且《宋史》也查无"万斛神舟"之记载。仅在王冠倬编著的《中国古船图谱》中有"宋神宗为派人出使高丽在明州造两条万斛船"[12]的结论，并有注释称其引自《四明谈助》[13]。《浙江通史》[10]也称其据《四明谈助》，但经查证，并未见此记载，只是在该书卷二十"高丽使馆"条校勘记[七]中记有"该条载明州造万斛神舟以出使高丽"[14]，但是此为点注者之语，并非《四明谈助》原文，尚不清楚该书点注者在写该条校勘记时的下笔依据何在？"万斛神舟"之说是否源于此，后广为流传？

（2）"万斛"载量不符合《图经》的记载

《图经》载宣和神舟"三倍于客舟"[15]，而客舟"可载二千斛粟"[15]，所以宣和神舟的载量应是六千斛，若"万斛"说成立，神舟的载量是五倍于客舟了。按参考文献[12]说的万斛船是指元丰神舟，那么，"大其制"[4]的宣和神舟不就比万斛更大了吗？又该大到多少斛呢？上述诸种解读如何解释更合理？笔者综上所述，认为明州造神舟尤其是造宣和神舟之说还缺确实的史籍记载，故目前尚难定论。

2. 明州造神舟尚难定论

《图经》载："神宗皇帝遣使高丽，尝诏有司造巨舰二，一曰凌虚致远安济神舟，二曰灵飞顺济神舟……爰自崇宁以乞于今……仍诏有司更造二艘……"[4]这段文字并没有提到神舟的建造地。《图经》"招宝山"条中记载宣和遣使时仅说到宣和"五年……促装治舟……"[3]，这里的"促装治舟"是不能简单地理解成在招宝山下建造神舟的。因为，其一，此段文字虽在"招宝山"条中，但整段文字只是叙述宣和四年遣使往高丽的日程，并未明言在招宝山下建造神舟；其二，由"促装治舟"联系到《图经》又有"顾募客舟复令明州装饰略如神舟"[10]的记载，似乎告诉我们，不论客舟还是神舟，仅在明州进行了船舶的装饰而已，并非神舟的建造；其三，"宣和四年……三月诏遣"[3]到"五年……五月……神舟发明州"[3]的时间上来看，"诏遣"到"舟发"时隔仅一年，要造两艘神舟和六艘客舟不是一桩易事，只作舟船的"促装"和"装饰"当有可能。

《四明谈助》倒有一段值得引起关注的记载："招宝山本名候涛山，以其当海口，商舶所经……按况逵《丰惠庙记》：'政和七年（1117）四月，楼异造画舫百舵置海口，专备高丽使臣之用。又造二乘舟锦帆朱㮟，威耀若神，投铁符于招宝山之海中以镇之。时有巨鱼出现，长数丈，鳞□（＊查1989年11月江苏广陵古籍印社据清道光刊本影印版此口缺为"角"字。）耀目，观者骇之。然则当时所制"凌虚致远""灵飞顺济"神舟之属，皆在是山下也。'"[7]此段庙记中并没有明确提及在招宝山下建造神舟，但有"又造二乘舟"和"当时所制……神舟之属"的文字，就此引出了三种解读：第一种，认为招宝山下造过元丰神舟，但不是宣和神舟。依据是"当时所制'凌虚致远''灵飞顺济'神舟之属皆在是山下也"[7]的记载。问题在于，"当时所制"的元丰神舟曾在招宝山下停泊过，而它们有可能是在其他地方所造。再说，若"当时"一词是指正和七年（1117），那么元丰神舟怎么会建造于元丰遣使之后39年呢？不过《宋史·高丽传》中确实记有"元丰元年……造两舰于明州"[5]，是否会是《宋史》编写人将"促装治舟"和"后令明州装饰"当作"造两舰于明州"来理解了？当然仅是一种猜测，即使《宋史》的"造两舰于明州"被确认无误，此"两舰"也只是指元丰神舟而非宣和神舟。第二种，认为该"又造二乘舟"是指元丰神舟之后"又造"的宣和神舟，但这种解读也难解释宣和神舟怎么能在"宣和四年（1122）壬寅春三月"[3]遣使高丽的"诏遣"之前5年就造成了呢？第三种，认为"又造二乘舟"不是指宣和神舟，因为庙记中明确指出，该二舟仅是为"投铁符于招宝山之海中以镇之"[7]而建造的，如同楼异专为高丽使臣造画舫一样。造了"画舫"之后"又造二乘舟"供"投铁符"之用，"锦帆朱鬃，威耀若神"的描述也符合它的"投铁符"以镇海的使命。

三、神舟究竟有多大

《图经》虽说到宣和神舟对元丰神舟不仅"增其名"[4]而且"大其制"[4]，却没有说出元丰神舟有多大，也没有说宣和神舟大其多少。那么代表北宋遣使高丽神舟的最高水平的宣和神舟究竟有多大呢？《图经》只告诉我们"神舟之长阔高大，什物器用人数，皆三倍于客舟"[15]，而"客舟……其长十余丈，深三丈，阔二丈五尺，可载二千斛粟"[15]，这些成了复原神舟尺度的最原始和最基本的依据。

1. 对"三倍于客舟"的解读

有两种。一种认为神舟的船长、船深、船阔分别是客舟长、深、阔三向尺寸的三倍。另一种认为，神舟的形体是客舟的三倍。第一种解读难以成立，因为按此计算，神舟的船长为三十丈、船深九丈、船阔七丈五尺，尺度显然过大；若神舟的长、深、阔分别为客舟的三倍，则神舟的体积应为客舟的 27 倍。那么，它的载粟量就高达 5.4 万斛，显然离谱了；再从《图经》所记文字看，"神舟之长阔高大"[10]与"什物器用人数"[15]之间用古文断句符号小圆点分隔成前后并列的二段句，它从两个方面表达神舟的形体大小，而且"皆三倍于客舟"[10]并不是"神舟之长、阔、高大、什物、器用、人数"皆三倍于客舟的意思。

可见第二种解读在理。因此,神舟的载重量是客舟可载二千斛的三倍,即六千斛。神舟的主体尺寸是客舟的 3 的立方根倍,即约 1.44 倍,按此计算得神舟的长、深、阔尺寸分别为 14.4 余丈、4.33 丈和 3.6 丈。

2. 复原尺寸的取值

由上解读,似乎神舟尺度已可确定,其实不然,因尚有下面几个不确定的问题存在。

(1)客舟"可载二千斛"[15]不能被理解成客舟的载粟量刚刚好是"二千斛"[15],这里的"二千斛"是一种船舶载量等级档次的表达,从未见也不可能见到有如"一千五百四十三斛"船之类的记载。相当于现代船舶有万吨轮、千吨驳、五万吨油轮等称谓,只是表出其载量的大整数而已。因此客舟的实际精确载量是不达或超过二千斛,换言之,客舟载粟为二千斛上下。同样神舟的复原载量也应是六千斛上下。

(2)客舟"长十余丈"[15],到底是十几丈呢?"余"是一个不确定的数量的表述文字,"余"是一般指 1~4 的数,绝不会接近或超过 5,否则会用"近半"一词,据此,客舟的确实长度是大于十丈而小于十四丈,对应神舟长应为 14.4 丈至多不超过 20 丈。

(3)神舟"三倍于客舟"[15]的描述也仅是一个大约数,绝不可能刚好"三倍",只能说大约三倍。因此神舟的主体长、深、阔尺寸也大约是 1.44 倍于客舟的对应尺寸。

(4)船舶的主体尺寸通常是取整数的,神舟、客舟也不可能例外。一般取到单位"尺",取值不宜出现"寸"的度量单位。

(5)客舟"深三丈、阔二丈五尺"[15]其宽深比只有 0.833 实在太小,有悖船舶稳性的尺度规律。可能此三丈的含义并不是真实意义上的船舶型深。同样《图经》记述"神舟之长阔高大"[10]时,用了"高"字而不用"深"字,其内涵是否可能指计及甲板上建筑物的高度在内的"高"呢？或许这里的"深"是指大梁拱船且从货舱围板口往下测得的舱深？总之，按此尺度，神舟型深尚难确定，这也给神舟吃水的取值带来了一定困难。

综上所述，据现有掌握的资料虽难得出精确的神舟复原尺寸，但取船长为16丈、船宽为3.6丈还是可被接受的。按宋初官尺，每尺长合31厘米计算，且取整，则船长为50米，船宽为11.2米。

鉴于神舟"先期委福建两浙监司"[15]，参考泉州宋代海船的线型和尺度比[16]，取神舟水线长为45米、水线宽为11米、吃水为3.5米、排水量约780吨、载货量约为360吨上下，一斛粟合120斤，即可载6 000斛粟，这与前面所论三倍于客舟的神舟载粟量为六千斛上下的结论相吻合。

四、读高丽图经　释神舟之疑

概括前读《图经》为解神舟之迷、释神舟之疑所发议论，可得如下结论：

1. 北宋三次遣使高丽，促进了中国与朝鲜的友好交往，宣和神舟是元丰神舟的"大其制而增其名"的"更造二舟"，是遣使高丽的最大载体，对它的复原研究具有重要的历史价值。

2. 当前相传的"万斛神舟"之说查无实据，也不符合《图经》对神舟载量的记载，故难以成立。

3. 神舟"三倍于客舟"是指其形体而不是三向尺度。

4. 按史籍记载分析，神舟的建造地点当前尚难确定是明州。

5. 神舟的复原尺度可取船长50米，船宽11.2米，排水量780吨，载粟量360吨。

参考文献

[1] (宋)徐兢:《宣和奉使高丽图经》,中华书局1985年版。

[2] 同[1]，卷二《王氏》，第 3—4 页。

[3] 同[1]，卷三十四《招宝山》，第 118 页。

[4] 同[1]，卷三十四《神舟》，第 116 页。

[5] (元)脱脱:《宋史》卷四百八十七《高丽传》。

[6] (清)徐兆昺:《四明谈助》，桂心仪等点注，宁波出版社 2005 年版，卷二十《南城诸迹(三下)·高丽使馆》，第 671 页。

[7] 同[6]，卷四十六《西四明外户下·候涛山·水操》，第 1566 页。

[8] (清)徐松等:《宋会要辑稿》卷一四五《食货》，中华书局 1957 年版，第 5014 页。

[9] 同[6]，卷二十九《东城内下(下)·天后宫·元程积斋(端学)》，《重建天后宫》，第 942 页。

[10] 沈冬梅、范立舟:《浙江通史·宋代卷》，浙江人民出版社 2005 年版，第 48 页。

[11] 洪庆余:《北宋万斛神舟原是这样》，《宁波晚报》2003 年 6 月 9 日，第 3013 期第四版。

[12] 王冠倬:《中国古船图谱》，生活·读书·新知三联书店 2004 年版，第 141 页。

[13] 同[12]，见第八条注释(89)，第 165 页。

[14] 同[6]，见校勘记[七]，第 677 页。

[15] 同[1]，卷三十四《客舟》，第 117—118 页。

[16] 席龙飞、何国卫:《对泉州湾出土的宋代海船及其复原尺度的探讨》，《中国造船》1979 年第 2 期，总第 65 期，第 117 期。

原文发表于《船史研究》第 20 期，2011 年。

简议中国古船技术史研究

　　古船技术史是古代造船史的重要部分，对古代造船史的研究重点必然是对古船技术史的研究。中国古船技术史对出土文物、史籍文献、船图古画及古船复原等方面的研究已蓬勃展开；有关中国首创的水密舱壁、先进的船舵、最早的车轮舟等古船技术的研究硕果累累；伴随研究出版了大批的优秀学术论文和研究专著。受此鼓舞，撰写本文。

1　独木舟演变成木板船的技术飞跃

　　独木舟虽有一定的干舷，但不稳易倾且载量极有限。在独木舟两旁加装水密拼连的木板就是向木板船的演变发展。木板船所具有的干舷是独木舟所不可相比的，独木舟的挖空空间对木板船而言是微不足道的，所以生成木板船的原独木舟逐渐被制成矩形截面的长木材所替代，它就是木板船的龙骨。剖制木板和板材水密拼接技术是它的产生条件，木板船的出现使得木船的大型化和线型的多样化成为可能，促使木船向实用、经济、科学和高级方向发展。木板船的产生是独木舟演变发展技术飞跃的结果。

　　木板船才是真正意义上的木船，古代木船技术史的研究重点必然是以木板船为主体对象。

2 中国古船技术史研究

2.1 出土文物研究

由于出土文物的真实性历来为史学研究者所关注和重视,涉及中国古船技术的出土文物同样成为船史学者的重点研究对象。出土古船是研究古船技术史最重要的文物。自 1960 年至 2005 年 45 年间,除独木舟外,先后在 16 处共出土30 多艘古船。现已出土的中国古船在船舶技术上丰富多彩,各具特色。宁波宋代海船创现代舭龙骨之先。1974 年出土的泉州宋代海船,首次出现了多重板船壳结构;粗大的三段龙骨有力地否定了中国古船没有龙骨的观点;长宽比不足 3的事实使学者对史料中关于中国古船有短而广的记载深信不疑;舱壁周边肋骨也第一次被发现。泉州法石出土的宋船可见到用来加固隔舱壁与舱底连接的木钩钉(舌形榫头)。新安元船是一艘最早出现鱼鳞式搭接船壳外板的中国古船。蓬莱出土的一、二号海船所展现的龙骨补强材和钩子同口加凹凸榫让先进构件连接技术一览无遗。梁山明代河船是一艘船体最完整的出土古船,它的甲板及舱口构件保存完好。

杭州水田畈和吴兴钱山漾出土多支 4 700 年前的木桨及河姆渡出土一支珍贵的 8 000 年前的雕花木桨,无不证明中国舟船活动的久远和广泛。在一尊商代饰有饕餮纹的铜鼎的铭文上有一图象,像人在木板船上站立和划桨的水上运载活动。著名的"战国水陆攻战纹铜鉴""嵌错宴乐渔猎耕战纹铜壶"及现藏北京故宫博物院的传世文物"宴乐渔猎耕战纹铜壶"上都有船形、划桨和水战的纹饰图案。湖南长沙、广东广州和湖北江陵分别出土西汉木船模型各一只,广州还出土了一只东汉陶质船模。这些船模生动地反映了汉代船舶技术特征。

出土古船的锚、舵更令人惊叹。泉州法石乡发现了长 232 厘米的作横杆用的宋元碇石。在上海吴淞打捞出水的国内保存最大、最完整、构造最清晰的大型有杆锚,锚柄长达 7.45 米。广州出土的一只明代四爪铁锚高达 3.4 米,是迄今出土最大的铁锚。1957 年在南京中宝村出土的全长为 11.07 米的铁力木舵杆已成为研究古代船舵的主要文物。在明代宝船厂遗址发现的 7 个长方形水塘被称为"作塘",其中最大的作塘长达 500 米、宽约 50 米,这引起了学者极大的研究兴趣。

2.2　史籍文献研究

在浩如烟海的中国史籍文献中不乏涉及古船的记载,这正是研究古船技术史的重要史料依据。学者研究得比较多的有以下主要古籍著作。

汉代刘熙撰写的《释名·释船》可称为一部古代船舶专业书,它对汉代船舶的上层建筑、船舶属具、船舶结构、船舶稳性、船舶的作用、性质和分类都有明确的诠释和翔实的记录。三国吴万震撰写的《南州异物志》对风帆和驶风技术已有了详细的描述。唐代李筌撰著《太白阴经》的《水战具》篇对汉唐时期的楼船、蒙冲、战船、走舸、游艇和海鹘等 6 种船舶都有记述。宋代徐兢所著《宣和奉使高丽图经》对造船技术,尤其对宋代海船——神舟和客舟的形体结构叙述较详。

明代陈侃著的《使琉球录》记述了出使琉球船舶的规范、尺寸及各种属具的配置与使用。席书编撰的《漕船志》是一本关于漕船及船厂的专著。沈啓的《南船记》和李昭祥的《龙江船厂志》格外出名。《南船记》记载了 20 余种船舶,如黄船、战船、巡船等的结构及尺寸;《龙江船厂志》还对船舶的类型、结构和造船工、料的计算规定有详细记载。

明代宋应星的《天工开物》、胡宗宪的《筹海图编》、何汝宾的《兵录》、戚继光的《纪效新书》、茅元仪的《武备志》以及李盘的《金汤借箸十二筹》和清代《古今图书集成》《江苏海运全案》及《浙江海运全案》等史书中对各种船舶都有图文并茂的描述。

2.3　船图古画研究

这里说的"古画"系指有关船舶图形的绘画艺术作品,它是古船技术史研究的重要方面,因为它比较形象地反映出古船的面貌,学者研究较多的有:宋人摹晋代画家顾恺之的《洛神赋图》,展现了晋代双体游舫的形象;金代的岩上寺壁画《海上遇难图》反映了一艘商船海上遇难的画面;北宋宫廷画师张择端的《清明上河图》以写实手法描绘了汴河上二十余只客、货船,非常直观地展示了宋代内河船的船型、结构、属具、布置特色及航态操作,它不仅是美术作品中的瑰宝,也是研究古船技术的重要史料;宋人所绘的《万里长江图》反映了长江船舶的特色;北宋《金明池争标图》和南宋《天中戏水图》绘的御龙舟俨然是一座富丽堂皇的水上宫殿;日本松浦史料博物馆藏《唐船之图》共有 11 艘中国帆船,其最有价值的是在图上标志了船舶各部位和桅、帆、旗、舵的尺寸;清代徐扬的《姑苏繁华图》和江萱的《潞河督运图》绘有众多大小船舶,它们是研究清代木帆船的重要图像史料。

2.4　古船复原研究

古船复原研究是对古船历史再现的研究,是在古船技术研究基础上进行的深化和应用研究。中国船史学者对许多出土古船进行了实船测绘,随之开展了复原基础研究,例如泉州宋代海船、蓬莱一号船、磁县元代河船第 6 号船、梁山明代河船、象山明代海船等。针对古代名船名舰的模型研究,所制作不同比尺的船模因其品种、数量太多难以统计。由于对郑和宝船尺度的不同认识,出现的郑和宝船复原模型可谓百花齐放,这也是百家争鸣的一种表现方式。

对古船复原实船的建造研究虽也不少,但比较成功的要算浙江绿眉毛船了。不少自航古船因采用了现代的动力推进和通导设备,所以将其称为"仿古船"比较合适。

3 中国古船技术史研究成果

中国古船技术史研究硕果累累,成绩显著,主要表现在 10 个方面,简议如下。

3.1 首创的水密舱壁

中国古船设置水密舱壁结构是一项了不起的发明创造。用众多舱壁刚性支撑着船底、船舷和甲板,最初可能主要从结构强度考虑,伴随着产生的抗沉性,日后被逐步认识和重视。晋义熙年间(405—418 年)曾造八槽舰,该舰可认为用七个水密横舱壁分隔成八个舱。水密舱壁在唐代已普遍使用,已为多艘出土唐代古船所证实。

为增加水密舱壁周边与船壳的连接强度,到了宋代就出现了舱壁边肋骨,泉州宋代海船就是例证,蓬莱出土古船再次展现。

3.2 先进的船舵

距今近 2 000 年的广州东汉陶船模尾部正中位已有了舵,不过它还是以支点转动,残留以桨代舵的痕迹。绕舵杆轴线转动的船舵最早出现在唐代郑虔画的一幅山水画中。天津出土的静海宋船有堪称世界第一的平衡舵。实际上北宋已广泛使用了平衡舵、升降舵,这在张择端《清明上河图》上展现无遗。中国船舵蜚声世界,它的出现比外国早得很多。

3.3 最早的车轮舟

车轮舟最早出现在晋代,唐代有了发展,到了宋代获得了有效的应用。车轮舟的推进工具是由木桨演变成的轮桨。连续转动桨轮,改变了原来间隙的划桨运动,成为连续推进运动,避免了划桨时桨出水后做虚功,车轮舟的推进效能和船速得到极大的提高,多轮车轮舟更是以轮激水,其行如飞。到了公元 1543 年,欧洲才进行车轮船的第一次试验。

3.4 八面驶风的中国风帆

风帆是船舶利用自然风力作为推进动力的船舶推进工具。风帆的使用让提高航速、扩展航域及船舶向大型化发展成为可能,风帆的出现在古船技术史上具有里程碑的意义。中国风帆的出现虽然较国外为晚,但它与先进的船舵配合使用,两者相得益彰,使风帆技术得到了飞速发展,形成了独具特色的中国风帆。中国风帆的构造和驶风技术很快在世界上占有重要地位。

中国风帆属于硬帆,帆可转动,调节帆角利用侧风航行。不仅如此,还能应用"调戗"的航行技术,逆风航行,配合转舵仍可保持航向。这就是俗语说的"船驶八面风"和"看风使舵"。中国风帆还可以升降调节帆的面积大小以策安全。大型船舶采用多桅多帆以增加动力。

3.5 坚固的船体结构与构件连接

中国古船的船体结构特色,最主要的是设置了最强的横向构件横舱壁,它确保了横向强度;不论是尖底船还是平底船,它们都有断面尺寸很大的龙骨或包括龙骨翼板在内的龙骨板和在舷侧顶部设置的称作"大橄(拉)"的纵向加厚壳板。它们都处于船舶中剖面上下的最远处,这种粗大的纵通桁材是确保船体总纵强度的强力构件。

中国古船的构件按不同部位的不同需要采用不同的行之有效的连接方式。元代已经广泛采用钩子同口连接构件的端接缝,钩子同口结合榫头的连接更是锦上添花。为保证壳板厚度和使弯板加工变得容易且减少残留应力,泉州宋代海船就巧妙地采用了二重、三重板船壳。中国古船船板的钉连在宋代已广泛采用铁钉,铁钉有鳅钉(铲钉)、方钉等不同钉形。在舱壁与外板的钉连上通常还采用锔钉技术。

中国古船的龙骨通常由主龙骨、尾龙骨和首柱三段端连而成。在龙骨的端接部位常加置龙骨补强材。龙骨补强材置于龙骨端接处上方,用铁钉与龙骨钉连,在端接处附近置横舱壁,通常跨搭端接处前后三个舱壁。这种龙骨接头补强技术对增加连接处节点结构强度非常有效,其端接头结构的科学性令人称道。龙骨补强材首见于出土的元末明初蓬莱一号船。

3.6 实用的捻缝技术

捻缝是保证木船水密的重要工艺,捻缝质量又以捻料最为关键。中国木船捻缝用的捻料一般由桐油、石灰、麻丝构成。桐油因其含桐油酸甘油脂,极易氧化起聚合反应,能形成坚韧耐水的漆膜。桐油与具粘接性很强的石灰调合所生成的桐油酸钙,有良好的隔水填充作用。麻丝经反复捣匀混调入捻料中,对充填、防裂、增加附着力和提高团块强度有重大作用。桐油是中国特产,用桐油配制而成的捻料所具中国特色就不言而喻了。

用石灰、桐油制成的捻料在晚唐时期的扬州施桥船和江苏如皋唐船的板缝里已经被发现。桐油灰加麻丝的捻料应用在 1979 年出土的宁波宋代海船得到了实物的佐证。

3.7 灵活有效的橹和有杆锚

中国古船属具中除船舵和风帆以外,还有篙、桨、橹、碇、锚等,其中最具技术特点的是橹和有杆锚。

橹是连续、高效的推进工具,摇橹是以橹支纽为支点转动,橹板在水中以一定的攻角左右滑动时在橹板上产生的升力推船前进,而划桨靠的是拨水产生的反作力。它又能灵活地用调节橹板攻角来控制和操纵航向,摇橹连续作功的推进效率是间歇的划桨所不可及的。

橹是中国人力推进工具的一项独特发明,它在船舶推进技术上的突破是中国对古船造船技术的重大贡献,橹自出现以来一直沿用至今。

锚是系泊工具,中国古代称为"碇"。锚的系船力是靠锚的重量和锚对水下底土的抓力。古代的碇用石头捆绑在带树叉的木头上,石头具有重量,树叉就是锚爪。只有两个爪的锚就是二爪锚,但它难以使锚爪落水后入土,故以后有四爪锚的出现。若在二爪锚垂直于两爪构成的平面置一横杆,则锚索一旦受力,由于重力的不平衡,必有一爪可入土产生抓力,锚重和锚爪同时作用,它与现代海军锚的系泊原理相同。东汉陶船模的船首悬挂的一具碇是带横杆的木石结合碇,就是系泊原理非常科学的有杆锚。

3.8 多样的船型和船种

中国海域辽阔,江河纵横,不同历史时期根据不同需要产生的适应于不同水域的船型和船种是多种多样的。中国历史上出现过汉代的楼船、斗舰;隋代的五牙舰、龙舟;唐代的俞大娘船、车船、战船;宋代的客舟和神舟;元代的漕船和元、明代的远洋海船;清代船型船种更是繁多。到了明代已形成沙船、福船和广船三大类成熟的优良传统船型。沙船源于长江口及崇明一带的方头方梢平底浅吃水船,扁浅狭长的准长方体船型,多桅多帆,采用大梁拱使甲板能迅速排水,两舷侧有防横漂的披水板。福船是福建、浙江沿海一带的尖底海船,吃水较深,底尖上阔,横剖面呈 V 字型,高大如楼,首昂尾高,首尖尾方,两侧有护板,它具优良的深水航海性能。广船是广东一带的著名船型的统称。广船下窄上宽,头尖体长,梁拱较小,两旁搭架摇橹,用栗木建造特别坚固,帆呈扇形,船纵中处装有中插板用以抗漂,舵面有菱形开孔以利操舵轻捷,还设有较长的尾梢。

3.9　优良的船舶性能

中国古船在提高船舶性能方面仍有许多可圈可点之处。中国早就懂得船舶造得"短而广"及所谓"压重庶不欹倒也"的在船底加固定压载以降低重心有利于稳性的道理。采用减摇龙骨改善耐波性,在宁波出土的北宋海船上可以见到。沙船两舷侧所设的披水板和广船所置的中插板都是古船在海上遭侧风时的重要抗漂设施。在"舟腹两旁,缚大竹为橐以拒浪"的措施更是妙不可言。

3.10　有益的学术争鸣

在中国古船技术研究过程中对某些学术问题持有不同的观点并展开热烈的学术争鸣是非常有益的。有两项大的学术争鸣应该特别提出:其一,明初郑和下西洋乘坐的"长四十四丈,阔一十八丈"的宝船,在历史上是否真的出现过? 对这个问题存在两种截然相反的学术观点,当前仍在继续争鸣和深化研究之中。其二,1974 年在广州发掘出土的秦汉木结构遗存是否是秦汉造船工场遗址的问题。绝大多数从事船史研究的造船界专业学者从造船技术角度出发,认为该遗址出土的"平行铺放两行厚重"的大木板,既不是造船台,也不是下水滑道,广州秦汉遗址绝不是造船工场遗址。

4　中国古船技术的研究学术论文和专著

中国古船技术研究论文数量众多。杨槱的《中国造船发展简史》可能是新中国成立后最早的中国造船史研究专著之一。在正式出版的众多研究专著中下列几本最具学术影响的著作:比较系统地论述中国古船技术发展史的应首推 2000 年出版的席龙飞著《中国造船史》,该书对中国各历史时期的船舶技术都有非常专业的解析。同年出版的王冠倬编著的《中国古船图谱》,以文导图,以图辅文,勾画出中国古代造船技术发展的壮丽画卷。2004 年出版的辛元欧著《上海沙船》是一本全面论述中国沙船的专著,它对沙船有详尽的微观技术分析。1991年出版的陈希育著《中国帆船与海外贸易》对清代中国远洋商船有较详尽的论述。1989 年出版的孙光圻著《中国古代航海史》对作为航海的载体——船舶的历史发展也有较多涉及。1989 年出版的唐志拔著《中国舰船史》侧重战船发展的历史。

前述几本颇具代表性的主要著作各自从不同的侧重面涉及中国古船技术史,受到学者的普遍关注和好评。

5 结 语

中国古船技术史通过对出土文物、文献史籍、船图古画和古船复原的全方位、多视角、宏观与微观相结合的研究,取得显著成绩,硕果累累。研究确认了中国古船技术的基本特征及其演变发展的过程,并以可靠的材料论证了中国古代先进的造船技术及它在世界造船史上的重要地位。我们也应看到研究的现状不可能是完美无缺的。事实上,许多问题有待我们去认真思索,深入研究。笔者深信:中国古船技术史研究的形势会更好,我们展望将来充满信心,我们的研究前景如同古船技术一样光辉灿烂。

原文收录于《蓬莱古船国际学术研讨会文集》,(武汉)长江出版社,2009年版。

初探蓬莱出土的三艘古代海船

继 1984 年 6 月在中国山东省蓬莱古港发掘出一艘古代海船后，于 2005 年 2 月至 11 月在同一区域又发掘清理出两艘比较完整的古代海船，在蓬莱水域（登州港）先后出土了三艘古船，为古代造船技术史研究提供了宝贵的实物史料，引起了船史学者极大的兴趣，这必将促进船史研究的深入发展。本文试对蓬莱出土的三艘古代海船的船型特色、结构特征和工艺特点等方面作技术上的分析比较，以探索古代海船的造船技术。为论述方便起见，现将 1984 年出土的一艘船编称为"蓬莱一号"船，2005 年出土的二艘船分别编称为"蓬莱二号"船和"蓬莱三号"船。

从蓬莱古船国际学术研讨会第二号通知提供的《蓬莱古船的技术状况》[1]材料来看，尽管蓬莱二号船出土残存外板、舱壁等构件的数量及残骸完整性不如蓬莱一号船，但两船在船体的形制上十分相似，而蓬莱三号船与蓬莱一、二号却有很大的差异，这些正是蓬莱出土的三艘海船的研究价值所在。

1　蓬莱一、二号船大同小异

只要将蓬莱二号船与蓬莱一号船相对照就可以发现，两船除残存船体尺度有所不同外，不论在船型、船体结构还是制造工艺方面都大同小异，主要体现在如下几个方面。

（1）相近的主尺度

只要将蓬莱二号船残体向首尾和高度方向作自然合理的延伸，就可发现所得出的粗略复原主尺度与蓬莱一号船相当接近。

（2）同类的船型

两船的船型瘦长，船首起翘尖削，船尾方正平直，船中剖面基本呈尖圆底或圆弧底。两船应属同类船型。

（3）相同的舱壁数

蓬莱二号船"全船残存 6 道舱壁，另有 5 处残留有曾安装过舱壁的痕迹，在尾龙骨的范围内或还应有 2 道舱壁，全船舱壁总数可能是 13 道"[1]，这与蓬莱一号船由 13 道舱壁分隔成 14 个舱完全一致。

（4）设置舱壁边肋骨

舱壁边肋骨是沿着舱壁板与船壳板（包括船底、船舷和船侧）交接线设置的构件，它与舱壁和船壳板紧密钉连，具有增强船体刚度和强度的作用。两船的舱壁两侧设置舱壁边肋骨，只不过蓬莱一号船舱壁边肋骨设在舷部，蓬莱二号船的舱壁边肋骨设在底部，将它们分别称为"舱壁舷边肋骨"和"舱壁底边肋骨"。它们的作用原理是类同的，只是补强的范围和部位有所不同而已。

（5）类同的构件连接方式

两条船的龙骨端接和外板端接都是采用钩子同口连接。蓬莱二号船"板列的边接缝为平接"[1]与蓬莱一号船类同。

（6）设置龙骨补强材

龙骨接头处的连接强度至关重要，中国古船在龙骨端接处上方加置一段龙骨补强材，顾名思义，其作用就是对龙骨的补强。中国古船的龙骨结构特点（见图 1）如下：

其一，在主龙骨与尾龙骨和主龙骨与首柱的接头部位上方加置一段龙骨补强材；其二，在龙骨端接处上方或附近设置舱壁；其三，龙骨补强材长度通常跨搭龙骨端接部位前后舱壁，即龙骨补强材跨搭了 3 个舱壁；其四，龙骨补强材与龙骨用铁钉钉连。蓬莱一、二号船的龙骨补强材皆是如此。龙骨补强材上方的舱壁是对龙骨接头的强力支撑，结合龙骨的钩子同口（尤其还有榫的）端接方式，使连接点的节点结构特别牢固，从而保证了船舶的总纵强度和局部强度。中国古船独特的龙骨补强结构的科学性令人惊叹不已。

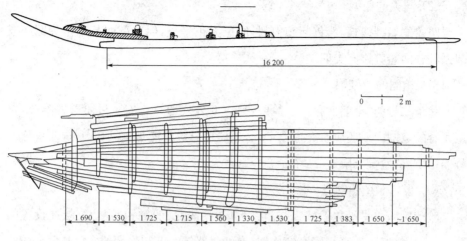

16 200

0　1　2 m

1 690　1 530　1 725　1 715　1 560　1 330　1 530　1 725　1 383　1 650　~1 650

图 1　蓬莱二号船首龙骨端接处龙骨补强材

（7）舱壁开有两个流水孔

中国古船在舱壁的最低点开有流水孔以便集积和排除各舱里的水,蓬莱一、二号船都在舱壁与船底结合处的中心龙骨两旁开有左右对称的两个流水孔。

（8）桅座

在此应该特别提出的是,蓬莱一号船的首桅座和主桅座俱在,但蓬莱二号船的桅座已损坏散失而未能见到,若蓬莱二号船没有桅座是不可理解的。

蓬莱二号船在船型、结构、工艺等方面与蓬莱一号船大同小异,它同蓬莱一号船一样,是一艘"沿用刀鱼战船型的海防战船"[2]。蓬莱二号船重现了蓬莱一号船结构的合理性和工艺的科学性,充分展示了中国古代先进的造船技术。

2　蓬莱三号船是一艘韩国古船

2.1　蓬莱三号船具有韩国古船的典型特征

蓬莱三号船与蓬莱一、二号船有很大的差别,它具有蓬莱一、二号船等中国

古船所见不到的韩国古船的典型特征,至少可归纳出下列几方面:

(1) 船底板用长槷穿连

蓬莱三号船是"由 3 列厚重的木板构成龙骨板,3 列龙骨板由长木栓贯通并连摒成一体"[1]的,这里的"木栓"就是韩国古船穿通连接船底板材的连接构件,称作"长槷"。高丽全盛时期的莞岛船[3]和中期的达里岛船[4]的底板就是用长槷来相互连接的,蓬莱三号用木栓连接的船底板结构与达里岛船如出一辙。

(2) 外板用皮槷钉接

韩国古船外板普遍采用皮槷钉接。韩国船的皮槷就是中国船的木钉。

蓬莱三号船"外板的边接缝主要用木钉连接,木钉用栗木"[1],"相邻龙骨翼板的第 1 列外板采用长木钉穿透外板钉入龙骨翼板"[1],蓬莱三号船上的木钉就是韩国船用来钉接外板的皮槷。

(3) 上角型搭接的鱼鳞式外板

蓬莱三号船"外板采用鱼鳞式搭接"[1]。鱼鳞式外板是由板列搭接而成的,搭接形式可分为直平型搭接、下角型搭接、上角型搭接和斜平型搭接 4 种(见图2)。直平型搭接是最简单的搭接形式;中国新安船采用的是下角型搭接;韩国的莞岛船和达里岛船采用上角型搭接,蓬莱三号船也不例外;斜平型搭接在日本古船中常采用。蓬莱三号船的上角型外板搭接是韩国古船的典型特点之一。

(4) 平底和平面船首船尾

蓬莱三号船的船首有几块横向排列的板材,这无疑是船首封板,尽管因残体船尾部损缺未能见到类同的板材,但它与"韩船……船首船尾呈斜形的平面状"[5]是不谋而合的。"韩国时期的古船其底呈平面"[4],这种平底由成单数的船底板列,即一根中央龙骨板和其左右对称的 2 根或 4 根龙骨翼板拼接而成。蓬莱三号船的船底就是由 3 列船底板构成平底。

(5) 向后倾倒的船桅

蓬莱三号船的首桅座"在第一道船壁之后,首桅只能后倾倒"[1],巧的是,这种中国古船少见的后倾倒式船桅在韩国古船上却是普通采用的。

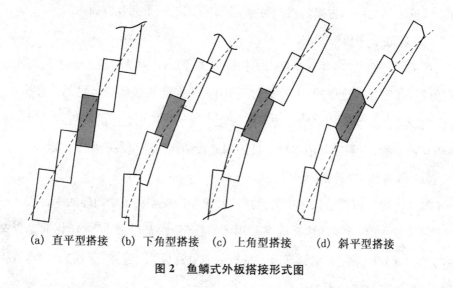

（a）直平型搭接　（b）下角型搭接　（c）上角型搭接　（d）斜平型搭接

图 2　鱼鳞式外板搭接形式图

2.2　蓬莱三号船含有中国造船技术

蓬莱三号船虽然具有韩国古船的典型特征,但令人惊叹不已的是它还含有许多中国造船技术,主要体现在:

（1）有舱壁结构

众所周知,设置舱壁结构是典型的中国造船技术。蓬莱三号船不仅设有舱壁而且在其两侧均设有边肋骨,舱壁周边设有舱壁边肋骨是中国舱壁结构的一大特点,蓬莱三号船在舱壁的底边处同样还有中国舱壁通常有的流水孔。

韩国古船是不具舱壁的,通常采用被称作为"驾龙木"（又释成"横梁"）的横向构件来连接和支撑左右两舷的外板,以保证木船的横向强度,"在韩国船的结构里没有肋骨和隔壁板,而是由加木和驾龙木来取代梁、肋骨、隔壁板,以此来加强横向强度"[4],当然韩国船的驾龙木加强横向强度的作用远不如中国船的横舱壁。

（2）龙骨补强材

中国古船在龙骨端接处上方通常置有龙骨补强材,以加强龙骨接头节点的强度。蓬莱三号船也在"中心龙骨板接头处附加有相当大的补强材"[1]，其长度与主龙骨几乎相当，其长垮搭了 4 个舱壁；中国古船龙骨补强材是为了增强龙骨接头部位的结构强度，而蓬莱三号船龙骨补强材的主要作用还是增加龙骨板的厚度，两者的补强机理和目的有所不同，但都起到了对龙骨强度的补强作用。

（3）铁钉木钉并用

蓬莱三号船除了大量采用木钉连接船材外，还较多地应用了铁钉，韩国莞岛船和达里岛船还都是单一地采用木钉连接，在"纯祖 22 年（1822 年）……建造的使臣船"[5]可见到"外板、船首材、船尾材兼用木铁钉"[5]。铁、木钉并用是单一采用木钉的进步。不过，它仍处于古船连接由木钉发展到用铁钉的过渡阶段，蓬莱三号船"外板的边接缝主要用木钉连接，木钉用栗木"[1]。为保证船壳的水密性和连接强度，在"三号船木钉之间还钉以铁钉"[1]是在情理之中。中国早在汉代造船时已使用铁钉联拼船板，这一技术后被交往频繁的近邻韩国所逐步接收和采用。

（4）设置桅座

蓬莱三号船"第 4 道船壁前有桅座"[1]，韩国莞岛船上却未见有桅座，只见到中央底板上有"2 个插入桅杆的卯眼"，也就是说，只在龙骨上开凿槽口装桅，并没有出现桅座。不言而喻，在龙骨板上开槽口会严重损害龙骨强度，蓬莱三号船为桅专设桅座是韩国古船技术上的一大进步。中国古船设置桅座极其普遍，早已被出土古船所证实。

（5）龙骨端接榫头

蓬莱三号船的龙骨板端接采用类似于咬合同口的方式，它实际上就是韩国莞岛船中心龙骨"以凹凸方式"[3]的端接。这种连接方式无法限制龙骨端接面的相对位移和纵向脱开，蓬莱三号船因在"中心板端接头处有个小的榫头"[1]就不存在端接断面位移的可能性，小小的榫头所起到的作用不可小看。不管其工艺上如何简单，却是一个了不起的技术进步。带榫头连接工艺在中国古船上是普遍采用的成熟技术。

（6）向前倾倒的船桅

蓬莱三号船首桅是韩国古船常见的向后倾倒桅，但在"第 4 道船壁前有桅座,可见桅杆是向前倾倒的,这在中国船上是常见的"[1],这表明,蓬莱三号船既有向后倾倒的首桅,如有向前倾倒的主桅,在船桅倾倒方向上兼有中、韩两国古船的特点。

2.3　由蓬莱三号船的技术特征判断它是一艘韩国古船

蓬莱三号船既具韩国古船的典型特征又含中国造船技术,那么,它究竟是一艘韩国古船还是中国古船? 判断出土古船所属国家或地区可从出土文物、沉船年代、船舶技术等多方面综合分析得出,但出土古船残骸所展现出来的丰富的船舶技术信息是更直接有效和重要的判断依据。

出土古船的船舶技术可分为自身技术和外来技术两类,其中,自身技术还有自身固有技术和自身非固有技术之区别。自身固有的技术系指某国家或地区自身产生、发展、形成的具一定习惯性的、有别于其他国家或地区的固有技术,例如,韩国古船的长樑及皮樑的连接技术;自身非固有技术系指某国家或地区自身产生、发展、形成的其他国家或地区也有类同的技术,例如,韩国古船由龙骨板拼连成平底、方头方尾船型等技术。外来技术系指通过交流、学习、引进和应用来自其他国家或地区的技术,例如,蓬莱三号船设置舱壁就是韩国采用了来自中国的外来技术。

如果出土古船凸显出古船的自身技术,尤其是自身固有技术,那么该古船属于具有这种自身技术的国家或地区的可能性就很大。外来技术通常是比较先进且自身技术中所不具有的技术;外来技术的产生年代必早于该国家或地区出现该技术的年代。依此思维来判断出土古船属于哪个国家或地区所得出的结论应该具有相当的可靠性。

蓬莱三号船上出现的用长樑拼连船底板、用皮樑连接外板以及上角型搭接外板等,就是韩国古船的自身固有技术;平底、平面船首船尾的船型等是其非自身固有技术;设置船壁结构、龙骨补强材、桅座等,无疑是来自中国的外来技术,笔者据此判断蓬莱三号船是一艘韩国古船。

3　从蓬莱三号船看中韩古代造船技术交流

蓬莱三号船是一艘韩国古船,它含有许多中国造船技术,是中韩古代造船技术交流的结果。蓬莱三号韩国古船与蓬莱一、二号中国古船在同一地点出土,本身就反映了中韩的密切交往和造船技术交流的必然。在当时韩国的造船技术还相对落后于中国的情况下,韩国与中国的交往中在造船上吸收、引进、应用中国造船技术并保留自身的造船习惯是很正常的事。应用外来技术必有一个逐步消化完善的过程,这在蓬莱三号船上反映得也很明显,例如,蓬莱三号船龙骨补强材的设置虽然是对龙骨的补强,但它主要是通过增加龙骨板的厚度,它与中国古船龙骨补强材设在龙骨端接处、配合舱壁增强龙骨接头处的节点结构强度不完全相同;蓬莱三号船改进了韩国古船在龙骨上开凿槽口装桅的工艺,设置了专用桅座;它的主桅向前倾倒,首桅却向后倾倒,这与常见的中国船桅是前倒和韩国船桅是后倒均有所不同;龙骨和外板端接形式仍是简单的直角同口和类似咬合同口方式;龙骨的接头虽然用了榫头技术,并没有采用先进的中国古船常用的钩子同口方式;蓬莱三号船采用铁钉、木钉并用的钉连技术,尚未全部采用铁钉,还保留了韩国古船所用长槊、皮槊的穿连技术。笔者认为,有一种不可排除的可能性存在,它就是蓬莱三号船曾在蓬莱进行过大修改造,保持船舶的主体基本不动,较多地采用中国造船技术。如果是这样,那么,去除驾龙木改装舱壁、增设桅座、龙骨补强材补钉铁钉等就都很好理解了,龙骨和外板的端接不易变更而保持原来的连接形式也是很自然的事情。

总而言之,中韩古代的造船技术交流在蓬莱三号船上留下明显的痕迹,得到了充分的展现,蓬莱三号船确实是一艘对研究中韩古代造船技术交流史具有极其重要文物价值的出土古船。

4　几点结论

通过对蓬莱出土的三艘古代海船造船技术的综合分析可得出如下结论：

（1）蓬莱出土的三艘古代海船是研究元末明初时期造船技术极其宝贵的实物史料。

（2）蓬莱一、二号所反映出来的造船技术虽然大同小异，但它们可靠地重现了中国古代先进的造船技术，例如水密舱壁、舱壁边肋骨、构件连接、龙骨补强材、桅座等。

（3）蓬莱三号船不仅具有韩国古船的典型特征，而且还含有不少中国造船技术，从造船技术上分析表明，它是一艘韩国古船。

（4）中韩古代造船技术交流在蓬莱三号上得到了充分的体现，蓬莱三号船是一艘对研究中韩古代造船技术交流史具有重要的文物价值的出土古船。

参考文献

[1] 蓬莱古船国际学术研讨会组委员.2006.蓬莱古船的技术状况.

[2] 席龙飞.中国造船史.湖北教育出版社,2000:211.

[3] ［韩］金在瑾.莞岛海底沉船船体.船史研究,1994(7).

[4] ［韩］许逸、李昌亿.韩国古代造船史之考察.船史研究,2004(18).

[5] ［韩］金在瑾.李朝船的造船式图.船史研究,1994(7):252—259.

收录于《蓬莱古船国际学术研讨会文集》,(武汉)长江出版社,2009 年版,刊登文略有删减。

初探长江口外出土的古船木舵

前 言

舵是控制船舶航向的工具,古船舵是木质的。早在东汉刘照的《释名·释船》一书中就有"其尾曰柁。柁,拖也。在后见拖曳也。且言弼正船使顺流不使他戾也"[1]的记载,它明确了舵的位置及其作用。1955年广州东郊出土的一具东汉陶船模的船尾正中位置已有船舵,[2]它虽还不是绕轴转动,但它的短杆宽叶特征表明其早已不是操纵长桨了,可称其为"拖舵",它是中国船尾舵的祖式。唐代开元年间郑虔的一幅山水画[3]中有一艘船,它的舵是轴转动的舵,这才是真正意义上的船尾舵。中国最早出现船尾舵,它是中国古代造船技术的重大发明之一,它对航海技术的巨大贡献被世界所认同。

众所周知,久年沉于海底的木船一般船体残存损缺甚多,尤其是船舶突出体外的船舵最易损坏,何况由几块薄板拼合而成的结构相对脆弱的舵叶,当然难有残存。我国虽屡有古船舵出土,但毕竟数量不多而且残缺不全,出土的古船舵往往仅残存质坚的舵杆部分而少见有舵叶,这正是学者研究古船舵的最大困难所在。好在1978年在天津静海出土了一具完整的宋代内河船的平衡舵[4];浙江象山明代海船木舵的"舵杆已残缺,只发现残舵叶板……残宽1米"[5]。可喜的是,江苏金湖朱宝勇先生收藏了一具基本完整的古代海船木舵(照片1),据收藏人告知,该舵是由一位姓王的渔民在长江口牛皮礁海域进行捕渔作业时,渔网无意钩着的,真是难得。笔者有幸于2007年5月应邀考察了出土实物,不仅为见到如此粗硬的舵杆和完整厚实的舵叶惊叹不已,也为见到具中国古船舵特点的勒肚孔和吊舵孔兴奋异常,出土古舵独特的舵结构连接工艺令人耳目一新。不仅如此,该舵释放出众多的技术悬疑,必将引发船史学者的极大兴趣和学术研究的热情。

笔者协同朱宝勇先生对长江口外出土的古船舵进行了测绘并绘制《古船舵测绘图》一幅(图1),笔者据此撰文予以初探。

一、一具罕见的古代海船木舵

舵由舵杆和舵叶组成,有学者把舵柄也视作舵的组成部分,似乎不妥,因为舵柄归属于舵的操纵构件才合情理。中国已知出土古船木舵共9具,现将有关资料列于表1示出,由表中可看出:长江口外出土的古代海船木舵,就其舵杆的粗大坚实尤其舵叶的完整厚实真可谓首屈一指,故而显得特别珍贵(照片1)。

照片1　朱宝勇先生所藏古舵

1. 粗大坚实的舵杆

出土古舵的舵杆残高7.05米,最大杆径为360毫米,舵杆端部虽稍有烧损,

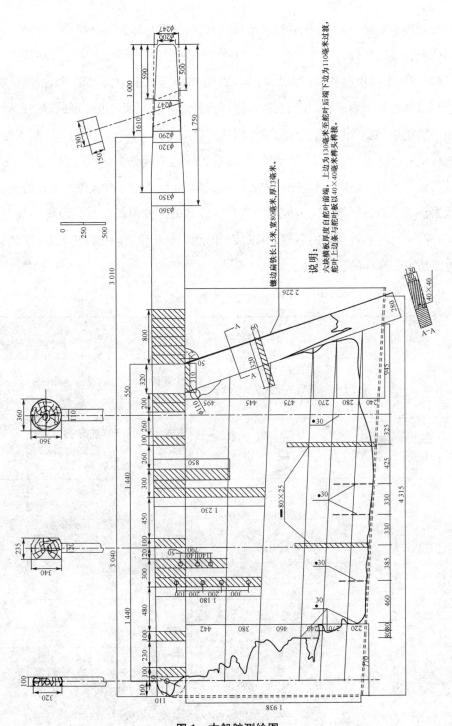

图 1　古船舵测绘图

但舵杆顶端烧痕面表明,舵杆并无断损,因此舵杆残高即为舵总高,也就是说,出土的舵杆是完整的。舵杆上段长 1.75 米,顶面复原直径为 266 厘米,略呈上细下粗;圆柱形的中段舵杆长为 1.71 米,直径 360 毫米;下段长 3.59 米,截面从圆形到扁圆形直至扁平状,底截面的边圆弧直径为 320 毫米。由此可见,舵杆整体呈中段稍粗、上下段略细。在距顶端面前后高度分别为 590 毫米和 500 毫米处,舵杆上开有一个 250×150 毫米的方孔,这无疑是插装舵杆棒(舵柄)的通孔,方孔口前低后高,其孔中线与舵杆中心线构成 72.8 度夹角,因此,插入该孔的舵柄也是前低后高的倾斜。因为舵杆安装在后倾式的尾搪浪板(尾封板)中心线上,舵杆与尾封板有着同样的后倾,所以倾斜的舵柄孔与后倾的舵杆相匹配,使舵柄处于适宜于操作的位置。

表 1　中国出土古船舵比较表

序号	出土船舵	出土时间	舵　杆	舵　叶	参考文献
1	南京三汊河明代大舵杆	1957 年	铁力木,残高 11.07 米,顶端略呈正方形,断面为 0.39×0.38 米。	无残留舵叶,据周世德推断:舵叶高 6.035 米。	[6]
2	天津静海宋代河船舵	1978 年	残高 2.19 米。	舵叶呈三角形,舵叶高 1.14 米,底长 3.9 米,舵面积 2.223 平方米,平衡系数为 12.8%。	[4]
3	山东蓬莱明代古船舵	1984 年	紫檀木舵杆长 8.2 米,杆上端截面为近矩形 0.42×0.41 米,下端长 3.685 米,后缘加工成 0.23×0.2 米的凹凸为舵叶联接部位,即舵叶高。	未见舵叶,据舵杆下端与舵叶联系的凹凸长度,断定舵叶高不小于 3.685 米。	[7]
4	江苏太仓元代船舵	1989 年	榆木,舵杆长 6.05 米,最粗直径 0.24 米。	舵叶高 4.05 米,舵叶残宽:上端 0.1 米,下端 0.4 米。	[8]
5	浙江象山明代海船舵	1995 年	舵杆已残缺。	舵板残宽 1 米,系用三层板合成(材质有待鉴定),中层厚 0.08 米,两侧厚 0.02～0.03 米。	[5]

（续表）

序号	出土船舵	出土时间	舵　杆	舵　叶	参考文献
6	南京宝船厂遗址明代舵杆（1）	2003—2004年	舵杆长 10.06 米,上段方柱体:1.64×0.4×0.4 米,中段圆柱体:长 2.96 米×直径 0.4~0.36 米,下段长 5.46 米,从上往下,圆形到扁圆形,直至扁平状。	无残留舵叶,舵杆侧面有 6 个垂直横穿两侧的穿孔,还有 5 个孔口为方形的未穿孔,这些孔皆插有铁条,皆与安装舵叶有关。	[9]
7	南京宝船厂遗址明代舵杆（2）	2003—2004年	舵杆长 10.93 米,上段方柱体:1.58×0.4×0.43 米,中段圆柱体:长 3.8 米×直径 0.4~0.34 米,下段长 5.55 米,向下形状从圆形到扁圆形直到扁平状。	无残留舵叶,舵杆侧面有 6 个垂直横穿两侧的穿孔,在舵杆一侧还有 4 个未穿孔,皆插有铁条(或钉),这些孔皆与安装舵叶有关。	[9]
8	南京宝船厂遗址舵杆残段	2003—2004年	残长 1.16 米一端为方形:0.34×0.34 米,到另一端逐渐过渡为圆形,直径 0.31 米。	舵杆只存残段,无残留舵叶。	[9]
9	长江口外海船舵	2005年	尚未知其名的硬木舵杆,舵杆高 7.05 米,最大断面直径 0.36 米。	舵叶面基本完整,呈前低后高、上宽下窄的四边形,尺寸为 3.59×4.315×2.226×1.938 米。舵叶板前 3 列为杉木,后 3 列为松木,用园铁和扁铁作销穿连。舵叶上下缘前端处有吊舵孔和勒舵孔。	

舵杆下段与舵叶相连接,它的截面自上而下由圆形逐渐变为扁圆形直至舵杆与舵叶等厚成一个平面。这有利于减小由于舵叶与舵杆连接处截面的突变使流经的水流不顺所产生对舵效的负面影响,更重要的是适应舵杆卸出和装入下舵盘的需要。古船舵的舵盘孔径略大于舵杆直径,有一种下舵盘的正后方开有一个大于舵杆下端扁圆厚度的小缺口,这样既能使舵杆在下舵盘孔中转动而不脱出,又可吊起舵杆使舵下端由该小缺口方便卸出和装入。舵杆的这种截面形

式也被南京宝船厂遗址出土的两具舵杆所印证(图2、3)。本舵杆下段的扁圆度由原杆径的360毫米减少到320毫米,估计基本上是按原木直径尺寸由粗变细的趋势加工的。舵杆最下端扁圆厚度为110毫米,舵叶厚度自上而下只有130毫米到110毫米的小量变化(图1)。

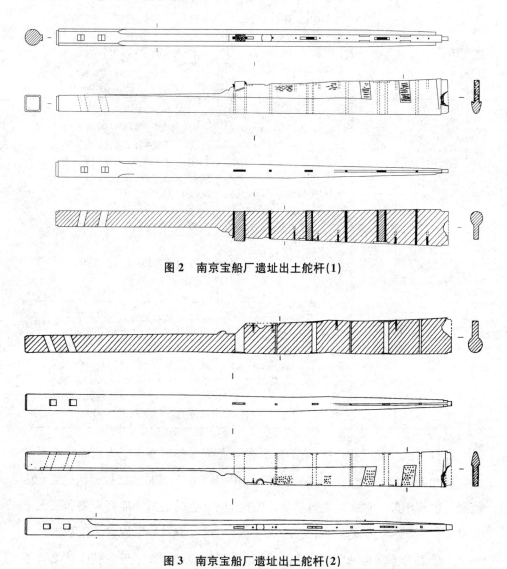

图2　南京宝船厂遗址出土舵杆(1)

图3　南京宝船厂遗址出土舵杆(2)

因为"海涛巨而有力,舵杆虽劲木为之,然未免不坏"[10],所以舵杆选用粗硬木料就很好理解。古船的舵杆通常采用铁力木和紫檀木,本舵也该如此,直观木质特别坚硬。至于本舵杆究竟为何种木材尚不清楚,有待技术鉴定,也有可能是进口木料。因为舵面积越大和舵杆越长舵杆受力就越大,采用的舵杆必然就粗。比较而言,出土船舵杆不仅显得特别粗大而且木质特别坚硬。尽管史料极少有记载舵杆尺寸,但还是查到了三艘记有舵具体尺寸的以坚固著称的明代福船和冬仔船,现作比较予以说明(表2)。明何汝宾的《兵录》所记"面梁……横长二丈四尺"的福船中记有舵杆"围二尺八寸,长二丈八尺。舵叶板长一丈八尺,开扬五尺五寸"[12],即舵叶高18尺,舵叶宽5.5尺,舵面积为99平方尺。本出土木舵的杆径粗达0.36米,舵杆长7.05米,舵面宽和高为2.082米和3.935米,舵叶面积为8.143平方米,按1明尺=0.292米[7]计,杆径为1.23尺,舵叶面积为95.5平方尺。木舵的舵面积和舵杆长都略比其小,但木舵之舵杆直径却是它的1.4倍。

笔者不禁要问:出土古舵的舵杆为何要选用如此粗大而坚硬的木料呢?难道古人选材不懂得量材取用节约用料吗? 是否可作如下解释:制舵时,一时找不到合适的材料,就把库存现有的又大又好的材料取而用之,反正有利于舵的强度,无奈只得大材小用了。当然这仅是笔者的一种猜测。

2. 完整厚实的舵叶

出土古舵舵叶面呈前低后高、上宽下窄的四边形,复原后的舵叶前缘高为3.59米,后缘高为4.315米,舵叶上宽2.226米,底宽1.938米,上边缘线与舵杆成72度斜角,下边缘线是一条垂直于舵杆的直线,舵叶前边缘直接与舵杆相连接,舵杆前无舵叶,它是一具古代海船广泛采用的不平衡舵。

表 2　船舵尺度比较表

船舵	大福船			冬仔船			出土古船舵
	面宽三丈	面宽二丈八尺	面宽二丈四尺*	面阔二丈二尺	面阔二丈	面阔一丈八尺	
舵杆长	33尺**	30尺	28尺	25尺	22尺	18尺	(24.14尺) 7.05米
舵叶高	18尺	17尺	18尺				(13.48尺) 3.935米***
舵叶宽	4.8尺	4.0尺	5.5尺				(7.13尺) 2.082米***
舵叶厚	2.5寸	2.5寸	2寸	2寸	2寸	2寸	(4.11寸) 0.12米***
舵杆直径			0.88尺				(1.23尺) 0.36米
舵叶面积	86.4平方尺	78平方尺	99平方尺				(95.5平方尺) 8.143平方米
参考文献	[11]	[11]	[12]	[11]	[11]	[11]	[7]

* 文献原文"使风面梁…横长二丈四尺"。
** 文献原文"舵头长一丈四尺扇一丈八尺","舵二扇,每扇长三丈三尺"疑舵头长为一丈五尺之误。"舵头长"系指舵杆除带舵叶部分的长度;"扇"系指舵叶;"扇长"系指舵叶高。
*** 舵叶高、宽、厚值为平均值。

　　舵叶通常由数列舵叶板拼列而成,出土古舵也是如此,只不过该舵叶是由前后两组不同材质的叶板所组成,每组3列板,前3块叶板为樟木,后3块叶板为杉木。前、后组叶板的平均宽度分别近似为舵叶总宽的2/3和1/3,而且每块叶板都是上宽下窄,只是在程度上稍有不同,无一定规律(图1)。

　　从舵形来看,舵叶的展舷比(即高宽比)为1.89,接近于2,这比起常见海船舵的展舷比在3以上确属偏小,但它又比一般河船舵的展舷比偏大,它似乎介于海、河船之间。在此笔者觉得,该舵叶可能原来只有前3列板的,后来可能因使用中的需要,嫌舵面积不够就在后来的修船中在原先3块樟木的舵叶上加拼了后3块杉木板,这就有了出土所见的6块舵叶列板组成的相对较宽的舵叶板。

若是如此,则原舵的展舷比约为2.8,接近于3,这种可能性不能排除。

出土古舵舵叶厚度自上边缘至下连缘由130毫米向110毫米过渡,平均叶厚为120毫米,约折为4寸,如此厚的舵叶也是不同寻常。由表2列出数值比较可知,只有2艘大福船舵叶厚为2.5寸,其他的船舵叶厚都是2寸,只有浙江象山明代海船的"舵叶板,系用三层板合成,中间厚8厘米,两侧分别用厚2~3厘米的木板"[5],舵叶板的总厚度约折成3.8寸,与本舵相当,不论怎么说,本舵叶厚达4寸确有之。从测绘图上看,出土古舵叶略有损缺,其损缺面积约占全舵面积的1/8,且主要集中在舵叶下部的边缘,即使如此,出土古舵残留舵叶不论在整体形状还是几何尺寸上都是以往出土古舵所无法相比的。除了1978年天津静海出土的宋代河船完整木舵舵面积为2.223平方米外(图4),江苏太仓元代船舵的舵杆上仅存"舵叶残宽上端100 mm,下端400 mm"[8],"舵叶,展长4.05 m"[8](图5)粗估残留舵面积只有区区的1.62平方米;南京三汉河明代大舵杆连一点舵叶板也没有残留,更不用说蓬莱出土的只是一根明代古舵杆坯料了(图6);浙江象山明代海船的"舵杆已残缺,只发现残舵叶板……残宽1米"[5]。长江口出土的古船舵具有如此完整的舵叶,它的文物价值不言而喻。

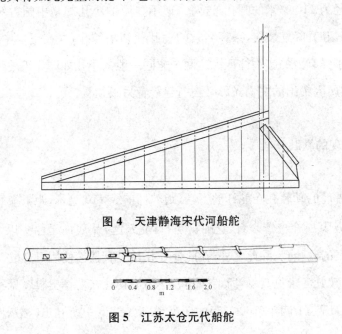

图4 天津静海宋代河船舵

0　0.4　0.8　1.2　1.6　2.0
m

图5 江苏太仓元代船舵

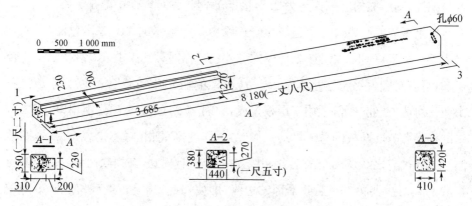

图 6　山东蓬莱明代古船舵杆

二、两个罕见的小孔

在出土古舵的舵杆下端有一个直径约为 50 毫米的小孔,在舵叶上方靠近舵杆处有直径为 110 毫米的圆孔,这两个似不显眼的小孔却是中国古船舵所特有的勒肚装置和升降舵装置,系穿绳索的勒肚孔和吊舵孔,这在史料中多有记载,现在得到了强有力的实物佐证。这两个非同一般的小孔如同完整的舵叶一样实属罕见,它所闪耀出的文物光彩必当引起笔者另眼相看。

1. 首现的勒肚孔

出土古舵的勒肚孔在舵杆的下端,距舵杆前缘 110 毫米,距下端底 160 毫米(照片 2),从其所在位置来看,它确实是"自舵系起,从底而至船头以牵舵"[12] 的穿系勒肚索的勒肚孔,除此之外,在此处开孔是没有任何使用意义的。在木舵出土之前,只知其名未见其物,所谓知其名是因为勒肚在古籍史料屡见不鲜。在成书于明代万历三十四年(1606 年)的何汝宾《兵录》[12] 中所刊出《福船图》(图 7)、

照片2　古舵勒肚孔

《草撇船图》《冬船图》《鸟舫船》和《舟壳舫图》等古船图上都清楚地绘出勒肚索。足见勒肚在明代后期海船上已使用得相当普遍。清代称勒肚谓"勒舵"。勒肚的称谓可能是取勒肚索是从船底（船肚）而过之意；而"勒舵"的称谓可能是勒肚索牵（勒）舵的作用之表。康熙五十八年(1719年)徐葆光奉使琉球的封舟，在《中国传信录》[13]上刊有"封舟图"，图中清晰地绘出了勒肚(图8)。在清代的《江苏海运全案》上的《三不像船停泊图》和《延船停泊图》中不仅绘出勒舵系于水关（清代对海船舵的称谓），而且在《三不像船停泊图》上(见图9)还有一段文字描述，"……自头至艄水关上有索一根名勒舵，延船同"[14]，在清代的《浙江海运全案》中也刊有与《江苏海运全案》完全相同的《延船停泊图》。清代张学礼的《使琉球记》对康熙二年(1663年)造于福州的封舟，就有"……船舵杆为铁力木，开设勒索……"[15]的记载，勒索就是勒肚索。看来不论是福建，还是浙江、江苏的海船都有使用勒肚(舵)。日本平户松浦史料博物馆所藏存的《唐船之图》[16]中有11幅中国帆船，《唐船之图》是享保五年(1720年)前后日本平户松浦肥前守笃信雇著名画师当场绘制而成的，相当于清代康熙末雍正初，即清中前时期的作品。《唐船之图》上除属沙船型的南京船外，船图上的其余10艘船包括宁波船、宁波船(停泊中)、福州造南京出航船、台湾船、广东船、福州造广东出航船、广南船、厦门船、逻船和爪哇船都无一例外地都绘出了勒肚，本文仅附上宁波船图示出(图10)。

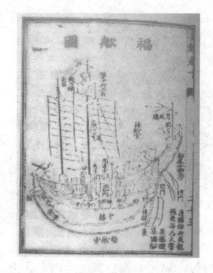

图 7　福船图

图 8　使琉球的封舟图

图 9　三不像船停泊图

图 10　《唐船之图》上的宁波船

　　由上可见,中国帆船所特有的勒肚技术在明代后期至清代中前期,不论在福建的还是浙江的或江苏的海船上都得到了广泛使用。这种船舵技术后来逐渐被西洋船先进的夹板舵所取代。康熙五十八年(1719 年),徐葆光奉使琉球的两艘封舟中就有一艘的舵已不用勒肚了,它被西洋造法的夹板舵所取代。鉴于技术应用的延续性,清代中后期的一些海船仍在使用勒肚技术也是完全有可能的。在没有其他出土文物和文献资料可以辅证的情况下,仅从船舵的勒肚技术出发,本舵断代为明末至清中期应该被接受的。

勒肚是中国古代海船舵的重要技术特征之一,那么,勒肚起什么作用呢? 在明何汝宾的《兵录》中已有简要明了的文字解释:"用勒肚索一条,自舵系起从底而至船头,以牵舵,使不拽出。"[12]《水运技术词典》("古代水运与木帆船"分册)称勒肚谓"舵筋"或"肚筋",并释"舵筋一端系在舵柱下部,沿船底水侧拉至船首系结在首部构件上,迂擦浅时,松开舵筋,舵柱下部即脱离下舵盘,舵叶自动浮起"。[6]赵建群、陈铿在《明代使琉球"册封舟"考述》一文中记述:"舵——安在船尾中央,并用大绳二条,一头系住舵,另一头沿船底两侧拉到船头,'谓之勒肚',控制住舵,以防大风浪冲时,舵杆大幅度摆动,损坏船只。"[17]

陈希育在《中国帆船与海外贸易》一书的附录中对勒肚也有一段文字论述:"勒肚,又称肚带、肚索、舵勒或勒索及'贯舵之索'。勒肚用棕麻制成,自舵部穿过,一直绕到船首。其作用一方面可以升降舵,另一方面可以保护舵。一旦勒肚断,船舵则出门,船只就不能自主,失去控制。"[18]说勒肚有使船舵不出门"保护舵"的作用是可以理解的,但言其"可以升降舵"似难成理,因为舵的升降是靠吊舵索操作的。

勒肚的一端系于船首,另一端系于舵的下端,它的作用简而言之就是"以牵舵,使不洩出"[13]。舵杆是安装在尾搪浪板纵中线处的上、下舵盘上的。当船在深水中航行时,为求舵效,升降舵就要下降伸出船底很多,舵下降越多,舵杆的悬臂就越长,舵杆受力状态就越差。从技术上分析,中国古船舵为悬挂舵。它的舵杆只有上、下2个舵钮的支撑点受力,下舵盘以下的舵杆处于悬臂梁受力状态,舵在使用中,舵杆必然会对上、下的舵钮分别产生向前和向后的作用力,使得舵杆在舵钮处处于受卡住状态而有碍转动,甚至被卡死,此力过大也会使舵钮的结构受到损坏,此时就可以通过勒肚的松紧加以调控;另外,用勒肚的设置就相当于在悬挂舵的下端设立了一个柔性的软支点,这对改善舵的受力和减少航行中舵的摆动无疑是非常有效的。再则,万一舵钮损坏,由勒肚索牵着的舵也不至于丢失。这是我国古代船匠聪明才智的又一例证。

主要航行于长江口及其以北海域的沙船未曾见到设有勒肚索的文献记载和实船实物。

2. 完美的吊舵孔

中国古船广泛采用升降舵技术，当船航行于深水域时，将舵降下伸出船底以提高舵效，还有助于船舶抗横漂，当航于浅水域时，为免舵擦水底之患可将舵提起。出土古舵的舵叶最前列的舵叶板上方靠近舵杆处有直径为 110 毫米的圆孔，在此孔上方上边条靠舵杆处还有一小段棕质绳索，绳索直径约 30 毫米，这圆孔无疑是供穿系提舵绳索的提舵孔（照片 3）。提舵孔亦称"吊舵孔"，它是开在舵叶上方靠近舵杆处的用来穿系吊舵索的小孔，通过操作吊舵索达到升降舵的目的，吊舵孔也为舵的安装和维修提供了起舵的方便。宋代名画《清明上河图》[18]上绘有许多船舶，很直观地展现了当时升降舵的吊舵孔、吊舵索及绞关的情况。但到目前为止，古船舵的吊舵孔仅在江苏太仓出土的一具"很可能为元代遗物"[8]的古舵上出现，它的"残存舵叶与舵杆为一个整体"[8]，"舵叶上端有一直径 70 mm 圆孔显系吊舵孔"[8]（图 5）。可惜的是，此吊舵孔只残存一半，成了一个半圆孔，不过它毕竟是第一个出土的吊舵孔。长江口外出土的古舵的吊舵孔虽然在断代上晚于太仓古舵，但该孔的完美性却是太仓古舵所不及的。

照片 3　古舵吊舵孔

三、独特的舵结构连接

笔者不仅为古舵的完整惊喜不已,还为它的独特结构连接而感叹不止。结构连接的独特性主要表现在舵叶板用铁销横向穿连和舵杆上采用众多的扁铁箍两个方面(图1)。

第一,古船舵的舵叶板通常是由数列竖向的长条形板拼合而成,在舵叶面两侧夹上几条横向舵叶夹筋板,有些舵叶还在周边镶有边条木材以加强舵叶列板的连接和舵叶边缘的强度。本舵除在舵叶顶边和底边(注:复原后情况)各有一根边条材外,却没见到舵叶夹筋板,发现的却是 7 根直径为 30 毫米的圆铁销和 2 根 80×25 毫米的扁铁销,横向穿连叶板。这种铁销横向穿连舵叶竖向列板,在连接强度上胜过横向夹筋板;再则,夹筋板毕竟是舵叶板面上的突出构件,而铁销埋入舵叶板内保持了舵叶面的平整,有利于舵面水流状态使舵效得益。这种铁销尤其是扁铁销的穿连工艺无疑给制作带来一定的难度,这也反映了当时工艺技术的精湛。

南京宝船厂遗址出土的两具舵杆的舵尾部都有垂直横穿两侧的"皆与安装舵叶有关"[9]的穿孔和未穿孔,其中出土文物编号为 BZ6:701 的舵杆(1)(图 2)的"6 个穿孔和 5 个未穿孔""皆插有铁条"[9],编号为 BZ6:702 的舵杆(2)(图 3)的"6 个穿孔"未见残留铁条,但其"4 个未穿孔"同样"皆插有铁条(或钉)"[9]。可见这种内插铁条的工艺早已有之,但在出土舵叶上用铁销横向穿板拼连舵叶列板的技术尚属首现。

第二,在古船舵杆上共有 18 道宽度均为 100 毫米的扁铁箍,其中有 14 道固扎箍全周包扎舵杆,起加固捆扎舵杆的作用,4 道连接箍包扎舵杆并紧贴夹住舵叶两面一定的长度,它起到箍扎舵杆和连接舵叶的作用。扁铁箍增强舵结构连接的效果是不言而喻的。江苏太仓出土的古舵上,虽然也有类同的 2 道固扎箍和 3 道连接箍,但它不仅扁铁箍数量少而且其宽只有"40 mm",[8]还不到本舵所用扁铁箍100毫米的一半(图5)。

笔者必须指出的是,出土古舵结构连接的独特性尚有诸多值得重视和研究的问题,主要是:

(1)舵杆上18道扁铁箍的分布间距以及紧排在一起的道数有什么规律可循?它的实用价值何在?排在一起的多道箍所处的位置是否与后搪浪板上的上、下舵盘的位置有关联?若是如此,那么它为古船尾结构与舵的结合的复原研究提供了有益的依据。

(2)两组连接箍的端缘不论是较短一些的上面一道还是较长一些的下面一道,它们都靠近或刚好位于第1~2列和第2~3列舵叶板拼缝处,从舵叶拼连强度来看,不能不说是个不足之处。难道是当时的船匠不明白此理的设计之误?还是有意为之?

(3)穿连舵叶板的穿连铁销越长,舵叶板连接强度就越佳,但穿连的工艺要求必然越高。可惜的是,板的销穿情况看不见,好在从舵叶后缘和第5、6块叶板板缝中可以见到穿连销是穿过这2块叶板的,靠近舵叶下部的3根圆铁穿连销因舵叶板下缘都有损缺而袒露出来,因此可以见到,由上而下它们分别穿连了第5、6块,第4、5块和第3、4块舵叶板。看来,这样的圆铁穿连销用间断错位穿连相拼两块叶板的可能性较大,因为这样既可确保舵叶各块叶板的连接强度,又易在工艺上得到实施。虽然连接扁铁销不见其详,但其穿连方式理应与圆铁穿连销类同。但使人不解的是,为何舵叶板穿连销采用有圆铁和扁铁的不同,这在木舵的应用上又有何种特殊意义?

(4)舵杆与舵叶板前缘边的连接是用隼卯结构还是用铁销钉连,因无法看到也成了一个悬题。

(5)尽管上面一组连接箍因扁铁锈蚀已无法看到钉眼位置,但下面一组连接箍仍可清楚看到是用铁钉钉固在舵杆和舵叶上的。看不清舵杆上的14道固扎箍上是否有钉眼,若不是用铁钉,是不是用环形的固扎箍靠套入舵杆的张紧力固连?如是这样,其工艺又是如何?目前同样不清楚。

四、结论

通过长江口外出土古船舵的以上初探,可以得出如下结论:

(1) 它是一具典型的属不平衡舵的中国古代海船木质船舵。

(2) 它是一具舵杆特别坚硬粗大、舵叶完整厚实实属罕见的出土古船舵。

(3) 古舵上呈现出乞今为止出土古舵中一个最完整的吊舵孔,表明了它是一具升降舵。升降舵是中国古船舵的技术独创,也是中国古船舵的主要技术标志。

(4) 特别是首现的勒肚孔,佐证了史籍对古代海船关于勒肚的记载,史料与实物互为印证。古舵的勒肚技术在明代后期至清代中前期在海船上得到了广泛的应用,这为出土古舵的断代提供了重要技术依据。

(5) 古船的独特结构连接,展示了古代精湛的造船工艺,也留下了诸多悬题,有待学者对古船舵作深层次的研究。

(6) 它是一具文物价值和研究价值极高的出土古舵,它在古船技术史尤其是船舶属具史的研究占有极其重要的地位。

参考文献

[1] (东汉)刘熙. 释名·释船. 魏徵. 隋书·经籍志. 北京:中华书局,1973,973.

[2] 广州市文物管理委员会. 广州东郊汉砖室墓清理纪略. 文物参考资料,1995(6),61—76.

[3] 金秋鹏. 1985. 中国古代的造船和航海. 中国青年出版社,第49页.

[4] 天津市文物管理处. 1983. 天津静海元蒙口宋船的发掘. 文物(7),第54—58页.

[5] 宁波市文物考古研究所、象山县文管会. 1998. 浙江象山县明代海船的清理. 考古(3),33—40.

[6] 水运技术词典. 古代水运与木帆船分册. 人民交通出版社,1980.10.

[7] 顿贺,罗世恒. 蓬莱明代古舵杆研究. 武汉造船. 1993(3):47—53.

［8］顿贺等. 江苏太仓出土的古舵的研究. 武汉水运工程学院学报. 第 17 卷第 1 期. 1993.

［9］南京市博物馆. 宝船厂遗址——南京明宝船厂六作塘考古报告. 文物出版社，2006，第112—117 页.

［10］（明）高澄. 操舟记. 转自萧崇业. 使琉球录，页 90—93. 台湾文献丛刊，第 287 种《使琉球录三种》，台湾银行经济研究室 1970 年版.

［11］（明）俞大猷. 洗海近事.

［12］（明）何汝宾. 兵录卷十.

［13］Bruce Swanson. 1982. *Eighth Voyage of the Dragon*. Annapolis. Maryland. Naval Institute Press. p. 3

［14］（清）贺长龄. 江苏海运全案.

［15］（清）张学礼. 使琉球记.

［16］唐船之图. 日本平户松浦史料博物馆藏.

［17］赵建群，陈铿. 明代使琉球"册封舟"考述. 中国造船工程学会. 船舶工程. 船史研究 4‐5，第 55 页.

［18］陈希育. 1991. 中国帆船与海外贸易. 厦门大学出版社，第 405 页.

［19］（宋）张择端. 清明上河图. 1979. 北京人民美术出版社.

原文收录于《中国航海文化之地位与使命——中国航海博物馆首届国际学术研讨会论文集》，2010。

中国和西洋木帆船船尾舵的比较研究

前　言

　　船舵是船舶航行专用船尾操纵工具,舵形叶面的船尾操纵工具又称"船尾舵",它是船舶最主要的属具之一。船尾舵是由木桨演变进化成的,它的技术状态直接关系到航海技术的发展,对其作技术剖析无疑有益于船舶和航海技术发展史的研究。

　　所谓专用船尾操纵工具,就不应包括推进和操纵功能兼而有之且以推进为主的舷侧木桨和橹。船尾操纵工具是靠叶面上的升力使船舶转向的,航船使舵叶面具有相对于水流的速度,只要操控叶面使其与水流成一定夹角(即攻角)即可产生升力,达到操纵船舶的目的。在急流航域顺水航行的船舶,由于叶面相对水流速度很小或为零,因而在叶面上不可能产生升力,只得靠尾梢和前招来操纵航船,它是以人力为主动力急速拨动桨叶面推水产生的反作用力来实现的一种特殊操船工具,也不在本文研讨之列,故略之。

　　由木桨演进来的船尾舵大体经历了拖桨、拖舵和轴舵等技术进化阶段,各技术阶段的叶面形状有桨形和舵形的区别;叶面转动方式有绕点转动和绕轴转动的不同,以使叶面与船舶水线面相对位置不同,笔者据其技术特征分别给出如下定义:

　　拖桨——具桨形叶面且绕以单支承点为准点的作绕该点转动的船尾操纵工具;

　　拖舵——具舵形叶面且绕以单支承点为准点的作绕该点转动的船尾操纵工具;

轴舵——具舵形叶面且垂直于船舶水线面,绕以多支承点组成的轴线作绕轴转动的船尾操纵工具。

由以上定义看出,拖桨与拖舵和轴舵的舵形叶面有桨形与舵形的区别,拖桨和拖舵与轴舵叶面的转动方式有绕点转动与绕轴转动的不同;拖桨是船尾操纵工具的初期形态;拖舵和轴舵归属于船尾舵同类,但拖舵只是船尾舵的雏型,只有叶面垂直于船舶水线面的轴舵才是真正意义上的船尾舵。

本文从上述定义出发,对中国和西洋木帆船的船尾舵的产生和演进试作论析,尤其是对同属轴舵的中国尾板舵和西洋尾柱舵进行比较并论其优劣所在,从而得出有益的认识。

一、拖桨

船舶早期使用的舷侧木桨主要是用来推动船舶前进,但只要左右舷侧操桨不对称,船舶就会转向,因此它还可用来操纵航船的航向,也就是说,舷侧木桨具有推进和操纵船舶的双重功能。众所周知,木桨的木柄着力于舷边,桨力是通过这个舷边着力点传递到船上的,但此着力点离船舶重心甚近,所以桨力作用在船上的转船力矩不大,就船舶操纵而言,这是舷侧木桨的致命缺陷。为了获得尽可能大的转船力臂值,不仅加长舷侧木桨柄长,而且将它的位置逐渐向着远离船舶重心的船尾方向移动,直至移置于船尾,至此,木桨已失去了原来具有的推进功能,变成专作操纵船舶航向的船尾操纵桨,因其拖拽在船尾故称为"拖桨"。

中国和西洋木帆船可按拖桨在船尾置放的位置不同,分为置于船尾端正中处的中国式尾中拖桨和置于船尾部舷侧处的西洋式尾侧拖桨。不论是尾中拖桨还是尾侧拖桨,它们都具桨形叶面且绕以单支承点为准点作绕点转动。

目前学术界对中国式尾中拖桨产生在何时虽无定论,但出土文物足以证明,最迟至西汉(公元前206年—公元25年)中国已经出现了尾中拖桨。现存国家博物馆的一支在长沙出土的西汉时期木船模上除两侧左右共置有16支推进木桨外,在尾端正中处另有一桨,这就是用来操纵航向的尾中拖桨(见图1)[1]。在湖北江陵出土的一艘西汉木船模的尾端处也有同样的尾中拖桨。[2]不过,在广州出土的一艘西汉木船模的尾部舷侧有一木俑手持木桨(见图2)[3],这支舷侧木桨显示了舷侧木桨向船尾端移位演变的痕迹。

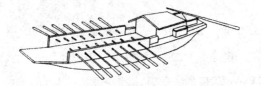

图 1　长沙西汉木船模型

图 2　广州西汉木船模型

西洋木帆船的尾侧拖桨为何不继续向船尾端正中处发展呢? 这是因为西洋木帆船的尾型尖瘦,尾舷弧很高,即尾端尖高,船底线一般呈大斜弧形曲线上翘,使得尾操纵桨不得不设置在靠近船尾端部的两侧处,一来可保持位置,船尾求得尽可能大的转船力臂,二来尽可能降低长桨在舷侧着力点的高度。但不管怎样,原来在船中舷侧的长木桨的长度往往还是不够,西洋船是尾侧拖桨可能还得适当加长桨柄以确保有足够的入水桨面,因西洋尾侧拖桨的长桨特征特别明显,故亦称为"长操纵桨",也有因其起到舵的作用又称"舵桨"。

鉴于西洋拖桨单支承的转动点离水面较高,操桨费力,尤其在风浪中船舶左右前后的晃荡,必然使拖桨难以很好发挥操纵船舶的作用。尾中拖桨设在尾端正中处,只有一个,而尾侧拖桨设在每边尾侧一个,这有利于对称操纵以免偏航。

"在埃及著名的凯尔纳克(KARNAK)古迹的神庙的浮雕上可有……到蓬特(PUNT)地方去的远征船队的船……船尾两舷各有一支舵桨。"(见图 3)[4]在"4 000～5 000年前埃及古墓的雕刻上"[5],也可见这种"舵桨"。西洋木帆船直至13世

图 3　凯尔纳克神庙的浮雕

纪之前,还在使用操纵性能并不很好的尾侧拖桨(长操纵桨),时间如此长久令人

费解,可能与它的操纵性得到船首操纵风帆助操而稍得弥补有关。

二、拖舵

拖舵是由中国尾中拖桨发展形成的舵形船尾操纵工具。前面已经提到的拖桨仍保留着长柄窄叶的长木桨特点,为了获得更大的操纵力,中国尾中拖桨的叶形朝着扩大叶面面积和缩短柄长方向发展,使桨形的拖桨逐步演变成为舵形的拖舵。

广州出土的东汉陶船模(见图 4)[6]的尾部就有这样一具典型的拖舵。它已完全脱离了桨的范畴,正式走上了舵的台阶,它的出现表征着尾中拖桨演进的结果。有意义的是,1999 年在安徽省淮北市濉溪县柳孜出土的唐代沉船一号船[7]的尾端正中处有一具这样的操纵工具:它的叶面积显著地大于通常的拖桨,它的柄长

图 4　广州东汉墓出土的灰陶船模拖舵

虽有所缩短,但仍保留着拖桨的长柄特征,不过呈等腰三角形的叶面形状已经为舵形叶面(见图 5),它是尾中拖桨向拖舵进化过程的极好反映,从总体上来看它仍属拖舵。虽然它是唐代的出土实物,但从技术发展的渐进性和地区的不平衡性出发,我们仍可相信在西汉至东汉时期也会有这种拖舵的使用。

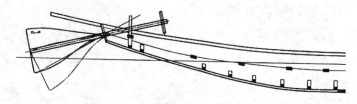

图 5　淮北柳孜一号唐船的拖舵

很明显拖舵叶面水力作用中心离固定在船尾端的叶面转动点的距离较拖桨移近了很多,这就克服了操桨力过大的缺陷,拖舵还可方便地根据操作需要扩大

舵叶面积,这些是拖舵优于拖桨之处。不过拖舵的单支承点的绕点转动机理仍与拖桨相同,只是叶面形状存在舵形与桨形的不同,只有轴舵的叶面才是绕轴转动的,拖桨发展成为轴舵就体现在叶形和转动方式的改变。已具有舵形叶面的拖舵只是拖桨向船尾舵演进的一个独特发展阶段,它"已不再是桨了,它是舵的祖式"。[8]它的短柄舵形叶面表征了它是船尾舵的初始形态,它是船尾舵的雏形。

拖舵只是中国尾中拖桨向船尾舵发展中的过渡形式,这在西洋船尾舵的形成过程中并不存在,中国产生了拖舵,西洋木帆船却继续使用长操纵桨(尾侧拖桨)长达约 1 000 年之久。

三、轴舵

本文定义的轴舵系指具有舵形叶面且垂直于船舶水线面,绕以多支承点组成的轴线作绕轴转动的船尾操纵工具。从舵的技术层面上看,轴舵不仅具舵形叶面,其轴线在船舶的纵中剖面上,叶面垂直于船舶水线面。轴舵的叶面转动方式是由绕点转动的初级阶段发展至绕轴转动的高级阶段的,这种转变是舵技术质的飞跃,所以说轴舵是船尾舵的高级形式。我们通常所称的"船尾舵"就是指轴舵,只有叶面绕轴转动才能算得上真正意义上的船尾舵。绕点转动的拖桨和(或)拖舵的叶面可多自由度的改变,导致难以控制水流对叶面夹角(攻角)达到最有利状态,而绕轴转动的船尾舵却能,因舵叶横剖面与水流成平面夹角,只要转动舵叶即可调节舵角,不仅如此,作用在垂直于船舶水线面的舵叶上的水动力,以(轴)直线方式传速到船尾,产生理想的转船力矩。

对中国船舵,早在东汉刘熙撰写的《释名·释船》中就有诠释:"其尾曰柂。柂,拖也。在后见拖拽也。且言弼正船,使顺流不得他戾也。"[9]"柂"就是"舵",刘熙只说出了"柂"的位置——"在后见拖拽"和它的作用——"弼正船"航向,并没有诠释"柂"的转动方式,当然要求古代文人达到如此详细的技术描述是不现实也是不可能的。

若此"柁"叶面绕点转动,如广州出土的东汉陶船模所证实的那样,那么,这种"柁"就是"拖舵";若绕轴转动,那么此"柁"就是"轴舵",惜刘熙的诠释令人难以确定此"柁"的关键技术属性。不过,在中国唐代开元年间(739—740年)郑虔的一幅山水画中显示了一具叶面垂直于水面可绕轴转动的船尾舵图像(见图6)[10]。这可证明中国出现船尾舵的最迟年限,而中国的拖舵出现在东汉或以前。

图6 唐·郑虔山水画中的尾板舵

由于中国和西洋木帆船的尾型不同,船尾舵在船尾的安装部位和结构形式各不相同,中国的船尾舵是安装在船尾封板上的,称为"尾板舵";西洋的船尾舵是安装在尾柱上的,故称为"尾柱舵",尾板舵和尾柱舵各具特色。

四、中国尾板舵

相对西洋木帆船而言,中国木帆船的船尾一般比较肥大,船尾端设有平面的尾封板(古称"尾挡浪板")。中国的尾板舵将舵杆安装在尾封板上,是很自然不过的事情,因为这种船尾结构为在船尾设置船舵提供了安装条件,只要在尾封板上安装两个舵钮,舵杆穿其舵钮孔,舵叶即可绕舵杆作轴向转动,产生的舵力经舵杆通过舵钮传递给尾封板而作用于船尾,产生转船力矩。

航海知识告诉我们,航行船舶在受到侧风时,通过操驾风帆可使船获得推进力,但同时也会产生使船舶发生横漂的横向作用力,这就是横漂力。由于通过帆桅作用在船体上的横漂力的位置并不是在船舶重心处,船舶势必会发生旋转,这就要靠正确操舵保持既定航向或实施船舶转向。当船舶发生向右旋转时操左舵(即舵向左转动一定舵角),若向左旋转则操右舵。这就是中国俗话所说的"见风使舵"的真谛所在,更显"大海航行靠舵手"之必然。

　　船尾舵的出现促使风帆的推进作用得到充分施展,反过来,风帆产生的强大推进力又对舵技术提出了更高的要求。帆和舵相得益彰及科学配合,使得船舶航得更远、更快和更安全成为可能。尽管中国风帆的出现远远迟于西方,但自东汉出现了船尾舵雏形的拖舵之后,又在唐代开元年间见有尾板舵,中国的船舵技术促使中国风帆技术有了突飞猛进,这是中国古代航海、造船技术有很长一段时期领先于西方的原因之一。

　　西方直至13世纪才使用尾柱舵,而此时中国早已使用了升降舵、平衡舵技术,所以说中国船尾舵是古船技术的最重要发明之一,它对世界造船、航海事业的贡献不言而喻。

五、西洋尾柱舵

　　细观西洋木帆船可知,它的船尾通常特别狭小,尾端水线面尖瘦,船底线呈弧线升起,这样的船尾就没有适合安装船尾舵的结构,它不具有中国木帆船的尾封板,这大概就是西洋木帆船不得不长时期使用尾侧拖桨(长操纵桨),很晚才产生船尾舵的重要原因。可能受到中国尾板舵设置在船尾端中心线上优于船尾设左右各一把拖桨(长操纵桨)的启发,也思索着在船尾端中心线上置舵,为此,西方走上了改造船尾型的发展途径,这就是将尾侧面的圆弧形船底线改造成具有竖直的或具有较小斜度的直线,为舵形成一个直线形的支撑结构,由此产生了尾柱结构。在尾柱上安装船尾舵,就成了尾柱舵。鉴于有的木帆船的尾部船底线往往弯曲上翘甚大,改置尾柱困难,就产生了在船尾部中纵面上特置一块称作“呆

图7　柯克船尾柱舵

木"的平板结构,其下缘与船底平,它的直线型后缘就是尾柱处,北欧柯克(Cog)船就在船尾呆木后缘装有尾柱舵(见图7)。

尾柱上有若干具有销孔的舵钮,它与舵叶前缘的舵销相对应,舵销插入销孔,舵叶与尾柱之间形成了如同门的铰链一样的铰接结构,舵叶可绕以舵销中心线的轴向转动。舵置于尾柱,舵叶作铰链式轴转动是西洋尾柱舵的结构特征。中国尾板舵是装在船尾端横向板面(尾封板)的板面上,而西洋尾柱舵是装在船尾端纵向板面(呆板)的板面后边缘上,即中、西船尾舵的安装板面不仅有横纵方向的不同,还有装在板面上和板面后边缘的位置不同。尾板舵确具特色,主要体现在下列方面:

(1) 船尾狭尖的水线面使尾柱舵前水流平顺,有利舵效的提高,有呆木的尾柱舵更是如此,这是尾板舵存在涡旋乱流隐患所不及的。中国的尾板舵为改善舵面的流态,使用升降舵在深水航域将舵面大部分伸下船底之下,舵效得到了很大的弥补;

(2) 尾柱舵的铰接结构非常强固,中国尾板舵需对尾封板作结构加强,又为克服升降舵舵杆悬臂太长的不足,以勒肚索拖拽舵杆下端部的勒肚技术也就应运而生;

(3) 尾柱舵前面的呆木提高了船舶的航向稳定性;

(4) 尾柱舵的结构原因导致它是不平衡舵,直到后来配合船尾安装螺旋桨推进器的需要出现了具尾框架的尾柱后才有平衡舵的产生;

(5) 尾柱舵显得狭长,舵面积也小,而尾板舵却显得短宽,舵面积较大,这可能与西洋船以追求快速为主而中国船以追求稳固为主的不同设计思维有关,相对船速较高的船对舵面积的需求就可小些,因舵力正比于航速的平方值;另外,狭长型的尾柱舵比短宽型的尾板舵因展舷比(即舵的高宽比)大,也有利于舵效。

西方关于船舶发展史的文献中,认定尾柱舵最早出现在公元1242年,这由德国埃尔滨城的徽记得到印证,13世纪的欧洲柯克(Cog)船已普遍使用了尾柱舵。[11]另有文献提到"西方直到12世纪末叶(1180年)才在比利时某地发现的圣水器雕刻中见到尾柱舵"[12]。

尽管在清代康熙五十八年(1719年),徐葆光奉使琉球的两艘册封船中的一号船不用勒肚,学西洋造法,制尾柱舵(亦称夹板舵)[13],就目前所知,它是中国使用尾柱舵的最早记载,这可能是学用尾柱舵的一种尝试而已,因为中国木帆船的尾型肥大且具有尾封板的特点,何况中国木帆船往往在船尾还配置使用长橹,为用尾柱舵设置尾柱就不得不对船尾作很大的改造,这种对尾型的改造绝非易事,难度很大;所以中国尾板舵自出现以来,一直在中国船尾舵发展史上占据主导地位,直到近代的机械动力船上才较多地采用尾柱舵。

六、小结

本文论及中、西木帆船船尾舵形成的不同途经及其技术发展过程,可汇总成如下简图和表示出,按前所论小结如下:

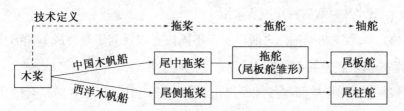

图 8　中、西木帆船船尾舵形成途经简图

表 1　中、西木帆船船尾舵技术发展表

名称		位置	叶面形状	转动方式	出现年代	
					中国	西洋
拖桨	尾侧拖桨(长操纵桨)	尾部舷侧处	桨形	绕点转动	西汉(公元前 206 年—公元 25 年)	公元前 15 世纪或前 2000 年—3000 年
	尾中拖桨	尾端正中处			同上	
拖舵(尾板舵雏形)					东汉(公元 25 年—220 年)	
轴舵(船尾舵)	尾板舵	尾封板正中处	舵形	绕轴转动	唐开元(公元 739 年—740 年)	
	尾柱舵	尾柱处			清康熙五十八年(公元 1719 年)	公元 1180 年

（1）中国式的船尾舵由木桨经尾中拖桨、拖舵（尾板舵雏形）技术阶段发展形成尾板舵；而西洋船尾舵由木桨只经尾侧拖桨（长操纵桨）直接发展成尾柱舵，它不存在拖舵的发展环节。

（2）船尾舵定义的技术要素是专司操纵、置于船尾、舵形叶面和叶面垂直船舶水线面且绕轴转动。

（3）拖桨由木桨演变而来的，它保持着桨形叶面，置于尾部舷侧的是西洋拖桨，置于尾端正中处的是中国尾中拖桨。

（4）拖舵虽属绕点转动的船尾操纵工具，但它具有舵形叶面，它是尾中拖桨向尾板舵进化的一个特有的过渡阶段，它是尾板舵的雏形，这已被东汉出土文物所证明。

（5）轴舵才是真正意义上的船尾舵。中国尾板舵置于尾封板正中处，西洋尾柱舵置于尾柱处。中国尾板舵至迟于唐代开元时期前已被使用，西洋尾柱舵在 13 世纪才被西欧的柯克船所采用。

（6）中、西木帆船拖桨之所以置于不同位置以及其后发展成不同形式的船尾舵都是由于它们各自的船尾特征的不同所引起的。

（7）中国的拖舵和尾板舵一经出现就显示出其与风帆科学结合的优良性能，对航海技术飞跃发展的贡献确实领尽风骚、独占鳌头。西洋木帆船的长期使用尾侧拖桨（长操纵桨）应该是西洋航海技术有很长一段历史时期落后于中国的一个主要技术原因。

（8）西洋尾柱舵别具技术特色，它的舵效高、结构强，无疑是船舵技术的重大进步，中国清代的册封船已开始尝试学用尾柱舵，但尾板舵仍在中国木帆船上占主导地位。

参考文献

[1] 章巽：《中国航海科技史》，海洋出版社 1991 年版，第 33 页。

[2] 长江流域第二期文物考古工作人员训练班：《湖北江陵凤凰山西汉墓发掘简报》，《文物》1974 年第 6 期，第 48 页。

[3] 广州市文物管理委员会:《广州皇帝岗西汉木椁墓发掘简报》,《考古通讯》,1957 年。

[4] 杨槱:《帆船史》,上海交通大学出版社 2005 年版,第 17—18 页。

[5] 同[4],第 11—12 页。

[6] 广州市文物管理委员会:《广州市东汉砖室墓清理简报》,《文物参考资料》1955 年第 6 期。

[7] 阚绪杭、龚昌奇、席龙飞:《柳孜运河一批唐代沉船的发掘与研究》,安徽省文物考古研究所、安徽省淮北市博物馆:《淮北柳孜——运河遗址发掘报告》,北京科学出版社 2002 年版,第 144—161 页。

[8] 席龙飞:《中国造船史》,湖北教育出版社 2000 年版,第 88 页。

[9] [汉]刘熙:《释名·释船》,王先谦:《光绪二十二年疏证补序》,思贤书局 1896 年刻本。

[10] 金鹏秋:《中国古代的造船和航海》,中国青年出版社 1985 年版,第 49 页。

[11] George F. Bass, *A History of Seafaring—Based Undemater Archaeology.* Walker and Compong. New York. p. 13

[12] Joseph Needham, *Science and Civilization in China.* Vol. 4, part 3, 20, Nautical, 1958,转引自辛元欧:《上海沙船》,上海书店出版社 2004 年版,第 142 页。

[13] (清)徐葆光:《中国传信录》,台湾文献丛刊第 306 种,1972 年。

原文收录于《中国航海文化论坛》第一辑,(北京)海洋出版社 2011 年版,第 314—322 页。

析中国古船的料

　　在研究中国造船史翻阅文献时,常见到有多少多少料船的记载,例如,《龙江船厂志》[1]和《南船记》[2]都记有"四百料战座船""二百料战船"等,这个"料"是指什么意思? 未见古籍史料对此有直接和明确的解释,这是一个长期困扰学者的难题。虽有不少国内外学者对此有所研究和论述,但似乎没有满足人们探索的期望,因为仍未搞清楚"料"的本意到底是指什么。被称为多少料的船它究竟是多大? 料数是如何计算出来的? 它与船舶载重量之间究竟有什么关系? 本文试作剖析。

一、"料"的本意

1. "料"是表征船舶大小档次的一种计量单位

　　中国古代描述船舶大小有多种方法。用船舶主尺度表示船舶大小是最常见一种,常说多少丈长的船;也有用船桅帆数和用桨、橹数表示,例如七扇子船、八桨船、八橹船;最实用的是用船舶载货量表示,例如万斛船、一千石船。自宋元时代起,见有用"料"称谓的船,例如"一千料铁壁铧嘴平面海鹘战船""四百料战座船"等。学者对其中的"料"却有多种解释,关于"料"的本意是什么的问题就仁者见仁智者见智了。尽管学者对"料"持有各种见解,然而都认为"料"是表征船舶大小的一种度量单位,其"料"数值大者表示船舶大,反之则小,这是共识所在。

　　"料"是表征船舶大小档次的度量单位之一,它只是表示船舶大小等级的称谓,并不是一个精确的计算值。所以我们在史籍文献中见到的"料"数都是整数,例如,三百料、四百料、一千料等称谓的船,从没见过三百三十四料、四百六十七料之类的记载。这种以整数量表示的计量船舶大小档次的方式类似于现代船舶常见到的万吨货轮、20万吨油轮、千吨驳、800匹马力拖轮等名称。

2. "料"的本意是指船舶建造用的物料

古船"料"的本意倒底是指什么呢? 有的认为"料"是指载货量,有的认为"料"是指船舶的容积大小,其实都不是。"料"的本意在明代《漕船志》中略有提及:"料额者何? 治艘之需也……国初,漕船派造于诸省及各提举司,其料价例为军三民七……先年,每岁应用运船造于各省者,皆有司自行派料成造。"[3] 后来"成化十五年,停止各处派料,议取抽分木价,以充造船之需"[3],这就有了船的"料价",这"料价"就是"船料价"和"料银"的意思。也就是说,国家由起初的物料征派到后来船价银的征收,意味着此时的物"料"已有船料价的意思,船料价随年代的不同和征收政策的不同是不定的,而船舶的物料却是确定的。以料派征料银与以载货课纳货税是两码事。不管怎样说,"料"是古代国家造船派征船料的需要。造船前必先估量物料和料银,然后采办所需物料,古有专司其职的"都料匠""料人匠",做的是相当于现代造船的预算和备料工作。

王冠倬先生认为,在宋代宁宗时,"料的原意是修造工程使用的计量单位","每一料包含了一定工程量以及所需人力、工时、物资,是一个综合性的计量单位"[4]。后来"将这种以料为单位的计量办法用于造船工程,要造多大的船,也要按料来估算所需人力、物资和工费"[4],那么,古船"料"的本意是指造船工程量的计量单位,这种说法有一定道理。造船工程量的大小反映了船的大小,造船工程的用料多少直接反映了工程量的大小,因此,把古船"料"视作用造船物料多少以表征船舶大小的估量单位也是顺理成章的。

拙见以为,在古船上出现的"料"就其本意而言,既不是指载重量也不是指船舶的容积,应该是指船舶建造用的物料多少。物料确定后,那么所需人力、工时及工费就随之计得。从"料"的字面上来看,与载重量、船舶容积没有一点联系,将"料"的本意理解为物料是在理的,下面还会论述到。就木帆船的物料而言,主要是指木料。

3. "料"不同于载重量和船舶容积

"料"的本意是指建造古船所用物料,船的物"料"数大就表明该船大。古船建造的用料通常有木材、竹材、捻料、铁钉、布料、绳索、桐油等,其中木材占总量的极大部分,因此,造船所用木料多少基本上代表了船的物料多少。尽管"料"的本意不是载重量和船舶容积,但它们都正比于船舶长、宽、深,因此,它们之间必定存在一定的内在关系。

"料"所反映的物料重量在很大程度上反映了船舶的自重,即空船重量。众所周知,货船的排水量就是船舶的空船重量加上船舶载重量,船舶载重量包括载货量和淡水、粮食、备品及生活用品等。在同样的排水量下,空船重量越大,载货量就越小。船舶空船重量、载重量和排水量各自从不同的侧面表征了船舶的大小。空船重量和载重量各占排水量的比例对于不同的船舶而言是不相同的,其值可由资料统计而得。

有学者把"料"当作船积来理解,例如,陈希育先生认为"'料'首先是一种容积单位"[5],并在其文章的结论中解释"'料'是表示龙骨长、面宽和舱深的一种船积单位"[5]。显然这个"船积"包括载货货舱的舱积和不载货空间容积的两大部分,它是全船的容积。船积总是大于舱积的,舱积所占比例大小直接影响到载重量的大小。不同船舶的舱积与船积之比并不相同,有的甚至相差很大。苏明阳先生认为"船料是指船只的载物以及载人的一种容量表示法。故船料当由船长、船宽、船深及船型而决定"[6]。船积和舱积虽然都是体积单位,但其所指不同。通常丈量船的长、宽、深,计其乘积是船积,所以它与载重量没有直接的关系,除非知道舱积占船积的比例。

实际上,"料"不同于载重量和船舶容积,船舶物料与船舶载重量、容积是不同概念的计量单位。载重量的多少与装载容积和装载物的比重有直接关联。生活知识告诉我们,在一定的排水量和一定的舱容下,装载不同货种的货物时,它的载量是不同的,因为装轻货需要大一些的载货容积,而装载重物时就不需要太大的舱容。打个极端的比方,载货量为一千石的谷物船,若装载一千石重的石块则舱容就有富裕,若装载一千石重的散装棉花则该船的货舱可能就装不下,这是船舶设计所要考虑的。古代货船的载重量通常是按装载谷物来确定的。可知,对一艘排水量确定的船其货舱的载货量取决于载货容积大小及货物的比重。料和载重量、舱容都正比于船舶长、宽、深,这可能就是容易把料与载重量或舱容相混淆的主要原因。

4. 对以"料"计税的思考

有些学者从"料"是丈量船舶长、宽、深而得出发,联系到船舶征税也是由这些尺度算得,进而得出"料"是用作计税的认识。这是否受到近现代船舶以吨位丈量的影响就不得而知了。丈量船舶征税历来有之,古代对货运民船的丈量通常是量其"力胜"的大小,即载运量多少来征税的。而官府造船向百姓派征船料或料价,也是不同于船舶货运征税,也不同于钞关的丈量征税。

史料提到的"料"多见于官方船舶,例如《南船记》记有"四百料战船""二百料一颗印巡座船"等和《河防通议》[7]中提到官方经办的漕船、黄河运石船等提及船料数。既然是官方船舶,就不存在按营运载货量纳税的事,兵船当然不需要说它的载重量是多少,更不存在以船舶体积来交付税收的事情。再说,计税是依据船舶丈量数值按一定的算式计算的,既然如前所述,"料"是一个度量船舶大小档次的称谓,那么,作为量化计算的计税不太可能用一个表征船舶大小档次的整数单位量的"料"数来计量。

不过问题是,既然"料"也是由丈量船舶而得,那么对民船的征税是否出现过以"料"计税?"料"是否曾被用作以船积计税的计量单位?《明史》中有这样一段值得思考的记载:"宣德四年(1429 年)","钞关之设自此始","于是有……诸钞

关,量舟大小修广而差其额,谓之船料,不税其货。惟临清、北新则兼收货税",
"钞关"实施"纳钞"[8]。这里的"量舟""船料"和"纳钞"的意思是清楚的。据此,
可否认为"料"已用于丈量民船纳税? 这里的"船料"不论是指物料还是载重量或
是船积,它表征了船舶的大小是无疑的,那么以表示船舶大小的"船料"征税,似
乎也有可能。如果此"船料"一词能被认定是指"船积"的话,那么,这种民船丈量
的"船料"就类同于近现代船舶丈量容积的"丈量吨位"概念。民船以丈量的"船
料"多少向"钞关""纳钞",这也类同于近现代船舶按"丈量吨位"向海关交付税
费。若确是如此,丈量的"船料"就可与"丈量吨位"类同地称作"丈量料"了。
"料"意究竟指何? 笔者以为,"料"的使用和指意可能有一个演变扩展的过程,因
此,似乎不能排除这样的可能性:"料"的使用由从官方船舶演变扩展到民间船
舶;"料"的指意由从指造船物料演变扩展到指船舶容积。若"料"的使用和指意
变化确有这样的历程,那么起始于宋代的"料"的本意是指官船物料,到了明代已
演变扩展为民船的丈量船积。是否能进而得出这样的结论:早在明代中期,在民
船上出现的"船料"就已经具有了"丈量吨位"的含义? 这个确实是一个值得深究
的课题,笔者借此提出,以期求教。

二、"料"计算的商榷

许多学者提出了一些"料"的计算公式,至于这些计算公式是如何建立和取
值计算的,确有商榷的必要。

1. "料"计算式的建立

韩振华先生在《论中国的船料及其计算法则》[9]一文中提出,"料"由以"丈"
为单位的船的底长与底宽乘积乘以 10,认其为尺,又据《河防通议》"每尺为十
料"[7]的记载,就再乘上 10,取整得料数,这样应该得出如下算式:

$$料数＝底长（丈）×底宽（丈）×10×10（料/尺），（料）$$

陈希育先生在《宋代大型商船及其"料"的计算法则》一文中认为："'料'首先是一种容积单位，而不是重量单位。"[5]从其"一千料铁壁铧嘴平面海鹘战船"算例中可以看出，其"料"的计算公式是这样推出的：取龙骨长、面宽和舱深的单位为丈，并将三者乘积的立方丈以"丈"对待，再以一丈为十尺将该"丈"化为尺，又引用"一（每）尺为十料"[7]，得出料计算式如下：

$$料数＝龙骨长（丈）×面宽（丈）×舱深（丈）×10×10（料/尺），（料）$$

对照两式可知，前者把平方丈当作"丈"理解，后者将立方丈以"丈"对待，两者都由此"丈"出发，乘以10化为尺，此实意不清，在长度、面积、体积的单位关系上解释不通，或者说概念混淆不清。难怪苏明阳先生在《宋元明清时期船"料"的解释》一文中也指出，这"在几何上是错误的"[6]；再说，两者都在没有弄清楚《河防通议》所记的"每尺为十料"[7]的确切意思情况下，误解地加以不合适地引用。事实上这里的"每尺"既不是一平方尺也不是一立方尺，苏明阳先生倒是注意到了这一点，大概为了自圆其说，苏先生认为"一尺为十料"是"一料为十立方尺"[6]之误，并取长、宽、深的单位为尺，从而也提出一个类同的船料计算公式：

$$料数＝船底长（尺）×船面宽（尺）×舱深（尺）÷10（尺^3/料），（料）$$

苏先生对该式中"除以十"作了这样的解释："用当时船运里习惯上的用法'一料为十立方尺'，故以十除之而得料数。"[6]若将上式的单位"尺"改用"丈"，那么，得出的船料计算公式与陈希育先生提出的公式是一模一样的，所以两者计算"在数值上完全一样的"[6]，从结果上看确实如此。此式的建立在几何单位上是说通了，但不得不问的是，用"一料为十立方尺"[6]来替代"一尺为十料"[6]的依据何在？

2. "一尺为十料"的解读

"每尺为十料"一语出自元代沙克什所撰《河防通议》，其中有一段这样的文字，"搬运石段，若用三百料船可载一百五十块，桿梢水手一十八人，船四十五尺，阔一丈,除前后水舱占一丈五尺外,有三丈。每尺为十料,每一料容重六十斤"。[7]句中"每尺为十料"中"尺"的含义究竟是什么? 细读《河防通议》这段文字,应该作如下解读:四十五尺长的船,除去了前后水舱所占的一丈五尺后,当然只剩三十丈了,这艘三百料船每尺长度的平均料数必当是"每尺为十料"。拙见以为,此"每尺为十料"的说法并没错,不过,这仅是针对该特定的三百料船而言,不适用于各种船的普遍规律,故不能推而广之,这里所说的"尺"是就船长的尺度,它既不是平方尺也不是立方尺。

韩振华先生把"每尺为十料"中的"尺"当作平方尺理解,而陈希育先生把它当作立方尺对待,苏明阳先生却把"每尺为十料"改为"每料为十(立方)尺"来处理,原文的"每尺"当作了"十(立方)尺","十料"改成"每料"。苏先生作此更改的理由是"一料为十立方尺"是"当时船运里习惯上的用法",还说"一尺为十料""一语中之'料'与'尺'字可能是由传抄、编写相错引起的。所以,正确、合理之语为'每料为十(立方)尺'"。[6]似乎只有如此的变更才能解释得通,其实不然。此论断确实大胆,但实在难以令人信服。

3. "料"计算取值的依据

为了讨论的方便,现用英文字母符号来表达料数计算公式,即有,韩振华公式:$Liao = 100\ LkBk$,(料);

　　陈希育公式:$Liao = 100\ LkBD$,(料);

　　苏明阳公式:$Liao = 100\ LkBD$,(料)。此式与陈希育公式同。

式中:$Liao$——古船的料数;

　　Lk——龙骨长,丈;

　　B——船宽,丈;

　　Bk——船底宽,丈;

　　D——船深,丈。

当 Lk、B、D 不全知时,陈希育先生提出按"有一定规律可循的"[5]的"一些大的比例关系便可以计算船料"[5]。"由于三段龙骨的长度是在水下,丈量起来诸多不便"[5],就按龙骨长"通常是总长的70%"。[5]可用总长表示,则料的计算式成为:

$$Liao = 70\ LBD,(料)$$

其中,L为船舶总长,(单位为)丈。

陈先生还提出下列比例关系供采用:Lk=(0.80~0.83)Lb;L=5B;Lb=4B,Lb为船舶身长;Lk=3B;D=(0.10~0.13)Lk。[5]当然,有了这些比例,只要知道L、B、D其中之一或二便可计算船料,不言而喻,但这些比例关系是否可靠却是计算取值的关键所在。选取这些可能在一定范围内上下波动的值时,其准确度将直接影响计算结果,不妨作如下讨论:

(1)由L=5B和Lk=3B可得Lk=0.6L,这与龙骨长"通常是总长的70%"[5]相差甚大;由Lb=4B和Lk=3B可得Lk=0.75Lb,这又与Lk=(0.80~0.83)Lb不符,这些比值究竟该如何取用呢?

(2)按取Lk=0.7L计算"一千料铁壁铧嘴平面海鹘战船","该船为1 070料,取整数为1 000料"[5]。从陈先生著《中国帆船与海外贸易》书上的"清代帆船的三段龙骨长与船总长的比例表"[10]来看,Lk=(64~88.97)%L,若与Lk=0.7L相比,那么Lk的取值存在91.4%~127.1%较大范围的波动,这意味着计算的料数也有在900~1 300料范围内的波动。不知龙骨长"通常是总长的70%"的依据又是什么?

(3)陈先生又以一艘宋代海船为算例,该船"面阔3丈,2 000料。虽然长、深度不详,但根据比例,取龙骨长与面阔的比例为2.8计算,可知龙骨长为8.4丈,又舱深为0.84丈,三项相乘为211尺,合2 110料(笔者注:应为2 117料),取整数为2 000料"[5]。此是取Lk=2.8B=2.8×3=8.4丈和D=0.10Lk=0.10×2.8×3=0.84丈计算的,则Liao=100 LkBD=100×(2.8×3)×3×(0.10×2.8×3)=2 117料,取整为2 000料。在此要问的是,为什么取Lk=2.8B而不取上面提供的比例Lk=3B? 为什么只取D=(0.10~0.13)Lk中比值的小者0.10而不是取大者0.13呢? 若取Lk=3B和D=0.13Lk,则Lk=9丈,

D=1.17 丈,其 Liao=100LkBD=100×(3×3)×3×0.13×3×3=3 159 料,取整为 3 000 料。竟然大了一千料!

(4) 陈先生还以"尺度不详"的 5 000 料为例讨论,如何"只知多少料,而不知尺度,也可以推算出来"[5]船的尺度的。他当先定 Lk,并选取(B/Lk)和(D/Lk)比值以定 B 和 D,然后就可以用 Lk 计算:

$$Liao = 100\ LkBD$$

$$= 100(B/Lk)(D/Lk)Lk^3$$

算例取 Lk=11.5 丈(既然不知尺度,此值从何得来?)、B=3.83 丈(此取 Lk=3B)、D=1.15 丈(此取 D=0.10Lk),得 Liao=100 LkBD=5 060,取整为 5 000 料,似乎很准确。若改取 Lk=2.8B(前例的取值)、D=0.13Lk(取其大值),则 Liao=100 LkBD=100×(1/2.8)×0.13×Lk³=7 040,取整为 7 000 料,两种取值的计算结果竟相差 2 000 料! 正因为该船的龙骨长取值的不确定性,那么,若取值由 11.5 改为 12 丈,则可算得 8 000 料,又提高了 1 000 料!

所以在尺度不知的情况下取值有任意性,使结果不可信。上述算例和计算取值的任意性似有凑数之嫌。

三、"料"的计算统计公式

1. "料"的计算公式特点

船大用料多,那么,造船用料多少与船舶大小究竟是什么关系? 古人是如何估量船料的? 也就是说,料的计算式是怎样的? 遗憾的是,到目前为止,我们还不知道当时人如何计算船舶料数。我们可以通过所掌握的资料,用统计方法来建立计算公式。在此应注意的是该公式具有的几个明显特点,那就是:第一,"料"正比于船的长、宽、深;第二,"料"是表征船舶大小的估量单位,其算式必然是非常简单,算式中如果出现三分之二次方[11]之类的表达显然是不适宜的;第三,计算式中出现的常数,应为简单的整数;第四,船的长、宽、深所指往往有很大的不同,例如,船长有总长、水线长、龙骨长等,船宽有总宽、面宽、桅梁宽等,船深也有型深、舱深等不同。公式中的船舶长、宽、深应是便于实测的,通常取船的总长、最大船宽和最大舱深。韩振华公式却用了不便于测量的船底长和底宽。据此,我们可根据已知长、宽、深的尺寸和对应"料"数的船的资料用统计方法来求得古船"料"的估量公式。

2. "料"的统计方法

我们完全可以借用现代船舶设计中估算船体重量的所谓"立方模数法"和"平方模数法"的方法来估算木船建造的用"料"。现代钢船的船体是钢板和钢骨架构成的钢结构船壳,它与古代木船的船体木结构船壳两者只是材质和构件尺寸的不同。这里的"立方模数法"是假设木船建造用料量与水密船体体积成正比;"平方模数法"是假设木船建造用料量与船舶主体表面积成正比,其算式如下:

$$Liao = Cc(LBD),$$

$$Liao = Cs\ L(B+D),$$

式中:Liao——古船的"料"数;

LBD——称作立方模数,即,船长、宽、深之乘积,立方丈;

L(B+D)——称作平方模数,即,船长与船宽船深之和的乘积,平方丈;

Cc——料立方系数,料/丈³;

Cs——料平方系数,料/丈²;

L、B、D——分别为船长、船宽、船深,丈。

立方模数或平方模数由船长、宽、深直接算得,料系数可由如下算式用统计方求得,即

$$Cc = Liao/(LBD);$$

$$Cs = Liao/L(B+D)。$$

3. 料的统计公式

同时记有古船主尺度和料数的文献资料实在不多,最多最集中的要算《南船记》和《龙江船厂志》了。即使如此,《南船记》除记有船长、船宽外却缺船深数值的记载,现在只能将《龙江船厂志》所记七艘内河兵船的数据作统计,并将料的立方系数和平方系数等计算值列表1如下:

表1　《龙江船厂志》记载七艘兵船的料系数统计表

序号	1	2	3	4	5	6	7
船名	肆佰料战座船	肆佰料巡座船	贰佰料战船	贰佰料巡沙船	贰佰料一颗印巡船	壹佰伍十料战船	壹佰料战船
料数(料)	400	400	200	200	200	150	100
船长,L(丈)	8.95	8.80	6.08	6.10	5.87	5.50	4.90
船宽,B(丈)	1.65	1.56	1.26	1.23	1.20	1.01	0.81
船深,D(丈)	0.60	0.52	0.45	0.42	0.40	0.36	0.37
LBD,(丈³)	8.861	7.139	3.447	3.151	2.818	2.000	1.459
L(B+D),(丈²)	20.14	18.30	10.40	10.07	9.39	7.535	5.782
Cc,(料/丈³)	45.14	56.03	58.02	63.47	70.98	75.01	59.10
Cs,(料/丈²)	19.86	21.85	19.24	19.87	21.29	19.91	17.30
60LBD,(料)	532	428	207	189	169	120	88
20L(B+D),(料)	403	366	208	1201.87	184	151	116

注:1. 表列料数、船长、船宽、船深数值取自《龙江船厂志》;
　　2. 船长指"船面自头至稍",船宽指"中宽",船深指"中深"。

由表1看出:

(1) Cc 和 Cs 的统计值分别在 45.14~75.01 和 17.30~21.85 的范围内,Cs 比 Cc 的波动范围来得小。拟取料立方系数 Cc=60 和料平方系数 Cs=20,则统计公式为

$$Liao=60LBD,(料),$$

$$Liao = 20L(B+D),（料），$$

式中：L、B、D 单位为"丈"。

对照陈希育和苏明阳的计算式，可知实际上料立方系数为 70。

（2）四百料战座船用立方模数法按 $C_c=60$ 计算得 532 料，显然偏离 400 料甚远。尽管其他六艘船计数值的取整值还算可以，若以 $C_c=70$ 计算，则得 620 料，偏离更大；用平方模数法计算结果比较合适。因此，对这些统计船而言，用"立方模数法"的精确度不及用"平方模数法"。

（3）本统计公式只适用于统计范围里的船舶——最大料数不超过 400 料的内河兵船。

尽管《南船记》记有与《龙江船厂志》相同的七艘兵船，但两书所记船舶尺度略有不同，现也作验算列表 2 如下：

表 2 《南船记》记载七艘兵船的料计算表

序号	1	2	3	4	5	6	7
船名	肆佰料战座船	肆佰料巡座船	贰佰料战船	贰佰料巡沙船	贰佰料一颗印巡船	壹佰伍十料战船	壹佰料战船
料数（料）	400	400	200	200	200	150	100
船长，L（丈）	8.69	8.69	6.21	6.70	6.15	5.44	5.20
船宽，B（丈）	1.70	1.70	1.34	1.36	1.26	1.06*	0.96
船深，D（丈）	0.60	0.52	0.45	0.42	0.40	0.36	0.37
LBD，（丈³）	8.864	7.682	3.745	3.827	3.100	2.075	1.847
L(B+D)，（丈²）	19.99	19.29	11.12	11.93	10.21	7.72	6.92
Cc，（料/丈³）	45.13	52.07	53.41	52.26	54.52	72.26	54.14
Cs，（料/丈²）	20.01	22.73	17.99	16.77	19.59	19.42	14.46
CcLBD，（料）	532	461	225	230	186	125	111
CsL(B+D)，（料）	400	415	222	239	204	154	138

注：1.《南船记》所记七艘兵船没有记载船深数值，计算时只得近似取用《龙江船厂志》所记的船深值，因《南船记》是《龙江船厂志》的主要资料来源，其所记船又与《龙江船厂志》为同类船。

2.《南船记》在记述各舱长（包括虚头舱和虚梢）后记"共长……阔……"此视作船长和船宽值。

*《龙江船厂志》记为"中阔壹丈壹寸"，疑原记"阔一丈六尺"为"阔一丈六寸"之误，故取 1.06 丈。

比照表 1 和表 2 看出：

（1）用"立方模数法"对 400 料战座船计算结果数值偏高,其精确度都不如用"平方模数法"。

（2）《南船记》和《龙江船厂志》对所记的同一船的计算结果存在一定的差异,究其原因可能有三:一是对船的长、宽、深的定义不尽相同;二是虽为同名船但实际建造中尺度略有改变;三是也不排除记载存误,例如《南船记》所记二艘四百料船的长宽值完全相同,而《龙江船厂志》却不相同。

（3）虽然统计公式可在统计范围内采用,但并不能证明古人也是如此估算料数的。

4. "料"的型船法估算

只要估算的船在统计值范围内,并已知主尺度 L、B、D,就可以用前面的统计公式来计算该船料数。也可以采用"型船法"换算,就是认为估算船与型船的料系数近似相等,直接取用型船的料系数来计算,即取:

$$Cc = Cc_\circ,$$
$$Cs = Cs_\circ,$$

则,$Liao = (LBD)Liao_\circ / (L_\circ B_\circ D_\circ)$;

$Liao = L(B+D)Liao_\circ / L_\circ (B_\circ + D_\circ)$

式中带下标($_\circ$)的表示型船。

所谓"型船"是船舶设计的一个专用名词,它是指与计算船舶的船种、用途、航域、船型、用料以及尺度大小等相接近的船舶。计算船舶与型船接近程度越高,估算就越精确,反之,偏离越大。例如,苏明阳先生取用《南船记》400 料内河战船的尺度来推算与它的船种、用途、航域、船型等都不相同或不相近的料数高达 5 倍的 2 000 料海船,甚至进而用来推算 6 000 料海船,"它是 400 料河船的 15倍,更是玄乎了","在如此大的悬殊下","它究竟有多大的可信度"?[12]型船换算不能无条件地采用,它不是万能通用的,否则计算结果就难以令人信服。

四、"料"数与载重量石数的关系

我们知道,古人用来表征载货量大小的"力胜"通常用"石""斛"为单位。表征造船物料的"料"与"力胜"不是一码事,"力胜"是"力胜","料"是"料"。

既然"料"与"石"都正比于船舶主尺度,那么"料"和"石"之间有何量的关系呢?这是一些学者苦苦求索的。陈希育先生引用了"在清代《淮关统志》[13]中发现该海关用来计算'航海海船'载重量的算式。即长、阔、深'三乘四因算法,合成石数'"[5],以求得料与石的关系。问题在于"三乘"的长、阔、深的定义并不明确。在此,先认定它的阔和深分别为面宽和舱深,而长分别取总长 L 和龙骨长 Lk 两种情况来讨论。"至于使用什么单位,明文'俱折尺不折寸',即以尺为单位"[5],那么,石数就有下面二个计算式:

$$石数 = 1\,000LkBD/4,(石)$$

和
$$石数 = 1\,000LBD/4,(石)$$

此 L、Lk、B、D 单位为丈,对照前面陈希育先生的料数公式:

$$料数 = 100LkBD,(料)$$

和
$$料数 = 70LBD,(料)$$

可见,当取用龙骨长 Lk 计算时,1 料=2.5 石;当取用总长 L 时,1 料=3.57石。两者相差甚大!何者为准呢?既然"三乘四因算法,合成石数"没有明确船长是指龙骨长,为何在此就认定"根据《淮关统志》提供的海船载重量的公式,一料的容积等于 2.5 石"[5]?现在让我们从对船舶同时记有料数和对应的载重数的一些史料中来作些分析。元代沙克什的《河防通议》里记载,治理黄河水利工程的运输船舶"搬运石段,若用三百料船可载一百五十块……每一料容重六十斤"[7]。还记"诸石斤重""前定石,每块长三尺,阔二尺,厚一尺,重七百二十斤。后定石,每块长一尺,阔一尺,厚一尺,重一百二十斤"[7],都是每立方尺石重一百二十斤,而"经角山正石,自方一尺,重一百三十斤。艾叶箐石,自方一尺,重一百二十七斤。白沙瓶沙石,自方一尺,重一百二十斤"[7]。重差无几,基本相当。"用三百料船可载一百五十块",则平均一料为半块,所载的"一百五十块"石段是每块为一立方尺"重一百二十斤",这与"三百料船……每一料容重六十斤"的记述相吻合。

同在《河防通议》中对"装船斤重"还有下面的记载:"三百料……下水装一万六千二百五十斤,上水装六千斤。(笔者注:下水即顺水航行,上水即逆水航行,下同)四百料……下水装二万一千六百五十斤,上水装八千斤。五百料……下水装二万七千五百斤,上水装一万斤。六百料……下水装三万二千四百五十斤,上水装一万二千斤。七百料……下水装三万七千四百五十斤,上水装一万四千斤。八百料……下水装四万三千二百五十斤,上水装一万六千斤。"[7]可见,所引诸船下水时每料为 53.5～60 斤,上水每料 20 斤。尽管不同时代一石为多少斤尚待研讨,若暂以一石米重一百二十斤计,得每料为 0.446～0.5 石,可近似地看作元代治理黄河水利工程的运输船每料为半石。

《宋会要》记运粮漕船"以五百料船为率……八分正装,计四百硕(石),二分加装一百硕(石)"[14],那么,五百料船全载为五百石。又,也是八二分装的三百料船"每船一只,装米二百四十石外,有六十石力",[14]即三百料船满载是三百石。此得运粮漕船每料为一石。

就例而言,元代的黄河运石船每料装载为半石,宋代运粮漕船每料装载为一石。船舶料数与载重量石数的定量关系即每料的装载量的石数因船而异尚无定数。通常所说的"一料"为一石可能由运粮船而得。

五、结论

由上剖析可得出下列结论:

1."料"是古代表征船舶大小的计量单位之一,就其本意既不是指船舶载货量,也不是指船舶容积,而是指船舶建造用物料。它是估量船舶大小档次的一种称谓,它是一个取整值。

2. 船舶的载重量和容积大小与料一样都正比于船的长、宽、深,因此,料与载重量和容积存在内在联系是必然的事。

3. 从史料记载看,"料"先出现于官方用船上,起初官府造船向百姓派料,后来改作按造船物料的"料价"征银。官方用船是无需计量载重和舱容也无需交纳货税的。

4. "料"的使用和指意有可能存在这样的演变扩展过程,即"料"的使用由从官方船舶演变扩展到民间船舶;"料"的指意从指造船物料演变扩展到指船舶容积。

5. 料数的估量可以用根据古船资料,采用"立方模数"和"平方模数"方法得出的统计公式来计算,也可参考型船进行换算。

6. 料数的估量不能超越统计公式适用范围和偏离型船甚远,超出统计越大,计算结果的可靠性就越差,与"型船"越接近其换算值就越可信。

7. 所谓"型船"是指与计算船舶的船种、用途、航域、船型、用料以及尺度大小等相接近的船舶。

8. 笔者通过《龙江船厂志》等资料,采用模数法得出明代内河兵船料数的统计公式,可供在统计范围内的古船计算料数使用。

9. 船舶的长、宽、深取值切忌随意,取值的正确性和准确度直接影响到料的计算结果。

10. 当前诸学者提出的各种计算公式只是一种推测,其使用都有一定的范围限制,目前尚不知道古人究竟是如何计量料的,欲得到万能通用的计算公式似乎不可能。

11. 船料数与载重量石数之间的关系因船而异不尽相同。

参考文献

[1] (明)李昭祥:《龙江船厂志》,江苏古籍出版社 1999 年版。

[2] (明)沈𫇭:《南船记》,中国船史研究会 1989 年 12 月影印本。

[3]（明）席书编次、朱家相增修：《漕船志》卷四《料额》，嘉靖刊本。

[4] 王冠倬：《中国古船图谱》，生活·读书·新知三联书店 2004 年版。

[5] 陈希育：《宋代大型商船及其"料"的计算法则》，《海交史研究》1991 年第 1 期（总十九期）。

[6] 苏明阳：《宋元明清时期船"料"的解释》，《海交史研究》2002 年第 1 期。

[7]（元）沙克什：《河防通议》，转引自[6]。

[8]《明史》卷八一《食货五·商税》，中华书局 1974 年版。

[9] 韩振华：《论中国的船料及其计算法则》，《海交史研究》1998 年第 1 期。

[10] 陈希育：《中国帆船与海外贸易》，厦门大学出版社 1991 年版。

[11]［英］程思丽：《郑和宝船的度量单位"料"》(UK, Sally K. Church, *The liao as a measure of Zheng HE's Ships*)，《纪念郑和下西洋 600 周年国际学术论坛论文集》，社会科学文献出版社 2005 年版。

[12] 何国卫、席龙飞：《没破掉也没立稳——评苏明阳先生关于郑和宝船的两篇专文》，《船海工程》（纪念郑和下西洋 600 周年学术研究论文集），2004 年 12 月。

[13] 杜琳等：《淮关通志》卷七，转引自[5]。

[14]《宋会要》卷一四五《食货五》。

原文发表于《国家航海》（第一辑），(上海)上海古籍出版社，2011 年第 1 版，第 48—62 页。

中国古代造船技术的四大发明

一、问题提出的背景

改革开放 30 多年以来,中国造船工业持续快速地发展,已经闯进世界前三甲的行列,并努力向世界第一造船大国和第一造船强国的目标迈进。与此同时,中国造船史的研究也取得长足的进步和巨大的成就。硕果累累,有目共睹,出版了一批学术价值很高的著作,创建了中国造船史完整的科学理论体系;复原制作了一大批各个朝代的典型船舶模型,丰富了船史研究的文化内涵;研究手段也从以文献研究为主发展到了与考古发掘密切配合的阶段,而且正在向实船仿制的新阶段迈进;中国的船史研究不仅在国内造成了广泛的影响,而且走向了世界,开辟了国际合作的新渠道[1]。

中国船史学界对我国源远流长的造船技术发展的历史进程和一系列重大问题已经有了非常系统和科学的认识以及精准的把握。在这样一个背景之下,有专家学者提出了一个对弘扬中国舟船文化有重要意义的问题,那就是:在历史上,中国的造船技术曾经长期领先于世界其他国家和民族,出现过很多发明创造,那么其中到底有哪些项目是处在世界前列、对世界造船技术产生过影响的重大发明? 简言之,中国古代造船技术有哪些重大发明?

对于这样一个问题,学界不仅没有统一认识和权威的定论,而且还出现过不同意见的争论。2006 年 8 月,在蓬莱古船国际学术研讨会上,北京郑和下西洋研究会名誉理事长郑明将军提出了中华造船科技"六大发明"的说法,认为"舵、橹、轮、壁、针、铳"作为中华六大舟船科技发明是当之无愧的[2];本文作者之一的何国卫教授当即在会上对"六大发明"的提法表达不认同。2007年,郑明将军和《舰船知识》杂志社副社长田小川合撰《中国古代造船科技"六大发明"》,重申了"六大发明"的观点[3]。另外坊间和媒体也多次出现过"三大发明""十大发明"等不同的说法。因此我们认为很有必要对这一问题进行商榷和探讨。

这是一个基础性的问题,也是一个很有价值的议题。认真加以研究,达成共识,然后做好普及宣传工作,对于正确认知中国作为造船古国所曾拥有的领先世界的造船科技创新成果,恰当评价中国作为造船古国在世界造船科技史上应有的地位和影响,科学理解中国迈向造船大国的历史渊源和必然性,对激励当代中国人民建设造船强国、海洋强国的创新意识和奋斗精神大有裨益[3]!

二、对"中国古代造船技术重大发明"的界定

要探讨中国古代在造船技术上到底有哪些重大发明,首先必须厘清符合"中国古代造船技术重大发明"的条件有哪些,我们认为应从以下四个方面进行界定:① 是中国的技术;② 是历史上出现时间最早的技术;③ 属于造船的技术;④ 是对中国及世界造船技术产生重大影响的技术。

舟船是人们从事水上活动的载体。一般说来,航海离不开舟船,但是航海与造船是属于不同类别的活动,造船技术与航海技术也属于不同类别。所谓造船技术是指支撑船舶建造活动的技术,包括船舶结构、型制、制造、设计等方面的技术。我们必须把造船技术与用船、驶船和导航技术以及从事水战活动的兵器技术区别开来。

例如,指南针是中国的四大发明之一,起源甚早,于公元前4世纪—3世纪出现,当时只限于在陆地上应用。在12世纪之初,中国在世界上最早将指南针制作成罗盘导航。中国的这种先进的导航技术,大约在13世纪初被阿拉伯、波斯的同行学习、传播,然后再传到欧洲。指南针应用于航海,是航海史上的一项

划时代的创举。但它属于航海技术的重大发明,不应归结到造船技术之列。

因此,只有那些是中国的、在人类历史上出现最早的、属于造船活动并对世界造船技术产生重大影响的技术才能称之为中国古代造船技术的重大发明。

三、中国古代造船技术的主要发明项目

中国是世界上造船历史最悠久的国家之一。在河姆渡新石器时代的文化遗址中,发掘到七千多年前的精致的雕花木桨[4],证明中国至少在大约 8 000 年前就有了比较高超的造船活动。从此中国古代造船技术一脉相承、代代相传,历经春秋战国、秦汉、唐宋、元明几个高峰时期的发展,到郑和下西洋时代达到巅峰。在几千年的历史长河中,我们的祖先发挥了无穷的智慧,开创了许许多多造船技术新发明,如桨、橹、艄、舵、水密隔壁、硬帆、桨轮、纵向龙骨、大橹、披水板、梗水木、木爪石碇、无牵索桅杆、楼船、船用辘轳、绞棍、绞车、铁钉连接、钉镅加固、拼接榫构、麻絮桐油蛎灰捻缝、船底涂漆、坞渠修造船、模型放样等。下面从中选择几项突出的发明,概要叙述其历史内涵。

1. 木桨

木桨亦称为"楫",是用于划水以推船前进的工具,其出现之早、使用时间之长、发挥的作用之巨大,非其他船用动力工具可比。

木桨最有可能是由树枝、木棍划水不断改进而形成的;还有一种说法,桨是见鱼尾摆动而游的仿生产物。"《世本》记曰:'化狐见鱼尾画水而游,乃剡木为楫以行舟。'"[5]

1977 年在浙江河姆渡文化遗址的发掘中发现了 6 把做工精细的雕花木桨,经鉴定为 7 000 年前的遗物(如图 1)。显而易见,这样做工精细的木桨绝不是最原始的,原始木桨的出现会更早。有舟未必有桨,有桨却必定有舟[4]。桨是目前

推断我国舟船出现年代的最早实物证据。

桨无疑是我国先民在长期水上行舟的活动当中摸索出来的,是一项我们不能忽视的重大发明,后期出现的橹、艄、舵桨、舵都可以看作是木桨的衍生物。

图 1　河姆渡出土的 7000 年前的雕花木桨测绘图[4]

2. 长橹

橹的外形略似桨,但比桨长大。一般支在船尾或船侧的橹檐上。入水一端为橹板,剖面呈弓形;另一端为橹柄,用索系在船上。用手摇动橹索,使伸入水中的橹板左右摆动,跟水接触的前后部分会产生压力差,形成推船前进的动力。橹的推进效率比桨高,古人有"一橹三桨"的说法。桨是间歇划水给船只提供断续的推力,橹始终在水中按一定的弧度往复运动,给船只提供持续不断的推力。如果变更橹板的入水角度或调整橹板在水中的位置,还能有效地控制船只前进的方向。

橹最早出现的年代尚无确切考证结果。东汉刘熙的著作《释名·释船》中首次作了记载:"在旁曰橹。橹,膂也。用膂力然后行舟也。"由此可以判断,橹的出现最晚在汉代[4]。

橹的发明是中国对世界造船技术的重大贡献之一,现代广为应用的螺旋桨推进器,其不间歇作旋转运动的叶片,与在水中滑动的橹板在推力产生的原理有相似之处。

但中国先进的船橹却在国外少见应用,目前尚不清楚中国的橹对世界造船的影响如何。

3. 风帆

风帆是利用自然界的风作为动力的推进工具。风帆的出现可以说是船舶发展史上的重要里程碑，为船舶提高航速、船舶的大型化以及扩大航区尤其是远洋航行提供了技术保证，为船舶技术的进一步发展奠定了基础。

中国船舶风帆在战国时期不仅出现，而且应用较为广泛。

最迟从汉代起，中国就有相当成熟和先进的驶帆技术，从而使中国的帆船能够跨越海洋，领先于世界。中国风帆属于硬帆，帆可转动，可调节帆角利用侧风航行。宋人说："风有八面，唯当头不可行。"这说明 13 世纪以前我国在使用风力方面，除当头风以外，其余七面都可以行船。而西方的帆船，到 16 世纪以后才能做到这一点。至于逆风行船，在我国也有四百年以上的历史。逆风行船的记载首见于沙船。"沙船能调戗使斗风。"逆风行船必须戗走（斜行），否则不能前进。为了保持正确航向，又必须"调戗"（轮流换向），必须走"之"字形航线[6]。逆风行船，披水板、船尾舵和风帆要密切配合，参见五帆沙船模型，如图 2。

图 2　五帆沙船模型[10]

公元 3 世纪时我国帆船就已采用多根桅杆前后错位配置、主桅杆向船尾方向倾斜等多种先进技术。欧洲 15 世纪才出现三桅帆船，19 世纪才了解桅杆错位和主桅后倾的优越性。

中国风帆的出现和使用比国外晚，古埃及新石器时代晚期的陶质花瓶所描绘的方帆船将其风帆出现的年代推溯到公元前 3100 年[4]。但不能由此推断中国的风帆不是中国人自己的发明。事实上，中国的风帆不仅不是从西方"泊来"的，而且独具鲜明的特色。中国风帆多采用多根横桁支撑和配置复杂的帆索操纵的翼面型风帆。它具极优良的空气动力性能,可利用各个方向的风力,产生最高效率的推力。可能鉴于习惯,西方从未采用过这种高效风帆,直至现代才在风帆助航船上见到形同中国的矩形纵帆的钢质风帆。

4. 船尾舵

船尾舵是操纵船舶航行方向的设备,古人称舵为"凌波至宝"。舵是由船尾操纵桨演变而来的。桨不仅可以用来推船前进,还可以用来控制船的航向。设置在船尾用来掌控航向的桨称为"船尾操纵桨"或"船尾舵桨"。将船尾操纵桨的桨柄增长就成了艄;进一步增加桨叶的面积、改变其在船上的安装方式以提高操纵效率,便产生了舵。

早在春秋末年,伍子胥所说的"大翼战船",有战卒,有划桨手,还有"舳舻三人"。汉代扬雄解释:"后曰舳。今江东呼拖为舳,舳制水也。"表明大翼战船已经在船尾设置专人操纵的舵桨了[5](如图3)。1973 年在湖北西汉墓中出土过一个木船模型。从这个木船模型可以看出,船上有五支长桨,四支在船前部,做划桨用,另一支在船尾一侧,做舵桨用。这是公元前 1 世纪中国有舵桨的文物证据(如图4)。

图3　春秋大翼复原模型(公元前 515 年
　　　吴国战船)[10]

图4　1973 年湖北江陵出土的
　　　西汉木船模型[10]

1955 年于广州东郊的东汉墓中出土一只陶质船模,首有碇,尾有舵。这个舵虽然不是沿着竖直的舵杆轴线转动的,仍残留着以桨代舵的痕迹,但它因叶面积的宽展已经不是桨,而是专用于操纵航向的舵[4](如图5)。另外,在东汉刘熙的《释名·释船》中有关于"舵"及其作用和操作部位的论述。

有轴线转动的舵何时出现尚无确切考证,但唐开元年间郑虔所画的山水画中出现了一具有垂直轴的舵[4],这才是真正意义上的船尾舵。

图5 广州东汉墓出土的
灰陶船模船尾舵[10]

最迟北宋时期还出现了一种平衡舵。这种舵将一小部分舵面移到舵杆前面,这样能够缩小舵面的摆动力矩,使操纵更灵活轻便。北宋名画《清明上河图》就绘有平衡舵[4](如图6);1978年天津静海县出土过北宋平衡舵实物(如图7)。此外,南宋海船上还出现了可随水深浅而升降的升降舵。为了转舵省力,宋代造船工匠在舵面上打了许多孔,叫"开孔舵"。

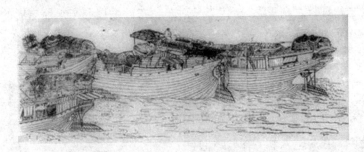

图6 清明上河图所绘平衡舵[10]

图7 静海宋船中的平衡舵复原图[4]

尾舵是中国造船技术的一个重大发明,公元10世纪,阿拉伯航海者引用中国舵,12世纪末至13世纪初,中国舵经阿拉伯传入欧洲。中国风帆的出现虽迟于外国,但舵与风帆的配合使两者相得益彰,令风帆如虎添翼,开创了风帆船航行的新时代。中国舵成为开创15世纪人类大航海时代的技术条件之一。直到今天,舵仍然是船舶的主要操纵工具。

5. 车轮(舟)

以船侧车轮的转动代替划桨,以轮激水前进,古称"车船""车轮舟""车轮舸"。

车轮也称"轮桨",将桨的叶片安装在轮子的周边,再将桨轮装在轴上,在同一根转轴上视船宽安装较多脚踏板,由多人同时踏之,使轮桨转动,连续旋转的轮桨不断划水可以连续推船前进。

魏晋南北朝时期,车轮舟已见萌芽。《南齐书》记有祖冲之发明"千里船",在新亭江试之,"日行百余里"。唐代李皋对车轮舟的发展起了承前启后的作用[4]。《旧唐书》记载,李皋"常运心巧思为战舰,挟二轮蹈之,翔风鼓浪,疾若帆席,所造省而久固"。车轮舟在宋代大量应用于战船。宋将韩世忠在1129年镇江黄天荡战役中"用飞轮八楫,踏车蹈回江面",有力打击金人完颜亮;在采石矶战役中,宋将虞允文的轮船战舰使金兵"相顾骇愕"等史实,都是明证[5]。宋代车轮战船模型如图8。

图8　宋代车轮战船模型[7]

车船是中国在世界造船史上的又一大贡献,已是人们公认的现代轮船的始祖。在欧洲,车轮船的第一次试验是于公元1543年在巴塞罗那进行的。近代曾经出现过的明轮就是以机械动力转动车轮的车轮舟。

6. 水密舱壁

水密舱壁即水密隔舱板,用来把船舱分成互不相通的一个一个舱区,称为"水密隔舱"。船舶这种结构具有多方面的优点,首先,厚实的隔舱板与船壳板紧密钉合,增加了船体横向强度。隔舱板实际上是最强的横框架结构;其次,水密隔舱提高了船舶抗沉能力。倘若发生意外,船舶触礁漏水,只进坏舱,不影响其他船舱,船舶的安全性能得到极大提高。隔舱壁的分舱作用是显而易见的。中国的水密舱壁结构在晋代已经出现。据《艺文类聚》引《义熙起居注》(成书于公元405—418年间)载述:"卢循新造八槽舰。"八槽舰被认为是具有八个水密隔舱的船[4]。到唐代以后尤其是宋代,水密舱壁已经普遍使用,已经为多艘被发掘的古船所证实[4]。1960年扬州出土的唐代木船即设有水密舱,1974年泉州湾后渚出土的南宋海船(如图9和图10)、1976年韩国新安海底发现的元代海船、1982年泉州法石发现的南宋海船,都采用水密隔舱结构形式。

图9 泉州湾宋代后渚古船出土现状[10]

图10 泉州湾宋代后渚古船复原后的水密舱壁[10]

水密隔舱的采用是造船史上的一大创举。正是因为水密隔舱的采用,使中国海船比外国海船先进。中国船舶采用的水密隔舱结构很早就受到国外的赞赏。元代意大利旅行家马可·波罗在他的游记中,对中国的船舶就作了详细的描述。

18 世纪末,水密隔舱结构开始引起西方重视。1787 年,美国著名科学家和政治家富兰克林在关于美国和法国间的邮船计划的信中说,采用中国的水密隔舱方法,"对于乘客将是一种莫大的鼓励"。英国的本瑟姆曾经考察过中国的船舶结构,并且对欧洲的造船工艺进行了改进,引进了中国的水密隔舱结构。公元1795,他受英国皇家海军的委托,设计并且制造了 6 艘新型的船只。在他所写的论文中说,他所造的船"有增加强度的隔板,它们可以保护船只,免得进水而沉没,正像现在中国人做的一样"。后来,本瑟姆夫人在为丈夫所写的传记中指出:"这不是本瑟姆将军的发明,他自己曾经公开地说过,'这是今天的中国人,一如古代的中国人所实行的'。"

从此,中国发明的水密隔舱结构逐渐流行于欧美乃至世界各国,至今仍是船舶设计中重要的结构形式。如今,无论是油轮还是潜入深海的核潜艇,虽然制造材料改为现代化的金属,但内部仍然采用水密隔舱结构。

7. 梗水木

梗水木是一种减缓船舶摇摆的装置,相当于现代船舶的舭龙骨。梗水木一般是顺着流线安装在船体舭部的形似长板条的构件,当船舶在风浪里横摇时,它会增加阻尼力矩以减缓摇摆。它的构造虽然简单,但减摇效果却较显著。

1979 年,在我国著名古港宁波发掘出一艘宋代海船。古船舭部外壳板上装有纵向半圆木,其断面尺寸是 140 毫米×90 毫米,残长则达 7.1 米[4]。经研究确认,它正是梗水木,令人惊叹的是,该古船梗水木的各项数据与现代船舶舭龙骨的参数大致相符(如图 11、图 12)。浙江象山出土的明代海船也有类同的舭龙骨。

宁波出土的宋代海船说明,我国至迟在北宋末年就实际应用了减摇龙骨,比国外大约要早七百年。据有的文献记载,外国开始使用舭龙骨是在 19 世纪的头25 年,即公元 1800—1825 年。

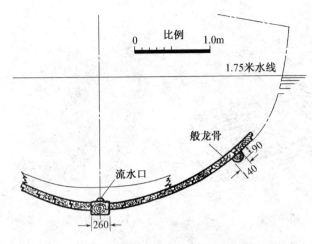

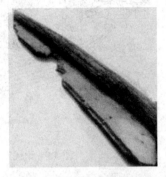

图 11　宁波宋代海船上的舭龙骨实测[10]　　　图 12　宁波宋船上的舭龙骨[8]

　　减摇龙骨技术对改善船舶航海性能、保证船舶航海安全起了重要作用,由于这一技术具有简单、经济的特点和优点,迄今仍然在发挥作用。这是我们的祖先对世界造船技术的又一重大贡献。

8. 龙骨与"大樐"

　　龙骨是处于船壳底部正中的最重要的一根纵向构件,对保证船舶的强度、提高抗御风浪的能力起极其重要的作用。

　　龙骨由首龙骨、主龙骨和尾龙骨三段通过榫卯连接而成,处于船壳底部的正中,贯通船体首尾。船壳由龙骨逐步向两侧呈弧形状展宽,船壳板之间采用榫卯式搭接与平接,从而形成阶梯状,并用竹钉、铁钉和锔钉加固,接缝用麻丝和桐油灰等捻料腻密。

　　我国出土的泉州海船、宁波海船以及在韩国新安海底发现的中国元代海船(如图 13 和图 14)都是尖底船,无一例外地设置有船底龙骨。

　　中国古代船舶的龙骨结构是造船技术的一项重大发明,对世界船舶结构的发展产生深远影响。欧洲船只于 19 世纪初才开始采用这种龙骨结构,比中国晚了数百年。

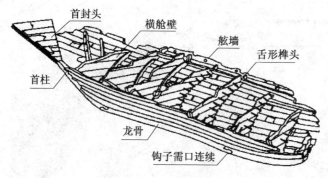

首封头　横舱壁　舷墙　舌形榫头

首柱

龙骨

钩子需口连续

图 13　元代新安海船残骸[4]

图 14　新安船复原模型[7]

1960 年在江苏扬州施桥出土的唐代木船在船舷安装四根长粗木,用长钉钉合在两舷上。这就是"橄",也叫"筋"。"橄"是装在两舷的纵向强力构件,一般根据船的大小,平行设置一至六道[5]。"橄"不仅提高船体的纵向强度,承受外来的冲撞力,还可提高船体浮力与稳定性。"大橄"通常是指设置在船体两舷顶上部位最粗大的一根"橄",相当于现代钢船的舷侧顶列板,对保证船体的纵向强度也起很重要的作用(如图 14)。"大橄"是中国木船结构中的一种独特的结构构件,它与船底龙骨一样,处于船舶横剖面上下的最远处,是船舶承受总纵弯曲的主力构件。

西方木帆船的龙骨结构不仅出现得比中国晚,而且其纵向的主构件只有龙骨,中国木帆船不仅有龙骨,还有两舷的"大橄"夹持,船体结构强度更好。

9. 榫接钉连与水密捻缝

木船的壳板和构件采用榫接钉连也是中国古代造船领先于世界的技术。这种技术春秋战国时期已发明,至迟到西汉已普及,到唐宋时期已经应用得非常完善。长沙、广东等地西汉墓中,多次出土大量木船模型,即广泛采用此工艺。隋朝的大龙舟采用的也是这种榫接结合铁钉钉固的方法。1960 年 3 月,在江苏省扬州市施桥镇出土了一条唐代木船,1973 年在江苏省如皋县又出土了一条唐代木船,这两条木船都采用了榫接钉合技术,而扬州出土的船更采用了斜穿铁钉的平接技术,比如皋县出土的木船采用的垂穿铁钉的搭接技术更先进。1974年泉州后渚港出土的和1982年泉州法石乡出土的宋代海船以及1976年在韩国新安发掘的中国元代海船均可见这种连接工艺,而且已经发展成非常成熟的实用技术。

木船的壳板和构件采用榫接钉连以保证构件牢固连接,而连接处的水密是船舶不漏不沉的根本保证。捻缝是保证木船水密的重要工艺,捻缝质量又以捻料最为关健。中国古代造船采用油、麻、灰等构成的捻料,这也是一项领先于世界的技术。

榫连钉连主要工艺特点是:壳板横向的连接一般为平接与搭接混合使用(如图15);纵向则采用"直角同口""斜角同口""滑肩同口""钩子同口"等方法。不论是横接或纵接都予以子母榫榫合,并塞以捻料,还加上铁钉钉固(如图15)。铁钉的断面形状有方、圆、扁、棱形等并有不同的钉帽。钉连技术中最先进的是使用挂锔或称为"锔钉"[4]。

图15　船体外板的搭接与钉联[9]

中国捻料中的桐油是我国的特产,它所含的桐油酸甘油脂极易发生氧化聚合反应,形成一层坚韧耐水的漆膜;石灰是粘接性很强的物质,当其与桐油调合后促进桐油的聚合干结,所生成的桐油酸钙能起到极好的填充、隔水作用;麻丝经反复捣匀混调入捻料后,它的填充、防裂的优点显著,并使捻料的附着力和捻料形成的团块机械强度提高。中国的捻料仍是木船捻缝的精品。

中国木船使用捻料始于何时尚未定论,但江苏如皋出土的唐船在其"船舱及底部均以铁钉钉成人字缝,其中填石灰、桐油"。江苏扬州施桥出土唐代木船的木板之间也见有以油灰填缝。可见,唐代的捻缝技术已很普遍。

正是因为采用了这种先进的连接与水密技术,中国古船的船体才造得大而坚固,既具稳定性,且抗沉性强、载重量大,远海航行能顶住狂风巨浪,又具优越的安全性。即使因触礁部分破损,也不会造成散架和沉没,可以边航行边抢修。

罗马、西欧至公元五六世纪,亚洲其他地区至 15 世纪尚不懂此法。日本学者桑原陟藏考证,唐时大食船舶"不用钉,以椰子树皮制绳缝合船板,其隙则以脂膏及他尔油涂之,如此而已"。唐末刘恂所著《岭表录异》在"大食船与中国船之比较"条中说:"贾人船不用钉,只使桄榔须系缚,以橄榄糖泥之。"马可·波罗曾评论西方的船说:"其船舶极劣,常见沉没,盖因其国无铁钉,用线缝系所致。"

10. 船坞造船与滑道下水

利用船坞造船的事件历史文献中有记载。据北宋科学家沈括的《梦溪笔谈》载,公元 1068—1077 年,为修理皇帝的大龙舟,宫官黄怀信献计,根据龙舟的长宽尺度,先在汴京城的金明池北掘一大渠,渠内竖立木桩,上架横梁,再放水入渠,将龙舟引至木梁之上,然后堵塞通道,抽干渠内之水修理船底,修好后再放水浮船。另外,明代有"二十五日出坞,坞即造船之所"等记载[5]。

船坞是中国在宋代的首创,西方的第一个船坞于 1495 年由英国朴茨茅斯建造,比中国晚了五百年。

宋代还创造了舟船滑道下水的技术。元代文献《金史·张中彦传》记有"浮梁巨舰毕功,将发旁郡民曳之就水。中彦召役夫数十人,治地势顺下泻于河,取秫秸密布于地,复以大木限其旁,凌晨督众乘霜滑曳之,殊不劳力而致诸水"[4]。

四、分析与结论

将以上各主要造船技术发明项目加上指南针和铳炮列表归纳并分析如下:

项目 ＼ 属性	中国的	最早的	造船的	对世界造船影响较大的
木桨	是	是	是	尚不清楚
长橹	是	是	是	尚不清楚
风帆	是	否	是	尚不清楚
船尾舵	是	是	是	是
车轮舟	是	是	是	是
水密舱壁	是	是	是	是
梗水木（舭龙骨）	是	是	是	是
龙骨	是	是	是	尚不清楚
大橛	是	是	是	尚不清楚
榫接钉连	是	是	是	否
水密捻缝	是	是	是	否
船坞造船	是	是	是	尚不清楚
滑道下水	是	是	是	尚不清楚
指南针	是	是	否	是
铳炮	是	是	否	尚不清楚

由表可见：

1. 不属于中国最早出现的造船技术有风帆。

2. 根本就不属于造船技术的有指南针和铳炮。

3. 对世界造船技术的影响很小或尚不清楚有待研究的有：木桨、长橹、风帆、龙骨、大橛、榫接钉连、水密捻缝、船坞造船、滑道下水等。

4. 是中国的、在人类历史上出现最早的、属于造船技术的并对世界造船技术产生重大影响的有：船尾舵、水密舱壁、车轮舟、舭龙骨。

由此得出结论：

1. 在所谓"六大发明"中间，除属于航海技术的指南针和属兵器技术的铳炮不是造船技术外，长橹虽是中国最早的造船技术之一，但以目前的认知，还不能称得上对世界造船有较大影响，因此，"六大发明"之说不能成立。

2. 鉴于还有多项技术对世界造船影响如何尚不很清楚,有待深入研究,因此,当前我们拟先提出:船尾舵、水密舱壁、车轮舟、舭龙骨为中国古代造船技术的四大发明。事实上,除车轮舟以外,其他三项也是现代造船所普遍采用的技术。

参考文献

[1] 何国卫. 简议中国古船技术史研究. 蓬莱古船国际学术研讨会文集,2006.

[2] 郑明,王绍明. 中华造船史研究的回顾与展望. 蓬莱古船国际学术研讨会文集,2006.

[3] 郑明,田小川. 中国古代造船科技"六大发明". 郑和下西洋研究,2007(4).

[4] 席龙飞. 中国造船史. 武汉:湖北省教育出版社,2000.

[5] 王冠倬. 中国古船图谱. 三联书店,2000.

[6] 辛元欧. 上海沙船. 上海书店出版社,2004.

[7] 尤飞君. 中国古船图鉴. 宁波出版社,2008.

[8] 顿贺. 宝船探秘. 北京:科学普及出版社,2005.

[9] 顿贺. 郑和下西洋船舶结构与工艺的思考. 郑和下西洋研究,2005(2).

[10] 船舶数字博物馆. 上海交通大学,2005.

原文发表于《船史研究》第 20 期,2011 年,第 19—28 页。

明代造船木料计价和木材材积计算

前　言

　　明代南京的"龙江船厂"是当时中国建立最早、规模最大的官办船厂,隶属于工部。时任南京工部主事李昭祥驻龙江船厂,专攻船政,并在任内写了《龙江船厂志》①一书。在此之前,虽有《船书》《船纪》可资参照,但李氏因嫌"《船书》之设,诞而寡核;《船记》之作,漫而靡归"②而著《龙江船厂志》。该书成于嘉靖三十二年(1553 年),是一部古代造船专著,其资料的主要来源一是当时的官方文档;二是吸取了前人的成果,如参阅了沈啓的《南船纪》③;三是深入实际的调查统计资料。全书共八卷,不仅涉及船厂的生产能力、技术工艺,还有关于船厂管理等方面的记载,内容极为丰富和专业。由于作者写作认真、选材严谨,所载资料翔实可信,该书是一部具有很高研究价值的造船史籍。《龙江船厂志》第五卷《敛财志》中的"木价""单板"两节涉及造船木料计价和木材材积计算,本文就这两方面的内容展开研讨。

　　明嘉靖二十五年刊印的由南京兵部车驾清吏司主持修撰的《船政》④中也有涉及明代造船木料计量的记载,本文作了对照研究。鉴于《龙江船厂志》卷二《舟

---

① 　(明)李昭祥:《龙江船厂志》,南京:江苏古籍出版社 1999 年版。
② 　(明)李昭祥:《龙江船厂志》,第 138 页。
③ 　(明)沈啓:《南船纪》。
④ 　(明)佚名:《船政》,据宁波市天一阁博物馆藏明嘉靖刻本影印。

楫志》中明确记载"海船,已废,尺度无考"①,该厂"所修造者,类而为五,曰黄、曰战、曰巡、曰渔、曰湖"②,都是内河船,故所论木作计量都是针对内河船而言的。

一、船用木料价格计算——木价

1. 木料计价的史籍表达方式

"龙江船厂"的木料计价方式是由兵部确定的。《龙江船厂志》中的木料计价方式与现代的是不同的,特点如下:其一,《龙江船厂志》中给出的木料价银是以表格形式列出的,而不是以立方单价的形式给出的;其二,木料的价银是依据木料的围长计算的,而现代是以木料直径替代围长计算的;其三,所列木料计价表的木材只有楠木和杉木两种,未见其他木材,例如松木等;第四,计价表列价"乃长壹尺之价也,执此法而推广之,则自尺而丈,以至十佰仟万皆可指诸掌矣。不然,则虽寸寸而列之,亦何益哉"③;其五,因"楠木自围陆尺以上,杉木围叁尺伍寸以上,本厂向无收买。及楠木围不及叁尺,杉木围不及壹尺伍寸者,兵部原无开载,故皆不录云"④。可见表格中的木价只适用于一定尺寸范围的木材。

《龙江船厂志》给出的木价表其竖向列出不同的围长尺数,横向列出加围寸数,表中列出的数值则是对应不同尺寸围长的价钱银,以楠木为例,可在表中查得围四尺与加围三寸对应的"该银"是"壹钱捌分玖厘贰毫",即是楠木围长为四尺三寸的价银为 0.189 2 两。

为适应现代的阅读习惯,将木料价银表中的数字用阿拉伯数字表示(见

① （明）李昭祥：《龙江船厂志》，第 80 页。
② （明）李昭祥：《龙江船厂志》，第 27 页。
③ （明）李昭祥：《龙江船厂志》，第 116 页。
④ （明）李昭祥：《龙江船厂志》，第 114 页。

表1）。

表 1 《龙江船厂志》中的木料价银表

	楠木			杉木		
	围 3 尺	围 4 尺	围 5 尺	围 1 尺	围 2 尺	围 3 尺
每长 1 尺	0.099 0 两	0.176 0 两	0.275 0 两		0.011 0 两	0.051 0 两
加围 1 寸	0.120 3 两	0.180 4 两	0.285 0 两		0.011 5 两	0.054 0 两
加围 2 寸	0.105 6 两	0.184 8 两	0.286 0 两		0.012 5 两	0.058 0 两
加围 3 寸	0.108 9 两	0.189 2 两	0.291 5 两		0.015 0 两	0.062 0 两
加围 4 寸	0.112 2 两	0.193 6 两	0.297 0 两		0.015 5 两	0.065 0 两
加围 5 寸	0.115 5 两	0.198 0 两	0.302 5 两	0.004 0 两	0.021 0 两	
加围 6 寸	0.118 8 两	0.202 4 两	0.308 0 两	0.006 0 两	0.027 0 两	
加围 7 寸	0.122 1 两	0.206 8 两	0.313 5 两	0.007 5 两	0.031 0 两	
加围 8 寸	0.125 4 两	0.211 2 两	0.319 0 两	0.008 0 两	0.037 0 两	
加围 9 寸	0.128 7 两	0.215 6 两	0.324 5 两	0.009 0 两	0.044 0 两	

价银表的查用举例：查求长 3.2 丈、围长 4.5 尺的楠木价。围 4.5 尺即围 4 尺另加围 5 寸，查表后得 0.198 0 两，再乘以 32 尺，得结果为 6.336 两。

《船政》中木料的价银以文字的形式表达。经过核对，《船政》与《龙江船厂志》对楠木的计量是一致的，只是《船政》中没有涉及不是整数围长的楠木银价。

但《船政》所记的杉木价银与《龙江船厂志》的并不一致，《船政》特别指明，"照得工部定买杉木俱是三尺上下围篾，今本部买用杉木俱于五尺上围量"，考虑到"若依工部给价，恐是亏商"，故兵部"开各项议加杉木价值，召商收买施行"。也就是说，同一根杉木围长的测量值与测量位置有关，而工部的测量值小于兵部的，若仍按工部的测量围长计价，其价势必偏低，故给定的价银附加补贴。《船政》所记杉木的价银与《龙江船厂志》的相比，虽比较接近，但并不完全相同。

为方便比较，将两书的杉木银价以表格的形式列出（见表2）。

表 2 《船政》与《龙江船厂志》中的杉木银价比较表

	《船政》			《龙江船厂志》		
	围1尺	围2尺	围3尺	围1尺	围2尺	围3尺
每长1尺		0.013 0 两	0.051 0 两		0.011 0 两	0.051 0 两
加围1寸		0.014 0 两	0.053 0 两		0.011 5 两	0.054 0 两
加围2寸		0.015 0 两	0.055 0 两		0.012 5 两	0.058 0 两
加围3寸		0.017 0 两	0.057 0 两		0.015 0 两	0.062 0 两
加围4寸		0.019 0 两	0.059 0 两		0.015 5 两	0.065 0 两
加围5寸	0.008 0 两	0.024 0 两		0.004 0 两	0.021 0 两	
加围6寸	0.009 5 两	0.030 0 两		0.006 0 两	0.027 0 两	
加围7寸	0.009 0 两	0.033 0 两		0.007 5 两	0.031 0 两	
加围8寸	0.009 5 两	0.037 0 两		0.008 0 两	0.037 0 两	
加围9寸	0.010 0 两	0.043 0 两		0.009 0 两	0.044 0 两	

由表2可见,二书中所记的杉木价银在围三尺和围二尺八寸时一致,而其他围长时都不相同。在围长三尺以下时,《船政》所记的杉木价银比《龙江船厂志》稍有偏高;围长三尺以上时,《船政》所记的杉木价银要比《龙江船厂志》低。

木料价格不论是用《龙江船厂志》的表格列出,还是用《船记》的文字表述,有下列几点是共通的:其一,给出的木料价格是以一尺长木料计在不同围长下的价银;其二,木料的价格随木料长度的增加而提高;其三,对照表1和表2可知,同样长度的楠木要比杉木贵近一倍。

2. 木料计价的量值分析

两书中的木料计价方式不便于进一步的分析对比,现以木料围长为横轴,以木料价格为纵轴绘成图1、图2。其中图1为楠木价图,图2为杉木价图,图2中分《龙江船厂志》和《船政》两条线。

图1和图2显示,楠木和杉木的价银随原木围长的增大而提高,但两者的增

值规律有较大的差异。

楠木的增值规律是:

第一,楠木的价银以围长数分为三档:3.0～3.9尺、4.0～4.9尺和5.0～5.9尺;

第二,每一档的楠木价银与围长成线性关系;

第三,三档楠木的衔接价位相差很大,例如围长3.9尺的楠木价为0.1287两,而围长4.0尺的楠木价高达0.1760两;围长4.9尺的楠木价为0.2156两,而围长5.0尺的楠木价竟为0.2750两;

第四,若围长在3.9～4.0尺或4.9～5.0尺之间的楠木该如何定价呢? 两书中均未见明示,若取其中间值,则为0.2453两;

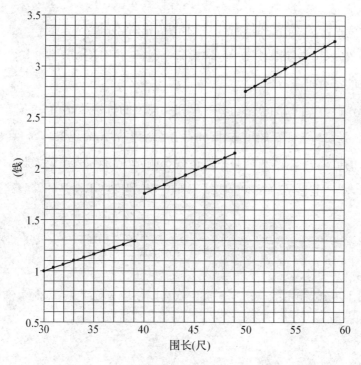

图1 楠木价图

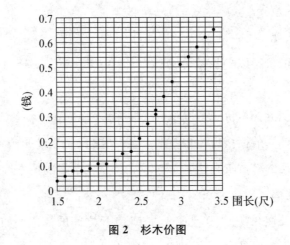

图 2　杉木价图

第五,由表 1 的楠木价格数来看,达有效数 4 位,可见,它是被计算出来的。

从图 2 所示的《龙江船厂志》中杉木的价格看,可知:

第一,杉木价格随围长尺寸的增大而提高,但在围长 2 尺和 3 尺之后增速分别比之前的都有折减;

第二,围长 2.4 尺的价格与 2.3 尺和 2.5 尺的价格相比,有点偏低。在表 2 中也发现《船记》和《龙江船厂志》同样存在个别值的偏离现象,如《船政》所记围长 2.6 尺的值略为偏高,可能是史籍记载有误,也可能原来就是如此;

第三,图 2 上显示的杉木价曲线不甚光顺,其价格不会是计算的结果。

3. 木料价格计算公式

由图 1 可知,楠木的三档木料价格都与围长成直线关系,因此木价可用下面的公式计算:

$$P = k \times l$$

其中,P——木价,(两);l——围长,(尺);k——系数。按以下三档取值:

围长 3.0～3.9 尺,$k = 0.33$;

围长 4.0～4.9 尺,$k = 0.44$;

围长 5.0~5.9 尺，$k = 0.55$。

可见，k 值与 3 尺、4 尺、5 尺的三档围长也成简单的线性关系，为此，设 l_0 为三档围长的整尺数，即不计"尺"以下数值的围长，则长为一尺的不同围长下楠木的价银可表达为

$$P = 0.11 \times l_0 \times l$$

设圆木长为 L（丈），则楠木的价银为：

$$P = 0.11 L l l_0 \qquad\qquad (1)$$

此公式适用于在确定长度下的不同围长楠木的价银计算。

计算举例，长 3.2 丈、围长 4.5 尺的楠木价：

$P = 0.11 \times L \times l \times l_0 = 0.11 \times 3.2 \times 4.5 \times 4 = 6.336$（两），此值与查表所得相同。

尽管"龙江船厂"对木围 5 尺以上的楠木不予记录，但《船纪》中对楠木围长 6 尺、7 尺、8 尺、9 尺者也是按此式计算的。例如，一根长 3.2 丈的楠木，其木围分别为 6 尺、7 尺、8 尺、9 尺时，其单价分别为 0.396、0.539、0.704、0.891（两/尺），再乘以 3.2 丈，其价银分别为 12.672 两、17.248 两、22.528 两、28.512 两，文献记载与公式计算的结果完全相同。

(1)式表明，在一定的圆木长和围长下，楠木价随围长档次的提高而增加。如果将(1)改写成：

$$P = 0.11 L l^2 (l_0/l),$$

说明楠木的价银不但正比于反映木料体积的 $L l^2$，而且还正比于比值 l_0/l，由图 1 可知，不同围长档次的楠木价银存在着突变。

至于杉木价银，由图 2 可知，它不易用简单公式表达。

二、船用木材材积计量方法——单板法

"单板法"是嘉靖二十四年南京工部尚书宋景所创的计量船用木材材积的一

种方法。在《龙江船厂志》的"单板"一节中是这样阐述的："单板之法，每长一丈、阔一尺、厚一寸为一箇。箇者，片也。即今算板之一丈也。"[1]因为一箇（或一片）的材积是 1 丈、1 尺、1 寸的连乘积，所以单板法的一箇（或一片）实际上就是板材材积的一立方尺，它与现代用的一立方米，即以立方米作为木材材积单位的实质是一样的。单板数即是"箇"（或"片"）数。

造船时用量最多的乃是板材，因此明代用立方尺作为木材材积的计量单位是很有实际意义的。明代用单板材作为木材材积的计量单位，在统计船用木料时，就是用木材的单板数来表示的。

1. 单板折算表

明代对木材的计量是以圆木的长和围长来描述的，李昭祥将长为 1 丈、不同围长的木材折算为单板数，以"箇"计数并列出单板表格的格式和表达方式与木价表形式类同。楠木的围长自 3 尺至 8.9 尺，杉木的围长自 0.75 尺至 2.95 尺，依据木料的围长可查知"箇"数。举例如下：

计算长 3.2 丈、围长 4.5 尺圆木的单板数。单板表中长 1 丈的"箇"数是 16.875 个，再乘以 3.2 丈即得其单板数 54 个。

2. 单板数折算的依据

按"箇"的定义，"每长一丈、阔一尺、厚一寸为一箇"[2]，即 1 箇＝1 丈×1 尺×1 寸＝1 立方尺，其以片状木板的体积为计量标准，故欲求圆木的单板数就是计算圆木以长为 L（尺）、围长为 l（尺）表达的木材体积（立方尺），即圆木的单板数为

$$G = \frac{1}{4}\pi d^2 L,$$

式中 d 为圆木材的直径（尺）。因为 $l = \pi d$，近似地取 $\pi = 3$，则

$$G = \frac{1}{12}Ll^2$$

按单板定义的单位,围长为尺,虽然木长为丈,但板厚为寸,故 G 的单位仍是立方尺,因此取木长单位为丈时,则此式为

$$G = \frac{10}{12}Ll^2 \tag{2}$$

故当木长为尺时,则得

$$G = \frac{1}{12}l^2$$

这正是《龙江船厂志》在"单板"一节中特别记述的"宋公单板之法"。"然考其法,不过围长相乘、一二归除,皆昔人之成法也。"[①]真是一言道出其法的真谛,此总结完全正确。

仍以长 3.2 丈、围长 4.5 尺的圆木为例,用式(2)折算其单板数:

$$G = \frac{10}{12}Ll^2$$

$$= 3.2 \times 4.5^2 \div 1.2$$

$$= 54(箇或片)$$

这与由单板表查得的结果相同。

需指出的是,正因为单片指长为 1 丈,因此在应用中对单板数的记载常以"丈"替代"箇"来表达单板数。例如,在《龙江船厂志》的"量材"表中记载了一艘"预备黄船",其所用木料为"楠木单板壹仟伍佰壹拾丈壹尺叁寸"[②],所记的数字明显不是材料的尺寸值,而是表示楠木的单板数为 1 510.103"个"或"片",也是立方尺数。

三、楠木单板价的计算

通过对《龙江船厂志》的"木价"和"单板"的讨论分析,在已得确定长度和围

---

① (明)李昭祥:《龙江船厂志》,第 171 页。
② (明)李昭祥:《龙江船厂志》,第 120 页。

长的楠木木价(1)和折算单板数(2)的情况下,进而可得楠木的单板价。

设 p 为单板价(两/箇,或两/片),则

$$p = (1)式/(2)式$$

$$= 0.132 l_0/l \tag{3}$$

当不同长度和围长的楠木按式(2)折算成单板数 G 后,可进而折算出楠木的价银。

仍以长 3.2 丈、围长 4.5 尺的楠木为例,其价为

$$p = 0.132 \times 4.0/4.5$$

$$= 0.117\,333(两/箇,或两/片)$$

由前例计得 $G = 54$(个或片),则得

$$P = 0.117\,333 \times 54 = 6.336\,58\ 两$$

显然,若 $l = l_0$,则 $p = 0.132$(两/箇,或两/片)。

正如《船纪》在"计开楠木折单板价银数目"中的如下记载:"围叁尺长叁丈贰尺壹根,折单板贰拾肆丈,每丈折银壹钱叁分贰厘,共银叁两壹钱陆分捌厘。"为了方便阅读,可将《船纪》中的"计开楠木折单板价银数目"换算成现代表格(见表3)。

表3 《船纪》载"计开楠木折单板价银数目"表

楠木围长(尺)	木长(丈)	折单板数(丈,片)	每丈(每片)折银(两)	共折银(两)
3.000	3.200	24.000	0.132	3.168
4.000	3.200	42.666	0.132	5.632
5.000	3.200	66.664	0.132	8.800
6.000	3.200	96.000	0.132	12.672
7.000	3.200	130.666	0.132	17.248
8.000	3.200	170.666	0.132	22.527
9.000	3.200	216.000	0.132	28.512

以上所记表明:

1)《船纪》指出,"各字围尺上零寸照本字头价目算补",但它并没有记载当

围长不是整数尺时的折算方法；

2）所记围长都为整数尺，即 $l=l_0$ 时，楠木单板价为 0.132 两/个或片；

3）《龙江船厂志》的楠木围长只记了 3 尺、4 尺、5 尺，而《船政》对 6 尺、7 尺、8 尺、9 尺的楠木也按此折算。

四、围长测量

木料计量中多次提到了圆木的"围长"。众所周知，圆木很难粗细一致，因此，如何量取圆木的围长会直接影响到木作计量。嘉靖三十二年前的龙江船厂处于"围量木植，原无一定之规，人易为弊"①的状态，自李昭祥主事督造后议定出测量围长的规定，这在《龙江船厂志》第一卷《训典志》的"成规"中有记载。《龙江船厂志》中圆木围长测量的方法分楠木和杉木两种。

楠木

1）楠木头稍，俱除鼻量至五尺下箆；

2）稍围比之头围，每木长一丈容其减小一寸五分；

3）如稍尖小，不及此式者，每小一寸折减长一尺。

杉木

1）杉木围三尺者，自头除鼻，量至三尺下箆，二尺以下者，量至二尺下箆；

2）稍围须及头围一半；

3）如尖细不及一半者，不拘几尺，除去不量；

因此，对圆木围长的测量是有定规可依的。

---

① （明）李昭祥：《龙江船厂志》，第 21 页。

结　语

1)《龙江船厂志》第五卷《敛财志》的"木价""单板"两节涉及造船木作计量中的木料计价和木材材积计算。

2)《龙江船厂志》所记的"黄船""战船""巡船""渔船""湖船"都是内河船,故所论木作计量也是对内河船而言的,不过造船木作计量中的木料计价和木材材积对海船和河船应该不会有太大的差异。

3)《龙江船厂志》的木料计价方式与现代的以"立方米"计价是不同的,《龙江船厂志》以表格形式列出楠木和杉木两种木料,在长度为一尺的不同围长时的价银。同样尺度的楠木其价银是杉木的将近一倍。

4) 木料的价银曲线图表明:

楠木和杉木的价银随原木围长增大的增值规律有较大的差异;

楠木的价银以围长分别为 3 尺、4 尺、5 尺三档来计算,但三档的价银不连续且其值相差很大;

个别点值存在偏离现象。

5) 楠木的价银可用公式 $P = 0.11Lll_0$ 来计算,其中,P 为木价,L 为圆木长,l 为围长,l_0 为三档围长的整尺数,即不计"尺"以下数值的围长。但杉木价银不易给出简单的计算公式。

6) 一箇或一片单板的材积是 1 丈、1 尺、1 寸的连乘积,就是 1 立方尺,它与现代用的立方米,即与以立方米作为木材材积单位的实质是一样的。

7) 造船时用量最多的乃是板材,明代用单板材作为木材材积的计量单位是很有实际意义的。

8) 箇(或片)的物理单位是立方尺,若圆木长、围长分别以丈、尺为单位,单板数(即箇或片)可用公式 $G = \dfrac{10}{12}Ll^2$ 计算。

9) 既然单板数和楠木价银都可用计算式表达,则进而可得楠木单板价的计算公式:

$$p = 0.132 l_0 / l$$

10) 对如何量取圆木围长,《龙江船厂志》中有明确规定。

原文发表在《国家航海》(第八期),上海古籍出版社,2014 年 8 月第 1 版,第 20—23 页。

广船技术特点

——以清代广州外销画船图为中心

清代广州外销画中有许多船舶的画面,内容丰富多彩,都是中国木帆船走近历史终结时期的真实写照。本文通过对外销画船图的技术观察,分析广东木帆船的技术面貌,重点对被称为"广船"的广东海船技术特点进行探索,并归纳出广船的七点技术特点,由此进一步认识到清代广州外销画船图对船史研究具有的极高史料价值。

一、外销画的船图

清代广州外销画是广州手工艺人外销艺术品之一,深受西洋人士喜爱。18、19世纪中国画师绘制的外销画船图以水粉画为多,也有油画等,题材以广东自然风物、市井风情为主,外销画所绘都是历史的记录,都是珍贵的文史资料。清朝广州以其"一口通商"的独特地位成为最重要的外贸口岸,因此,珠江、港口、船舶成了外销画的重要主题之一,笔者感兴趣的是外销画上描绘船舶的船图。

现已公开发表的外销画主要有《大英图书馆特藏中国清代外销画精华》[1]
(下称《外销画精华》),在该书中的"广州港和广州府城画"(下称《府城画》)和"广东船舶与江河风景组画"(下称《组画》)两部分展现了许许多多的船舶画面。创作时间约在清乾隆二十五年(1760年)的长卷水粉画《府城画》[2]原长920厘米,高74厘米,画面西起广州府城西边珠江上游的黄沙、柳波涌的西关炮台,东至广州府城东边珠江下游的大沙头、东水炮台,所画内容是广州港口、广州府城和珠江此段沿岸风景,在长达八九公里的江面上各种停泊或行驶的船舶多达四五百艘,平均每公里江面船舶密度竟达四五十艘之多,它生动、形象、真实地再现了250年前广州贸易口岸的繁荣景象,令人叹为观止,该长卷画被称为"广州清明上河图",并不过誉。《外销画精华》中的《组画》[3]共83幅,一类是42幅单纯的船舶画,具有较多的静态写生性质;一类是41幅船舶与江河风景画。《组画》集中地展现广东地区的多种多样内河船。

由广东省博物馆收藏并展出的《广州港全景图》[4](下称《全景图》)(见图1),珠江上的各种船舶同样是它描绘的重点。《全景图》也是一幅晚清时期描绘珠江的外销画,它是一幅油画,画面全长2米,宽0.88米,《全景图》画面长度比《府城画》小了很多,但它所描绘的画面展示了西起沙面、东至大沙头东水炮台长达约3公里的珠江河面全景,江面上密布大小船只达三百余艘,平均每10米长河段就有一艘船。《全景图》展示了当年珠江上最繁荣的广州港一段。

图1 《广州港全景图》

另外,在《西方人眼中的中国情调》《羊城风物》等书刊上也见有外销画船图。

二、看外销画船图中船舶的林林总总

用途各不相同、航行于不同水域的木船,它们的船形、布置、属具等是各种各样的,外销画船图呈现的广东木船的林林总总就是生动的反映。

(一) 各类船舶

木船有运货、载客、捕鱼和作战等不同用途,船就有货船、客船、渔船、战船等不同种类。货船有载货区域,如载货舱室、载货甲板(或平台)(见图2)。客船有载客舱室和生活设施,以其布置和装潢程度的不同又有普通民用客船和豪华的官船及游览娱乐船之区分,《府城画》上在西炮台与沙面江岸停泊着密密麻麻的客船,绝大部分是豪华型客船,也有不少用作交通的小型客船(见图3),既装货又载客的是客货船(见图4)。还有一些内河船具有独特的专用性,这在《组画》中有充分的展现,例如,有放牧鸭子的"鸭船"(见图5),作水上住家用的"水寮船"(见图6),还有竞赛龙舟(见图12)、载运戏班子戏船……可谓五花八门。渔船即是渔捞作业船舶,它的最大特点是甲板上布有渔网等各种捕捞工具。战船除装备武器外,为追求快速通常船体比较瘦长。

图2 江面上停泊的红头船

图 3 西炮台与沙面江面上密集的客船

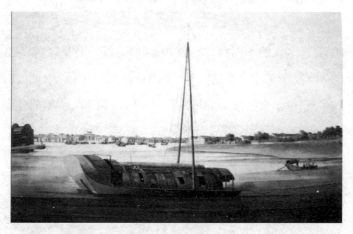

图 4 内河客货船

图 5 鸭船

图 6　水寮船

根据船舶航行区域的不同,有海船和内河船两类的明显区别,海船有近海船和远洋船,也有既航于珠江水系的内河、也出珠江口在外海航行的江海联运船。《组画》中各式河船占了大多数。为适应船舶的不同需要,木船的造型和布置有很大的不同。从船舶地域看,船图上不仅有广东船,还有广东以外的船,以及外国船,尤其是东南亚一带的海船(见图 7)。

图 7　人字桅船与西洋船

（二）多种推进属具

在外销画船图中出现描绘木帆船的主要推进属具有桅、帆、橹、桨、篙、纤等。木帆船上高高竖起的桅杆在船舶外形上最为醒目，它的高度接近于船长。桅杆主要用来挂帆，也有用作拉纤的；桅有"1"字竖桅（见图2）和"人"字桅（见图7）两种，挂风帆的"1"字桅在海船上是最常见的，"人"字桅是支流木帆船的一种独特挂帆装置，因它只能挂横帆驶顺风和斜顺风，所以只适用于特定的内河航道。"人"字桅较好的结构稳定性是被采用的重要因素之一；桅又有固定的和可倾倒的区别。帆是靠挂在桅上的以帆面接受风力的推进属具，有帆必有桅，它是利用自然风力的最有价值的船舶推进属具，帆的外形有矩形帆（见图8）、扇形帆（见图9）；帆质有蓆帆（见图8）和布帆（见图9）。桅上的帆可以升降操作，航行时高高升起以受风推进，当船停泊或遭遇大风浪时就落帆以策安全，帆落下收放在帆架上，蓆帆通常采用多片摺叠式，起落和收藏也很方便（见图8）。

图 8　三板艇　　　　　　　　　　　　　　　　图 9　白盐船

木船的人力推进方式主要有摇橹、划桨、拉纤、撑篙等。橹是中国独创的集船舶推进和操纵功能为一体的有效工具，被广为使用，在外销画船图上到处可见（见图10），摇橹时靠橹面来回往复入水而产生连续的升力推船前进。橹是中国

独创的船舶技术，它的有效和省力值得称道。最早出现的人力船舶推进工具就是桨，划桨手对称分布在船的左右两舷，桨手的多少取决于船舶对动力大小的需求，划桨姿势有立姿(见图11)和坐姿(见图12)两种，不论哪种姿态划桨，总是由船头向船尾划的，不过中国木船划桨手是面向船头的，而西洋船却是面向船尾，绝然相反。对于浅水航道，靠撑篙的反作用力推进航船是非常有效的，船舷通常设舷伸甲板，主要用作撑篙作业通道(见图10)。在浅水多弯曲的河道里常用拉纤来牵引航船，牵绳一端系在近桅顶处，另一端由在岸边的纤夫使力拉纤，达到拉船行进的目的，拉纤是一项极度辛劳的作业。

图10　七月半水陆船

图11　站立划船

图 12　五月龙船

（三）各式船锚

锚，是一种泊船工具，锚的出现是船舶技术的一项重大进步，最原始的锚泊设备是石锚，古代称"碇"，亦称作"矴"。抛锚停船，起锚航船，故有说它是船舶的"刹车"。清代船锚种类很多，如有单爪锚和多爪锚、木锚和铁锚等。广东地区出土的船锚无不反映了广州锚具的悠久历史和高超的制锚技术，例如，珠海"宝镜湾文化遗址出土一具……重 18.5 公斤"[5] 的"大型石锚……年代是距今 4 000多年"[5]。广州东汉陶船模[7] 的船首就悬有一只木石结合碇，该碇有两个爪，并有一横杆垂直于爪平面，以保锚爪入土，它是一具有杆锚。在外销画《白盐船》图上绘有一具两爪木锚（见图 9）。广州还出土一具高 3.4 米的明代四爪铁锚[8]，现藏于广州市博物馆，但外销图上尚未见四爪铁锚，不知是画家没见还是疏漏。

（四）别具特色的船舵

中国古船船舵形式多样，中国船舵不仅有不平衡舵和平衡舵，还有可以升降的舵，以适应不同水深航道达到增减舵的没水面积大小的目的。海船上的通常是不平衡舵，广船别具特色的开孔舵非常科学，它能使转舵省力，开孔舵是广船的重要技术特点之一，本文还将论述于后。

(五) 多样布置与装饰

实用功能很强的船舶布置。从外形上看,有的建有船楼,上层建筑很发达,有的只有简单的船篷。客船的舱室比货船讲究的多,客船豪华程度的不同在布置上会随之有较大的差别(见图3)。从船舶的装饰上看,有的船头绘饰船眼(见图3)、有的在首尾封板上绘有吉祥图案(见图2)。

三、广东船、广船及红头船

广东船当然是指主要在广东造的,航于广东、广西、海南岛及南海一带的木帆船,广东船的品种繁多,称谓不一。广东各厂建造的战船种类较多,有赶缯船、艍船、米艇等。民船有广东大帆船、艚船、拖风船等,沿海渔船有赶缯船,粤西著名的拖网渔船、七艕船等等数不胜数。

中国古代海船自明代起有沙船、福船、广船的称谓,著称三大船型,有学者以为应补上浙船,故又称四大船型。不论何说,广船乃是中国古代海船的著名船型之一。其中"原系广东民船,由于明代东南沿海抗倭的需要,将其中东莞的'乌艚'、新会的'横江'二种大船增加战斗设施,改成为良好的战船,统称为'广船'"[9]。广船原来是特指广东建造的战船,现在船史学者已认其为涵盖两广和海南的岭南地区建造的海船统称。相对来说,广船与福船有较多的相似之处,如广船"其制下窄上宽,状若两翼"[10],而福船"上平如衡,下侧如刃"[11],广船和福船都有龙骨,且都见有扇形帆,但广船使用扇形帆更为普遍和突出。

史料中较为多见的有广东大帆船、作为沿海大型货船的艚船、原为沿海渔船的拖风船等,综观外销画船图,最为显眼的船是船头油红色、两侧饰绘有一对黑珠大眼睛的,这就是粤东(潮汕)地区、珠三角地区和东南亚地区建造的广东海洋贸易商船,称作"红头船"。清廷规定,各省商船应有颜色的区别,在船头及大桅的一半,广东油红,福建漆绿,浙江涂白,江苏粉蓝,故有红头船、绿头船、白头船及蓝头船的称呼。船头红色是识别广东海船的明显标识,出现在外销画上的红头船不仅数量多而且特别凸显,红头船绝对是外销画船图的主题船,它已成为当时广东海船的典型代表和外贸商船的主力船种。《全景图》上共绘有 7 艘红头船,在画面近处靠近江面南侧的 2 艘三桅红头船特别醒目(见图 1),画面上的红头船处于停泊状态,故风帆都已落下。《府城画》上有 6 艘三桅红头船,视其水上状态都是待装货准备远航的船舶。"鸦片战争结束后广东所造的一艘船名叫'耆英号'的特大型红头船载重达 800 吨"[12],是典型的远洋三桅商船,"耆英号"远涉重洋,经纽约到伦敦,被视为中国木帆船航程最远的船舶。后来"红头船"扩展成为广东海贸商船的总称,多指三桅帆船。

简而言之,通常笼统地称广东造的为广东船,广东造的海船叫做广船,清代末期的三桅红头船是广东海贸商船的代表船种。广船的优良航海性能与广船所具独特的技术特点是分不开的。

四、广船的技术特点

被称为广船的广东海船所指范围广、种类多,而且各有特色,似乎难以统一,但与其他船型类比,广船的技术特点是非常独特和明显的,可以归纳出如下几点:

(一)"下窄上宽"、首尖尾圆、前低后高、脊弧低平

史籍所记广船"下窄上宽"与福船的"上平如衡,下侧如刃"似有类同,由此将福船和广船的船形理解为同属尖底船是事出有据的,况且福船已有出土的泉州宋代海船佐证。从同属于广东渔船的"牵风船"和"横拖"的线型图[13]来看,广船前半体为尖底尖首,后半体呈圆弧形,现存的广船"金华兴"号也是如此,其极

"V"形的前半体和船首柱构成了尖首尖底,后半体呈圆弧形,船底趋近于平,该船的首、尾部照片(见图 13、图 14)显示得非常清晰,福船虽也多有此类船形,但船头一般无首柱而有首封板,只是首封板大小不同而已。从泉州出土宋代海船的复原型线图看,它的前、后体横剖线都是"V"形的,是典型的尖底,经查《福建省木帆船船型汇编》,也属少见。船舶的底型,即船底形状的类型,应按底部的纵横剖型线来认定和比较,广船、福船都被认为是尖底船,船底尖的程度如何? 何者为甚? 目前尚难断言。

图 13　"金华兴"号船首侧照

图 14　"金华兴"号船尾照

广船的首柱尖首和前半体的尖底有利于破浪。脊弧较低显得平坦而且尾高首低,这当然有利于开阔操船视野和泊锚。

(二) 多用硬木建造

《明史·兵制四》记有"广东船,铁栗(力)木为之,视福船尤巨而坚"[13],它因其坚而利于撞击敌船。至于"铁力木为之",笔者认为不能简单地理解成建造广船的所用木料都是用铁力木的,虽然铁力木具蠹虫不蛀,入水可百年,但因铁力木材质密度大,特别坚硬也特别沉重,必然不利于加工,尤其是弯曲加工。再说,广东彼时虽产铁力木,毕竟数量有限,进口也不是一件易事,通常铁力木用作制造龙骨、舵杆、木锚等构件,广船全身用铁力木似乎不太可能,否则船的自身重量实在太大。广船建造选用铁力木等优质硬木只是在数量上比福船等其他木船要用得多而已,广船就显得特别坚固。广船用料上乘是确实无疑的,但广船的建造是多用硬木而不是都用铁力木,不能把"多"当作"都"来理解。

(三) 开孔舵

舵是船舶操纵工具,大海航行靠舵手,舵的重要性不言而喻,"凡船性随水,若草从风,故制舵障水,使不定向流,舵板一转一泓从之……凡舵所障水,相应及船头而止,其腹底之下,伿若一派急顺流,故船头不约而止,其机妙不可言"[14]。

广船的尾舵多为不平衡舵,而且舵的展弦比(即舵叶高宽比)较小,以致舵叶面积中心距舵杆轴线较远,转舵力矩也就较大,由此而产生的广船开孔舵独具特色(见图15、图17、图19)。开孔舵就是在舵叶上开有一系列穿通孔洞的舵,转动舵叶时,水流能从开孔舵舵叶的一侧顺利地流向另一侧,致使转舵力矩大为降低,尤其急转舵时速度往往很快,更有利于提高水流对舵叶面的垂直度,从而更利于水流通孔,转舵省力的效果格外明显,所以转舵速度越快则操舵省力就越明显,这就是开孔舵之所以操舵省力的机理所在。当操舵到某一舵角不转时,即稳舵时,舵叶已停止了转动,即舵的转动速度为零,此时水流对舵面的夹角刚好等于所操稳舵的舵角,即水流对舵叶的垂直度相对转舵时小得多且对孔水流也不很急,通孔流量处于最小状态,因此稳舵时孔洞对舵效影响甚微。总之,开孔舵在转舵时能省力,稳舵时的不利影响甚微。开孔舵称得上是一件别具匠心的发明,至今还有使用。开孔舵是中国古船先进技术之一,还被引入西方,这是广船的骄傲。

图 15　红头船平板内凹形尾

图 16　红头船圆弧内凹形尾

图 17　乌艚船船尾

图 18　七篷船船模照

（四）中插板

有的广船装有一种叫作"中插板"（又称"底插水板"，以别于"首插水板"）的驶风辅助装置。它是在主桅前方的纵中线处设一个垂直贯穿甲板与船底的纵向长方形围孔，孔壁水密，插板置于围孔内，由甲板上的绞车控制其升降。它可降至船底以下，船驶风时可减少船舶横向漂移。在逆风航行时，用它和船舵一起配合风帆进行打戗操作，使船作"之"字形航进。中插板是广船的技术特色之一，它同沙船两舷的披水板有异曲同工的效果。但中插板的水下部分不能见到，而露出甲板的部分往往被其他物件遮住，这可能是在外销画船图画面上未见到这种中插板装置的原因，为此，本文引广船之一的七艕船船模照显示（见图18）。

图 19　琼州海运船船模

（五）扇形帆

从风帆的外形来看，大体可分为长方形、扇形和上部为扇形下部为矩形的混合型三种。混合型帆较普遍多见，常见的沙船船帆的前边平直，上帆桁稍有倾斜，被称为"斜桁四角帆"。在广船、福船、浙船上都见有采用扇形帆的，但广船采用扇形帆的更加普遍，而且是大扇形，它的外形特点是顶边斜上，上窄下宽，迎风边（导边）是斜直线，随风边（随边）是弓背形曲线，随风边边长大于迎风边，于是帆的撑杆犹如扇骨，收帆如折扇，扬帆如开扇，故称"扇形帆"。广船扇形帆的顶边斜度很大，有的达50°，尖峰往往高出桅顶，这样可充分利用桅顶上方的部分风力以补桅高的不足。相对而言，扇形帆的重心更偏后，更利于驶风打戗（见图9、图19）。

图 20 香港货船船模

　　根据在桅前风帆面积占全帆面积的比例,风帆分为桅前风帆面积为零的不平衡帆和不为零的平衡帆,比例的大小表征了平衡帆的平衡程度。比例为 0.5,即桅的前后帆面积相等,这就是全平衡帆,介于两者之间的为半平衡帆,如同平衡舵一样,通常称其为"平衡帆",是最为普遍采用的。全平衡帆通常为平顶长方形,用于航行在不能打戗的狭窄河面的木帆船,不平衡帆通常也是平顶长方形软帆,仅在内河支流的小船上使用。用得最多的平衡帆通常是斜顶边的尖峰在桅后,因为帆面的重心在后,利于转脚操纵,适宜驶风打戗。所谓打戗,是木帆船逆风扬帆行驶的一种操作技术,木帆船在逆风或风角为 135°以上的斜逆风中驶风时,顺航向取曲折航线,以减小风角,尽可能地利用风力前进,打戗是木帆船行船驶风技术的一大发展。

　　驶风是靠牵拉帆脚索(缭索)控制风帆迎风角(帆角)和承受风力来实现的。航行中的木帆船在大角度转变航向时,或遇到风向大的改变,或由于航道弯曲,会发生帆的迎风面成了背风面,而原来的背风面却成了迎风面,此时,需要调整帆面到新的有利帆角,木帆船驶风时的这种大幅度改变帆角的操作就是所谓"转脚",利于驶风转脚的意思就是利于大幅度改变帆角的操作。"之"字形的打戗航行需要频繁地转脚操作,广船扇形帆的优越性在海上扬帆航行时得到了充分的表现。

（六）船尾梢洞

广船与沙船船尾一样具有虚梢(假尾)，但广船和沙船有所不同，沙船的虚梢很发达，在其下面是全开敞的，而广船的虚梢下是由虚梢铺底板与船体后封板、两舷侧壳板和后围板合围成一个空间，称其为"梢洞"。有的虚梢下是全部围蔽的(见图15、图16、图17)，有的只是在前面部分虚梢下是围蔽的，即其后有一截虚梢(见图14)。梢洞后围板有平板形(见图15)和圆弧形(见图16)的不同，又有内凹和不内凹的区别，平板形的又以"八"字形内凹最为常见，它如同洞门向里开的门板(见图2、图15、图17)，圆弧形的也有内凹的(见图16)；还有"梢洞"后围板是不内凹的，例如广船的"金华兴"号渔船，它的梢洞后围板是不内凹圆弧形的(见图14)，另见有一艘虽不属广船之列的广东内河客货船，它的梢洞后围板并不内凹，与船底连成整体呈纵向平弧形(见图4)。梢洞后围板不论为何种形式，其在后围板中留置用作挂装舵杆的缝隙，一般外观不易见到舵杆全貌，缝隙的尺度大小应考虑到方便舵的拆装和转舵操作。船尾梢洞对舵杆起到了一定的保护作用；船尾梢洞使船舶水线有所增长，有利于提高船的快速性；同时可减缓船舶纵摇。这种非常独特的在广船以外的其他船型的木帆船未见或少见的船尾梢洞，乃是广船的技术特点之一。

（七）首呆木

船舶的呆木学名为"分水蹿"，船尾的尾呆木在西洋船上比较常见，其后边缘是尾柱，船舵安装于此，尾呆木使船的水压中心后移，有利于提高船舶航向的稳定性。置于船首的首呆木则反之，它使水压中心前移而有利于提高船舶的回转性。首呆木虽不多见，但广船有之。鉴于首呆木位于水下，在外销画船图上是见不到的，但在比利时 MAS 博物馆珍藏的中国清代木船模中的广船模型清晰地显示出首呆木，例如，在一艘琼州海运船模型上见到了在它的船首柱下端与龙骨连接部位有向前突出的首呆木(见图 19),在一条香港海船模型上也有首呆木,它与位于船的前部凸出于船底的类似于外龙骨的构件相连接,这有利于船首触礁时保护船底,有趣的是,在此构件上开有类似于船舵上的开孔,显然可起到减小回转阻力的效果(见图 20)。尽管首呆木在木帆船上并不多见,但在广船上的出现反映了首呆木也是广船的技术特点之一。

五、结论

1. 清代广州外销画船图生动、形象、真实地记录了当时的船舶形象,林林总总的船舶透析出广东木帆船的时代面貌,清代正值中国木帆船历史走向结束的阶段,因此画面上的船舶图像也是广东木船终结技术的反映,广州外销画船图是研究清代广东造船技术的宝贵史料。

2. 广船的技术特点归结为"下窄上宽"、首尖尾圆、前低后高、脊弧低平,多用硬木建造,具有开孔舵、中插板、扇形帆、船尾梢洞、首呆木等构件共七点,其中船尾梢洞、首呆木两点尚属笔者首次提出,期待学术研讨。

3. 除了未显示出来的中插板和水下不可见到的首呆木以外,广船的独特技术特点在外销画船图中都得到了形象地反映。

4. 广船是古代著名船型之一,广船是岭南舟船文化、海洋文化研究的重要方面之一,它的技术特点在造船史上占有举足轻重的地位。

5. 对清代广州外销画船图的研究尚属起步阶段,有待深入研究和探索。

参考文献

[1] 王次澄等:《大英图书馆特藏中国清代外销画精华》,广东人民出版社 2011 年 7 月版,第 1 类"广州港和广州府城画"。

[2] 王次澄等:《大英图书馆特藏中国清代外销画精华》,第 13 类"广东船舶与江河风景组画"。

［3］煜呱:《广州港全景图》,广东省博物馆藏。

［4］广东省文物考古研究所、珠海市博物馆:《珠海宝镜湾海岛型史前文化遗址发掘报告》,科学出版社2004年版,第160页。

［5］广东省文物考古研究所、珠海市博物馆:《珠海宝镜湾海岛型史前文化遗址发掘报告》,科学出版社2004年版,第386页。

［6］广州市文物管理委员会:《广州东郊汉砖室墓清理纪略》,《文物资料参考》1955年第6辑,第61—76页。

［7］广东省地方史志编纂委员会:《广东省志·船舶工业志》,广东人民出版社2000年版,第29页。

［8］广东省地方史志编纂委员会:《广东省志·船舶工业志》,广东人民出版社2000年版,第40页。

［9］(明)茅元仪:《武备志》卷一一六。

［10］宋·徐兢:《宣和奉使高丽图经》卷三十四,故宫博物院1931年影印本。

［11］广东省地方史志编纂委员会:《广东省志·船舶工业志》,广东人民出版社2000年版,第66页。

［12］许路:《晚近广式帆船考略》,《中国航海博物馆首届国际学术研讨会论文集》,上海,2010,第336—337页。

［13］(清)张廷玉等:《明史·兵志四》。

［14］(明)宋应星《天工开物》卷九《舟车》。

原文收录于广东省博物馆编:《异趣·同辉——清代外销艺术品国际学术研讨会会议论文集》,广州:岭南美术出版社2014年版,第210—219页。

中国古船建造法考述

在船舶技术史的研究中涉及古船建造顺序时，常能见到一些关于"船壳法"和"结构法"的论述。"船壳法"也称作"壳先法"，"结构法"也称作"肋先法"。至于二者的定义，陈希育先生认为，所谓结构法即"先定龙骨，再安肋骨及框架结构，最后贴钉船底板，这称为先结构、后船板的建造法（简称结构法）"，并指出该法"一般认为属于欧洲式的造船方法"。至于船壳法，陈先生认为"即先定龙骨，后是水（笔者注：疑"船"字笔误）底板、横舱板，即所谓的船壳法"。同时陈先生指出，"结构法与船壳法的区别，很大程度上要看船壳内部是否安有肋材（或肋骨），而且是先在船体两边纵向、呈弓形状的肋骨后（笔者注：原文如此）再钉上船壳板"，并认为中国造船顺序有一个"从船壳法转变为结构法"的过程。[1]

英国剑桥大学程思丽女士将"结构法"称为"架先法"，将"船壳法"称为"壳先法"，这只是称谓的不同而已，其本质一样。"架先法"，即是"先造龙骨，然后加上少量的隔梁起到定型的作用，接着是栈，最后是剩余部分的隔梁"[2]；而"壳先法"即是"先造龙骨，然后是栈（笔者注：舷侧板），最后才是隔梁（笔者注：横舱壁）"。[3]

按此所论，这两种不同造船顺序的区别取决于肋骨和船壳的安装顺序，若肋骨先于船壳安装，则谓"结构法"或"架先法"，船壳先于肋骨安装则谓"船壳法"或"壳先法"。该论述隐含的是，若无肋骨的船也就不存在"结构法"（或称"架先法"）之说。然而笔者认为，首先要厘清的问题是，上述两种建造方法是否都存在过？从船舶制造工艺而言，其建造方法有存在的合理依据吗？

一、"结构法"与"船壳法"辨正

从船舶制造工艺而言,中国古船建造中似乎一贯采用"结构法",而非所谓"船壳法"。

（一）横框架结构是船舶形状的保证

众所周知,船舶壳板是三向空间曲面,外壳板的安装除了要保证壳板的牢固且水密的连接外,还要达到符合船型所要求的曲面形状。如何在建造中满足船舶外壳的空间曲面的成型呢? 它是依靠横向框架的周边曲线形状得以保证的。其方法应该是,先铺设龙骨或平底船的船底板,再在其上竖立装置横框架构件〔包括肋骨和(或)横舱壁〕,该框架的周边已按船舶线型要求制成一定的曲线,然后,将各列舷侧板贴紧于横向框架边缘并用钉钉连上,从而建成由横向框架和船壳板组成的符合线型要求的船体外壳。

按船壳法先铺设龙骨或平底船的船底板再安装船壳板的建造顺序,就得在还没有横框架的情况下实现船壳板的定位和定型,即使用夹具将壳板板条逐条进行强力弯曲加工,将其弯成所需的形状并夹紧暂时定位,然后逐条拼接成船壳,这种做法不仅施工难度很大而且船壳线型也不易保证。接下来的工作是在左右船壳板之间插装舱壁和(或)肋骨,然后钉连。由此看来,"船壳法"的形状最后还得靠舱壁和(或)肋骨的边缘形状才得以确定。

对照"结构法"的安装顺序就可明白,要达到安装船壳成型的目的,用所谓的"船壳法"似无必要,而无论是出土沉船还是现存木船,中国木船从未采用过所谓的"船壳法"。

（二）不见肋骨不能成为判定"船壳法"建造的依据

船体线型的定型和船舶横向强度是靠船体的横向框架结构得以保证的，船体横向框架可以是肋骨，也可以是横舱壁。不论是横舱壁还是肋骨其所具确保船壳线型和支撑船壳板组成船壳板架以承受外力的作用都是相同的。要指出的是，横舱壁本身就是一个横向框架，而且是一个满实的横框架，舱壁对船舶强度的作用远大于肋骨。既然如此，就不能得出没有肋骨而只有舱壁的船即采用了"船壳法"的结论。因此，用是否安有肋材（或肋骨）作为"结构法"与"船壳法"的区别就值得商榷了。正确理解舱壁和肋骨在船舶结构中的作用是问题的关键所在，不能因为中国古船在很长一段历史时期里普遍采用横舱壁结构而没有见到肋骨，就否定中国古代造船惯用的"结构法"。实际上，不论是肋骨结构还是横舱壁结构或两者兼有之，都不影响木船的建造顺序。

（三）中国古船的舱壁肋骨不是船体的结构肋骨

中国古船有一种被称为"舱壁边肋骨"或"舱壁肋骨"或"抱梁肋骨"的"肋骨"，这种所谓的"肋骨"是一种贴靠舱壁周边的构件。"舱壁肋骨"有设置在舱壁边缘局部位置的，例如蓬莱一号船舱壁边肋骨设在船的舭部，蓬莱二号船的舱壁边肋骨设在底部（见图一）；也有沿舱壁板与船壳板交线全周设置的，例如泉州船的舱壁边肋骨。不论是全周的或是局部的舱壁肋骨，它们的作用原理是类同的，只是补强的范围和部位有所不同而已。它实质上起到的是加强舱壁的固定作用，即"起加固作用"[4]，承受外来作用力的是舱壁，而不是这种"舱壁肋骨"。因此，"舱壁肋骨"不是船体的结构肋骨，仅是舱壁结构的附属构件而已，不能把它当作船体结构肋骨来解释。船舶结构意义上的肋骨是指独立于舱壁而设置的承受船体横向外力的受力构件，称作"船体结构肋骨"，它完全不同于"舱壁肋骨"。把中国古船的"舱壁肋骨"误认为是结构肋骨，既然有"肋骨"，得出它是用"结构法"顺序建造的结论似乎合乎情理,其实不然,这是对"肋骨"的错误认知所造成的。

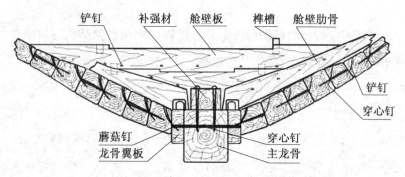

铲钉 补强材 舱壁板 榫槽 舱壁肋骨

铲钉
穿心钉

蘑菇钉 穿心钉
龙骨翼板 主龙骨

图一 蓬莱二号古船王龙骨与残存的外板及舱壁

二、"结构法"再认知

陈希育先生在《中国帆船与海外贸易》一书中,引用 1984 年蓬莱出土的一艘古船为证。他认为:"该船在每道舱壁的两舷舭转弯处,设有局部的肋骨。从局部肋骨看,估计该船是先钉着船外板,再贴上肋骨,起加固作用,而不是先搭架子,包括许多整根的肋骨,再附上船板的做法。"也有学者认同此说,认为"据考证,新安沉船每道舱壁的两舷舭转弯处均设有局部肋骨,从局部肋骨看,该船是先钉好船外板,再贴加肋骨,从而起到加固作用。这与泉州宋朝古船、蓬莱元朝古船的肋骨安装顺序一样,都是采用中国古代传统的'船壳法'造船方法,即先安船壳板,后加框架结构,其造船顺序是先定龙骨,后安船外板,最后才安装横舱壁。上述古船与欧洲的'结构法'造船方法有明显不同……由此可见,新安沉船是采用中国传统的'船壳法'造船方法进行建造的"。[5]鉴于以上论述,笔者认为需对"结构法"有进一步的认知。

（一）不应把中国古船的舱壁肋骨视作船体结构肋骨

首先要指出的是，如前所述，泉州古船和蓬莱古船的"肋骨"是"舱壁肋骨"不是结构意义上的肋骨，不能当作结构肋骨来理解。

其次，对"舱壁肋骨"的安装连接，陈希育先生认为蓬莱古船"从局部肋骨（笔者注：此实指舱壁舭部肋骨，以下也以"局部肋骨"引用）看，估计该船是先钉着船外板，再贴上肋骨，起加固作用"，问题是，船外板究竟是先与哪个构件钉连的？它又是如何"再贴上肋骨"的？如果船外板不先与舱壁钉连的话，所说的"局部肋骨"又该"贴"在何处呢？陈先生的"估计"，也应理解为船外板先与舱壁边缘钉连的意思，显然舱壁边肋骨不是船体的结构肋骨，它是后于船壳板安装的。既然作为横框架结构的横舱壁先于船壳板安装，当属"结构法"建造。

笔者分析认为，讨论时有必要强调三点。其一，中国古船的横骨架结构是由横框架构成的，肋骨是横框架，横舱壁也是横框架，而且是满实横框架，肋骨和横舱壁是不同形式的横框架结构，不能只认肋骨而排除了横舱壁；其二，不能将后于船壳板安装的舱壁周边肋骨误认为是船体的结构肋骨，舱壁肋骨的存在是以必须有舱壁为前提的；其三，舱壁是先于船壳板安装上船的横框架。

（二）中国古代造船顺序不存在从"船壳法"到"结构法"的转变

陈先生还以宋代泉州古船和"一般认为是元末明初的"一艘蓬莱古船"设有局部的肋骨"为据，得出"自元末明初到明朝后期，期间历 200 年，中国造船顺序已从船壳法转变为结构法"的结论。对此，完全可以用柳孜运河六号唐船为依据作进一步的商榷。

该船"舷侧板上还保留 11 根肋骨和 3 根空梁"[6]，"肋骨间距为 700～1 300 毫米不等……底板上未见骨架残木……对照其他唐船，底部当有横向列板……由肋骨、肋板、空梁构成完整地横向骨架，以满足船体强度要求"（见图二）。[7] 也就是说,柳孜运河六号唐船是有肋骨的,按有无肋骨来判定造船顺序的话,那么中国用"结构法"顺序建造船舶早在唐代就出现了,而不是"元末明初到明朝后期"了。

事实上,不论是肋骨结构还是舱壁结构或是肋骨与舱壁混合结构,它们都是横架结构,中国古船建造船侧板是后于横架构件安装的,中国古船原本就是按"结构法"顺序建造的,中国古代造船顺序根本就不存在有从"船壳法"转变为"结构法"的过程。

图二　柳孜运河六号唐船

三、"船壳法"的由来与辨析

《国家航海》(第一辑)刊登了英国剑桥大学程思丽女士撰写的一篇题为《海洋文化的痕迹:〈龙江船厂志〉中的"壳先"造船过程的证据》的文章(以下简称"程文")。她得出中国造船"壳先"的依据是《龙江船厂志》卷二《器数》中不仅"很具体地描述了造船的过程",而且"在我看来这一发现具有重大的意义"。因为它

"准确地描述了一个'壳先'的造船过程,即先造龙骨,然后是栈,最后才是隔梁",程文将《龙江船厂志·器数》一节的记述以附录的形式一并登出,并转引了《龙江船厂志》中"图式"的"总图二"(见图三)。[8]

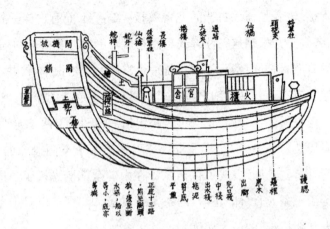

图三 《龙江船厂志》中"图式"的"总图二"

(一) 对《龙江船厂志》记载的误读

实际上,程女士误读了《龙江船厂志》的记载,从而产生了中国古代造船顺序是"壳先法"的错误结论。为了讨论的需要,现将"器数"中的一段记载抄录于下:

> 语曰:"室先基,船先底。"言工有始也。底有正(大船拾叁路,小者递减,每路长短广狭,视船大小而隆杀之)、有帮(初则为帮,左右各壹路)、辅之以栈。栈必侧之,为拖泥、为出水、为中、为完口、为出脚(平铺完口之上者),皆栈名也(每栈左右各壹路,惟渔船无出脚、无中栈)。凡船必崇其尾,故有插找(用板尖,其一端插于各栈之尽处也)。中虚则不固,故托之以梁。梁必衡之,如屋梁也。[9]

程女士对此段引文有如下论述:"根据作者(笔者注:此指《龙江船厂志》作者

李昭祥)的描述,船底可以分为两部分:'正'和'帮'。但问题是什么是'正',什么是'帮'? 文中的注释说'底'是由十三块长板组成的,同时根据图中的信息也许可以推断'帮'是第一个栈。也有可能'正'指的是龙骨,而'帮'指的是船的底部靠近龙骨的木板,也就是蓬莱古船的龙骨翼板。'帮'下面有这样一行注释:'初则为帮,左右各壹路。'根据这行注释我猜想帮底可能是龙骨两侧的列板,类似于蓬莱古船的龙骨翼板,同时帮和正似乎是一个整体。严格说来,帮并不完全等同于栈。因为接下来有一句话:'辅之以栈。'意思是栈起支持的作用。这表明帮是有别于栈的。综上所述,我猜测正底十三路包括:一条龙骨,两条龙骨翼板,以及十根栈。"笔者以为程女士将"正底"和"正"理解成两个不同概念的构件,她将"正"指为龙骨,而把"正底"看成了包括龙骨在内的全部船壳板了。这样"正底"十三路正好等于一条龙骨(即"正")、两条龙骨翼板(即"帮")以及十条栈板之总和,这是对《龙江船厂志》的最大误读。

程文接着论述:"'栈必侧之'……这句话之后作者(笔者注:此指《龙江船厂志》作者李昭祥)列出了十根栈的名字……从里到外船底所有的栈的名称分别是拖泥、出水、中、完口及出脚。"程文还论道:"'中虚则不固,故托之以梁'……'梁'最好的英文翻译应该是'bulkheads'……'梁必衡之,如屋梁也'。"她在论及《器数》中的"语曰:'室先基,船先底。'言工有始也"时说:"在'器数'中作者首先将造船与建房做了比较:'建房需要从打地基开始,(类似地)造船也是先从船底开始。'"程女士既然将古船"正底十三路"理解成船壳板十三路,那么按"船先底",自然而然地会有这样的猜测结论,那就是,"我发现中国古代造船的过程似乎是先造外壳而不是先造构架"的。

(二)"正底"是指平底不是整个船壳

笔者在细读程女士的论述后觉得她是误读了原文的本意,试作如下分析。

1.《器数》所记"底有正(大船拾叁路,小者递减,每路长短广狭,视船大小而隆殺之)、有帮(初则为帮,左右各壹路)"中说出了作为船"底"是有"正"和"帮"两种构件的,因此,它们的构件名称都带有船底的"底"字,正如"图式"的总图中所标出的"正底"和"帮底",不应将"正"视为龙骨,将"帮"视为龙骨翼板。"正底"就是"底有正"中的"正","正底十三路"当指"底"中的"正底"是十三路而不是船壳板为十三路。

2. "帮",即"帮底","初则为帮,左右各壹路",而"帮"又"辅之以栈",可见"帮底"是连接最边缘一路的"正底"板和最下一路的"栈板"的板,从《龙江船厂志》卷二所附总图二的侧视图上能见到的"帮底"板来看,笔者以为,"帮底"是连接船底板(即正底)和船侧板(即栈板)的舭板。

3. 在总图上的尾部底线处引出一段文字标注:"正底十三路,前至关头板,后至断水梁,船以等小,底亦等减。"应该注意的是,该段文字是以"正底"开头的,而不是以"底"开头的,图上的引线直接指向船底位置,因此不能理解为"正底"就是船壳。

4. 中国古船的船底有具龙骨的尖底型船和具平底的平底船,当然不论尖底还是平底,在侧视图上都为一条直线。"正底"指的是平底,"正底"有多少路则表明该平底船的船底是由多少路的板列所组成,《龙江船厂志》所记的都是平底船。

5. "正底十三路"就是由十三列长条木板组成平底,如果是由正底十三路组成船壳的话,无疑这十三路板的长度应该是一样的。众所周知,成书于嘉靖三十二年(1553 年)沈棨的《南船记》是《龙江船厂志》的主要资料来源,《南船记》所记载的船舶不论其"正底"是几路,其长度都是相同的,但平底板列并不一定是等厚的,例如"预备大黄船"的"正底十三路,长六丈,阔一尺,内十路厚三寸五分,三路五寸五分",其中间的三路就是平板龙骨板,它比两边的厚了二寸;再如"大黄船"的"正底十一路,长六丈三尺,阔一尺,厚二寸",这佐证了"正底"不是船壳。

6. 正底路数随船的大小而不同,《龙江船厂志》已有"底有正(大船拾叁路,小者递减)"的明确记载,《南船记》不仅记有"正底"十三路、十一路的,还记有正底九路、七路的,如一百五拾料战船正底九路、一百料战船正底七路。《龙江船厂志》的《器数》有记:"栈必侧之,为拖泥、为出水、为中、为完口、为出脚(平铺完口之上者),皆栈名也(每栈左右各壹路,惟渔船无出脚、无中栈)。"也即,栈板左右共为十路,如果按程女士"猜测正底十三路包括:一条龙骨,两条龙骨翼板,以及十根栈"的话,当然在数值上是"吻合"了,但对"正底"不是十三路而是十一路、九路、七路的船又该如何解释呢? 看来不能圆满其说。

7) 因为"正底……前至关头板,后至断水梁,"而"帮底"是超过断水梁的,因此"帮底"通常比"正底"长出少许,例如《南船记》所记"预备大黄船""正底十三路,长六丈","帮底二路长六丈二尺"。

栈板伸出断水梁甚多,故其长度就超过正底很多,仍以"预备大黄船"为例,其"拖泥长六丈四尺,出水长六丈八尺,中栈长七丈二尺,完口长七丈六尺,出脚长八丈四尺",栈板越高就越长,这是符合实际的情况的。

8)"正底"是指平底,这已被出土内河古船所证实,例如梁山古船和菏泽古船都是平底船,其"正底"都是九路,足见"正底"不是船壳。

小　结

尽管学界对古船建造顺序有所谓"船壳法"和"结构法"的不同见解和论述,本文从古船建造工艺分析出发,对中国古船建造顺序存在的"船壳法"认识提出不能认同之处。中国古船原本就是按"结构法"顺序建造的。中国古船横舱壁实际上是满实了的横框架,中国古船的舱壁边肋骨并不是船体的结构肋骨,因此,以古船有无肋骨来界定造船是采用"船壳法"或"结构法"的提法是不恰当的。所谓"壳先法"是对《龙江船厂志》记载误读而产生的结果。

参考文献

[1] 相关内容详见陈希育:《中国帆船与海外贸易》,厦门大学出版社 1991 年版,第 108—109 页。

[2] [英]程思丽:《海洋文化的痕迹:〈龙江船厂志〉中的"壳先"造船过程的证据》,载《国家航海》,2011 年第一辑,第 1—8 页。

[3] 同上。

[4] 陈希育:《中国帆船与海外贸易》,第108—109页。

[5] 袁晓春:《韩国新安沉船与中国古代沉船比较研究》,载《海上丝绸之路——蓬莱》,黄海数字出版社2014年版,第105页。

[6] 席龙飞:《中国造船通史》,第149—151页。

[7] 席龙飞:《中国造船通史》,第149—151页。

[8] (明)李昭祥撰,王亮功点校:《龙江船厂志》,江苏古籍出版社1999年版,第33页。

[9] (明)李昭祥撰,王亮功点校:《龙江船厂志》,第33页。

发表在《国家航海》(第十三期),上海古籍出版社,2015年11月第1版,第58—66页。

析中国古帆船行驶八面风技术

前　言

利用风力推动船舶航行是人类利用风能最实用、最有效和最有深远影响的技术发明和创造，为船舶的大型化发展、长距离航行提供了不可或缺的技术条件。

众所周知，对船而言，自然界风是来自四面八方的，相对于航船航向的风向有顺风、左和右斜顺风、左和右侧风（即横风）、左和右斜逆风和逆风等八个方向，航船如何操纵风帆接受和利用不同方向的来风就是帆船的驶风技术了。

"祝您一路顺风"是中国最常用的祝愿用语，它道出了这样一个道理，那就是顺风时是航船吸收风力的最佳风向，当然，逆风（即顶风、当头风，古称"斗风"）时，风力反倒成了航船前进的阻力，不进则退，这是航船最不愿见到的。尽管中国的硬帆可通过调节帆角以适应不同方向的来风，达到维持航向的目的，但还是存在"唯当头风不可行"的困惑，直至"打戗"技术的出现，中国帆船才达到了能"八面受风"的境界。

一、中国式的可转动硬帆

中国船帆是靠吊帆索张挂在桅上的。帆是利用风对帆面的压力推船前进的驶风装置。"随风张幔曰帆,使舟疾泛泛然也"[1]是对风帆的生动描写。唐代大诗人李白也写有"直挂云帆济沧海"的诗句。"中国船舶风帆的出现年代,迄今虽尚无定论"[2],当前多数学者认为,"从文献和文物两方面求索,在战国时期,风帆已出现"[3],不过,它远远晚于古埃及新石器晚期就出现了的船帆图形。中国自船帆产生起就沿着自身独特的方向发展,出现于汉代的中国船尾舵远远早于13世纪的西方操纵桨,帆与舵两者科学有效地互动配合,相互促进发展,促使驶风技术的突飞猛进,"看风使舵"的航海术语就是帆与舵相得益彰的形象反映。

中国古船的帆用篾或蒲草编织或用布缝制而成,蒲帆和篾帆当属硬帆,而布帆因其质软称"软帆"。如果布帆横置多根被称作"帆竹"的竹质撑条来支撑帆面,形成一具整体比较平整的帆面,使帆面具有一定的硬度,它也是硬帆,横置的帆竹有一定的弹性,当帆面受风时会略呈弓形。中国绝大多数的布帆,尤其是主帆就是这样的布质硬帆。所谓软帆是指不装有多根横置帆竹的布帆,当然,硬帆与软帆是相对而言的。在古代硬帆称作"利篷",布质软帆为布幔。

在船帆上每根帆竹的前半段用抱桅索把帆面围抱在桅杆一侧,抱桅索的两端与帆竹相系结,它既使帆面与桅杆贴近,又留有两者活动的空间,风帆能灵活地绕桅杆转动,抱桅索也有用竹竿、竹片、藤条和绳索的不同,有的抱桅绳还穿上用果子核制成的珠子,以减小与桅杆的摩擦。它与不能转动的"死帆"不同,风帆的转动技术就把风帆变活了,使它成为"活帆",船帆能绕船桅转动就可以转动帆面以适应风向的变化,使帆面处于有利的受风状态。硬帆和转动帆是中国船帆最重要的技术特征,有中国特色的转动硬帆得到广泛的应用。清代《唐船之图》[4]上的宁波船帆装赫赫在目,见图1清代宁波船。

图1　清代宁波船

二、析"唯当头风不可行"

说"风有八面,唯当头风不可行"[5]的道理何在?先得讨论帆面的受风力情况,进而给以技术分析。

1. 帆面的受力

设风向与船的正航向夹角称为"风角",以 α 表示。显然,顺风的风角为 0°,逆风风角为 180°,包括斜顺风、侧风和斜逆风在内的侧斜风,风角在 0°～180°之间。设帆面与船的纵中线(向首)夹角称为"帆角",以 β 表示,它是影响驶风效率的主要因素,它的大小应与风角大小相适应。

由空气动力学可知,当硬帆面受到与风向成一定夹角称作"冲角"的来风时,可获得较大的与风向垂直的升力和较小的与风向同向的阻力,互相垂直的升力和阻力的合力又可以分解成指向船首的推力和垂直船纵中剖面的横向力,此推力就是风帆产生的船舶推进力,而横向力就是使船舶产生横移的横漂力,推进力和横漂力的大小在一定的风力作用下取决于冲角的大小。

帆面受风力作用可作如下直观的分析。来自一定方向的作用在帆面上的风力 F 可分解成与帆面平行的分力 F_1 和与帆面垂直的分力 F_2,F_1 是沿帆面方向与船的前进运动无关,起作用的是垂直于帆面的 F_2,F_2 又可分解为垂直于船纵中线的 P_C 和 P_T,P_C 是船的横移力,P_T 是船的推进力。古代船民的驶帆经验告诉我们,取帆面位于风向和航向组成的夹角的平分线上最为有利,因 $F_2 = F\sin\beta$,又

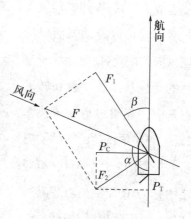

图 2　帆面受力图

$P_T = F_2 \sin \beta$，所以有 $P_T = F \sin^2 \beta$，$P_C = F \sin \beta \cos \beta$，如帆面受力图（图 2）所示。推进力 P_T 与顺风风力 F 的相对值是 $P_T/F = \sin^2 \beta$。

2. 唯当头风不可行

在一定的风向和航向下，总有一个最有效利用风力的帆角，称其为"最佳帆角"。船民的经验可用算式 $2\beta = 180° - \alpha$ 给出。可见，帆角与风角之间成一定的对应关系。在同样的风力下，风角越大，则应取的帆角越小，而推进力也就越小。

由流体力学得知，风力 F 正比于风速 V 的平方，即 $F \propto V^2$，V 为顺风时（即 $\alpha = 0°$）的船速，那么在不同风角下的船速就为 $V_\alpha = V \sin \beta$。相对于顺风的船速是 $V_\alpha/V = \sin \beta$。取顺风的推进力和航速值为 1，可算得对应各种风角下相对于顺风的推力和船速值，如表 1 所列，

表 1　各种风角下相对于顺风的推力和船速数值表

风角 α	最佳帆角 β （$=90° - \alpha/2$）	相对顺风推力 （$= \sin^2 \beta$）	相对顺风航速 （$= \sin \beta$）
0°	90°	1.000	1.000
30°	75°	0.933	0.966
45°	67.5°	0.854	0.924
60°	60°	0.750	0.866
90°	45°	0.500	0.707
120	30°	0.250	0.500
135°	22.5°	0.147	0.383
150°	15°	0.067	0.259
160°	10°	0.030	0.174
170°	5°	0.008	0.087
180°	0°	0.000	0.000

当顺风时，$\alpha = 0°$，则最佳帆角 $\beta = 90°$，就是取帆面面对来风；若是 $\alpha = 90°$ 的横风，那么最佳帆角 $\beta = 45°$；逆风时，$\alpha = 180°$ 则 $\beta = 0°$，此时，帆面就没有推进力了，

风力全部成了前进的阻力，船就不进则退了，此乃"然风有八面，唯当头风不可行"[5]的道理所在。

表1显示，最佳帆角 β 是随着风角 α 的增大而减小的，风向由斜顺风、横风、逆斜风的改变，可获得顺风推力和顺水航速的百分数也随之下降，这是常识所能理解的。表1显示，风角 α≥135°取帆角 β＝22.5°时只可获得相对顺风推力的14.7％和航速的38.3％，实在太小了，小于此帆角则不可取，所以通常取 22.5°为最小帆角，所以通常把它所对应的风角为 α＝135°以上的斜逆风，即 α＝135°－180°视为不可航行的风向区域，除非打戗航行。

三、打戗驶八面风

顶风时风力成了帆船的正面阻力，帆船不进则退，只得落帆候风。既然"唯当头风不可行"，又是如何实现"八面受风"呢？靠的是中国船工创造的"打戗"（又称"调戗"）驶风技术。

1. 风角、帆角和航向角

针对"唯当头风不可行"，或风角 α≥135°时相对于顺风的风力和航速又太小，中国船民首创的打戗驶风技术科学地解决了此难题。这就是通常所说的船作"之"（或称"Z"）字形的打戗航行技术。

帆船行"之"字形航线就靠操纵船首左右连续转向来实现的。船转首时，船的纵中线（向首）与正航向的夹角称作航向角 φ。风角、帆角和航向角之间的关系见图3所示。由图得风角、帆角和航向角之间的关系式：φ＝α＋2β－180°，即

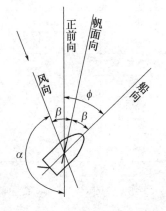

图3　风角、帆角和航向角关系图

$$\beta = 90° - (\alpha - \phi)/2$$

最佳帆角 β 随风角 α 增大而减小，而随航向角 φ 的增大而增大，可见，在确定的风角下，帆角可以通过船舶转向来调节航向角，使帆面获得理想的风力，这就是打戗驶帆的基本原理。

2. 打戗航行

所谓"打戗"又称"调戗"，是帆船逆风航行的驶风技术，船遇逆风时用改变船向以增帆角的办法，尽可能地获取大一些的风力推船前进。遇当头风时必须打戗才能实现帆船呈"之"字形航线前进。通常风角大于135°时为使最佳帆角大于22.5°，得采取转舵使船头向右（或左）偏航前进，航到一定距离后，接着反向转舵使船头向左（或右）偏航前进，就是这样连续左右折向航行，以迂回曲折的航线达到航船前进的效果，也就是常说的采用"之"字形航行，见图4打戗驶风航行图。

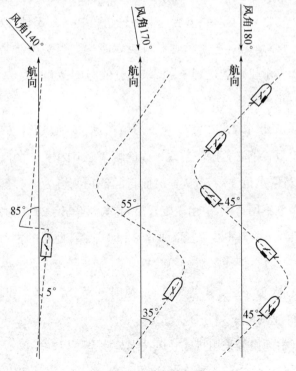

图 4　打戗驶风航行图

图上的航向角 φ 就是以船的纵中线（向首）给出的船的航向与正航向的夹角，在打戗操作过程中的航向角称戗角 φ。当船受到风角在 135°以上的斜逆风时，与逆风相比较，还可利用一定的有利风角。由 φ＝α＋2β－180°式可知，为保证获得 22.5°的帆角，则 φ＝α－135°，由此可得对应一定的风角 α 应取对应的戗角 φ。现以接近大斜逆风的风角 140°和接近逆风的 170°为例，α＝140°时，应取 φ＝5°；α＝170°时，应取 φ＝35°；而 α＝180°时，则应取 φ＝45°。

采用不等距离前进的左右换戗航行，称作"盈虚戗"。若船受左（或右）斜逆风，就先打右（或左）戗，取较小的戗角，航距较长，顺航前进较多，称为"盈戗"，当船转向打左（或右）戗时，戗角则很大，航距较短，顺航前进较少，称为"虚戗"。因为盈戗与虚戗成直角折向，所以，盈戗角与虚戗角之和也成 90°，见图 4 之左图、中图。

当船受到正逆风时，采用等距离前进的左右换戗行驶，称作"对口戗"。对口戗的戗角取 45°，见图 4 之右图。不论"盈虚戗"还是"对口戗"，其在一定的风角 α（＝135°－180°）都满足帆角 22.5°是不变的。对逆风而言，风角 α＝180°，则关系式 φ＝α＋2β－180°成了 φ＝2β，因应取最佳帆角 β＝22.5°，所以戗角必为 45°，盈戗角与虚戗角都是 45°，逆风时驶对口戗就能达到当头风航船的目的。不打戗的戗角 φ＝0°表示帆角能达到 β＝22.5°，打戗时的戗角 φ＞0°，所以不必打戗的风角为 α≤180°－2β。

前面的讨论是指取帆角 β＝22.5°下的情况，所以逆风航行的打戗角为 45°，当风角 α≤135°时就不必打戗。若取不同的帆角 β，则在一定的风角 α 下，戗角 φ 也随着确定。若取帆角 β＝15°，则逆风航行的戗角 φ 应为 30°，虽然此时风角可提高到 α≤150°也不用打戗，但由表 1 看出，它与帆角 β＝22.5°时相比，其推力还不到其一半，船速不到其 68％；若取帆角 β＝30°，尽管此时的推力和船速分别提高了 1.7 倍和 1.3 倍，但逆风航行的戗角 φ 竟高达 60°，过大的航向角使船在正航向的实际航程大为缩短。不管怎样，逆风时（α＝180°）必须打戗，以帆角 β＝22.5°，确定的打戗风角 α≥135°是合适的。

实践证明，中国帆船采用打戗驶风技术是完全可以在逆风下航船前行的，逆风打戗是中国古代船民航海实践中的重要创造。但是，也应该指出的是，打戗操作必须连续左右操舵控制船向，船员处于一刻不闲的高度紧张的操作状态，对技术要求很高，连续作业时间长，劳动强度极大，若用披水板配合调戗则更是如此，所以，当顶头风的风力不大时，采用打戗往往是付出大而收益小，并不划得来，还不如无奈落帆改用摇橹划桨更为现实一些。

四、打戗与披水板

1. 披水板的功能

帆面受到侧斜风时，船舶势必存在横向漂移力，这时可向迎风侧压舵，使船首稍迎着风向，以抵消横漂影响。风帆与船舵的配合使用是帆船驶风技术的重大进步。当航船受到过大的侧斜风所产生的横移力时，船的抗漂移仅靠船舵就难以胜任，中国创造的披水板随之登上历史舞台，它的科学性和有效性已被实践所证明。

披水板是由硬杂木拼成的木板，在中部两舷侧对称悬挂，披水板外形虽有不同，但中国披水板大都近于不等边长方形，通常上边稍窄于下边，其长度与船宽大体相等。它的上缘系于船边，下边有开孔系绳，用提索来升降。清代《唐船之图》[4]上的一幅南京船是典型的沙船，在它的舷侧披水板清晰可见，见图5清代南京船。

当船受风产生横移力时，将下风舷的披水板放入水中，由于披水板对船舶产生横向阻尼力，减小船横漂的效果是明显的。针对逆风打戗时船受到左右交替的横移力，就对应地将左右两舷的披水板轮流放落下水以助打戗驶风。

披水板可增加船舶横摇阻尼，类同于使船舶横摇幅度得到减小的舭龙骨作用，但是此阻尼是单边的，它只起到了单边舭龙骨的作用。披水板的横向阻尼作

图5　清代南京船

用类同于船舵,因此,披水板归属于船舶操纵属具中的助舵工具是合适的。一般来说,披水板置放在船舶重心之前,起到与压舵同样的效果,它有助尾舵抵御风力的转艏作用。

打𫐐驶风是否使用披水板,还得视横向漂移力的大小和船舶自身抗漂移能力而定。南方尖底海船相对于平底的沙船吃水较大,横向漂移相对小一些,因此少见采用披水板,它同样能打𫐐驶逆风,所以打𫐐驶风不一定都得用披水板。也有的采取其他抗漂技术,例如广东七艕船的中插板装置能起到的效果与披水板相同。所以说,披水板的抗漂移作用有助于打𫐐,但并非打𫐐一定要用披水板。对风帆受风力大的帆船,因其风力产生的横向漂移力较大,也会采用披水板。沙船船型显示,相对而言,它的船长大而吃水浅,帆多面大,帆面积与船水线以下侧面积之比相对就大,而且船长吃水比较大,无疑沙船遇侧风时更容易横漂,披水板首见于沙船也是理所当然的事。当然,为抗漂而使用披水板是很正常的,并不是披水板仅用于打𫐐作业。

2. 披水板产生年代

披水板有不同的称谓,如腰舵、撬头等,披水板产生于何时? 当前多数学者认为披水板就是最早出现在唐代李筌《太白阴经》中的"浮板"。

成书于乾元二年(759年)的《太白阴经》对海鹘船确有这样的描述:"舷上左右置浮板,形以鹘翅,其船虽风涛涨天,而无倾侧。"[6]笔者认为,将唐代海鹘船的浮板看作是最早的披水板的依据尚难成立。理由之一,海鹘船的浮板起到了减小船舶横摇的作用,它还不具披水板阻止船舶横移的抗漂作用;其二,从原著所附的海鹘船图(见图6-1)的浮板看,似乎像长桨,即使不是,它也无抗漂功能。其三,在《太白阴经》之后于公元800年成书的唐杜佑《通典》[7]上的海鹘船图(见图6-2)上,在船的两舷侧置有9个浮板,这种浮板应浮于水面,船航行时浮板必将漂向船后并紧贴船舷,这种浮板起不了什么抗漂的作用,此浮板是如何工作的也难理解。前后两张海鹘船图上的浮板形象有如此大的差异,不知古代画家作画的依据所在,两张图之间有何关联。总而言之,唐代的浮板不抗漂,它不是披水板。

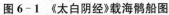

图6-1 《太白阴经》载海鹘船图

图6-2 《通典》载海鹘船图

成书于明代天启元年(1621年)由茅元仪撰的《武备志》记有"沙船能调戗使斗风"[8]。虽然由上面论述,既然披水板的主要功能是抗漂,就不能以打戗技术运用的年代视作存在披水板的依据,也不能以出现披水板的年代就得出现打戗技术的结论。不过,对于沙船而言,打戗恐怕就得用上披水板了,那么,沙船打戗技术和披水板应用的出现年代似可互为映证。

明代宋应星的《天工开物》已有关于披水板的明确记载:"船身太长而风力横劲,舵力不甚应手,则急下一偏披水板以抵其势。"[9]它不仅明确指出航船用披水板,还指出了披水板的抗漂助舵作用。

由此认为披水板始于明代应该是成立的。

五、从史料记载看驶八面风的历史

被《太平御览》收入的三国万震《南州异物志》的记载,用"卢头木,叶如牖形,长丈余,织以为帆。其四帆不正前向,皆使邪移相聚,以取风吹"[10]。此用"卢头木"的"叶""织以为帆"当属硬帆。"帆不正前向",指是斜风而不是顺风,"使邪移相聚""取风"不能理解成"打戗"驶帆,似指调节船帆面的角度,就可获取风的推力,此应是对转硬帆驶偏风的最早记载。所以说,最迟于三国时期,中国已经应用斜侧风航行的驶风技术了。

北宋的《宣和奉使高丽图经》就有"然风有八面,唯当头风不可行"[5]的明确记载。既然还不能行驶当头风,在北宋当未掌握打戗技术,由此表明最迟在北宋时期,中国还不会航驶当头风,只好逆(风)来忍受了。

北宋时船帆"当头风不可行"的问题直到明代才得以解决。成书于明代天启元年(1621 年)由茅元仪撰的《武备志》记有"沙船能调戗使斗风"[8],这可能是有关逆风调戗驶帆航行的最早记载。

刊刻于崇祯十年(1637 年)由宋应星撰写的《天工开物》的"舟车第九"中载有:"凡风从横来,名曰抢风。顺水行舟则挂篷,之玄游走,或一抢向东,止寸平过,甚至却退数十丈。未及岸时,揆舵转篷,一抢向西。借贷水力兼带风力扎下,则顷刻十余里……船身太长而风力横劲,舵力不甚应手,则急下一偏披水板,以抵其势。"[9]这是对中国船工在横风中帆、舵、披水板联动操驾技术的生动写照,更是熟练掌握打戗技术的反映。

由此看来,既然到了明代已熟练掌握了打戗驶当头风的驶风技术,那么,打戗技术的出现年代似应提前,有待史料发现佐证。

六、结论

通过本文论述,可得出如下结论:

1. 中国船帆最重要的技术特征就是硬帆和可转动,从而帆船可在斜侧风下能自如驶风航行。

2. 风向角大于135°至逆风的风向域(即 $\alpha=135°-180°$)视为不可航行风向区域,除非打戗航行。

3. 中国船民首创的打戗驶风技术科学地解决了"唯当头风不可行"的难题。逆风打戗是中国古代船民航海实践中的重要创造。

4. 由于披水板的横向抗漂作用,它与船舵在打戗驶风时配合使用,效果更佳。

5. 唐代海鹘船上的浮板不具有抗漂功能,它不是披水板。

6. 据当前所知的史料记载,披水板和打戗驶风技术都始于明代。

参考文献

[1] (东汉)刘熙:《释名·释船》,王先谦:《释名疏证补》,上海:上海古籍出版社,1984 年版,第384 页。

[2] 席龙飞:《中国造船史》,武汉:湖北教育出版社 2000 年版,第 48 页。

[3] 席龙飞:《中国造船史》,武汉:湖北教育出版社 2000 年版,第 54 页。

[4] Osamu Oba([日]大庭修):*Portraits of Chinese Junks Painted by Japanese Painters in The Edo Period*, Proceedings of International Sailing Ships History Conference, Shanghai, MHRA of CSNAME, p5—18.

[5] (宋)徐兢:《宣和奉使高丽图经》卷三十四,北京:中华书局出版社 1985 年版,第 117 页。

［6］（唐）李筌:《太白阴经·水战具篇》,守山阁丛书本。

［7］（唐）杜佑:《通典》,转引自辛元欧:《上海沙船》,上海:上海书店出版社2004年版,第149页。

［8］（明）茅元仪:《武备志》,转引自席龙飞:《中国造船史》,武汉:湖北教育出版社2000年版,第247页。

［9］（明）宋应星:《天工开物·舟船第九》,管巧灵、谭属春点校注释,长沙:岳麓书社2002年版,第224页。

［10］《太平御览》卷七七一,北京:中华书局1960年版,第3419页。

　　原文收录于《行舟致远——扬帆海上丝绸之路》,黄海数字出版社,2015年6月第1版,第137—147页。

独木舟的演变与派生

独木舟的水上活动历史悠久,它在舟船起源中的作用独特而不可取代。独木舟有各种派生形式,它们各具特色,当今不少地区还可见到独木舟的存在。边架艇独木舟是独木舟的重要派生形式,它在中国是否出现过仍一个尚待研讨的问题。

一、独木舟是木质原始渡水工具向木板船进化中的独特形式

1. 独木舟不属原始渡水工具

"独木舟是单段粗大树木经剜挖中间部分木质后成为槽型空壳结构的渡水工具。"[1]独木舟的"独",是指单段树木,独木经挖空加工成独木舟,未经剜挖的的独木仍然还是一段原始树木。原始渡水工具是指可以用于载乘人和物的单件或多件组合形式的自然浮水物体,它的原始性在于保持了自然浮水物的原始浮力不变。尽管它具突出的原始性,却是舟船的起源。独木舟本身已不属于原始渡水工具了,它经加工制造了围蔽空间和减轻了自身重量,从而产生了原始树木段新增的浮力,这是舟船起源的一次重大技术飞跃。

2. 木筏是多根树木的有效集合

木筏"是用藤条或其他绳索并排捆扎来实现的。木筏可以并排成很大的浮水面积,载货面积也随之扩大,并且稳性很好。有的为了增加浮力,采用两层甚

至三层叠加在一起的办法来增加载重量,所以说,木筏是多根树木的有效集合。木筏的缺陷在于它在波动的水面上,水会从排木之间的空隙和筏的四周涌上来,打湿乘员和货物"[1]。认为筏没有干舷是不符合实际的,自然浮水物体的比重小于水,即比水轻,它必具干舷,只是其值大小而已。

3. 木筏和独木舟是对树木不同的加工利用

"舟船起源中作为自然浮物加以利用的树木,较细一点的树木可以用来捆扎成木筏,而粗大的树木用来挖空制成独木舟。尽管木筏和独木舟用的都是树木,但两者之间并不存在互为进化的关系。独木舟不是由木筏演进过来的,木筏船也不会演变成独木舟。"[1]

"靠集合多根树木的自身浮力获得载重量是木筏的技术本质,从浮力的获得方式看,其原始性就在于仅靠树木的自身浮力,还未达到通过加工浮物制造浮力的技术阶段,所以木筏只是原始渡水工具。"[1]

"由粗木段刳挖成的独木舟与用多根树木并排捆扎而成的木筏有质的不同,木筏是靠集合多根树木的自身浮力获载重量,而独木舟通过挖空加工减轻自身重量,使得干舷增加即提高了载重量。独木舟载重量的获取主要是通过对独木本身的刳挖出水密空间所增加的浮力,也就是说,独木舟的浮力主要是人工制造出来的,它在本质上先进于木筏,它已脱离了原始渡水工具的范畴。独木舟的产生是舟船起源的一次重大技术飞跃。"[1]

4. 向木板船进化是独木舟发展的必然趋势

"在独木舟两旁加装水密拼连的木板就是向木板船演变进化,这是独木舟发展的必然趋势。木板剖制、构件连接和水密捻缝是产生木板船的三个技术条件。"[1]

"木板船与独木舟虽然都是通过人工制造水密空间获得干舷"[1],但是"独木舟的挖空空间量对木板船而言是微不足道的,独木舟的干舷无法与木板船相比。

可见,木板船浮力产生与独木舟有着质的区别,木板船的出现是舟船起源中又一次重大技术飞跃"[1]。

二、独木舟的派生

独木舟与筏一样,由于它制作简单,使用简便,自其产生起直至今日,仍有制造和使用,当然,用现代的工具制作独木舟是不能与古代用火和石斧的刳木为舟相提并论的。独木舟的最大缺陷在于稳定性极差和装载量有限,随着独木舟航行对风力推进的需求,必须改善稳性,除独木舟向木板船进化外,还派生出各种形式的独木舟。

1. 派生的类型和组合

独木舟的派生有三种类型和六种组合形式。根据派生的技术路线不同,独木舟的派生形式可分为扩展类、组合类以及综合类三类。扩展类派生通常有独木舟接长和扩宽两种形式;组合类是在以独木舟为主体的侧向连接副体;所谓综合类是指扩展类与组合类的结合。各种形式的派生,汇列成如下独木舟派生表(见表1)。

表 1 独木舟派生表

派生形式		派生称谓	图例	参考文献
扩展类	L	接长独木舟	图 1	[2]
	B	扩宽独木舟	图 2	[3]
组合类	c—C 或 C—c	单边架艇独木舟	图 3	[4]
	c—C—c	双边架艇独木舟	图 4	[4]
	cC 或 Cc	单边靠独木舟	未曾有见	

（续表）

派生形式		派生称谓	图例	参考文献
组合类	cCc	双边靠独木舟（子母舟）	图 5 - A、B	[4]
	CC	并靠双体独木舟	图 6	[4]
	C—C	双体独木舟	图 7	[4]
综合类	L+C—C	加长双体独木舟	图 8	[5]

表中"C""c"和"—"等符号分别表示独木舟主体、副体和连接构件。
"L""B"和"+"等符号分别表示接长、扩宽和综合。图例引自表列参考文献。

第一类是扩展类。扩展类有独木舟接长和独木舟扩宽，即纵连式和横连式两种。

独木舟接长是指纵向的加长，通常是用两、三段对接起来的，"1992 年 6 月，在韩国珍岛出土了一艘长 16.85 米中国宋朝独木舟"[2]，"船体由三块樟木连接而成，船内由 6 个隔舱壁分成 7 个舱"[1]，"发现用巨型樟木制成的桅座"[2]，（见图 1）。独木舟扩宽通常是用两段等长且等粗的圆木拼合

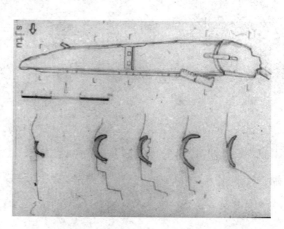

图 1　韩国全罗道出土的中国宋代接长式独木舟

而成，即双木拼宽，云南永宁纳西族并联式独木舟就是一例（见图 2）[3]。

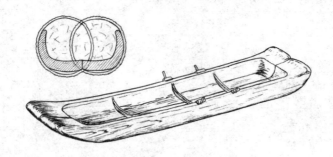

图 2　云南永宁纳西族并联式独木舟

第二类是组合类。组合式多用以主体独木舟与副体连接的形式,副体系指体型小于或等于主体独木舟的独木舟或其他浮体,它与主体独木舟以一定的形式相连接组合,有的是用连接构件相连接组合,有的是直接紧靠连接组合。组合式的技术特点在于它是横向的组合,使组合体的横稳性大增从而解决了单体独木舟稳性不佳的致命缺陷。组合式因副体设置的位置、大小以及连接方式的不同,就有副体与主体的并靠、分开、大小搭配等不同形态的派生,由此可得组合式独木舟有如下六种不同的派生形式:c—C(或 C—c)、c—C—c、cC(或 Cc)、cCc、C—C、CC 等,大写字母 C 表示主体独木舟,小写字母 c 表示体型小于主体独木舟的小独木舟或其他浮体,符号"—"表示主体独木舟与副体横向之间有一定距离的连接构件;没有符号"—"的表示主体独木舟与副体是横向紧靠。

第三类是综合类。综合类是扩展类与组合类的结合形式。因为组合式已解决了稳性问题,当然就不需要用扩宽了的独木舟再去与以改善稳性为主要目的的各种组合式相结合了,所以不存在扩宽加组合(即 B＋型)的独木舟,但接长了的独木舟更需要有横向的副体相结合(即 L＋型),这是出于接长独木舟对稳性有更迫切的需要。山东平度出土的隋代双体船就是 L＋C—C 的综合式典型实例,它的每单个独木舟用三段木连接而成,两船身外侧均榫接,因此,两船间有横梁及厚大的木板联接(见图 8)[5],这是一艘加长了的双体独木舟。

不论哪种派生形式,都已超出了原独木舟定义中"独木"概念,所以说,独木舟的派生是独木向多木组合方向的发展。

2. 六种组合式派生

第一种,c—C(或 C—c)型,被称为"单边架艇独木舟",就是在独木舟一侧连接一个与主体独木舟相隔一定距离的小独木舟(或浮体),斐济等地区使用"单边架艇独木舟"相当普遍(见图 3)[4]。

第二种,c—C—c 型,就是"双边架艇独木舟",美拉尼西亚群岛 Taku 海滨的双边架艇有对其生动的反映(见图 4)[4]。

图 3　斐济单边架艇独木舟

图 4　美拉尼西亚群岛 Taku 海滨的双边架艇

第一、二两型都归属于边架艇独木舟范畴,只是第一种是单边架艇独木舟,第二种是双边架艇独木舟的不同而已。虽然双边架艇独木舟比单边边架艇独木舟的对称性好,可兼顾左右横倾的稳定,但它不如单边架艇独木舟的操舟来得方便。

第三种,cC(或 Cc)型,是主体独木舟紧靠一个小独木舟,即单边靠独木舟,其实这种 cC(或 Cc)型组合形式未曾有见,这是可以理解的,从应用上看,这种组合形式对提高稳性的实际意义就远不如 C—C 和 c—C(或 C—c),而且左右不对称,必使组合体有初始侧倾,这可能是原因所在。

第四种，cCc 型，即主体独木舟两边各紧靠一个小独木舟，称其为"双边靠独木舟"，俗称"子母船"，"子母船"直到现代还有发现。贵州台江县施洞每年龙舟节期间使用的龙舟就是采用这种组合（见图 5）[4]。该"子母船"的"母船全长23.26 米，舯部最宽处 0.67 米，舱面从艏到艉平铺五列横板，横板不及舱内，船内不分舱"[4]，"两侧子船等长 14.53 米，宽 0.28～0.37 米，子船与中部母船之间通过五列横杆连接，横杆与母船间采用榫卯栓扣结构，而横杆与子船间则采用钢铁螺栓合定，而子船和母船船体仍不见穿孔结构"[4]。如此长的舟体，不知是否有纵向连接，如果有纵向接长，则当属 L＋C—C 综合型了。应该指出，"子母船"往往是用于划龙舟的民俗活动而存在的"龙舟"。

图 5-A　黔东南台江施洞苗族子母龙舟

图 5-B　柏子坪村龙船

　　第五种,CC 型,在一幅"1642 年,新西兰默多勒海湾(Murderers Bay)的战争画面中,土著毛利人围攻荷兰人的远洋大帆船的双体独木战船"就是两艘大小一样的独木舟紧靠在一起组成并靠双体独木舟(见图 6)[4]。CC 型起到了加大横向尺度的作用,其虽然与扩展类的扩宽型有类同之处,但这种用两个独木舟直接紧靠连接在工艺上简单得多。

图 6　新西兰默多勒海湾(Murderers Bay)的并靠双体独木舟

　　第六种,C—C 型,即双体独木舟,"美国 Bishop 博物馆收藏有 1854 年制作的马克萨斯群岛土阿莫土(Tuamotu)群岛的双体独木舟模型……船上设置合二为一的篷屋,并置双桅单帆,配掌向的尾桨"(见图 7)[4]。双体独木舟为两舟之间的有效连接,通常置有较大的连接平面,类同现代双体船的连接桥结构,无疑为设置桅帆和布置提供了优越的条件。

　　不论是哪种扩展和哪种组合,既然是独木舟派生,当然也不是"独木"了,但其挖空树木的根本实质并没有改变,故仍属独木舟范畴。

图 7　土阿莫土(Tuamotu)群岛的双体独木舟模型

鉴于派生独木舟比原始的单木独木舟在稳定性和转载量上有所提高并使加装风

帆成为可能,表明其所具有的强大生命力,以至于一些派生独木舟至今都仍在制造和使用。

三、中国的独木舟

1. 中国出土的独木舟

中国出土的独木舟不仅数量多,而且历史悠久,最为突出的要算距今约8 000 年的浙江萧山跨湖桥独木舟;出土最大的古代独木舟是 1958 年在江苏武进县淹城出土的春秋时期独木舟,其长 11 米,宽 0.9 米,是用一整段大圆木凿空而成的;2009 年在浙江临坪茅山出土一艘由整段巨木凿成的国内考古发掘出土中最完整的独木舟。前面提到的云南永宁纳西族并联式独木舟(见图 2)和 1976 年山东平度县出土的一条隋代加长双体独木舟(见图 8)以及在黔东南台江县施洞镇的子母船(见图 5)等都是中国独木舟派生形式的反映。

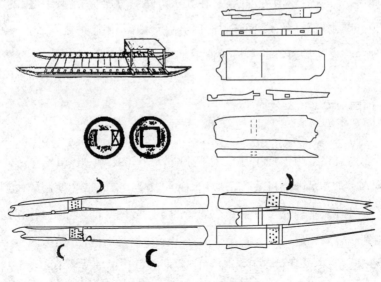

图 8　山东平度隋代双体船

2. "蟒甲"是边架艇吗？

吴春明先生在《图说复合型独木舟与史前航海》[4]一文中曾提到，"凌纯声先生谈到，台湾原住民的'蟒甲'与边架艇有关"，并引述黄叔璥《台海使槎录》卷六《番俗六考——北路诸罗番十附载》"蟒甲，独木挖空，两边翼以木板，以藤缚之"，认为"华南土著民族志中使用'边架艇'独木舟的证据越来越明确了，这为判定华南土著的史前航海工具、南岛语族起源期的航海工具，提供了关键的佐证"。著名考古学家蒋乐平先生最早以跨湖桥"独木舟旁边的剖木料长者近 3 米，大小、体量与独木舟舟体的体积相匹配"[6]为据，并以台湾原住民的"蟒甲"为例，提出跨湖桥独木舟是正在绑制中的"边架艇"。如果"蟒甲"是"边架艇"，那么"蟒甲"是"c-C-c"型还是"cCc"型？可惜未见到华南土著民族边架艇的实物形象资料。"蟒甲"到底是怎样的舟或船？是一个非常有趣和值得思索的问题。

看来如何解读"蟒甲，独木挖空，两边翼以木板，用藤缚之"记载中的"两边翼以木板"乃是问题的关键。如果此"木板"是独木舟主体两边外的附加浮体的话，"蟒甲"即是双边架艇，但此"木板"似乎难成边外的"浮体"结构，再联系到此"木板""用藤缚之"的描述，似可理解为，在独木舟两侧边加装"用藤缚之"的"木板"，也就是说，此"木板"是独木舟两舷加高的侧板，则需"用藤缚之"，若拙见在理，则"蟒甲"便是一艘初始阶段的木板船而不是"边架艇"了。

3. 中国出现过边架艇吗？

从现有史料看，中国似乎还没有见到过 c—C（或 C—c）、c—C—c、CC 三种派生独木舟，尤其是国外过去普遍应用，而且当今还有制造和使用的边架艇独木舟。不管怎样说，中国还没有见到边架艇的实物或图片的影象资料，在此不禁会问：中国到底有没有过边架艇？至于有些出土独木舟的两侧见有开孔，但是它们是用作安装组合连接构件的开孔呢？还是舟体自身横向支撑构件的安装孔呢？

目前似难确定。

众所周知,"边架艇"在东南亚尤其是太平洋群岛的"南岛语族"群体中有着广泛的应用,但是在中国却未见史料记载,不仅古代的未见,而且也没见有用现代工具和技术制造的边架艇出现,不论是单边的还是双边的边架艇。这是何故?难道是中国边架艇独木舟尚未出土,还是本来就不存在?有待史料的发现和研究。

笔者大胆猜测,可能是由独木舟演进的木板船在中国产生得早并且发展得快,木板船解决了桅帆的设置和独木舟的不稳以及载量小的缺陷,因此就缺少了边架艇派生发展的迫切性,当然此说还值得深入推敲。总而言之,中国是否出现过边架艇独木舟的问题,目前还缺少可靠和有力的佐证材料,故还难断论。

参考文献

[1] 何国卫:《跨湖桥独木舟与舟船起源》,《跨湖桥文化国际学术研讨会论文集》,文物出版社2012年版,第148—152页。

[2] 袁晓春:《韩国珍岛发现中国宋代独木舟》,《海交史研究》1994年第1期。

[3] 王冠倬:《中国古船图谱》,生活·读书·新知三联书店2000年版,第23页,图25,"云南永宁纳西族并联式独木舟(线图)"。

[4] 吴春明:《图说复合型独木舟与史前航海》,《跨湖桥文化国际学术研讨会论文集》,杭州市萧山跨湖桥遗址博物馆编,文物出版社2012年版,第223—227页。

[5]《山东平度隋船清理简报》,《考古》,1979(2)。

[6] 蒋乐平:《跨湖桥独木舟三题》,《跨湖桥文化论集》,人民出版社2009年版。

原文发表于《船史研究》2015年第23期,第26—33页。

泉州南宋海船船壳的多重板鱼鳞式搭接技术

船舶是海上交通工具,造船技术与海上交通互为促进,造船技术水平是海上交通发展程度的重要体现之一。出土(水)古船最直观、最可靠也最能反映当时的船舶技术水平,它是研究古船技术的实物资料,它的研究价值不言而喻。1974年夏,在福建省泉州湾后渚港出土的一艘南宋海船正值元太祖元年(南宋庆元十一年)到南宋祥兴二年灭亡(元至元十五年),时跨73年的宋元交替时期。泉州宋代海船船壳的多重板鱼鳞搭接技术反映出宋元交替时期的一个高超造船工艺,为海上交通运输的船舶提供了强有力的技术支撑。

一、泉州出土南宋海船

泉州南宋海船(以下简称"泉州船")出土时,船体上部结构已损坏无存,仅残留船底部分,在船首部位残留有部分的艏柱和底板。"船身中部底、舷侧板和水密舱壁保存较完好。舱底座和船底板也较好地保存下来。"[1]

古船残骸长24.20米,宽9.15米,深1.98米。复原后的泉州宋代海船的主要尺度为[2]船长30.0米,甲板宽10.5米,型深5.0米,吃水3.75米,排水量454吨,方形系数0.44。

泉州船的船面短而宽并且船底尖而瘦的船型呈现了历史的真实,它的长宽比很小,只有2.857,强有力地打消了许多学者曾对明代郑和宝船长宽比只有2.466的疑虑。泉州船采用了具有舱壁周边肋骨和流水孔的水密舱壁、构件纵向端接的"直角同口"连接形式,以及可眠船桅、升降舵、钉连和捻缝等技术,更为突出的是,泉州船船壳的多重板鱼鳞式搭接技术为中国古船船壳连接工艺研究

图 1　泉州南宋海船出土现场

提供了极为罕见的实物资料，值得深入研究。

　　船壳是由长条木板拼装连接而成的，船壳结构的连接可分为单层板和多重（二层及以上的）板，就其搭接形式又可各自分为鱼鳞式搭接和顺板式搭接二种。船壳鱼鳞式搭接的特点是搭接断面处的上列板外侧面位于下列板外侧面的外侧，上下板列断面形成锯齿形的台阶，形同鱼鳞，故称"鱼鳞式搭接"。若搭接缝与搭接的板面呈光顺平滑的连接，相对于鱼鳞式搭接而言，笔者称其为"顺板式搭接"，以便讨论。

　　因此，船壳结构有单层板顺板式搭接、单层板鱼鳞式搭接、多重板顺板式搭接和多重板鱼鳞式搭接等四种形式。

二、单层板船壳的搭接结构

（一）单层板船壳的顺板式搭接结构

船壳的单层板连接是指船壳板为单层的连接，所称"单层板顺板式搭接"是指连接后的船壳板呈光顺板面的搭接形式。

单层板顺板式搭接的长板条的边接缝通常有直角缝、蓑衣缝和企口缝等形式。直角缝，是木板料邻边裁成彼此吻合的直角缺口咬合缝（见图 2）；

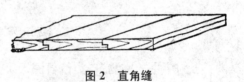

图 2　直角缝

平合缝，是横向上下拼合的木板，邻边裁成互为直面或斜面搭接的拼合缝，斜面搭接能使雨水不致流入里面，可起到类似蓑衣防雨的作用，故又称"蓑衣缝"（见图 3）；企口缝，是木板料邻边裁成凹凸咬合的缝（见图 4），它的连接强度为三者之最。

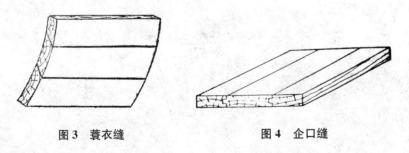

图 3　蓑衣缝　　　　　　图 4　企口缝

因为平合缝船壳板搭接的工艺简单，所以用得最为普遍，例如蓬莱一号古船[3]（见图 5）、象山明代海船[4]（见图 6）等。

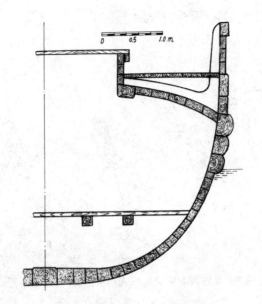

图 5　蓬莱一号中剖面结构图

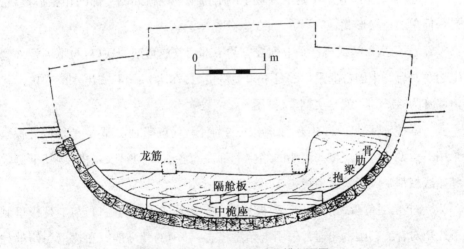

图 6　象山古船第 7 号舱壁位横剖面图

（二）单层板船壳的鱼鳞式搭接结构

船壳单层板鱼鳞式搭接结构的"搭接形式可分为直平型搭接、下角型搭接、上角型搭接和斜平型搭接 4 种"[5]（见图 7）。

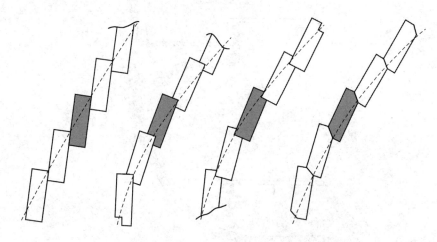

图 7　单层板船壳的鱼鳞式搭接形式（何国卫绘）

1. 直平型鱼鳞式搭接是上列板里侧下部与下列板外侧上部的相叠搭接，它是最简单的搭接形式。

2. 下角型鱼鳞式搭接是上列板里侧下部切割成角型的缺口，与下列板外侧上边角对合。中国古船采用的是下角型搭接，1976 年韩国新安出水的中国元代海船称为"新安船"就是实例[6]（见图 8）。

笔者在考察 2010 年山东菏泽出土的菏泽元代沉船时发现，它的船侧外板也采用下角型鱼鳞式搭接。该船的船侧上部左右各有 4 列鱼鳞式搭接，其下侧板和船底板都是顺板式直角缝搭接（见图 9）。

3. 上角型鱼鳞式搭接是下列板外侧上部切割成角型的缺口，与上列板里侧下边角对合。韩国古船通常采用上角型搭接，韩国的莞岛船[7]和达里岛船都是如此（见图 10），被认为是韩国沉船的船也是不例外地"外板采用鱼鳞式搭接"[8]，它的上角型外板搭接是韩国古船的典型特点之一（见图 11）。

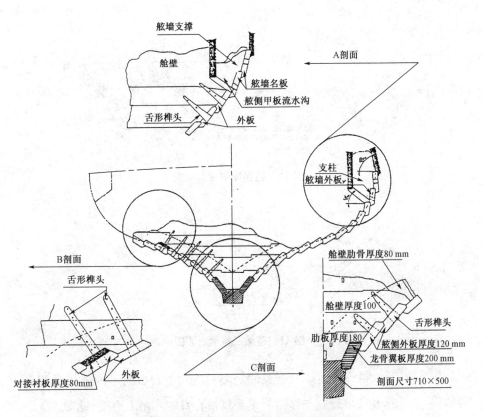

图8　新安船中剖面结构（采自李昌忆）

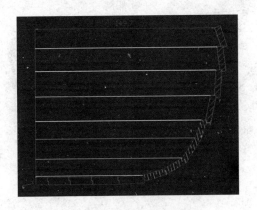

图9　菏泽元代沉船横剖面图

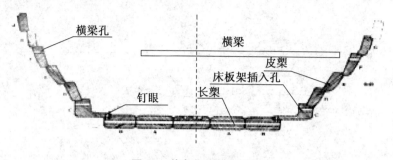

图 10　莞岛船中横剖面图

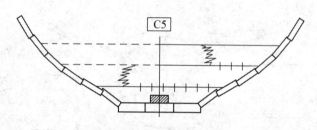

图 11　蓬莱三号横剖面图

4. 斜平型鱼鳞式搭接是下列板的外侧上边和上列板的里侧下边都切有一段斜面,上、下列板以该斜面对合,斜平型搭接在日本古船上有见(见图 12)。

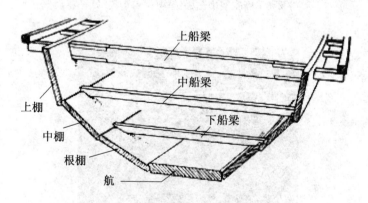

图 12　17 世纪的某日本船结构示意图

三、多重板船壳的鱼鳞式搭接结构

（一）中国古船的多重板船壳

中国古船的船壳结构有单层的也有多重的，多重板船壳已由出土沉船得到证实，例如泉州船的船壳就是采用二、三重板。

多重板船壳也有顺板式和鱼鳞式两种搭接结构。泉州湾出土的宋代海船采用多重板鱼鳞式搭接的船壳，而清代"小白礁Ⅰ号"沉船的船壳就是里外两层贴合而成的顺板式搭接。

清代"小白礁Ⅰ号"船壳的"外板宽 170～330 mm，为二重板结构，内层板厚48～52 mm，外层板厚 17～20 mm……在外层板与内层板之间夹一道防水层，层厚 3～7 mm，初步观察，防水层用的是某种树木叶或植物皮纤维（应不是干竹叶、也不是棕榈树叶或皮，有可能为剑麻叶，有待于鉴定），防水纤维上涂抹一种带黏性较透明的略呈红色的材料（可能是某种树汁）"[9]（见图 13）。内外层板之间防水层的填塞物究竟是何物？起何作用？目前还没有研究结论。还有学者说到，在"南海Ⅰ号"宋代沉船发现设有 3 层外板，"华光礁Ⅰ号"宋代沉船建有 5 层外板，但未见公开发表的相关资料，笔者尚不知其详，期盼有日一睹真容后再作研究。

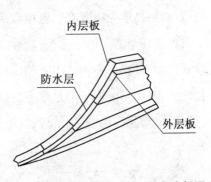

图 13　清代"小白礁Ⅰ号"二层船壳板图

尽管也有学者认为"小白礁Ⅰ号"可能是一艘外国古沉船，但笔者依沉船存在着诸多的中国古船元素为据，以为它属中国古船的可能性最大。

史籍中关于多重板船壳的技术也不乏记载，《马可·波罗行记》就有"船用好铁钉结合,有二重板叠加于上"[10]的记载。明朝出使琉球国的副使高澄《操舟记》中载有:"盖海船之底板不贵厚,而层必用双,每层计木板三寸五分,各固以铁钉,捻以麻灰。不幸而遇礁石,庶乎一层敝而一层存也。"[11]《马可·波罗行记》还记有:"此种船舶,每年修理一次,加厚板一层,其板刨光涂油,结合于原有船板之上……应知此每年或必要时增加之板,只能在数年间为之,至船壁有六板厚时遂止。盖逾此限度以外,不复加板,业已厚有六板之船,不复航行大海,仅供沿岸航行之用,至其不能航行之时,然后卸之。"[12]

《操舟记》所言仅指"底板……用双"并未涉及船侧板;《马可·波罗行记》所记的"每年修理一次,加厚板一层",似指每年维修的逐年加层,"厚有六板之船"并非指该船建造时就装有六重板。但不管怎样,上列出土沉船和史料所记的都不是单层板船壳是确实无疑的。

(二)多重板船壳的鱼鳞式搭接结构

泉州湾出土的宋代海船船壳是采用二、三重板鱼鳞式搭接技术,它具有两个特点:其一是船壳板既有二重板(二列板贴合)也有三重板(三列板贴合),船底由二重板三列与其上的三重板过渡相连;其二,船壳板采用鱼鳞式的排列,形成鱼鳞式搭接。可见,泉州湾出土的宋代海船船壳板结构是多重板并鱼鳞式搭接,到目前为止,在出土古船中是唯一的(见图14、图15)。鉴于泉州宋代海船出土残存有限,船壳板只见五列重板,其上至舷侧顶部的壳板还是重板吗?如是,那么

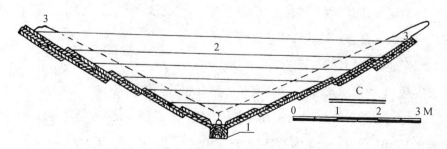

图14　泉州南宋海船横剖面结构测绘草图(局部)

图 15　泉州南宋海船船壳的三重板结构

该是三重板还是二重板？或是逐步过渡到多重顺板式搭接？多重板与大橛之间的结构关系如何？泉州船的残存没能显示，笔者也无法做出推测，有待其他沉船的发现。船体比较完整的"南海Ⅰ号"一旦显露其详，可能会给出回答，这正是我们所期待的。

以上的船壳板结构搭接形式及其佐证的出土古船见表1所示：

表 1　中国古沉船船壳结构形式表

古沉船	单层板	多重板
顺板式	单层板顺板式搭接： ・蓬莱Ⅰ号古船(图5) ・象山明代海船(图6)	多重板顺板式搭接： ・清代"小白礁Ⅰ号"(图13)
鱼鳞式	单层板鱼鳞式搭接： ・元代新安船(图8) ・菏泽元代沉船(图9)	多重板鱼鳞式搭接： ・泉州南宋海船(图14)

从出土古船和文献记载看，中国古船船壳出现多重板和鱼鳞式搭接结构最迟不晚于宋代，但出土古船表明宋元时期的船壳多重板和鱼鳞式搭接结构已经被广泛采用，在工艺技术上已经相当的成熟，因此，多重板和鱼鳞式搭接结构的出现年代往前推的可能性是很大的，期待史料的新发现。

四、多重板和鱼鳞式搭接结构的技术分析

（一）重板的技术优势

直观知识告诉我们，当用单层板制作的船壳太厚时，则厚板的弯曲加工绝非易事，若对厚板加以强力弯曲加工，会使板材产生残留应力而有损于强度。采用多重薄板来构成厚船壳是非常有效的工艺，例如泉州船三重板的总厚度约为180毫米，若用一层同样厚度的厚板制作显然是不合适的。

至于多重板船壳具有很高的防止船外水渗透的能力和对船壳有效的保护作用是再清楚不过的了。当然，若采用双重、三重板，则要求加工工艺十分精细，使两层板之间不留空隙，以避免和减缓腐蚀，这也佐证了宋代多重板的高超技艺。多重板技术有效地满足了船舶大型化对船壳厚度增加的需要，是对海上交通发展的重大促进。

（二）鱼鳞式搭接结构的优点

其一，搭接处的总板厚为两列搭接板板厚之和，它大于连接板的厚度，这就形成了如同在船壳纵向加装了加厚的板条，成了船壳板的纵向筋材，其作用相当于钢船船壳板架的纵骨，提高了船壳板架结构强度；

其二，鱼鳞式搭接结构使船壳外表面成纵向的锯齿形面，它增大了船舶横摇阻力，从而减小船舶摇摆幅度。

（三）船壳单层板鱼鳞式搭接结构的比较

船壳单层板鱼鳞式搭接结构的直平型、下角型、上角型和斜平型四种搭接形式中，除了直平型外，搭接结构是由上下两列板的板边以平面或斜面或角口面等形式搭接。上列板的外侧位于下列板的外侧之外，形成鱼鳞状搭接，搭接面处用钉钉连，下列板能以其本体直接支撑其上一列板。而直平型搭接不存在上下板列的本体支撑关系，它只得靠上下两列板的板面重叠部分的面积，用铁钉垂直钉入板面达到钉连的目的。下列板对上列板的支撑全靠铁钉承受的剪切力来实现，欲增加搭接强度，势必要加大板面重叠部分的面积，以便能较多地布钉铁钉。这样就会增多船板用料，所以古代海船少见采用直平型搭接。不过，直平型搭接板列边缘的加工精度要求不高的优点是非常明显的。

（四）多重板与单层板船壳的鱼鳞式搭接比较

多重板鱼鳞式搭接形式与常见的单层板船壳的鱼鳞式搭接形式不尽相同。泉州船的多重板船壳结构与鱼鳞式搭接的上下板列，不存在下列板的上边缘端面对上列板的下边缘端面的直接支撑（见图 14）。

泉州船船壳靠近龙骨的三列二重板结构，是由下列板的外侧面上部和上列板的内侧面下部互相叠合并钉连。它如同直平型鱼鳞式搭接，只不过两种板列搭接宽度有本质的不同：直平型鱼鳞式搭接宽度很小，通常只够钉 1~2 排铁钉，而泉州船的二重板板列搭接宽度必须略大于该列板宽度的一半，也就是说，每一板列的里侧与其下列板的外侧，和该列板的外侧与其上列板的里侧，分别有略大于该列板宽度一半的搭接面积。这样板列就有足够的钉铁钉位置，就可以依靠铁钉将互相叠合的船板牢固地钉连在一起，从而有效地起到对上一列板的支撑作用，同时它与隔舱板钉固，确保了船壳的强度。至于该三列二重板上面的三重板的搭接，只是在同样的二重板之间加叠一层宽度略大于其板列宽度之半的板列,其思妙不可言。

首现的泉州南宋时代海船船壳结构,集双、三重板工艺和鱼鳞式搭接技术于一身,更显其珍贵,再连同泉州沉船所显露的众多古船技术,无不说明它在中国古代造船史研究中的独特地位和价值所在。

五、结论

由上论述可得如下结论:

1. 船壳结构有单层板顺板式搭接、单层板鱼鳞式搭接、多重板顺板式搭接和多重板鱼鳞式搭接等四种形式。

2. 中国古船船壳的重板结构和鱼鳞式搭接技术已被出土古船和文献所证实,并互为映证。

3. 多重板和鱼鳞式搭接结构的技术分析反映出中国古代造船技术的先进性。

4. 从出土古船和文献记载看,中国古船船壳出现多重板和鱼鳞式搭接结构最迟不晚于宋代。

5. 首现的泉州南宋海船船壳结构是多重板并鱼鳞式搭接,到目前为止是出土古船中唯一的。集多重板工艺和鱼鳞式搭接技术于一身的泉州船船壳板结构因其极高的研究价值而更显珍贵。

参考文献

[1] 泉州湾宋代海船发掘报告编写组:《泉州湾宋代海船发掘简报》,载《文物》1975 年第 10 期,第 1—8 页。

[2] 席龙飞、何国卫:《对泉州湾出土的宋代海船及其复原尺度的探讨》,载《中国造船》1979 年第 2 期,第 117 页;福建省泉州海外交通史博物馆编:《泉州湾宋代海船发掘与研究》,海洋出版社 1987 年版,第 94 页。

［3］席龙飞、顿贺：《蓬莱古战船及其复原研究》，载《武汉水运工程学院学报》1989 第 1 期，第 4 页。

［4］宁波市文物考古研究所、象山县文管会：《浙江象山明代海船的清理》，载《考古》1998 第 3 期，第 38 页。

［5］何国卫：《蓬莱出土的三艘古代海船初探》，载席龙飞、蔡薇：《蓬莱古船国际学术研讨会文集》，长江出版社 2009 年版，第 153 页。

［6］［韩］Lee Chang-Euk（李昌忆）：*A Study on the Sructural and Fluid Characteristics of a Rabbetted Clinker Type Ship*（The Sunken Ship Saluaged off Shinan），*Proceedings of International Conference on the History of Sailing Ships*，1991 年，中国上海，第 154—168 页。

［7］［韩］金在瑾：《莞岛海底沉船船体》，载《船史研究》1994 年第 7 期。

［8］汪敏、席龙飞、龚昌奇：《蓬莱三号古船的型线测绘与复原研究》，载山东省文物考古研究所、烟台市博物馆、蓬莱市文物局编：《蓬莱古船》，文物出版社 2006 年版，第 114 页。

［9］顿贺：《"小白礁Ⅰ号"古船研究》，载《首届"水下考古·宁波论坛"论文汇编》，2014 年 10 月，第 217—218 页。

［10］冯承钧译：《马可·波罗行纪》，商务印书馆 1936 年版，第 620 页。

［11］萧崇业：《使琉球录》，《台湾文献丛刊》第 287 种《使琉球录三种》，台湾银行经济研究室 1970 年版，第 90—93 页。本文转引自国家博物馆水下考古中心、福建师大历史系郑和研究小组、福州市文物考古工作队编：《明代福州建造册封舟（宝船）资料汇编》，2003 年 12 月 25 日。

［12］冯承钧译：《马可·波罗行纪》，上海书店出版社 2000 年版，第 381 页。

原文发表在《海交史研究》，2016 年第 1 期，第 1—12 页。

试析《更路簿》上的"更"

一、"更"与航时——"更"是航海的计时单位

在古代航海用的《更路簿》和《航海图》上注有"针"和"更",它们是量化了的重要导航元素。例如,吴淑茂的《更路簿》记:"自大潭(即指琼海潭门港)到干豆,壬丙、己亥对,十二更收。"[1]"大潭"即今海南岛的潭门港,"干豆"是海南岛渔民对西沙群岛中"北礁"的传统称法。再如,明初《郑和航海图》(即《自宝船厂开船从龙江关出水直抵外国诸番图》)上记有:"宝山(今上海吴淞),用辛酉针(即277°30′),三更,船过吴淞江,到太仓港口系船。"[2]两例都表述了两条航路的航船出发地和到达港,用针路标注了航向和用"更"说明航行所需时间。

航海上用的"更"是指什么?有不少学者将"更"视作航行里程来理解,在此举几例:

向达先生在《两种海道针经序言》中写道:"中国古代航海上计算里程的单位是更。"[2]朱鉴秋先生一篇论文的题目就是《我国古代计程单位"更"的长度考证》[3]。还有说"《更路簿》的'更'为距离单位"[4]的。

郭永芳在《中国航海科技史》中写道:"更是我国古代的计时单位,在航海上,则用它来计算航程。"又:"时间与空间统一的记程单位——'更'。"[5]

也有学者提出了"原来用来计时的单位'更'被引入到航海实践中来,成为一种既计时也计程的时空复合单位"[1]的见解。

孙光圻教授认为:"作为海上计程的'更',却不是一个单纯的计时单位,而是

330

指以更时间内,船舶的标准航速下通过的里程。"[5]

航海中的"更"究竟是指计时单位？还是指记程单位？有学者说两者是统一复合的。那么,如果真的是两者兼而有之,不禁要问,它们又是如何统一复合的呢？

生活经验告诉我们,当不知道或不确切或没有必要说出具体的里程数值来回答问路时,用时间多少来回答是很正常且普遍不过的现象。我们生活中经常会遇到问路的,此时人们的回答往往是这样,如,"沿这条街一直走,过两个红绿灯再右拐继续向前,要不了半个小时就到了"。再如,"乘公交车大约20来分钟就可到中心广场了"。"武汉到广州乘高铁大约只要4小时就到了,很快!"诸如此类,等等。

实际上,时间的多少还用来描述某种工作量的大小,例如"得放5～6小时的水才能灌满这个游泳池""客厅墙壁粉刷一遍的活,由两个师傅干的话需要一天才可以干完",这里的工作量分别是指水量多少、面积大小。

上述例子无非说明,时间就是指时间,并不是距离或其他的量,因为它不能代表距离或其他的量,但时间的多少确实能反映距离或其他量的大小,问题是时间、距离、其他的量,是各自不同的物理单位。

造成把"原来用来计时的单位'更'"笼统混同地表述为航程的原因是,把航程与航时之间在数量上存在的正比关系一概当作等同关系了。岂知只有当航速确定的情况下,才能算得航程与航时之间量的对应关系,否则,仅是一个不确定的正比关系而已。不管怎样,航时的"更"和航程的"里"分别是时间单位和距离单位,是不能互为借用或替代的。时间单位现代是用天、时、分、秒等来表示,古代是用昼夜、时辰、更等来表示；长度单位现代是用千米(航海用"海里")、米、厘米等来表示,古代是用里、丈、尺、寸等来表示。

既然航海的"更"指的是时间概念,那么"更"就是航海的计时单位。因此"'更'为距离单位""海上计程的'更'"和"一种既计时也计程的时空复合单位"之类的说法显然是不确切的。

在航速不明的情况下是不可能以航时来计得航程的。因此,既把"更"看成

"计时单位",又说是"通过的里程"值得商榷。"更"确实"是一个单纯的计时单位"而不是其他,"作为海上计程的'更',却不是一个单纯的计时单位"的提法似有不妥。"更""作为……船舶的标准的航速下通过的里程"的阐述,应该说成是航船在"更时间内",在确定的"航速下"可计得"通过的里程",这才符合时间"更"的实质。

古人说,"海洋无道里可稽"[5],"海道不可以里计……故以更计道里"。[5]古代因海上无法量得里程,只得"以更计道里"了。此意思是,只得以更的多少来反映航程的长短了。章炳麟在《新方言·释地》里说的"行海以更计程"[4]应该也是此意。只有在确定的航速下,才可能由航行时间的多少直接计得航程的长短。

由上所析,航海用的"更"是航海的时间单位,既不是航程也不是其他。

"更"的时间又是如何测定的呢?明代进士来集之(1604—1682年)在《倘湖樵书·樵书二编》中指出:"更也者,一日一夜走为十更,以焚香几枝为度。"[6]后来航海用沙漏方法计"更"。

二、"更"与航程——航程与更成正比关系

众所周知,航程与航时、航速的关系是:

$$航程＝航速×航时$$

此式有三层意思:其一,航程与航时成正比关系,就是说,航时越多则航程就越长。其二,只有在确定的航速下,才可用航时的多少直接算得航程的长短。航程与航时之间的这种关系,正说明了航时是航时,航程是航程,各自有各自的物理计量单位,不可含糊不清而言混。其三,航时的多少取决于航速的大小和航程的长短。

常识告诉我们,航船不仅在不同的风、浪、流等自然条件影响下的航速会有很大差别,而且航行轨迹也有很大的差异,因此,航时随之不同。

这里所说的"航程"是指航行于两地之间的航行轨迹的线路长度,而不是在

近代海图上标注的、接近于两地间直线航距的海里数。古代木帆船的真实航行轨迹线总是呈曲线的。

航行轨迹还会受到航域的水深、岛礁等的制约而有时会不得不弯道航行,尤其在航船遇到前侧风而作戗航行时,船头不断地左右转向使航迹弯弯曲曲,其线路必定会更长,因此,航程必然大于航距,通常还相差甚远。

现以明初《郑和航海图》(即《自宝船厂开船从龙江关出水直抵外国诸番图》)从太仓至宝山航路在针路上的"注曰"为例加以讨论。

《郑和航海图》针路上注曰:"太仓港口开船,用丹乙针(即 105°)一更,船平吴淞江。"[2]而前面已经引过的,"宝山(今上海吴淞),用辛酉针(即 277°30′),三更,船过吴淞江,到太仓港口系船"[2]。回程在宝山用辛酉针(即 277°30′),如果绝对的反向应为 285°,可见来回的航向基本相对。但是,太仓至宝山和宝山至太仓的地理距离是一样的,回程的航行时间是三更,去程的时间却是一更,前者为后者的三倍,对此如何理解呢?

来回航行的更数不同,是由船舶航行的速度不同和航线的航程不同所造成的。从太仓航宝山是在长江上顺流而下,称作"下水航行",从宝山返太仓是逆水航行,称作"上水航行"。船长的航船经验告诉我们,下水航行应尽可能地选在江中心航行以获水流的推力,而上水航行航船却应尽量靠江边行走以减小流水阻力,所以下水航行的船速要比上水航行大得多,若上下水航行都赶上偏西风,则上、下水航行的航速会有更大的相差。再说,上水航行的轨迹显然要比下水航行来得较为曲折,它的轨迹长度要比下水航行来得长一些。由此可见,来回太仓与宝山之间不但航速有很大的不同,而且航程也有一定的差异,正因为如此,才造成来回太仓与宝山之间所用时间的更数的差别竟高达 3 倍之巨。

因此说,用航行时间"更"数来推测两地的航距往往是不够准确的。也再次说明"更"只是时间并非里程,《更路簿》或《航海图》所标出的"更"只表明在标注的航线上的航行时间。

三、"更"与航速——"上更"是航船按时抵达目的地的保证

古人说"海洋无道里可稽，惟计以更——分昼夜为十更"[7]，"海道不可以里计，舟人分一昼夜为十更，故以更计道里"[7]。史籍也多有"一更合××里"的记载。

如前所述，只有知道了航速，才能由"更"计算得"里"，"以更计道里"的"计"和"一更合××里"的"合"应该是同一意思，即"按确定航速计算"。若知道在多少"更"的时间内航行了多少里程，就意味着航速可得到认定。

1. 对一更合多少里的不同见解

学者对一更合多少里的问题有着不同的见解。

向达先生认为"'顺风相送'有行船更数法，'指南针法'有定舡行更数。《东西洋考》《西洋朝贡典录》《海国闻见录》《台海使槎录》等书也都谈到定更数的方法。各书所说相同，大致为一昼夜分成十更，一更又合六十里"，接着又说，"这里的一更合六十里可能不太准确"。[2]

朱鉴秋先生依据《顺风相送·行船更数法》和《指南针法·定舡行更数》分别记有"每一更二点半约有一站，每站者计六十里"和"每更二点半约有一路，诸路针六十里"[2]的记载，认为"一更二点半""应该是一又二分之一"更，那么"一更应合 40 里"[3]。

清代李元春也说"每更舟行可四十余里"[7]，也有说"海更五十里"[7]"一更合100 里"[4]的。而徐玉虎的研究则认为，航船的航速在远海航行和近海航行上有别，其结论是"远航之标准为每更六十里，近航之标准为每更四十里"[7]。真是五花八门，莫衷一是。

向达先生以为："一更合六十里不大准确。如澎湖至台南市，旧作五更，今为

五十二海里。一海里合旧三里,即澎湖台南之间的距离为一五六里,一更不过三十一里左右。"[2]此处质疑"一更合六十里"是可理解的,不过"澎湖台南之间的距离为一五六里,一更不过三十一里左右"的推测值还值得商榷,因为此用 5 更时间直航 52 海里推算,得出的"31 里左右",而此"52 海里"是按当今地图查得的,当指澎湖至台南的接近于直线的距离,实际轨迹航程显然要大于此数,因此,此航速就不至"一更不过三十一里左右"了,必然是大于 1 更合"31 里左右"。

2. 对《两种海道针经》行船更数记载的解读

《两种海道针经》中的《顺风相送·行船更数法》和《指南针法·定船行更数》对行船更数有着类同的记载。

《顺风相送》:"凡行船先看风汛急慢,流水顺逆。可明其法,则将片柴从船头丢下与人齐到船尾,可准更数。每一更二点半约有一站,每站者计六十里。如遇风船走潮水却向潮头涨来,此系是逆流。柴片虽丢顺水流向,后来必紧,不可使作船走议论。古云先看风汛急慢,流水顺逆。不可不明其法。"[2]

《指南针法》:"凡行船先看风汛顺逆。将片柴丢下水,人走到船尾,此柴片齐到,为之上更,方可为准。每更二点半约有一路,诸路针六十里。心中能明此法,定无差谬。"[2]

明代的来集之曾在《倘湖樵书》中指出:"船在大洋,风潮有顺逆,行使有迟速,水程难辨,以木片于船首投海中,令人从船首速行至尾,视木片至何处以验风之大小,以定此风此潮。如何方为一更,必须木片与人行不差,而后所为一更者方准。若人行至船尾矣,而木片方至船腰,则香虽焚至某处,尚是半更。或流过船腰,则断其为大半更;或舟行如飞,其风或逆,亦用此法验船。退程多寡,而后复进,故行几更,船至某山地界,皆可以坐而知。"[6]

其后诸多清代学者也有类似的记载,恐怕多为引此书之说。清代汪楫在《使琉球杂录》中记:"问何以为更之研验?曰,从船头投木柿海中,人由船面疾行至稍,人至二柿俱至,是合更也;柿后至,是不及更也;人行后于柿,是过更也。"[4]清代黄叔璥说:"水程难辨,以木片与人行齐至,则更数方准;若人行至船尾,而木片未至,则为不上更;或木片反先人至船尾,则为过更,皆不合更也。"[4]清代顾炎武说:"以木片投海中,人从船面行,验风之迅缓,定更数多寡,可知航至某山洋界。"[4]

笔者称从船头投木片的测验方法为"投木测试",它可以测试航船的航速快慢,但其目的的实质是测试航船的航速达到"上更"的程度。因"船在大洋,风潮有顺逆,行使有迟速"[6],故"投木测试"可"验风之大小,以定此风此潮"[6]。

为何投木能测速呢?为方便说明问题,暂不考虑水域流速的影响,那么,在航船的船头投下木片,此木片在水面上仅作上下波动,而不移动,因船在向前航行时,木片就相对于船向船尾移动了。因此,木片相对于航船的移动速度就是航船的速度,如人与木片同速行走,那么,人的行走速度就是航船的航速。因为船的长度是可量知的,所以只要用秒表测出木片从船头移到船尾的准确时间,就可很容易得出船速了。但是,古代人没有秒表可用,只得以人的行走速度作为比对参照了。

古人用从船头投木片的"投木测试"方法,若"上更"或"合更",则航速在数量上是近似于人在船面上的行走速度。常识告诉我们,不同行走状态的速度是不同的,但文献里对此所记不尽相同,明代的来集之记作"速行";《指南针法》却说"人走";《使琉球杂录》说成"疾行";黄叔璥曰"人行";顾炎武也只说人"行"。古人的用词过于笼统和抽象,人的"速行""走""行"和"疾行"反映的速度会有很大的差距,笔者以为,以人的"速行"和"疾行"相当于慢跑计更为合理一些。

根据测试统计,人慢跑的自然步频每分钟 160 步,平均行进速度是 7.1~9.9 千米/小时。依据 1 旧里为 1.152 华里,1 华里为 0.5 公里,1 更为 2.4 小时,则 1 旧里/更的航速应为现制单位的 1.152×0.5/2.4＝0.24 公里/小时,若 1 更合 40 里,则应合 40×0.24＝9.6 公里/小时。据此,1 更合 40 里与慢跑速度基本吻合,它合 5.18 海里/小时,此与船老大所反映说"木帆船速度一般在 5 海里多一点"的通常的经验数也基本符合。若 1 更合 60 里,则航速为 60×0.24＝14.4 公里/小时,相当于 7.77 海里/小时,这与航船实际相差甚远。看来,朱鉴秋先生"一更应合 40 里"之说是比较合理的。同时也佐证了向达先生"这里的一更合六十里可能不太准确"[2]的说法。

3. "上更"是航船按时抵达目的地的保证

航行中,船速的高低直接影响到航船能否在《更路簿》所记"更"数的时间内到达目的地,尽管《更路簿》或《航海图》上没有说出航程的长短,也不知实际航速多少,这正是实施"投木测试"的目的所在。

从船头投下的木片与人齐到船尾谓"上更"(或谓"合更");人先于木片抵船尾,则谓"不及更"(或谓"不上更");人后于木片抵船尾,则谓"过更"。"上更"(或"合更")表明航船能按《更路簿》或《航海图》上所标的更数到达目的地,因为船速已达到《更路簿》或《航海图》上所标更数所对应的航速;若航船"不及更"("不上更"),则航船不能按更数到达;而"过更"则能提前到达。

"上更"("合更")、"不及更"("不上更")和"过更"表示了人和木片相对位置的三种情况,如下图所示:

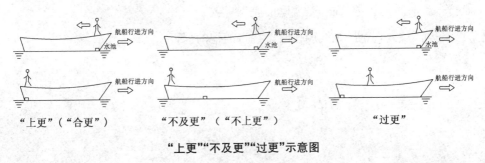

"上更""不及更""过更"示意图

(注:该图为本文作者绘制)

人和木片的距离相对于船长的大小就表征其"不及更"("不上更")和"过更"的程度大小。人与木片距离越大,则"不及更"("不上更")越甚;木片与人距离越大,则"过更"越巨。所以船老大对"退程多寡,而后复进,故行几更,船至某山地界,皆可以坐而知"[6]。

"不及更"（"不上更"）的"不及"（"不上"）和"过更"的"过"到什么程度却影响到航船的迟达目的地和早到目的地的时间长短，它显示航船到达目的地的所需实际航行更数必有程度上的不同，由此船老大能对航船航行更数做到心中有数了。

当然，因为航速是随时都变化着的，为此就需要在整个航程中频繁地进行"投木测速"以观察航船平均说来是否"上更"。就"上更"本质而言，就是航船的平均航速是否能使船按《更路簿》上的"更"数航行时间到达目的地。

来集之所说的"如何方为一更，必须木片与人行不差，而后所为一更者方准"[6]。应是如上所析，就是说以"上更""方准"，这与《指南针法》所述的人与木片"齐到，为之上更，方可为准"[2]是同一个意思。

由上看出，"投木测试"的目的不在于测得具体的航速数值，而是为了测得"上更"（或谓"合更"）的程度如何，因为航程中必定存在"不及更"和"过更"的情况，所以"上更"也是一个平均的概念，平均的"上更"（或谓"合更"）的程度越高，则船按《更路簿》上"更"数的航行时间到达目的地的保证就越大。因此，追究一更时间究竟航行多少里航程的实际意义并不是很大，船老大更关注的是航船需航行多少时间的更数，而不是实际的航程里数。

总而言之，"上更"是航船按时抵达目的地的保证。

四、"更"具明显的近似性

上面的讨论已充分地体现出"更"具明显的近似性。"更"的近似性是由下面几个方面的近似性所造成。

首先，《更路簿》和《航海图》标注的"更"数，是长期航行摸索后的经验总结，正如向达先生在《两种海道针经序言》中所说："这些记录都是那些火长们长年出入于惊涛骇浪中所积累起来的经验。"[2]经验必定存在一定的近似性。其次，客观存在着包括航道、水文和气象等在内的航域自然条件的复杂性和不确定性，所以"凡行船先看风汛急慢,流水顺逆"[2]。再次,尤其是用"投木测试"来观察"上更"("合更")与否,与测试人步行速度切切相关,而人步速的不一致性和波动性就直接影响到测定"更"数的准确性;再就"更"本身的时间量测定方法来说,不论用"焚香"还是"沙漏"都存在较大的误差。

"更"还具有平均性,航船花在航程上的时间更数是一个平均值的概念。不仅是不同程度的"不及更"和"过更"的平均,也包括不同时段、不同航行条件下所得的"更"的平均。显然,"投木测试"的次数越多,所测得平均"上更"程度就越精确。

由此可见,"上更"的航速是近似的,《更路簿》上所记的更数也是近似的。正因为如此,对古文献中出现数值上难以解读的现象也不足为奇。

航船在确定的航路上,在正常的自然条件下的航行平均速度,才可谓一更合多少里程的航速。孙光圻教授说"更""是指以更时间内,船舶的标准航速下通过的里程"[5],其中的"标准航速"似乎就是这个意思,若将这个"标准航速"改为"正常平均航速"似乎更为确切一点。《更路簿》的更数对航船在"正常平均航速"下的航行具有重要的指导意义。

不同地域的《更路簿》所记"更"数适用于对应所记地区的航域、航线,因为它是该地域航海经验的总结。实际上,《更路簿》上标注的更数本来就是针对规定航线和指针下的"更"数。

五、"更"的小结

通过前面的讨论,现对"更"作如下几点小结:

1. "更"是量化了的重要导航元素之一。《更路簿》的更教对航船在"正常平均航速"下的航行具有重要的指导意义。

2. "更"本是计时单位,在航海中也是如此,航海《更路簿》上的更是航船航行的计时单位。《更路簿》或《航海图》所标出的"更"只表明在标注的航线上的航行时间。

3. 因航程与航时成正比关系,航时越长航程就越远,但"更"不能等同于航程,只是在确定的航速下,才可以由航行时间算得航程。因航程不可测,故《更路簿》或《航海图》上只得标注航时的"更"数。

4. "上更"("合更")意味着航船在正常平均航速下航行了《更路簿》所记的更数就能够到达目的地,"上更"是航船按时抵达目的地的保证。

5. "投木测试"方法的目的在于,测得平均的"上更"(或"合更")的程度越高,则船按《更路簿》上"更"数的航行时间到达目的地的保证就越大。

6. 追究一更时间究竟航行多少里航程的实际意义并不是很大,船老大更关注的是航船需航行多少时间的更数,而不是实际的航程里数。

7. "投木测试"所得航船"上更"("合更")的程度是近似的,《更路簿》上所记的更数也是近似的。

参考文献

[1] 刘义杰.读懂《更路簿》的更[N].中国海洋报,2016-8-18(4).

[2] 巩珍.西洋番国志、郑和航海图、两种海道针经[M].向达,校注.北京:中华书局,2000.

[3] 阎根齐.论海南渔民的《更路簿》[G]//海南大学,海南省社会科学界联合会,海南省南海政策与法律研究中心.南海海洋文化研讨会文集.2015:149.

[4] 章巽.中国航海科技史[M].北京:海洋出版社,1991.

[5] 孙光圻.中国古代航海史[M].北京:海洋出版社,1989.

[6] 来集之.倘湖樵书·樵书二编:卷九[M].清康熙二十二年刊本.

[7] 徐玉虎.郑和下西洋航海图考[G]//郑和下西洋600周年纪念活动筹备领导小组.郑和下西洋研究文选.北京:海洋出版社,2005.

原文发表在《海南大学学报》2016年第6期,第1—6页。

略论古代岭南舟船文明的历史地位

前　言

广东、广西和海南等省地处南岭以南,通常称作"岭南地区",其东南临海,江河纵横,历来是水上交通的发达区域。岭南是百越人的居住之地,"越人在三四千年前已活动于黄河中游一带",其后一部分越人"向南迁至东南沿海和珠江流域,形成大小不一,互不相属的'百越'部落"[1]。在秦始皇统一岭南之后的八年,中原的政治、经济、文化被带进了岭南。秦统一六国之前,岭南地区的文化与中原地区相比无疑是落后的,但其后,岭南造船水平就不见得一定不如中原,甚至谓相距甚远。要知道,在秦军进入之前"南方百越是善于造舟的……广东的南越先民,至迟在新石器时代便已经使用舟楫"。[2]秦后,造船技术在岭南得到了飞速发展,到了汉代有了极大的发展,史实显示无不如此,古代岭南舟船文明的历史地位值得探讨,故撰文略论之。

一、宝镜湾摩崖岩画最早出现木板船的形象

珠海市博物馆在高栏岛进行文物调查时于 1989 年 10 月 4 日发现了宝镜湾摩崖岩画和山坡至海滩上的遗址。《珠海宝镜湾海岛型史前文化遗址发掘报告》[3]提供了丰富的出土考古材料。汇编在《珠海考古发现与研究》一书中徐恒

彬、梁振兴的论文《高栏岛宝镜湾石刻岩画与古遗址的发现和研究》[4]对宝镜湾摩崖岩画有专论。

　　珠海宝镜湾文化遗址出土的石网坠、石锚和在出土陶器及摩崖岩画上出现的波浪纹饰,特别是摩崖岩画上出现的船舶形象图案,是对岭南先民海上生活的生动写照,它是研究岭南海洋文化和舟船文化极其珍贵的考古资料。宝镜湾摩崖岩画中出现的岭南海船多达7艘,其中"藏宝洞东壁"岩画"是宝镜湾岩画中画面积最大、内容亦最为丰富的一幅,画面宽5米,高2.9米"。[5]"根据北京大学加速器质谱实验室进行加速器质谱(AMS)C_{14}测试的四个数据结果,可将宝镜湾岩画的绝对年代推定在距今4 000年前后。"[6]

　　"整幅画面以船为中心……有四只船在海中排列,大小不一,花纹不一,形状相似,均为两头尖,底近平。右上方的船最为明显,船的两头尖翘,船边和船底平直。"[7](见图1)

图1　"藏宝洞东壁"岩画

　　从岩画船上看到的上边线,若是甲板线则为甲板船,若是舷边顶线则为敞口船,但从画面上看,有点儿似是而非,难以得出明确的结论。不过"从岩画船形上看,船的上边线呈首尾高翘的弧线,上边线距船底线相对较高,即船舶型深较高,船形显示的长深比(即船长与船深的尺度之比)要比独木舟小得多得多,也就是说画面上的船比独木舟有大得多的干舷。这正是木板船与独木舟外形尺度上最明显的差别,足见岩画上的船早已脱离了独木舟的形态,当属木板船范畴的海船应是确实无疑的。从画面显示船形的光顺曲线刻纹来看,这些海船似乎已具有一定的线型,已经不是简单的木板船了","可以说距今 4 000 年前后的宝镜湾摩崖岩画中的岭南海船是中国出现最早的舟船形象"[8],即乃是至今最早出现的木板船形象。还应指出的是,宝镜湾摩崖岩画的船舶首尾起翘比船中高出很多,这表明先民已经认识到,船舶纵摇时船的首尾容易上水的现象,为此首尾起翘,以适应在海上航行。

宝镜湾文化遗址还"出土一具,为椭圆形花岗岩砾石加工而成……器体长径33 厘米,短径 27 厘米,厚 13 厘米,重 18.5 公斤"[9]的大型石锚,还出土与航海捕鱼有关的"常规石网坠共 1 096 件,是目前国内单个遗址出土史前网坠最多的一个古文化遗址之一"[10]。宝镜湾文化遗址岩画和出土陶器中还见有水波纹饰。

珠海宝镜湾文化遗址摩崖岩画上出现的船舶图案、石锚、石网坠和刻划的波浪纹饰不是孤立地出现,而是紧密有机关联的,这些都是对珠海宝镜湾先民们海上渔捞生活的生动写照,是岭南史前舟船文化的佐证。

珠海宝镜湾文化遗址强烈地透析出一股浓厚的先秦岭南舟船文化气息。珠海宝镜湾文化遗址成为研究岭南舟船文化的极其珍贵的考古资料。

二、古代海上丝绸之路的始发地在岭南

西汉开通沿海航路后,沿海航运得到了发展,也促进了经南洋到今日印度洋的海上丝绸之路的开通。著名的"海上丝绸之路"就始于西汉,班固撰《汉书·地理志》记有:"自日南、障塞、徐闻、合浦,船行可五月,有都元国……有黄支国……自武帝以来,皆献见……市明珠、璧琉璃、奇石、异物、赍黄金杂缯而往。"[11]这是有关"海上丝绸之路"的最早记载。"日南"即今越南广治省,"徐闻"即今广东省

徐闻县，"合浦"即今广西省合浦县。众多学者考证认为，"黄支国，约为今印度半岛东岸马德拉斯附近的康契普腊姆"[12]。"杂缯"就是各种丝绸织物。引文已清楚明白地说出了在汉武帝时期，中国船舶装载各种丝绸织物沿印度半岛远洋航海进行海外贸易活动，这条航路就是中国最早的"海上丝绸之路"。西汉时期海上丝绸之路航路图（见图 2）显示了当时海上丝绸之路航路的起始点是两广海边港口。

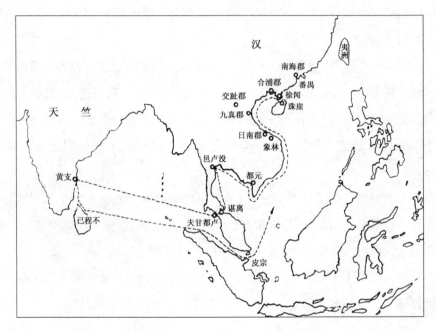

图 2　西汉时代海上丝绸之路航路图

三、从出土文物看汉代岭南不凡的造船技术

广州地区集中出土了诸多汉代船模和具古船形象的文物绝非偶然，它们是汉代岭南地区航运繁荣的无声反映。现将主要的出土文物简要汇述如下：

1. 广州东郊东汉陶船模[13]

1955 年于广州东郊的东汉墓中出土一个陶质船模型。底略平,全长 54 厘米,宽 11.5 厘米,通高 16 厘米。前窄后宽,从船首到船尾架 8 根横梁,横梁上铺甲板,甲板上建小房 3 处,前房矮而宽,上有横形篷顶。中房略高,方形,上盖圆形篷顶。后房更高,也是横形篷顶,作为舵楼。船首两侧各安桨架 3 支,船首悬 1 碇。最为重要的是船尾有舵,舵叶上有 1 孔。两舷有外延的板条,可作为船员司篙的通道。船上有 6 个姿态各异的陶俑,分布在船面的不同位置。尤其广州东汉陶船模上所显示中国最早的船尾舵(拖舵)和木石碇(船锚),具有极其珍贵的文物研究价值(见图 3)。

图 3 广州东郊东汉墓出土的陶船模型

2. 广州西汉木船模型[14]

1956 年于广州西郊西汉木椁墓中出土一艘木质船模。船模也是用整木雕成。船底中部略平而首尾部分略上翘,船中部有两个小房,前房较高呈方形,上为四阿(坡)式盖顶。后房稍低,长形,篷盖是两坡式。在两小房的两侧有用长板条构成的通道。前房以前为操舟之所,有木俑 4 个,持桨并坐两排,各持短桨一把。尾部有狭小的小房，顶盖是三面斜坡。在这尾区还有一木俑持一桨，疑为是用以掌握船行方向的。此船模全长 0.806 米，通高 0.206 米（见图 4）。

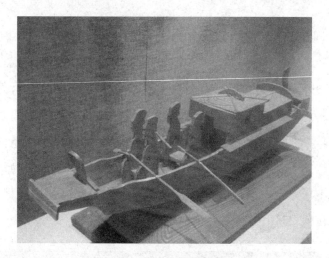

图 4　广州西汉木船模型

3. 广东德庆东汉陶船模[15]

1980 年 9 月，广东省德庆县东汉墓中出土了东汉中期陶船模一只（见图 5）。该陶船模是一艘内河平底小客货船。

图 5　德庆陶船模（客船、原件）

4. 广州红花岗东汉陶船模

1954年7月,在广州市东郊红花岗一座东汉后期残砖墓出土了一只陶船模(见图6),据《广州汉墓》介绍,"从总的整体结构式样看来,是一艘内河运输使用的简易货船,即粤地所称的'货艇'"。

图6 广州红花岗东汉陶船模(货船、复制件)

5. 广州佛山东汉陶船模

1964年,广东省佛山市郊澜石的东汉墓出土了一只东汉后期陶船模,这是一只附于水田旁边的陶船模(见图7)。

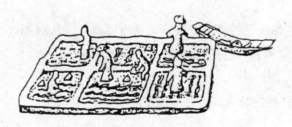

图7 广州佛山东汉陶船模

6. 广州象岗西汉船纹提筒

1983 年 6 月,在广州象岗发现了一座保存完好的西汉早期大型石室壁画墓,这就是被誉为"中国近年来五大考古新发现(之一)的南越王墓"[16]。墓中出土文物多达一千余件,其中"提筒出土共九件,大小有序,纹饰与铜鼓的花纹相同"[17](见图8),即九个提筒中的一个船纹饰放大图。

提筒上的船纹显示了"一艘内河战船,图上显示了甲板、底板、隔舱板、尾楼、前桅、绞缆车、首锚、尾舵,用纵剖面表示法将整艘船的结构舾装向我们全面展示,可以看得出这是一艘技术先进、装备极其精湛的船只"[18]。

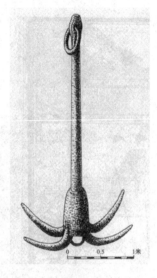

图 8　广州象岗西汉船纹提筒

"我国古代造船技术,在秦、汉时代获得重大发展,出现了中国造船史上第一个高峰时期。"[19]广东地区出土的数量之多、工艺精湛的汉代陶船模等文物是对汉代岭南造船技术的真实反映,表明汉代也是岭南舟船文化大发展的阶段,可以说汉代岭南的造船水平似与中原地区大体相当。

四、从古船重要史实看中原和岭南地区舟船文化的关联

中原和岭南地区舟船文化的紧密关联可以通过汉代楼船、船尾舵和水密舱壁技术、指南针应用、《释船》的背景等史实得以佐证。

1. 汉代的楼船在岭南获得充分的发展

楼船最早见于战国时期,《越绝书》记有战国时期吴王阖闾与伍子胥的一段

对话,提到:"船名大翼、小翼、突冒、楼船、桥船。"[20]这是最早提到关于楼船的记载。所谓"楼船者,船上施楼也"[21]。此楼在当时也只是在船上盖置的篷棚之类的建筑而已,因在甲板之上可谓其楼,它远没有达到后来《汉书》所记的"治楼船,高十余丈,旗帜加其上,甚壮"[22]的楼船水平。

楼船早已有之,但汉初"楼船"演变成水军总称,楼船是东汉的主要战船。元鼎五年(前 112 年),汉武帝借平定南越吕嘉叛乱之机,"遣伏波将军路博德出桂阳,下湟水(今广东连汀,北江支流);楼船将军杨仆出豫章,下浈水(今广东省境,北江支流)……皆将罪人,江、淮以南楼船十万人"。第二年(前 111 年)冬季攻克番禺(今广州)。吕嘉入海逃亡,被汉水军追杀。"遂以其地为南海、苍梧、郁林、合浦、交趾、九真、日南、珠崖、儋耳九郡。"元鼎六年(前 111 年),东越王余善又叛汉,武帝用九路兵将反击,其中还有由句章(今浙江宁波市西)出发的水师,浮海南征。《资治通鉴》记有:"上乃遣横海将军韩说出句章,浮海从东方往;楼船将军杨仆出武林(《汉书·武帝纪》为"出豫章"),中尉王温舒出梅岭,以越候为戈船、下濑将军,出若邪、白沙,以击东越。"[23]汉武帝多次派兵水路征战岭南地区,主要用的是楼船。

东汉建武十八年(42 年),伏波将军马援南征交趾时就"有楼船大小二千余艘,战士二万余人"[24]。

攻克番禺之后在南越所设九郡,除在海南岛的珠崖(治所在今琼山)、儋耳(治所在今儋县)两郡之外,就是在今广东、广西南部的南海、苍梧、郁林(治所在今桂平)、合浦四郡和在今越南境内的交趾、九真、日南三郡,号称"交趾七郡"。诸郡与中原和北方的交通主要取道于海上。

汉代多次用兵水上,因南征岭南以及所建各郡与北方海上交通的需要,必然建造大量的以楼船为主的船舶,大部分理当是在岭南建造。

"南海郡的番禺县(今广州市),自战国以来即为一重要都会,也是造船重镇。南海、合浦以及在其南方的交趾、日南两郡(均存今越南境内),是汉代向印度洋航行的重要门户。这几处地方那时盛产林木,都是重要的造船地点。"[25]

还得一提的是,"罗香林先生在 1955 年所著的《百粤源流与文化》一书,谈及他发现的广州汉代城砖上绘有楼船的形象"[26]，实属难得。史学界之所以论汉必言楼船，是因汉代大规模地兴建楼船之故，汉代的楼船确实在岭南得到充分的发展并发扬光大。

2. 中国古代造船技术重大发明的船尾舵和水密舱壁与岭南舟船紧密相关

（1）船尾舵最早出现在广州

舵是控制船舶航向的工具，早在东汉刘熙的《释名·释船》一书中就有"其尾曰柁。柁，拖也。在后见拖曳也。且言弼正船，使顺流不使他戾也"[27]的记载，它明确了舵的位置及其作用。1955 年于广州东郊的东汉墓中出土一陶质船模型，前面已有引述，船尾有舵，船首悬碇，距今近 2000 年的广州东汉陶船模上所显示的中国最早的船尾舵（拖舵）和具有横杆的木石碇（船锚）具有极其珍贵的文物研究价值（见图 3）。

广州东郊东汉陶船模的船尾正中位置的船舵虽还是绕支点转动，但它的短杆宽叶特征使其早已不是操纵长桨了，可称其为"拖舵"，它是中国船尾舵的祖式。唐代开元年间郑虔的一幅山水画中有一艘船[28]，是绕轴转动的舵，这才是真正意义上的船尾舵。中国最早出现船尾舵，它是中国古代造船技术的重大发明之一，它对航海技术的巨大贡献被世界所认同。拖舵当是舵的祖式，在世界范围来说，它也是最早的舵。

若论风帆的出现年代，埃及比中国早。古埃及新石器时代晚期的陶质花瓶上所描绘的方帆船，其年代可推溯到公元前 3100 年[29]。但是西方船尾舵的出现很晚，而"我国舵的发明和应用大约早于西方近 1 000 年，则是不争的事实"[30]。西方虽然风帆出现得很早，但它仍长期停留在使用操纵长桨，它的作用是难以与船尾舵相比的。

"中国风帆的出现和使用，虽然较国外为晚，但因有船尾舵与之相配合，加上中国风帆的特点，而最晚从汉代起，在中国就有相当成熟的驶帆技术，从而使中国的帆船能够跨越海洋，领先于全世界。"[31]帆与舵两者相得益彰，有力地推动了中国的航海业发展，对世界的航海业做出了积极贡献。

当前佐证中国最早出现船尾舵的是出土于广州东郊的东汉陶船模，也即，据现有出土文物看，中国船尾舵最早出现在广州。

（2）水密舱壁最早应用于岭南

众所周知，水密舱壁是中国古代造船技术的一项重大发明。晋代"卢循新造八槽舰九枚，起四层，高十余丈"[32]，八槽舰被学界"认为被水密舱壁分隔为8个舱的舰船。船舶水密舱壁是中国的一项创造"[33]，卢循在多年海战中曾于"元兴二年（403年）……逐率领起义军船队由闽入海航……次年，击破……广州……卢循占据广州达6年"[34]，可见，晋代的八槽舰在广州的出现是很自然的事，因此可以说，岭南是最早应用水密舱壁技术的地区之一。

（3）航海指南针可能最早用于广东航船

"中国利用指南针进行海上导航的最早文字记载，见于北宋宣和元年（1119年）朱彧所著的《萍洲可谈》，书中说：'舟师识地理，夜则观星，昼则观日，阴晦观指南针。'据考，朱彧之记载采自其父朱服之见闻。朱服……曾知广州。"[35]既然朱彧所著《萍洲可谈》的记载采自其曾知广州的父亲朱服之见闻，那么舟师在"阴晦观指南针"的记载反映的是广州一带航海的真实，由此推论广州可能是最早在航船上配用指南针的地区。

（4）以岭南实船为依据的《释名·释船》

《释名·释船》称得上是中国最早的船舶著作，书作者刘熙是船史界学者再熟悉不过的历史人物，他的《释船》被船史学者经常引用，但刘熙与岭南舟船文化之间具有的不解之缘却鲜为人知。已故船史学者金行德先生在《从刘熙〈释名·释船〉看汉代之"广船"》一文中，对此有详尽的研究和深刻的解析。

"刘熙也写作刘熹，字成国，'北海（郡治今山东潍坊西南）人'[36]，官至南安太守，东汉训诂学家，生卒年月不详……'因世乱避居交州，往来苍梧、南海间，教授生徒，共达数百人'[37]……刘熙长期生活在岭南，著作颇丰，而《释名》则是我国'以语源学观点研究训诂（之作），以音同音近的字解释字义，并注意到当时的语音与古音的异同，为汉语语源学的重要著作。'"[38][39]

金行德先生的研究认为,《释船》"用当地语言写出了南方船舶用品多个注释"[40]。此仅摘引三条为例:"船,循也,循水而行也。又曰舟,言周流也。""在旁拨水曰棹,棹,濯也。""引舟者曰筰,筰,作也,起舟使动行也。"此"船,循也……是'音同音近'规则的释字。'船'与'循',粤语的读音是极相近的;又'棹',《说文解字》中并无此字,原来棹即'櫂',而棹,'濯'也,粤语读音一致,且据《史记》櫂、濯相通;再,山东并非产竹之省,刘熙官至南安太守,南安即甘肃天水,也非产竹之地,而《释船》中的'筰',《说文解字》注'筰,筊也','筊,竹索也'[41];'笭''簀',《辞海》注为竹帘、竹蓆,均是南方用品。由此可以知道,《释船》的写作时间是刘熙避居交州时期,此时他常往来于岭南的苍梧(现广西的梧州)、南海(现广东的广州)。通过实践观察,刘熙加深了对南越之地船舶的认识和了解,用当地语言写出了南方船舶用品多个注释……《释船》词语、语音中带有浓郁的南方气息,而这气息更像来自两广地区"[42]。

"对于船史学者来说,见到了这样的史实,很自然会将刘熙写《释船》与岭南联系在一起。也就是说,刘熙写《释船》的灵感源于岭南的珠江水系海河船,以岭南的实船为依据释船训诂,付之文字记载。"[43]

出生山东,为官甘肃,而避居交州时常往来岭南江海之滨的刘熙所撰写的《释名·释船》不仅是直接反映岭南汉代船舶历史的权威著作,也是中国最早的古船专著,对中国船史研究有着不可低估的史料价值。岭南汉代实船乃是《释名·释船》的写作背景、素材和依据。

汉代是中国造船史上第一个高峰时期,也是岭南舟船文化处在的大发展阶段,说岭南汉代的造船水平似与中原地区大体相当绝不为过。

五、明代广船列为中国四大船型之一

中国古代海船自明代起有沙船、福船、广船的称谓,著称"三大船型",有学者以为应补上浙船,故又称"四大船型",不论何说,广船乃是中国古代海船著名船型之一。

广东船当然是指主要在广东造的,航于广东、广西、海南岛及南海一带的木帆船,也即岭南海域的木帆船。广东船的品种繁多,称谓不一。广船原来是特指广东建造的战船,现在船史学者已认其为涵盖两广和海南的岭南地区建造的海船统称。简而言之,通常笼统地称广东造的为"广东船",广东造的海船叫作"广船",广船的优良航海性能是与广船所具独特的技术特点分不开的。

被称为"广船"的广东海船范围广、种类多,而且各有特色,似乎难以统一,但与其他船型类比,广船的技术特点是非常独特和明显的,大体可以归结为下窄上宽、首尖尾圆、前低后高、脊弧低平、开孔舵、中插板、扇形帆、船尾梢洞、首呆木和多用硬木建造等。

广船是岭南舟船文化、海洋文化研究的重要方面之一,它的技术特点在造船史上占有举足轻重的地位。

中国独创的四爪铁锚制作锤锻焊接工艺和它的使用在明代宋应星的《天工开物》[44]中有详细的记述,它得到了"1978年,广州榕路铁路局巷出土明代四爪锚……高3.4米"[45]的实物映证(见图9)。现藏于广州市博物馆。它从一个侧面展示了明代广州先进的造船技术。

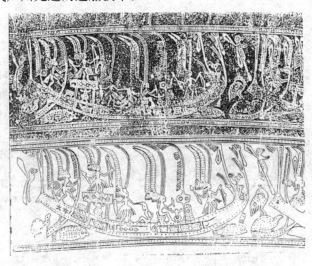

图9　广州清代四爪铁锚图

六、清代广东航运独具鳌头

清乾隆二十二年(1757年)撤销其他各口海关,"仅保留广东一地对外通商。从此,偌大的清帝国只剩下广州一处口岸延续对西方贸易"[46]。中国的对外贸易就集中于广州一口进行,广州成为唯一的贸易港,直至鸦片战争结束,广州得以在长达156年之久的对外贸易中得天独厚地始终处于开放的地位,一种特殊的进出口贸易机构——广州的"十三行"应运而生。世界各国和地区的商人不远万里络绎不绝地涉洋前来广州做生意,使清代前期广州的对外贸易盛况空前,进入了高度发展和繁荣的黄金时代。顺便要提的是,广州历经2 200多年的沧桑,今天仍然是中国对外贸易的重要港口城市之一。从1957年起成立的全国出口商品交易会(即广交会)就设在广州。

广东省博物馆藏展一幅晚清《广州港全景图》[47](见图10),被媒体美誉为"广州《清明上河图》",从当时广州港的繁荣景象可见清代广东海上商路盛况之一斑。

图10 清代广州港全景图

《大英图书馆特藏中国清代外销画精华》中的"广州港和广州府城画"[48]也

生动、形象、真实地再现了 250 年前广州贸易口岸的繁荣景象,令人叹为观止。

图上的广东红头船格外
显目,红头船是当时南海上
风靡一时的大型商船,后来
"红头船"的名称扩展成为广
东海贸商船的总称,多指三
桅帆船。清代末期的三桅红
头船是广东海贸商船的代表
船种。承载了东南亚航线的
贸易重任。"鸦片战争结束
后广东所造的一艘船名叫
'耆英号'(见图 12)的特大型

图 11　清代"耆英号"远洋商船

红头船载重达 800 吨"[49],是典型的远洋 3 桅商船,1847 到 1848 年"耆英号"经
纽约到伦敦,轰动英国。"耆英号"被视为中国木帆船航程最远的船舶,同时也体
现了中国木帆船技术的开花结果与岭南紧密相连。

后　语

宝镜湾摩崖岩画最早出现木板船的形象、古代海上丝绸之路最早的始发地,
汉代的楼船在岭南获得充分地发展,船尾舵最早出现在广州,水密舱壁最早应用
于岭南,指南针最早用于广东航船,《释名·释船》具岭南背景等史实,足以佐证
岭南舟船与中国造船史的紧密关联和极具特色。汉代是中国造船史上第一个高
峰时期,也是岭南舟船文化处在大发展阶段,岭南造船水平似与中原地区大体相
当。起始于明代的具有深厚历史底蕴的广船成为中国古船的重要船型之一绝非
偶然。清代成为唯一对外通商口岸的广州,也造就了广东航运独具鳌头的历史
地位。笔者由此以为,岭南地区的舟船文化在中国造船史上占有极为重要的历

史地位,对此绝不可低估。可以说,尽管珠江流域与黄河、长江流域的舟船文化在时间和程度上不尽相同,但岭南地区的珠江与黄河、长江共同孕育了中国的舟船文化。

参考文献

[1] 何光岳:《百越源流史》,江西教育出版社 1989 年版,第 1—2 页。

[2] 方志钦、蒋祖缘:《广东通史·古代分册》,广东教育出版社 1996 年版,第 135 页。

[3] 广东省文物考古研究所、珠海市博物馆:《珠海宝镜湾海岛型史前文化遗址发掘报告》,科学出版社 2004 年版。

[4] 徐恒彬、梁振兴:《高栏岛宝镜湾石刻岩画与古遗址的发现和研究》,收入珠海市博物馆、广东省文物考古研究所、广东省博物馆:《珠海考古发现与研究》,广东人民出版社 1991 年版。

[5] 广东省文物考古研究所、珠海市博物馆:《珠海宝镜湾海岛型史前文化遗址发掘报告》,科学出版社 2004 年版,第 161 页。

[6] 广东省文物考古研究所、珠海市博物馆:《珠海宝镜湾海岛型史前文化遗址发掘报告》,科学出版社 2004 年版,第 170—171 页。

[7] 徐恒彬、梁振兴:《高栏岛宝镜湾石刻岩画与古遗址的发现和研究》,珠海市博物馆、广东省文物考古研究所、广东省博物馆:《珠海考古发现与研究》,广东人民出版社 1991 年版,第 285 页。

[8] 何国卫:《从珠海宝镜湾遗址看岭南史前舟船文化》,《国家航海》(第七辑),上海古籍出版社 2014 年版,第 36 页。

[9] 广东省文物考古研究所、珠海市博物馆:《珠海宝镜湾海岛型史前文化遗址发掘报告》,科学出版社 2004 年版,第 163 页。

[10] 广东省文物考古研究所、珠海市博物馆:《珠海宝镜湾海岛型史前文化遗址发掘报告》,科学出版社 2004 年版,肖一亭:《宝镜湾遗址出土石坠的研究》,附录六第 367 页。

[11] (汉)班固:《汉书·地理志》,中华书局 1962 年版,第 1671 页。

[12] 孙光圻:《中国古代航海史》,海洋出版社 1989 年版,第 165 页。

[13] 广州市文物管理委员会:《广州市东郊东汉砖室墓清理纪略》,文物参考资料 6(1955),第

61—276 页。

[14] 广州市文物管理委员会:《广州皇帝岗西汉木椁墓发掘简报》,《考古通讯》1957 年第 4 期,第 22—29 页。

[15] 杨耀林,谭永业:《广东德庆汉墓出土的一件陶船模型》,《文物》,1983 年第 8 期,第 96 页。

[16] 甘叔:《岭南汉代文化宝库》,《岭南文史·西汉南越王墓专辑》。

[17] 西汉南越王墓博物馆:《广州南越王墓》,广东旅游出版社,第 22 页。

[18] 金行德:《南越王船》研究,广东造船工程学会编:《中国古船史研究——金行德先生文选汇编》,《广东造船》2015 年增刊,第 1 页。

[19] 席龙飞:《中国造船通史》,海洋出版社 2013 年版,第 61 页。

[20] (宋)李昉等:《太平御览》卷七七〇,中华书局 1960 年影印本,第 3413 页。

[21]《汉书》卷四十五《伍被传》。

[22]《汉书》卷二十四下《食货下》。

[23] (宋)司马光:《资治通鉴》卷二十,中华书局 1956 年版. 第 668—674 页。

[24] (东汉)范晔:《后汉书·马援传》,中华书局 1965 年版,第 839 页。

[25] 席龙飞:《中国造船通史》,海洋出版社 2013 年版,第 87 页。

[26] 叶显恩:《广东航运史》,人民交通出版社 1989 年版。

[27] (东汉)刘熙:《释名·释船》,见王先谦《释名疏证补》上海:上海古籍出版社 1984 年版。

[28] 金秋鹏:《中国古代的造船和航海》,中国青年出版社,第 49 页。

[29] Mariner's Mirror(1960),Vol. 46,No. 2,Combridge University Press. p. 145.

[30] 席龙飞:《中国造船通史》,海洋出版社 2013 年版,第 98 页。

[31] 席龙飞:《中国造船通史》,海洋出版社 2013 年版,第 99 页。

[32] (唐)欧阳洵:《艺文类聚》第七十一·舟船部:上海古籍出版社 1982 年版,第 1234 页。

[33] 席龙飞:《中国造船通史》,海洋出版社 2013 年版,第 116 页。

[34] 孙光圻:《中国古代航海史》,海洋出版社 1989 年版,第 201 页。

[35] 孙光圻:《中国古代航海史》,海洋出版社 1989 年版,第 439 页。

[36] 刘熙,生平不详,出生地也有多种说法,本文从《辞海》缩印本"刘熙"条。

[37] 胡为守:《岭南古史(修订本)》,广东人民出版社 2014 年版,第 220 页。

[38]《辞海》缩印本,上海辞书出版社 1980 年版。

[39] 金行德:《从刘熙〈释名·释船〉看汉代之"广船"》,广东造船工程学会编:《中国古船史研究——金行德先生文选汇编》,《广东造船》2015 年增刊,第 9 页。

[40] 同[39]。

[41] (东汉)许慎:《说文解字》,中华书局 1990 年版,"舴"条"筊"条。

[42] 金行德:《从刘熙〈释名·释船〉看汉代之"广船"》,广东造船工程学会编:《中国古船史研究——金行德先生文选汇编》,《广东造船》2015 年增刊,第 9—10 页。

[43] 金行德:《从刘熙〈释名·释船〉看汉代之"广船"》,广东造船工程学会编:《中国古船史研究——金行德先生文选汇编》,《广东造船》2015 年增刊,第 10 页。

[44] (明)宋应星:《天工开物》,中华书店 1959 年 6 月按崇祯初刻本影印。

[45] 广东省地方史志编纂委员会编:《广东省志·船舶工业志》,广东省人民出版社 2000 年版,第 43 页。

[46] 李国荣、林伟森:《清代广州十三行记略》,广东人民出版社 2006 年版,第 49 页。

[47] 煜呱:《广州港全景图》,广东省博物馆藏。

[48] 王次澄等:《大英图书馆特藏中国清代外销画精华》,广东人民出版社 2011 年版,第 1 类"广州港和广州府城画"。

[49] 广东省地方史志编纂委员会.《广东省志·船舶工业志》,广东人民出版社 2000 年版,第 29 页。

三、百家争鸣

试论郑和宝船

1　导言

郑和自永乐三年(1405 年)至宣德八年(1433 年)的二十八年间,受明政府派遣,统率舟师七下西洋。每次出去几万人,几十条大船。这是由当时世界上最大的船组成的最大的远洋船队。不但到了现在的南洋群岛的主要国家,而且一直到了非洲。郑和的船队每到一地,都以我国的丝绸、瓷器等宝货,或馈赠国王,或换取特产。回国时更邀请各国使节随船来访。郑和作为友好使者,在与亚非各国建立友好往来方面做出了重大的贡献。我国当代明史专家吴晗在 1962 年讲授明史时,曾作专题论述。他指出,郑和下西洋"其规模之大,人数之多,范围之广,那是历史上前所未有的,就是明朝以后也没有。这样大规模的航海,在当时世界历史上也没有过。郑和下西洋比哥伦布发现新大陆早八十七年,比迪亚士发现好望角早八十三年,比达·伽马发现新航路早九十三年,比麦哲伦到达菲律宾早一百一十六年。比世界上所有的航海家的航海活动都早。可以说郑和是历史上最早的、最伟大的、最有成绩的航海家"[1]。

郑和的航海活动因受到"朝贡贸易"的制约,反对派又以无实效为借口横加阻挠,下西洋的档案也毁而无存。这给今日的学术研究造成了一定的困难。学术界在充分肯定郑和伟大航海业绩的同时,也有部分学者对郑和宝船的尺度和规模存有种种疑问,迄今已成为研究郑和航海史及宝船的一大难题。本文仅就我们学习中的一孔之见,请教于热心这个问题的同道和研究科学技术史的专家。

2　郑和宝船的尺度有文献依据和文物例证

《明史·郑和传》记载："成祖疑惠帝亡海外，欲踪迹之，且欲耀兵异域，示中国富强。永乐三年六月命和及其侪王景弘等通使西洋。将士卒二万七千八百余人，多赍金币。以次遍历诸番国。造大舶，修四十四丈、广十八丈者六十二。"[2]

据此，以明尺为 0.317 米计[3]，则郑和宝船的长与宽约为 140 米和 57 米，长宽之比为 2.46。

周世德在 1962 年 3 月的学术论文中，针对这样小的长宽比曾正确地指出："木船如果造得过于瘦长，将不能抵抗海浪的冲击，而易为海浪冲断。所以木船必须较为短肥，特别是巨型木船。这样，速度虽受影响，而稳性大为增加。"周文中引《资治通鉴》卷一九九称："贞观二十年(646 年)六月，于剑南道伐木造舟舰，大者或长百尺，其广半之。"文中更指出："宋代巨型舰船一般是方正的或是短圆的，长宽比很小。"[4]

在 1962 年 10 月中国造船工程学会首届代表大会上，周世德发表了《中国沙船考略》[5]，指出："历史上，我国出使外国的船都选用当时当地最大的船。至郑和七下西洋，其规模之大，足迹之广，都超越前代，而当时的社会条件也提供了可能性，因而能达到空前的规模，用特别巨大的船只，长 44 丈，合 150.5 米。"与文献[4]有所不同的是，同一作者在文献[5]中，"按照江苏省外海沙船比例计算"，"颇疑船宽记载有讹舛之处"，"广十八丈"颇疑系"广于八丈"之误。

在 1980 年 10 月中国科学技术史学会成立大会上，杨宗英宣读了论文《略论郑和下西洋的宝船尺度》[6]，在分析了史料常有失实、船舶尺度受生产力发展的制约以及受强度的限制等各点之后，提出："明史上记载的宝船，长四十四丈，宽十八丈。若将其宽作为长，将长度的单位丈改为尺，而改为四丈四广，十八丈长，则与一般法式估算的尺度就相当接近了。"

上述文献[5]及[6]对社会生产力水平的估计是不同的，但都从宝船属于沙船船型出发,颇疑《明史》记载的数值有误,于是才有改变宽度[4]和改变长与宽的数值[6]之议。我们认为,史料记载有误乃在所难免,至于《明史·郑和传》对宝船尺度的记载是否有误,前述两文献的分析恐难使人信服。

郑和七下西洋乃明初盛事,档案资料虽被毁,但仍有随行人员的纪行著作传世,可作参考。马欢曾于第四、第六、第七次三次随行,其《瀛涯胜览》撰于明永乐十四年(1416年)。费信曾于第三、第四、第五、第七次四度随行,所著《星槎胜览》成书于明正统元年(1436年)。巩珍曾于第七次随行,所著《西洋番国志》成书于明宣德九年(1434年)。《明史》定稿于雍正十三年(1735年),刊行于乾隆四年(1739年),明史引用下西洋当事人的第一手资料为依据,当为顺理成章之事。此外还有明末顾起元(1565—1628年)所著《客座赘语》,对宝船也有记述。罗懋登著《三宝太监下西洋记》,成书于明万历二十五年(1597年),虽为文学著作,但古今学者均普遍认为对考订郑和宝船有学术价值。现将有关记载摘录如下。

明钞《说集》本《瀛涯胜览》卷首记载:"宝船六十三号,大者长四十四丈四尺,阔一十八丈;中者长三十七丈,阔一十五丈。"[7][8]

顾起元《客座赘语》记载:"宝船共六十三号,大船长四十四丈四尺,阔一十八丈;中船长三十七丈,阔一十五丈。"[7]

《郑和家谱》记载:"拔舡大十三号,大船长四十四丈,阔一十八丈;中船长三十七丈,阔十五丈。"[7]

巩珍《西洋番国志》则有:"其所乘宝舟,体势巍然,巨无与敌,篷帆锚舵,非二三百人莫能举动。"[7]

周世德在前述[5]中曾指出:"罗懋登《西洋记》称,宝船九桅,马船八桅,粮船七桅,座船六桅,战船五桅,作者认为所述似乎可信。"上记五种船型取自《西洋记》第十五回[7],今更将五种船型的长、阔尺度及其比值也一并列出,则如表1所示。

表 1　罗懋登《西洋记》所载下西洋五种船型

船型	桅数	长与阔尺度	长宽比值
宝船	九	长四十四丈四尺,阔一十八丈	2.466 6……
马船	八	长三十七丈,阔一十五丈	2.466 6……
粮船	七	长二十四丈,阔一十二丈	2.333……
座船	六	长二四丈,阔九丈四尺	2.553
战船	五	长一十八丈,阔六丈八尺	2.647

　　分析上述各文献的记载可知,《明史·郑和传》所记船舶尺度,是只举其大船而略去了中小船舶,在长度上更略去了四尺。正如研究郑和的著名学者郑鹤声所论:"《明史》所记长四十四丈阔十八丈之大船,即为《西洋记》中之宝船……《家谱》又有长三十七丈阔十五丈之中船,即《西洋记》中之马船也。《明史》只载宝船,盖举其大者耳。"[9]

　　郑和随行人员马欢、费信、巩珍的著作,在世界上也颇有影响。法国汉学家伯希和教授于 1933 年将《瀛涯胜览》《星槎胜览》《西洋番国志》以及黄省曾的《西洋朝贡典录》(成书于明正德十五年,即 1520 年)考订注释后用法文出版,书名为《中国在十五世纪的伟大航行》。两年后,即 1935 年,著名海外交通史学者冯承钧将该书译成中文,译名为《郑和下西洋考》[10]。该书为"造大舶,修四十四丈、广十八丈者六十二"句加了注释曰:"此种海舶奇大,可参考格仑威尔德书一六八页。总之每舟平均载四百五十人,其舟显然甚大,关于中世纪中国之大船者,可参考玉耳·戈尔迭之马可·波罗书,第二册二五三页,又契丹纪程,第五册二五页。伊本·拔图塔以为中国之大海舶可容一千人,内水手六百,士卒四百。"

　　元时来我国的意大利杰出旅行家马可·波罗[11]和摩洛哥大游历家伊本·拔图塔[12]的著述,应当说是有参考价值的。郑和众随行人员的行纪与他们的著述可谓一脉相承。文献[6]以为《明史·郑和传》中的宝船尺度是引自明人"说集"的《瀛涯胜览序》因而不足为据之说,看来值得商榷。

　　综合所引各文献中大船、中船的尺度以及表 1 中的五种船型,可知郑和庞大的船队中,绝大多数船舶的长宽比值均在 2.5 左右。这样小的长宽比虽然与现代造船工作者的认识相距很远,但却为近年在泉州、宁波出土的宋代海船所证实。泉州宋船的长宽比为 2.48[13] 或 2.65[14];宁波宋船的长宽比为 2.7[15] 或 2.8[16]。这样小的长宽比在历史文献中也能找到[4][14]。像文献[5][6]那样,为附会"沙船比例"或"一般法式"而去修改尺度比,未免有些牵强。一系列资料说明,并非"修史的人未经仔细推敲",倒是文献[6]把宽改作长,把长的单位丈改作"尺",带有随意性,致使所论宝船尺度尚不及《西洋记》中最小的战船(见表1),这与郑和宝船是不相干的。

顺便指出,郑鹤声[7][9]、周世德[5]以及本文都引用罗懋登的文学著作《西洋记》。我国著名海外交通史学者冯承钧曾一再强调,"因为《西洋记》所根据的材料,有一部分出于马欢书"[10],"未可以为小说而轻之也"。[17]

3　郑和宝船的船型与建造地点

郑和的宝船究竟建造于何地? 属何种船型? 也很值得探讨。

我们知道,郑和的船队庞大,船舶均由朝廷下令督办,在全国各地建造。《明成祖实录》卷十九至卷一百十四记载了永乐元年至十七年(1403—1419 年)新建与改建海船的翔实资料[7],为清楚起见,以表 2 的形式列出。

由表 2 可以看出,为组建下西洋的船队,将造船任务分配到全国各造船中心,而且采用新建与改建相结合的方针,所以,船舶类型必然是繁多的。

在第一次出使西洋的永乐三年六月之前,《明实录》记有五次大规模造船活动。其中永乐三年五月那次,当来不及参与第一次出使。在其余四次中,除"永乐元年五月辛巳,命福建都司造海船百三十七艘"之外,更有"永乐二年正月癸亥,将遣使西洋诸国,命福建造海船五艘"的记载。由此可见,福建这个宋元以来的造船中心,在建造郑和宝船的活动中是有重要地位的。

如果考察郑和出使的航线和基地港,则可知与福建更有密切关系。元明时期的海运,特别是向北京、辽东一线,多由太仓起运,太仓作为基地港具有重要作用,但对于郑和出使西洋,太仓的重要性则有所变化。据明黄省曾《西洋朝贡典录·白序》,郑和"总率巨舶百艘,发白福州五虎门"。据费信的《星槎胜览》[8]和马欢的《瀛涯胜览》[17],永乐七年(1407 年)第三次出使,是九月自太仓刘家港开船,十月到福建长乐太平港停泊,十二月于福建五虎门开洋;永乐十一年(1413年)第四次出使,是自福建福州府长乐县五虎门开船。

表 2 《明成祖实录》所载永乐元年至十七年建造海船统计表

序	时间	建造地点	艘数	建或改	明实录卷数	附注
1	元年五月	福建	137	建造	卷十九	海船
2	元年八月	京卫及浙江、湖广、江西、苏州	200	建造	卷二十一	海运船
3	元年十月	湖广、浙江、江西	188	改造	卷二十三	海运船
4	二年正月壬戌	京卫	50	建造	卷二十六	海船
	正月癸亥	福建	5	建造	卷二十六	特指遣使西洋
5	三年五月	浙江	1 180	建造	卷三十五	海船
6	三年十月	浙江、江西、湖广及直隶、安庆	80	改造	卷三十八	海运船
7	三年十一月	浙江、江西、湖广	13	改造	卷三十九	海运船
8	四年十月	浙江、江西、湖广及直隶、徽州、安广、太平、镇江、苏州	88	建造	卷四十六	海运船
9	五年九月	(命都指挥王浩改造海运船)	249	改造	卷五十二	备使西洋诸国
10	五年十一月	浙江、湖广、江西	16	改造	卷五十四	海运船
11	六年正月	(命工部)	48	建造	卷五十五	宝船
12	六年二月	浙江金乡	33	改造	卷五十五	海运船
13	六年十一月	江西、浙江、湖广及直隶、苏松	58	建造	卷六十	海运船
14	七年七月	江西、浙江、湖广及苏州	35	建造	卷六十六	海船
15	七年十一月	扬州等	5	建造	卷六十七	海运船
16	九年十月	浙江临山、观海、定海、宁波、昌国	48	建造	卷七二九	海船
17	十年九月	浙江、湖广、江西及镇江	130	建造	卷八十五	海运船
18	十年十一月	扬州	91	建造	卷八十六	海风船

（续表）

序	时间	建造地点	艘数	建或改	明实录卷数	附注
19	十一年十月	江西、湖广、浙江及镇江	63	改造	卷八十九	海风船
20	十三年三月	（命都督同知督造）	不详	建造	卷九十六	海船
21	十七年九月	（未指明）	41	建造	卷百十四	宝船

第五次奉使的日期，据《郑和航海图考》[18]是在永乐十四年（1416年）十二月丁卯；据《郑和遗事汇编》[19]，也是在永乐十四年十二月十日。然而，翌年（即永乐十五年，1417年）五月十六日，郑和却在泉州郊外灵山的"伊斯兰教圣墓"行香并有刻石为记。① 合理的解释是，郑和一行是在永乐十四年冬由江苏出发，在福建长乐和泉州一带集中休整待发近一年之久。事实上，福建长乐已成为基地港。当时造船技术先进的福建，又处在下西洋的开洋港，较多地承担宝船的建造任务，当在情理之中。宋代徐兢在报告他出使高丽之行时记有："旧例每因朝廷遣使，先期委福建、两浙监司顾募客舟。"[20]从表2所列的各造船地点看来，明代仍是援引旧例。

据康熙《崇明县志》："永乐二十二年（1424年）八月，诏下西洋诸船悉停止。船大难进浏河，复泊崇明。"[21]由此可见，尽管浏河北岸的太仓是造船基地之一，也有可能为郑和船队建造过船舶，但是郑和的大型宝船却肯定不是在浏河北岸的太仓建造的。

根据《明史》等一系列文献，宝船尺度特大而长宽比又特小，只有2.466，这一特点与福船是一致的，而与沙船则有很大的差别。考虑到福建、浙江沿海宋元以来的造船业较为发达的事实，再结合着船队是驶向南洋以及经印度洋去波斯湾和非洲东海岸广深海域这一事实，宝船的船型当然会选择适于深海航行的尖底、深吃水、长宽比小但却非常瘦削的船型。这种优秀船型非福船莫属。福船综

---

① 郑和行香碑今仍存于泉州郊外灵山的圣墓，文曰："钦差总兵太监郑和前往西洋忽鲁谟斯等国公干永乐十五年五月十六日于此行香望灵庇祐镇抚蒲和日记立"。

合考虑了结构强度、稳性、快速性、适航性以及加工工艺等多种性能要求。拙文[14]及文献[4]中均有所分析,兹不赘述。

4 郑和宝船的出现合于事物的发展规律

我国是造船和航海古国。早在秦汉时期就出现了中国造船史上的第一个高峰。"汉代的航海家已远达印度和锡兰"[19],"汉武帝在位时(前 140—前 87 年)中国与东南亚和南亚各国已经展开外交活动和经济文化交流了"[23]。

唐代(618—907 年)国力富强,航海活动已突破汉代的航线,与波斯、阿拉伯等地都有频繁的交通[22]。当时我国船舶以体型巨大、构造坚固著称,因此,"唐末五代间,阿拉伯商人东航者皆乘中国船"[12]。自北宋(960—1127 年)起,罗盘用于航海:"舟师识地理,夜则观星,昼则观日,阴晦观指南针。"[24]有力地促进了造船与航海技术的发展。唐宋时期堪称中国造船史上的第二个高峰时期。

元代国祚虽不长,而造船成就却不可忽视。对元代的船舶,马可·波罗和伊本·拔图塔都有过高度评价。有的文献认为,"元代几十年的经营成果,延续到明代,使我国的造船业,达到超越前代的一个高峰[25],或更明确提出"元明可说是我国造船史上的第三个高峰"[26]。

"唐代海船最大的长达二十丈"[22],宋代船舶有达三十丈者。[20][27][28]元明继唐宋之后,既有建造大船的物质技术基础,又有明朝廷为执行"耀兵""示富"政策而造大船以出使西洋的实际需要。郑和四十丈大型宝船的出现是合乎事物发展规律的。

对郑和宝船是否具有足够的结构强度,有的文献[6]持有疑问,本文不妨也利用类似的和传统的方法做必要的分析。

按文献[3]以明尺为 0.317 米计,宝船的各项尺度可概略地作如下估算:

总长 $L_{OA} = 44.4 \times 10 \times 0.317 = 140.74$ 米;

水线长 $L_{WL} = L_{OA}/1.173 = 120$ 米(取 $L_{OA}/L_{WL} = 1.173$);

总宽 $B_{max}=18\times10\times0.317-57.0$ 米;

型宽 $B=B_{max}/1.06=54$ 米$(B_{max}/B=1.06)$;

如取船深 $D=12$ 米,取船深与吃水之比 $D/T=1.2\sim1.5$,则吃水 $T=8\sim10$ 米;

仿照泉州古船,取方形系数 $C_b=0.43$,则海水中的排水量 $\Delta=22\ 848\sim28\ 561$ 吨。

将排水量 Δ、水线长 L_{WL} 之值代入船体中部所承受的弯矩公式[29]并取系数 $K=35$,则船舶所承受的弯矩 M 为:

$$M=\frac{\Delta L_{WL}}{K}=(0.783\sim0.979)\times10^5\ \text{吨·米}$$

为保证船体的强度,船舶的中剖面模数 W 应满足下式,即:

$$W\geqslant\frac{M}{[\sigma]}$$

据文献[30],木材的许用应力 $[\sigma]$ 为 100 千克/厘米^2,将 $[\sigma]$ 及 M 之值代上式,则剖面模数 W 应为:

$$W\geqslant78.3\sim97.9\ \text{米}^3$$

经核算,甲板与船底处的剖面模数 W 与壳板厚度 δ 之间有下述关系:

$$W_{甲板}=343.7\delta\ \text{米}^2$$

$$W_{船底}=285.1\delta\ \text{米}^2$$

由此可导出甲板厚度与船底板厚度各为:

$$\delta_{甲板}=228\sim285\ \text{毫米}$$

$$\delta_{船底}=275\sim343\ \text{毫米}$$

大型木船的板厚达到 340 毫米是完全可以的。1974 年在泉州湾出土的宋代海船,长度仅 30 米,船壳板三重板的总厚度即达 180 毫米[13][14]。宝船的板厚若达到上述估算值的范围,保证强度应当是没有问题的。假如船舶吃水取为 8 米,则排水量只有二万三千吨左右,船底板的厚度如能达到 275 毫米就可以保证有足够的强度了。

特别应当指出,为了方便,前面是取甲板、舷板和船底板为等厚进行估算的,而我国古船特别是福船,底部有龙骨,舷侧顶部有大橛,均用优质巨木制成,对保证纵强度特别有利。数目众多的横舱壁对横向强度更提供了有力的保证。

有的论文提出,在铁船之前,世界木帆船即使登峰造极也不超过百米,排水量不超过四千吨。我们认为这也是值得商榷的。姑且不论我国古代造船业在世界上的领先地位,也姑且不论明朝廷为"示富"而力主造大船的需要,即使粗略地观察一下国外在发展大型木船的不完整资料,也难以同意前述论断。

著名的尼罗河大型驳船是根据公元前 1500 年的浮雕而复原的[31]。该驳船是为了沿尼罗河从 Aswan 采石场向 Karnak 运输两个巨大的尖桩而建造的。每个尖桩约重 350 吨,约高 100 英尺。从复原图可以看出,该驳船总长约 210 英尺,合 65 米。这个大驳船是由 27 艘小船拖曳的,每船配 30 名桨手,总共需要 810 人。

公元前 3 世纪末托勒密四世在亚历山大城指导建造了配有 4 000 名桨手的双体战舰,长 280 腕尺,合 128 米[32]。

苏联道勒米顿托夫教授在 1953 年出版的关于木船的教科书[33]中,载有不少大型木船的历史资料。其中讲到一种在里海向阿斯特拉罕城运送石油的木驳船,长 85 米,载油 1 600 吨;后来船舶长度增加到 96～117 米。根据 1912 年在伏尔加河的调查,曾经登记过长达 160 米、宽达 19.2 米、拥有载重量 6 500 吨的大型木驳船。

日本造船史学者上野喜一郎在 1980 年出版的《船的世界史》[30]中,载有于 1857 年在美国建造的航行于北大西洋航线的木质客船 Adriatic 号的资料和图片。该船长 105.15 米,宽 15.24 米。这个资料是确切的,但我们相信它并不是世界上最大的木船①。

---

① 据合众国际社开罗(1983 年)6 月 26 日电,《开罗报纸》6 月 27 日晨版报道了在亚历山大港近海确定了沉没近二百年的拿破仑舰队旗舰"东方号"残骸的位置。报道说该旗舰全长一百六十四米。据文献[33],18 世纪末到 19 世纪初,正是木船向大型发展和船体局部开始使用铁的时期,1839 年英国人华生发明铁木混合造船法,1851 年,乔丹建成总吨数为 787 的"Tubal Cain"号,这是第一艘铁木混合结构船。拿破仑的旗舰"东方号"既沉于 1798 年,可知其既非铁甲舰,也非铁木混合结构军舰,当为全长 164 米的木帆船。《光明日报》驻开罗记者符福渊 1983 年 7 月 20 日在该报发表《寻找拿破仑舰队沉船》的报道,说"东方号"长 150 米,装有 120 门大炮。

尽管这些资料很不完整,但已足以使我们相信,即使在国外,在古代,大型木船也是有的。以外国没有大型木船为由,推论郑和宝船尺度的不可信,也是缺乏说服力的。

5 结语

在结束本文时,我们对于郑和宝船大致可以得出以下几点认识:

(1)《明史·郑和传》所记宝船长四十四丈,宽十八丈,概指体型最大的船舶与有关文献颇相符合。其长宽比值较小这一特点,更为在泉州、宁波出土的古船所证实。

(2)郑和所统率的舟师是一支庞大的"特混胎队",如表 2 所示,船队是按朝廷的命令在全国各地建造的。太仓、南京只是造船基地之一,在长江沿线还有湖广(指今湖南、湖北)、江西、安庆、扬州、镇江等地都承担了大量的建造与改造船舶的任务。宋元以来造船技术发达的福建、浙江沿海地区在造船上更发挥了重要作用。表 2 中序号为 4 的一项,特别记录了"永乐二年正月癸亥,将遣使西洋诸国,命福建造海船五艘"。这五艘海船中或许就有郑和船队中体型最大的宝船。"船大难进浏河"(康熙《崇明县志》记载)的记载则有力地说明大型宝船不是在浏河岸边的太仓建造的。

(3)郑和庞大的船队既在全国建造和改造,船型必然是多种多样的。除了在浏河边的太仓(最多也限于南京一带)所造船舶可能取沙船船型之外,在闽、浙沿海所造船舶当为尖底、深吃水、抗风浪性能良好的福船船型。从郑和的航线来看,从表 1 所列宝船及其他各船型都具有较小的长宽比这一特点来看,船队中大多数船舶,特别是大型的宝船即相当于当今的旗舰者,应是福船船型,不大可能是沙船船型。

(4)继承秦汉以及唐宋以来优秀的造船技术传统,再加上明朝的具体需要,出现了郑和统率庞大船队七下西洋的壮举是顺理成章的事情,与世界上其他国家和地区因运输和战事的具体需要而建造大型船舰的规律也并不相悖。伟大的航海家郑和,为中国和世界的航海史写下了光辉的篇章。由于局限于明朝延的"朝贡贸易"政策,因而遭致反对派的阻挠和破坏,随着郑和的逝世,郑和的宝船也成为"空前绝后"的了。纵观世界历史,中国的万里长城和埃及的金字塔等,都堪称"空前绝后",但都是客观存在的历史事实。

本文在写作中承文尚光、李世谟、刘应群等同志或提供资料或给予帮助,船舶设计教研室曾组织了讨论,在此一并致以谢意。

参考文献

[1] 吴晗. 明史简述. 北京:中华书局,1980.

[2] (清)张延玉等. 明史. 北京:中华书局,1974.

[3] 杨宽. 中国历代尺度考. 上海:商务印书馆,1955.

[4] 周世德. 从宝船厂舵杆的鉴定推论郑和宝船. 文物,1962(3).

[5] 周世德. 中国沙船考略. 中国造船工程学会1962年年会论文集(第二分册). 北京:国防工业出版社,1964.

[6] 杨槱,杨宗英,黄根余. 略论郑和下西洋的宝船尺度. 海交史研究,1981(3).

[7] 郑鹤声,郑一钧. 郑和下西洋资料汇编(上册). 济南:齐鲁书社,1980.

[8] 冯承钧. 星槎胜览校注. 长沙:商务印书馆,1938.

[9] 郑鹤声. 郑和. 重庆:胜利书局,1944.

[10] 伯希和. 郑和下西洋考. 冯承钧,译. 上海:商务印书馆,1935.

[11] 马克,波罗·马可·波罗游记. 红星烺,译. 上海:商务印韦馆,1937年。

[12] [日]桑原骘藏. 蒲寿庚考. 陈裕菁,译. 上海:中华书局,1929.

[13] 杨槱. 对泉州湾宋代海船复原的几点看法. 海交史研究,1982(2).

[14] 席龙飞,何国卫. 对泉州湾出土的宋代海沿及其复原尺度的探讨. 中国造船,1979(2).

[15] 席龙飞,何国卫. 对宁波古船的研究. 武汉水运工程学院学报,1981(2).

[16] 徐英范. 浙江古代航海木帆船的研究——兼谈宁波宋代海船复原. 北京:中国科学院自然科学史研究所,1981.

[17] 冯承钧. 瀛涯胜览校注. 上海:商务印书馆,1934.

[18] 范文涛. 郑和航海图考. 重庆：商务印书馆,1943.

[19] 郑鹤声. 郑和遗事汇编. 上海：中华书局,1947.

[20] (宋)徐兢. 宣和奉使高丽图经(卷三十四). 影印本,北京：故宫博物院,1931.

[21] 康熙崇明县志.

[22] 杨槱. 中国造船发展简史. 中国造船工程学会 1962 年年会论文集(第二分册). 北京：国防工业出版社,1964.

[23] 朱杰勤. 汉代中国与东南亚和南亚海上交通路线试探. 海交史研究,1981(3).

[24] [宋]朱彧:《萍洲可谈》卷二. 守山阁丛书,子集.

[25] 杨熺. 承前启后的元代船舶. 大连海运学院学报,1983.

[26] 庄为玑. 试论我国造船航海之第三高潮. 中国造船史第一次学术讨论会论文. 厦门大学,1982.

[27] (宋)孟元老. 东京梦华录注. 邓之诚注,北京：中华书局,1982.

[28] 庄为玑,庄景辉. 泉州宋船结构的历史分析. 厦门大学学报,1977(4).

[29] David Arnott. Design and Construction of Steel Merchant Ships. New York：SNAME, 1955.

[30] [日]上野喜一郎. 船の世界史(上卷). 东京：舵社,1980.

[31] George F. Bass. *A History of Seafaring*. New York：Walker and Company, 1972.

[32] Vernard Foley, Werner Soedel. 古代有桨战舰. 科学. 重庆：科学技术文献出版社重庆分社,1981.

[33] Н. К. Дормидонтов. Конструнция и устройство судов внутреннего плдания, часть I, деревянные суда. Москва：изд. министерства морского и речного флота СССР,1953.

原文发表于《武汉水运工程学院学报》,1983 年第 3 期,第 9—17 页。收入《郑和下西洋论文集》第 1 集,北京：人民出版社 1995 年版。

对"船场说"的剖析与商榷

1. "船场说"值得商榷

1.1 出土的平行大木板

1977 年第 4 期《文物》杂志发表了《广州秦汉造船工场遗址试掘》[1]一文(以下简称《试掘》)*。该文作者认为,1974 年广州发掘出土的秦汉遗址是"造船工场遗址",也有不少学者附和此说,在此称其为"船场说"。

《试掘》一文对广州秦汉遗址有如下的主要叙述(见图 1.1):

"三个造船台平行排列,呈东西向,偏南 10 度","船台是与滑道相结合的,形如现代的铁路轨道一样,由枕木、滑板和木墩组成","在枕木上平行铺放两行厚重的滑板,构成一组滑道……""墩木:在两行滑板面上平置","船台是水平式的……"还有"可能是斜坡式的下水滑道"。

《试掘》一文作者将"船台""滑道"混为一谈,将其都称为"滑板"了。这与船舶下水时用于在滑道上滑行的滑板是完全不同的构件。平行铺在枕木上,在其上置放木墩的厚重大木板,为阐述方便简称为"大木板"。

《试掘》一文由此推断,这"平行铺放两行厚重"的大木板,既是船台又是滑道,既有水平段又有斜坡段,既要在这水平船台上造船又要在斜坡滑道上下水。不管怎样,同时用作水平船台和斜坡滑道的平行大木板是在同一列位的直线上。

《试掘》之所以得出"船场说"的结论,问题主要就出在对这平行大木板的认识上的非专业性。

1.2 "船场说"值得商榷

《试掘》一文在论述平行大木板时多次提到"船台""滑道""滑板""木墩"和"下水"等造船技术名词,这无疑成为"船场说"的重要依据。

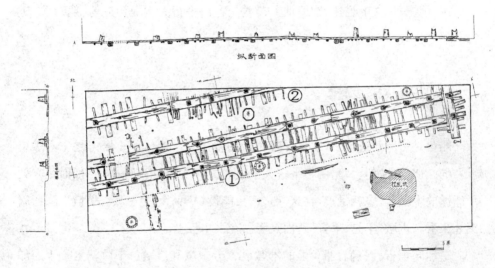

图 1.1 遗址结构平面图(原载《文物》1977 年第 4 期)

出土的平行大木板究竟是不是"船台"? 是不是"滑道"? 在其上竖立放置的是不是造船"木墩"? 在"船台"上究竟如何造船? 在"滑道"上究竟如何下水? ……存疑无解,矛盾甚多! "船场说"值得商榷。

如果"船场说"成立,那么,它是年代最早的规模巨大的古代造船工场的遗址。不言而喻,这对造船技术史、海上交通史等的研究具有极其重要的意义。这令文物考古专家兴奋不已是必然的,也同样地令造船史专家高度震惊和重视。

戴开元先生较早地对"船场说"提出过质疑,认为"该遗址可能是木结构建造遗址"[2],这就是所称的"建筑说"。

假设遗址出土的平行大木板是"船台",是"滑道",其上所置的是"木墩",对此笔者仅从造船技术角度,以造船的基本规律对《试掘》的"船场说"试作剖析并与《试掘》作者商榷。笔者的结论是明确的:广州秦汉遗址绝不是造船工场遗址。

2. 不是建造船台

按《试掘》一文的描述,在遗址上造船是在由平行大木板构成的"船台"上进行的。可是,这不是船台,不能造船。

2.1　一般应设龙骨墩

船台是船舶建造场所,它承受着建造的重压力。船体的重压力是靠木墩垫承着的。遗址的"船台"是两根平行大木板,在其上"……平置……造船时用来架承船体的木墩"。也就是说,在这"船台"只能设置两列木墩。从《试掘》一文所附图片来看,"木墩"不是"平置"着而是竖立在大木板上的。

造船知识告诉我们,船台上的木墩设置分中墩和边墩。中墩就是置于船舶中心线的船舶龙骨位置的木墩,俗称"龙骨墩"。在龙骨墩左右根据船宽的不同分设若干列边墩。墩位的不同其所承压负荷也不同。对船宽 10 米以下的船,经验表明,至少设置一列中墩(龙骨墩)和两列边墩(见图 2.1[3])。船舶中部的龙

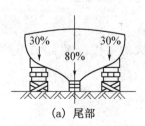
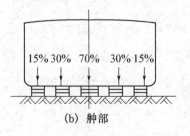
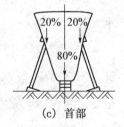

(a) 尾部　　　　　　　(b) 舯部　　　　　　　(c) 首部

图 2.1　船台横向负荷分布图

骨墩负荷可达 70%，在首尾部可达 80%。可想而知，若无龙骨墩，全部重量得由两列边墩来承受，这样的承力分配是不合理的。

　　船舶是左右对称的。龙骨墩位线即龙骨线，就是船舶中心线。龙骨线的高度就是建造船舶的基线高度，它是靠龙骨墩的高度来保证的。可见，龙骨线是船舶建造的基准线。因此，造船一般应设龙骨墩。

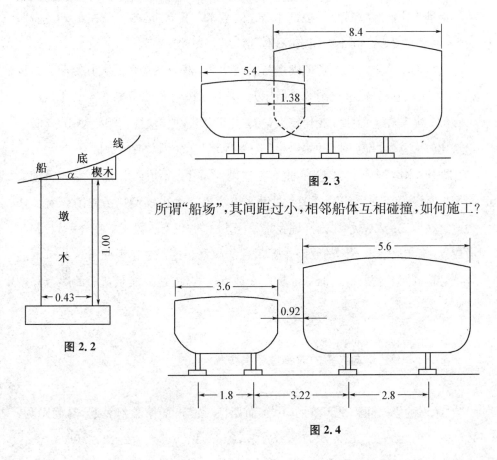

图 2.3

图 2.2

　　所谓"船场"，其间距过小，相邻船体互相碰撞，如何施工？

图 2.4

2.2　"木墩"不稳

木墩是船台上支承船体的装置，它必须具有足够的承载能力。它的尺寸大小、墩位布置及其高度除应满足承压强度外,还应考虑到木墩的承载稳定性。由于边墩在承荷时存在着向外侧的分力,如果木墩过高,墩位底面太小,就会倾倒。但竖立在平行大木板上的"木墩""其中保留最大的一个底部长宽 41 cm×43 cm"。这样的底边尺寸是远远不够的。为确保木墩稳定,船场工匠普遍采用"井"字形的叠架式木墩作边墩,又称"梅花墩"。

遗址出土的"木墩"是一根整体竖立的墩木。其高"推测……在 1 m 左右",而且"木墩与滑板之间不作固定处理。"

边墩的墩木上端靠三角形楔木与船底贴紧。楔木的楔角越大其侧向分力也越大,木墩就越易倾倒(见图 2.2 所示)。只有在楔角小的情况下木墩才能保持不倾倒。尤其在表面曲度变化较大,船首尾区域往往二块楔木相叠使用,此时楔角就比较大。所以说,遗址的"船台"上的"木墩"无法承受造船重量。

即使"木墩"未受建造载荷,也容易碰倒。如有人不慎靠上墩木,墩木将随之而倒。奇怪的是,大木板上的 13 对墩木事实上一个也没倒!杨鸿勋研究员认为,"这些所谓的'木墩'原来都埋在堆积泥土中的,仅有上段暴露在外"[4]。若此说成立,确实给墩木不倒的原因作了很好的解释。这不是正说明了这些所谓的"木墩"连同"船台""枕木"原来都是埋在地下的构件,这还能是造船的船台和木墩吗?

2.3 "木墩"纵向布置的对称性令人费解

"木墩的纵向间距是不等的,由东而西'横阵'上的第 1 对算起,其间距为:1.60,1.80,1.90,2.36,3.20,1.90,2.77,2.68,1.86,3.20,2.12,2.06 m"。仔细观察这种间距的排列,若考虑到木材可能的变形和测量误差,可发现其以第 8 对木墩为对称点,木墩的纵向分布具奇妙的对称性(见图 1.1)。

为了着力点的强度起见,木墩布置正如《试掘》一文所说"可能也是与船体上的肋骨或舱位的间距位置有关"。若以第 8 对木墩为船中位,不禁要问:船舶首尾段的舱壁分布有必要如此对称吗?更不可理解的是,出土的第二号"船台"的

"木墩"布置竟与第一号"船台"基本对应一致。

古代木船的舱壁设置主要是从船舶结构的横向强度出发,结合舱室分隔的需要来考虑的。船舶只具左右对称性而不存在首尾对称性。船舶横向构件包括舱壁肋骨等布置与纵向对称性毫不相干。这已被已知的出土古代木船所证实。

即使第 8 对木墩不位于船中,不论其处于何位都无法解释木墩布置与"船体上的肋骨或舱位的间距位置"有任何关系。再说,如果第 8 对木墩不位于船中,势必在船首或船尾处总有多余设置的木墩,这又是为了什么?

2.4 "船台"布置不合情理

为了讨论问题的需要,假设在平行大木板组成的"船台"上造船成立,那么让我们看看"船台"的布置情况如何。

"船台"上的两列边墩置于两根平行大木板上,边墩间距就是这两根平行大木板的间距。因为这两根平行大木板又是下水"滑道",所以两根平行大木板的间距与下水滑道间距也是相同的。从下水滑道说,若滑道中心间距过小,船舶稳定性差;间距过大,船舶和滑道受力状况恶化。中心距过大或过小都是不合适的。作为下水滑道,"两滑道中心距视船舶情况而定,一般取(1/3~3/7B),通常取 1/3B,对平底船,最大可取 1/2B,B 为船宽"。[3]现以第一、二号两个"船台"来讨论(见图 2.4 所示)。

第一和二号"船台"的边墩间距,即平行大木板间距分别为"1.8 m"和"2.8 m"。由图 1.1 上按比例量得两个"船台"中心线间距约为 5.52 米。按滑道中心距通常取 1/3 船宽计算,第一、二号"船台"分别可建造的船舶宽度达 5.4 米和 8.4 米。若正是如此,那么,如果第一、二号船台同时建造,两船势必有约 1.38 米的重叠,若如图中心虚线所示,这不是天大的笑话吗?即使以平底船的滑道中心距取 1/2 船宽来计算,船舶宽度分别是 3.6 米和 5.6 米,在一、二"船台"上同时建造的两艘船的船舶舷侧距离只有 0.92 米(见图 2.4 所示)。如此狭小的空间能展开造船施工吗?"三个造船台平行排列""可以成批建造了",这只是良好愿望指导下的猜想而已。这种不合情理的布置只能说明这平行大木板本来就不是什么"船台"！

2.5　立桩作用何在

《试掘》一文告诉我们，"在两个船台当中有一列立桩，每根立桩的位置与船台的木墩基本相对"。又说立桩"……恰好位于两船台的中心线上。如果一、二号船台拼合以建造较大的船，则这列立桩有可能是作为中线定位的"。如果真是如此，那么如何来理解下列问题：

（1）"如果一、二号船台拼合"造船，那么这样宽大的船台建造十几米宽的船舶是不成问题的。秦汉时期已具如此大的造船能力吗？

（2）若第一和第二号船台分别同时造船，那么立桩只是有碍造船施工的多余构件。

至于立桩究竟是干什么用的？"这列立桩做什么用，尚难确定"的说法倒是可以接受的。

2.6　船台区怎能开凿水井

图 1.1 上可以看到，有四口开口不算很小的水井，除了西头一口外，另外三口紧靠船台，这些水井对承载造船重量的船台来说，无疑有损"船台"基础的强度，百害而无一利，完全没有必要。在第 8 对木墩处，因为南侧水井的存在，还不得不使该处大枕木短了一截。看来这水井比作为船台基础的枕木还重要。若在此挖凿水井确实有用，那么，这反而证明了该处不应该是船台。在第一、二号"船台"之间的两口水井与立桩一样，也是有碍造船施工的。

3. 不是下水滑道

按《试掘》一文所述,在遗址上造船的下水方式应属纵向滑道重力式滑行下水(简称"纵向滑行下水"),纵向滑行下水通常是待建造完工后,须将船舶从建造木墩移至下水木墩上,下水木墩起到临时支承船舶下水重量的作用。此时利用移墩时刻,对原来建造木墩处的船底部位进行捻缝、油漆。下水木墩不同于建造木墩之处在于,下水木墩能迅速拆墩,将船舶重量迅速移至下水滑板上,保证船舶及时顺利下水。下水是靠滑板在滑道上滑行,绝不能让船底壳在滑道上直接接触滑行。但是遗址上的平行大木板不是滑道,建成的船舶也不能在此"滑道"上下水。

3.1 建造木墩难以拆移

小型船舶常采用沙包式下水墩木。沙包式下水墩木在拆卸时将沙包割破即可。《试掘》作者认为,"第1号台的南边……有……海沙……但海沙只是小堆的散着……可能与'斩包'下水方法有关"。读其对"斩包"下水方法的注解,可知"斩包"下水的方法就是沙包式下水方法。

《试掘》一文在注释⑧中是这样描述的:"……在沙墩上垫上两块木板,从两木板中间打入楔木,把船体抬高少许,应可以将木墩移去。"这里所说的移去的木墩应该是建造木墩,而下水墩就是有沙包的木墩。因为第二号"船台的木墩底部都做出一个小圆榫(长6、径9厘米),滑板凿出一个圆卯相套合",所以船体起码得抬起6厘米以上的距离方可移去此建造墩木,这可不是"抬高少许",整个船体抬高6厘米谈何容易? 一号"船台"墩木上没有"小圆榫"不是更有利于移墩作业吗?

3.2 "滑道"坡度不满足下滑条件

若遗址上造船果真是采用纵向重力式滑行下水,那么滑道应有足够大的坡度。其大小应能使船舶重力沿滑道方向的分力,即下滑力,大于滑动件之间(即滑道与滑板之间)的摩擦力。通常对船长小于 60 米的船下水所采用的滑道坡度一般在 1/14～1/17 范围内。

《试掘》明白无误地指出:"第一号船台……第二号船台……都是水平的。"当然不可能是下水滑道。不过《试掘》又说,"在一号船台东端尽头处往西延伸至88 m 的地方钻探,发现滑板(按,应称"滑道"),但比东部已揭出的船台滑板(按,应称"船台")的水平高度要低出 75 cm。因为船台是水平的,这里也可能是斜坡式的下水滑道"。看来,《试掘》作者也承认无"斜坡"不可能成为下水滑道。

距东端 88 米处所钻探到的木头究竟是什么? 是不是下水滑道暂且不论,现当它为下水滑道来讨论。

从《试掘》的如上描述可知,水平段的"船台"与具斜坡的下水"滑道"在纵向一条直线上。但在高度上有一个折点,就是船台水平线与滑道斜坡线的交汇点。该点位于何处,《试掘》文中没有说明。假设该点刚好在出土的水平"船台"西端处,因出土的"船台"约长 30 米(按图 1.1 比例量取),则下水滑道坡度为 $\frac{0.75}{88-30} \approx \frac{1}{77}$,这与满足下滑条件要求的滑道坡度相距甚远。如此小的滑道坡度是根本无法靠船舶自重下水的。

《试掘》提到的下水"滑道"仅仅是第一号船台的,还不知第二、三号船台处是否也有类同的具斜坡的"滑道"。

3.3 用什么作下水润滑剂

重力式滑道下水时滑板与滑道之间的滑动是靠涂在它们之间的润滑剂来减

小摩擦力的。没有下水润滑剂是难以实现滑板在滑道上滑动下水的。若没有良好的下水润滑剂,即使滑道坡度满足 1/14～1/17 的范围,船舶也是滑不下去的。

滑道下水润滑剂不仅具备优良的润滑性,摩擦系数较小,而且具有较高的承压能力。在下水重量的作用下,不致被挤压出来。

至今尚未见有秦汉时期能制造出这类下水润滑剂的文献记载。《试掘》对遗址现场的报告也确未提到有下水润滑剂的点滴痕迹发现。

现在许多小船厂还在土船台上采用稀泥巴作润滑剂的下水方法。所谓稀泥巴下水,不是在滑板与滑道间涂上稀泥巴,而是将稀泥巴直接铺在具有坡度的用作船台的土地面上。下水前不断地喷洒水,以保证它的润滑性。船底与坡式土地面之间垫隔着稀泥巴,就可很顺利地滑动下水。这种下水方法简便、实用。

除了稀泥巴下水外,宋、金时代还有"……取秫秸密布于地……乘霜滑曳之"[5]的记载。这些比专用滑道下水简便得多的下水方法,相信也会被秦汉时代的造船工匠们所采用。

4. 船舶不能在"船台"上建造,也不能在"滑道"上下水

船台是造船场所,滑道是船舶下水设施。不论建造船台和下水滑道是如何的简陋,没有船台就无处造船,没有下水滑道,那么滑道下水就无从谈起。

被《试掘》作者称作"造船工场"的建造船台和下水滑道就是铺在枕木上的平行大木板。船舶在此"船台"上建造,在此"滑道"上下水能行吗? 笔者在前述中已分别作了回答。若对关联到"船台"和"滑道"的平行大木板作进一步的分析,甚多的矛盾随之显露出来。

4.1 下水墩木和下水滑道位置的矛盾

如前面所述,船舶下水前先将下水墩木(即有沙包的墩木)拆除,为使船舶安

全座落到滑板上,滑板上用楔木将下水支架木衬垫与船体贴紧。滑板是在滑道上滑行的,滑板与滑道必须在同列位上。为安置下水滑道、滑板和下水支架,则下水滑道不能与下水墩木在同一列位上。但是遗址的下水墩木也在用作船台和滑道的两根大木板上。如是这样,下水滑板与下水墩就在同一列位上,这时如何安置呢? 对这样的位置矛盾,无论如何也无法作出合理的解释。

4.2　"船台"长度与"滑道"坡度的矛盾

在 3.2 节讨论下滑条件时,对"滑道"坡度作的分析,已得出"滑道"的坡度太小无法下水的结论。现在再讨论一下船台"长度"与"滑道"坡度之间的关系。如果取满足下滑条件的最小坡度为 1/17,那么钻探处钻到"滑道"木头的钻深(相对于水平段船台高度)应为 3.41 米,这与实际钻深 0.75 米相距甚大。再说如果发掘钻深无误而且确实是滑道的木头,且滑道坡度达到 1/17,则水平的船台长不是发掘出土的约 30 米而是长达 75.25 米。一般船台长度取船舶总长加上施工脚手架宽度约 3～5 米。不禁要问:有必要建如此之长大的船台吗?

可见不是下水滑道坡度不足,就是船台过长。

4.3　船舶从"船台"至"滑道"移位的矛盾

前面已经提到"船台是水平的",下水滑道"是斜坡式的"。现在假设下水滑道的坡度是足够的,且船台尺度也是合适的。那么在水平船台上建造好的船舶是如何移至有坡度的下水滑道实施下水的呢? 也就是说,船舶是如何从水平段进入斜坡段的呢?

4.4　平行大木板与"枕木"固定与不固定的矛盾

《试掘》一文在"初步推论"中有如下一段论述:"……滑道中两行滑板与枕木

之间,木墩与滑板之间不作固定处理,这样滑道的宽度根据不同需要,可窄可宽,两个船台可以分别造大小不同的船,也可以造同一规格的船。"出土现场也确未见有固定处理的痕迹。也就是说,平行大木板与"枕木"无任何固定处理。

必须指出的是,由于平行大木板不论是作为"船台"还是"滑道",其负荷作业时存在着位移力,平行大木板应与"枕木"固定才是,而且还要求牢固地固定,否则大木板会受力移位,使建造船舶倒塌,滑板滑出滑道。水下部分的"滑道"也会被漂浮起来。

当然,固定方式有永久性固定和临时性固定两种。采用永久性固定可以免去临时铺设时对准和固定的麻烦。而临时性固定虽能调节中心距以满足各种船舶的需要,但费用太多。尤其是水下部分的临时固定更复杂。

从图1.1上可以看出,第一号船台的南侧大木板已无法向南移动,因为第8墩位南侧的一口水井已挡住了。由此可见,事实上不存在想象中的这种滑道间距的调节。

不管怎样,永久固定也好,临时固定也好,固定处理是必须的,不作固定处理的船台和滑道是不能造船和下水的。

5. 广州秦汉遗址绝不是造船工场遗址

如前所述,出土的平行大木板不是船台。位于其上的成对排列的残断木柱也不是木墩。在这样的"木墩"和"船台"上无法造船。这平行大木板也不是下水滑道。在这样的"滑道"上是无法下水的。

船舶既不能在这种"船台"上建造,也不能在"滑道"上完成滑道下水,笔者只能得出这样的结论:广州秦汉遗址绝不是造船工场遗址。"船场说"不能成立。

笔者无意以现代造船技术推测古代造船。不过船台造船和滑道下水的基本规律古今中外都该是一样的。作为一位造船工作者,比谁都愿意得到广州秦汉遗址是造船工场遗址的结论。但良好的愿望终究不能代替客观事实。我们只能研究它、尊重它，以得出正确的结论。如由于我们的探索不实，曲解了历史，而贻笑国内外人士，这才是令人不安之处。

　　＊本文凡引用《试掘》一文的文字一律省略标志引文编号。

参考文献

[1] 广州市文物管理处、中山大学考古专业 75 届工农兵学员：《广州秦汉造船工场遗址试掘》，《文物》1977 年第 4 期。

[2] 戴开元：《"广州秦汉造船工场遗址"说质疑》，武汉水运工程学院学报，1982 年第 1 期（总第 15 期）。

[3] 黄浩主编：《船体工艺手册》（修订本），国防工业出版社 1989 年版。

[4] 杨鸿勋：《南越王宫殿辨——与"船台说"商榷》，《中国文物报》，2000 年 5 月 3 日。

[5] （元）脱脱等：《金史·张中彦传》，中华书局 1977 年版，第 1789 页。

　　原文收录于《"广州秦代造船遗址"学术争鸣集》，（北京）中国建筑工业出版社，2002 年版，第 142—149 页。

郑和宝船空前绝后

一、郑和宝船

郑和自公元 1405 年起至 1433 年止,受明政府派遣,统帅舟师七下西洋,开创世界航海史壮举。其足迹之广、人员之多、船队之大、船舶之巨,都是亘古所未有的。郑和作为伟大的航海家当之无愧。当时中国的造船和航海技术遥遥领先于世界。

造就明初郑和下西洋航海伟业的固然有朝廷欲"耀兵异域,示中国富强"[1]的政治目的和朝贡贸易的需要,而兴盛的社会生产力是其经济基础,丰富的航海经验和先进的造船技术则是下西洋的必要技术条件。郑和下西洋符合历史发展规律。郑和下西洋是通过船舶来实现的。郑和下西洋率领的是一支由大小不同、用途不同的多种类型船舶所组成的庞大船队。《明史·郑和传》记有"……造大舶,修四十四丈,广十八丈者六十二"[1]。这就是史学界所称的"郑和宝船"。宝船尺度大得惊人,难以想象,令人生疑。许多学者很自然地提出"历史上真的出现过如此之大的木帆船吗"的疑问,进而对史籍记载的宝船尺度是否可信提出了各种质疑和猜测,并从政治、经济、技术多方位多角度地展开了研究和论述。但观点分歧,争论不休,这就是当前郑和下西洋研究中最热门的"郑和宝船之谜"最主要的议题之一。

造船界也有学者从船舶结构强度、适航性、船舶操驾、造船工艺等船舶技术诸方面提出了质疑并进行研究,不少论述言之有理,理应引起重视,笔者作为船舶工作者更当如此。笔者据现有的文献资料、考古出土文物,在研读了各家学者的论述后,认为史籍对郑和宝船尺度的记载是可信的。在没有发现新史料足以证明史籍记载确有不实之前,不应轻率地予以否定。笔者已有多篇拙文[2][3][14][5]论及,本文兹不赘述。现仅就船舶技术对郑和宝船试作分析。

二、郑和宝船尺度特征

1. 宝船大者的长宽尺度是中者 1.2 倍

明钞《说集》本《瀛涯胜览》对宝船尺度记有"……大者长四十四丈四尺,阔一十八丈;中者长三十七丈,阔一十五丈"[7]。宝船大者和宝船中者尺度都很大,史学界称谓之"宝船"通常是指其大者。仔细比较可发现,两船的长宽比都是 2.466,原来大者长宽尺度实际是取中者的 1.2 倍比例放大,故二者长宽比完全相同。据此可猜测:明朝廷为"耀兵""示富"和贸易需要建造更大的舰船,可能时间紧迫,为求简便就取先已建造或已设计的中者宝船的 1.2 倍放大造之,以致大宝船"体势巍然,巨无与敌"[6]。

2. 宝船尺度特征

(1)尺度特别巨大。不论用明尺为 0.317 米计,还是用福州出土的雕花黑漆木尺为 0.283 米[9]计,宝船的长和宽分别高达 140.75 米和 57.06 米或 125.65 米和 50.94 米。

(2)短而宽。宝船的短而宽就是指长宽比很小,只有 2.467。

(3)扁而宽。它是由于宝船受到航行水域、停泊港口水深的限制,吃水不能过大所造成的。因为从船舶贮备浮力出发,应取适宜的型深吃水比值,从而型深也不得不伴同吃水一起受到一定的限制。文献[2]取吃水 8~10 米,对应的型深吃水比1.5～1.2,则型深为12米。文献[9]取吃水为8米,型深亦取12米。从绝对值看,型深不算小,但相对于高达57.06米或50.94米的船宽,必然显得特别的宽扁。其宽深比竟达4.75[2]或4.25[9]。宝船尺度特征可归纳结为一句话:大而扁。

对于不因尺度过大而使吃水受到限制的海船,即使其长宽比很小,也不会造成像宝船那样不适宜的扁而宽,宋代泉州海船和宁波海船的长宽比也不大,只有2.857和3.10,但它的宽深比分别为2.10[10]和2.08[11],那就是很好的例证,参见表1。

3. 偏离海船特征的尺度比

从表1中可清楚地看出,宋代泉州、宁波两船的主尺度比值都在海船的正常值范围内,而宝船却偏离很大,尤其是相对于船宽的尺度比,如宽深比、宽吃水比、干舷船宽比等比值分别为4.75或4.25,6.75～5.40或6.01,0.070～0.035或0.079,有比内河船更甚者(见表1),这与现代造船工作者对海船的认识相距甚远。巨大的尺度和过度扁宽必将导致宝船不少技术缺陷的产生。这些理应引起足够重视和认真分析。

表1 郑和宝船及宋代泉州、宁波船复原尺度比较表　　　　单位:米

尺度与尺度比	郑和宝船		泉州船	宁波船
	尺=0.317米	尺=0.283米		
总长 L_{OA}	140.74	125.65	30.00	15.50
水线长 L_{WL}	120.00	102.65	27.00	13.00
总宽 B_M	57.00	50.94	10.50	5.00
水线宽 B_{WL}	54.00	48.06*	10.20	4.80
型深 D	12.00	12.00	5.00	2.40
吃水 d	8～10	8	3.75	1.75
干舷 F**	2.0～4.0	4.0	1.25	0.65

（续表）

尺度与尺度比	郑和宝船		泉州船	宁波船
	尺＝0.317米	尺＝0.283米		
L_{OA}/B_M	2.467	2.467	2.857	3.10
B_M/D	4.75	4.25	2.10	2.08
B_{WL}/d	6.75～5.40	6.01	2.80	2.86
F/B_M	0.070～0.035	0.079	0.119	0.130
甲板浸水角 $\theta=\mathrm{tg}^{-1}\dfrac{2F}{B_M}$	7.97^0～4.00^0	8.98^0	13.39^0	14.57^0
D/d	1.5～1.2	1.5	1.33	1.37
参考文献	[2]	[9]	[10]	[11]

＊按参考文献[2]取 $B_M/B_{WL}=1.06$

＊＊未计甲板板厚

4. 小长宽比可以认同

宝船的长宽比很小,只有 2.467,曾受到一些学者的非议,并以此为由否定郑和宝船尺度的可信性。但古代木帆船具有较小的长宽比却被泉州、宁波出土的宋代海船所证实[10][11](参见表1)。船舶短而宽无疑有利于稳性、回转操纵和减小波浪弯矩负荷。小长宽比虽然会影响到航速,俗语说长船短马,不过这对实属低速的古代木帆船而言,航速影响不是很大。因为低速船的航行阻力大小主要是取决于船舶浸湿面积大小和船体表面的摩擦阻力,受船型影响很小。因此,过分地以增大长宽比来追求减小低速船的阻力并不适宜。大尺度宝船的小长宽比同小尺度的木帆船一样是可以认同的。

三、对郑和宝船的技术分析

郑和宝船是在继承和发展宋元的先进造船技术下产生的。造船航海敢为天下先的宋元时代已经普遍运用了中国古代木帆船先进的船舵、篷帆、铁锚、水密隔舱、龙骨与大橹等强力构件,防摇抗漂设施、构件连接捻缝、多重壳板等工艺技术和与航域相适应的优良船型,这些先进技术一定也会被郑和宝船所采用。但是郑和宝船不仅尺度特别巨大,而且特别扁宽,不可避免地导致船舶技术上的缺陷存在,现试作分析。

1. 航行受风力牵制大

排水量达万吨级的郑和宝船的航行必然是以风帆靠风力推进。设立九桅[12]、张十二帆[6]的宝船在无风或微风时,不可能像一般尺度的海上风帆船那样还可靠人力划桨或摇橹航行。这是因为高干舷船难以置橹操作,若要设桨,非得在稍近水面处的船壳板上开桨孔。历史上也曾有过船壳开孔的多桨船,但这对海上航行木船的水密性和船体结构强度是极不利的,一般不会采用,多重板结构的船壳更是如此。因此若无风或微风,宝船确实无法航行,只得无奈候风待航。当然,遇到这种情况,还是可以靠许多艘有划桨或摇橹装置的船舶,例如大小八橹船等作系拖航行。《使琉球记》也有用众多小船拖曳封舟出港的记载:"地方官拔小船百余牵挽而出口。"[13]这种小船拖航行船必然十分缓慢,但总不至于停止不前。可见单靠风帆推进的郑和宝船其航行受风力牵制必然很大。

2. 适航性不佳

船舶的宽吃水比较大有利稳性,但过大会使耐波性变差,现代海船的宽吃水比只有 2.2~3.5[14]，而郑和宝船的宽吃水比高达 6.75~5.40 或 6.01（见表 1），比通常的内河船还有过之。这对于不具调节船舶重心高度能力的木帆船来说，它的初横稳性高度必然很大，从而导致船舶横摇周期短，这在海上航行是很不适宜的。不仅影响船舶的安全性，也易造成作业困难、货物移位受损，更易使乘员晕船或感到不舒服。因此，宽吃水比如此之大的宝船在海上的耐波性是不佳的。

宝船的吃水值不算太小，但相对巨大的船体和高大的风帆来说，就显得小多了，这必然降低宝船在海上的抗漂能力，尽管当时可能会在宝船上设置披水板、中插板等以改善船舶的横漂。

宝船的干舷船宽比同样特别小，只有 0.07~0.035 或 0.079（见表 1），它所表征的甲板边缘浸水角也只有 7.97^0~4.00^0 或 8.98^0（见表 1）。好在宝船横初稳性很高，在定常风作用下横倾角不会很大，由于风帆对船舶横摇的阻尼作用，也有利于减小横摇幅度。当宝船横风航行倾侧时，即使甲板可能没有入水，但在航行中海浪飞溅上水也会很大，于安全不利。这些都是宝船适航性不佳的表现。

3. 操驾不灵便

木帆船的操驾作业主要是指驶帆、操舵、用锚、装卸货物和人员乘登等。由于宝船尺度巨大，船上的桅、帆、舵、锚等船具也是巨大无比的。

宝船航行时"云帆高张"[15]，其桅帆高大可想而知，承受作用在大帆面上风力的桅杆也是粗大无疑。正因为桅杆又粗又高，恐难以用单根原木作桅。不过明代已有"长不足则接其表，铁箍逐寸包围"[16]的技术，还能做到"桅杆众木凑合高十八丈"，"大桅原非一木以五小木攒三，束以铁环"[17]。所以制作满足宝船要求的大桅在技术上是没问题的。问题在于宝船的风帆面积特大，按陈延杭复原的宝船模型，其主帆面积达 900 平方米。如此高大的风帆在升帆和驶帆时必定极其费力。

为使宝船能顺利地见风使舵，应配足够大的舵来获得相适应的转船力矩。因为木帆船的航速比机动船小得多，它的舵面积系数（舵面积与船长吃水乘积之

比)应该大些。即使保守地取为 0.08[18]，按文献[9][2]复原尺度计算，主帆面积达
66 平方米和 76.8～96.0 平方米，这需要多大的转舵力矩才能转动和操作！当
然会配用一定的滑轮组设施，但也绝非轻而易举的事，更不用说操急舵了，操舵
不可能灵便。作为一种推测，宽大的宝船是否可能配置双舵甚至三舵以减小每
个舵叶的面积，但多舵技术尚未见有文献记载和实物出土佐证。1957 年在南京
下关三汊河中保村出土的长 11.07 米的巨大舵杆是否是郑和宝船舵杆，至今还
未有定论。不管怎么说，宝船的舵叶和舵杆巨大笨重不易操作是肯定的。

不言而喻，宝船的铁锚也是很大。船上必定配设多个铁锚以供航泊需要，
"凡铁锚，所以沉水系舟，一粮船计用五、六锚，最雄者曰看家锚，重五百斤内
外"[16]。铁锚的锤制"……若千斤内外者，则架木棚，多人立其上共持铁链，两接
锚身"[16]。宝船的看家锚该有多重？虽难以推定，但看家锚的起锚非靠大型绞
盘不可，而且非得众多船员齐力操作才行。

还应该注意到的是，干舷高达 2～4 米[2]的宝船的人员乘登、货物装卸、过驳
作业都是极为不便的。

总而言之，郑和宝船的桅、帆、舵、锚等连同操作装置随同宝船体型一样巨大
无比，古所未有，靠人力操作虽有可能，但绝非易事。正如明巩珍在《西洋番国
志》中所记："所乘之宝舟，体势巍然，巨无与敌，蓬、帆、锚、舵非二三百人莫
举。"[6]这清楚明白地说出了这样一个事实：宝船是巨大雄伟的，但也是笨重不易
操驾的。

4. 船体结构强度弱

郑和宝船的船体结构强度是否足够是学者们关注的问题之一。宝船特别巨
大的体型必将承受很大的静水弯矩和波浪弯矩的作用，大宽深比于结构强度不
利，木材的屈服强度又远低于钢材，木船构件连接强度弱等，这些都是疑虑所在。

大宽深比是使宝船结构强度变弱的症结之一。这是因为大宽深比使船舶的
横剖面惯性矩和剖面模数减小，从而降低了纵向刚度、抗弯强度和抗扭强度。

《船舶建造规范》对钢质海船宽深比就有不得超过 2.5 的规定[19]。泉州、宁波出土的宋代海船宽深比是 2.10 和 2.08，符合这个要求。但是宝船宽深比高达 4.75 或 4.25（见比较表），超出海船正常范围甚远，当然会令人产生质疑。

采用加大木船构件的剖面尺寸来提高木船的船体结构强度是必然的，也是可以做到的。文献[2]在不计龙骨、大樯等强力纵向构件对抗弯的有利影响，且取甲板、舷板和船底板为等厚，估算的宝船船底板厚度是 275～343 毫米[2]，虽然很厚，但应该是做得到的。众所周知，中国木船的龙骨、大樯等是非常有效的强力构件，加上多道水密隔舱壁，不仅增加了横向强度，而且有利于整体刚性。

早在宋代就已应用先进的船壳结构多重板技术，这种多重板结构不仅较好地克服了弯板加工困难，而且有利于消除木板材加工中所产生的残留应力。1974 年在泉州湾出土的宋代海船，船长约 30 米，它的船壳板就是总厚达 180 毫米的三重板[4]。另外，先进的木结构连接技术在宋代也是一项成熟的造船实用技术。当时不仅有铁钉、锔和卡等牢固的连接构件，还有平接、搭接和榫接等多种连接形式。中国古代独特有效的水密捻缝技术，就是板缝填塞一种用麻丝、桐油灰等捣成的捻合物，它的凝结粘固力特强，这同样在宋代已得到普遍应用。明代郑和宝船的建造采用上述先进造船技术理所当然，应该说可保证宝船结构强度。

虽然木质大型船舶要达到与钢船同等的强度设计制造是可能的，但我们还应该看到，这种巨型木帆船的制造除了特别费工花时外，随之带来的安全隐患还表现在巨型宝船的木质船体在交变大弯矩作用下，船体变形量大，连接点容易松动，产生板缝裂开渗水、连接强度减弱的情况。宝船结构强度尽管可用加大构件尺寸来满足，但它毕竟还是弱的。

5. 维修保养困难

为确保巨型宝船结构强度持续可靠，必当加强保养维修。元代对海船就有"每年修理一次，加厚板一层"[20]的规定，还规定"巡海官舸，例以三载一新"[21]，这对宝船来说谈何容易。以维修中工作量最大的捻缝工作来说，船舶水上部分尚可实施,水下部分船壳接缝的维修如何作业？难道为此进船坞吗？似乎不太现实。

四、郑和宝船空前绝后

郑和宝船是遵照明朝皇帝的旨意,集全国财力、物力和人力建成的。它以继承历代先进的造船技术为基础,它在历史上的出现不是偶然的,而是必然的,是空前的,是"盖古所未有"[7]的。造船规模的大小和采用的造船工艺足以反映一个国家的造船技术水平。造大船比造小船难,造海船比造河船要求高,造远洋海船就更难,道理是很浅显的。郑和宝船,一艘长四十四丈四尺的巨型远洋海船,它在造船史上应占的地位无可争辩。1492 年 8 月出航的哥伦布船队的旗舰只不过才 250 吨,实是无法与郑和宝船相比。

郑和宝船由于尺度过度巨大、短而宽和扁而宽的船型特征所导致的诸多船舶技术上的缺陷,必将在建造和航行过程中暴露出来。不论如何分析理解,船舶技术的基本理论应是古今中外一致的。郑和宝船"体势巍然,巨无与敌"[6],"云帆高挂,昼夜星驰,涉波狂澜"[15],"雕梁画栋,象鼻挑檐"[12],"锦帆益首"[22]等史籍上描绘性的记载表明,宝船船队确实具有"倾国耸观而欢呼嘉叹也"[22]的效果。从另一侧面也表明了郑和宝船确实体势雄伟华丽却笨拙不灵。从宝船存在的技术缺陷可以得出宝船不是优秀船型的结论。如同历史出现过的产物不一定都是精品一样,我们不能以宝船曾在历史上出现过,就得出宝船必定是优秀船型的结论。宝船存在的技术缺陷必定是它昙花一现的一个重要原因,它绝后的结局也在情理之中。

参考文献

[1] (清)张廷玉撰:《明史·郑和传》,北京:中华书局 1974 年版。

[2] 席龙飞、何国卫:《试论郑和宝船》,《武汉水运工程学院学报》1983 年第 3 期,总第 21 期。

[3] 席龙飞、何国卫:《关于郑和宝船的辨论》,收入上海市学工作者协会造船专业委员会编:《纪念郑和下西洋 600 年学术研讨会论文集》(2004 年 5 月),第 58—67 页。

[4] 席龙飞、何国卫:《泉州湾宋代海船为郑和宝船正名》,待刊。

[5] 席龙飞、何国卫:《没破掉,也没立稳——评苏明阳先生关于郑和宝船的两篇专文》。

[6] (明)巩珍:《西洋番国志》向达校注,中华书局 1982 年版。

[7] (明)马欢撰,冯承钧校注:《瀛涯胜览校注》,商务印书馆 1935 年版。

[8] 杨宽:《中国历代尺度考》,商务印书馆 1955 年版,第 88、105 页。

[9] 陈延杭、杨秋平、陈晓:《郑和宝船复原研究》,《船史研究》第 2 期,1986。

[10] 席龙飞、何国卫:《对泉州湾出土的宋代海船及其复原尺度的探讨》,《中国造船》1979 年第 2 期,117。

[11] 席龙飞、何国卫:《对宁波古船的研究》,《武汉水运工程学院学报》1981 年第 2 期,第 23—32 页。

[12] (明)罗懋登:《三宝太监下西洋记》,中国古籍出版社 1985 年版。

[13] (清)张学礼:《使琉球记》,《龙威秘书》七集第六册。

[14] 郑经略、史洪源:《船艺》,大连海运学院出版社 1993 年版,第 14 页。

[15] 郑和等:《娄东刘家港天妃宫石刻通番事迹碑》,载郑鹤声、郑一钧:《郑和下西洋资料汇编》上册,齐鲁书社版。

[16] (明)宋应星:《天工开物》,中华书局 1959 年版。

[17] (明)陈侃:《使事纪略》,《玄览堂丛书续集》第 16 册;《琉球使事纪略》,《玄览堂丛书续集》第 94 册。

[18] 杨栖:《郑和下西洋所用宝船的进一步探索》,《船史研究》1986 年第 2 期。

[19] 中国船级社:《钢质海船入级与建造规范》,人民交通出版社 1996 年版,第二篇第 2—26 页。

[20] 陈开俊等译:《马可波罗行纪》。

[21] (明)宋濂等:《元史》卷一八一《黄缙传》。

[22] 徐兢:《宣和奉使高丽图经》,商务印书馆 1937 年版。

原文收录于《船海工程——纪念郑和下西洋 600 周年学术研究论文集》,(武汉)《船海工程》杂志社,2004 年版,第 31—34 页。

没破掉也没立稳

——评苏明阳先生关于郑和宝船的两篇专文

华裔美籍学者苏明阳先生发表的《历史与小说的错综交织——解开"郑和宝船之迷"》和《郑和宝船及船队究竟有多大》两篇专文,还远不能全面破掉史籍对郑和宝船尺度的记载;也不能使读者信服地接受郑和宝船就是一艘船长约为230尺、载600人的6 000料海船。原因是其所依论据、所设假定、所用逻辑都过于随意和偏颇,所推定的结论当然不可靠和不可信。

1. 关于郑和宝船尺度的争论

1.1 郑和宝船尺度争论在继续

所谓郑和宝船的争论,学术界主要集中在郑和宝船尺度、船型、建造地和船队规模等方面。其中郑和宝船的尺度是郑和宝船争论的焦点和主题。

郑和宝船尺度有多大?《明史·郑和传》明确记有"……造大舶,修四十四丈广十八丈……"[1]但因其尺度太大,大得令人吃惊,大得令人难以置信,大得令人生疑,这完全可以理解。可惜的是,郑和下西洋的珍贵历史档案资料竟被朝廷重臣刘大夏付之一炬,传世的几本史籍文献对宝船的记载却极为简单。国内外众多学者对宝船尺度提出各种质疑、猜测和推断,但观点相左。总之,是众说纷纭。

据报道,2001 年 6 月 15 日,中国船史研究会与上海交通大学科学史系联合举办"郑和下西洋与郑和宝船"学术报告研讨会。在会上,美籍华裔学者苏明阳先生做了学术报告,或许是苏先生的研究"可能使长期悬而未决的郑和宝船之谜得以解决"[2]的缘故,"与会者对苏明阳的报告表示出浓厚的兴趣,发言不断,讨论热烈"。[2]苏明阳先生究竟是如何解开郑和宝船之谜的呢? 仔细读了《船史研究》第 17 期(郑和下西洋专刊)上的苏先生两篇专文《历史与小说的错综交织——解开"郑和宝船之谜"》[3](以下简称《宝船之谜》)和《郑和宝船及船队究竟有多大》[4](以下简称《宝船多大》)之后,我们觉得二篇专文的所依论据、所做论述和所得结论都还值得商榷,说郑和宝船之谜"得以解决"还为时过早。

1.2　对郑和宝船尺度的"破"和"立"

苏明阳先生的两篇专文对郑和宝船的研究可归结为两方面,就是对郑和宝船尺度有所"破"和有所"立"。"破"的研究集中反映在《宝船之谜》专文中,而对"立"的研究在《宝船多大》专文中有充分体现。"破",就是彻底否定史籍对郑和宝船尺度记载的可信性;"立",就是对郑和宝船尺度作"新估计"。一"破"一"立",又"破"又"立"。史籍记载的郑和宝船船长四十四丈四尺、阔一十八丈被破掉了吗?"新估计"的郑和宝船是"船长约 230 尺,宽约 40 尺,深约 15 尺"[4]"可载约 600 人"[4]的"6 000 料海船"[4]的结论被立起来了没有? 我们的回答是否定的。

2. 史籍对宝船尺度记载全不可信的论断是不可信的

苏明阳先生按自己确认的依据在《宝船之谜》专文里列举了八种附有郑和宝船尺度的史籍文献及刻刊年代。这八种史籍所记郑和宝船尺度相同:长四十四

丈四尺 *，阔一十八丈。

《宝船之谜》专文作者欲破史籍对郑和宝船尺度记载，其立论可归结为：

第一，八种史籍中"以罗懋登《西洋记》刊出最早(1597 年)"；[3]

第二，"推定《西洋记》第十五至十八回中之描述是其余七种文献的原始来源"，[3]其他七种史籍全部"源于罗氏《西洋记》"；[3]

第三，断言"《西洋记》是小说家罗氏对郑和宝船队及其编制无知之虚构，无稽之夸张文艺创作而已"。[3]"《西洋记》所描述宝船尺度是虚构，错误的"；[3]

第四，除《西洋记》以外的七种史籍所记郑和宝船尺度都是转抄来的，只是转抄的途径不同而已。

由此得出结论是，"所有八种文献的转抄之宝船尺度也是错误不实的"，所有史籍对郑和宝船尺度的记载是完全不可信的。

事实真的如此吗？ 就让我们对上述立论和结论试作剖析。

2.1　记载宝船尺度的最早史籍是《西洋记》吗？

按"宝船之谜"专文，当以罗懋登《西洋记》(1597 年刻刊)为最早。这个结论是苏先生引用唐志拔的论文《关于郑和宝船尺度出自〈瀛涯胜览〉的论点质疑》得出的。唐教授写道："在近 20 种《瀛涯胜览》的版本中，绝大多数版本都没有关于宝船尺度的记载，只有明钞说集本《瀛涯胜览》和明钞本《三宝征彝集》两种版本，在卷首第一页上记载有郑和宝船尺度：'宝船陆拾叁艘，大者长肆拾肆丈肆尺，阔壹拾捌丈；中者长叁拾柒丈，阔壹拾伍丈。'这两个版本内容相同，无出版年代可考。但据北京图书馆善本古籍部专家说，从纸质上鉴定，不会早于 1617 年《记录棠编》刻本(原文如此)。"[5]但是，唐志拔教授在《郑和宝船尺度之我见》(2002)一文中，说曾到北京图书馆查到明钞本《三宝征彝集》，并以其与"记录汇编"本《瀛涯胜览》作对照，还请专家对此明钞本《三宝征彝集》进行了"鉴定"，"认为其成书

---

　　*　其中，《明史·郑和传》和《国榷》两种史籍记为"长四十四丈"，差异不大，无关宏旨。

不会早于万历年间"。[6]在唐志拔前一篇文章中,似乎明钞说集本《瀛涯胜览》也是"无出版年代可考"的。但是在后一篇文章中只明确提到明钞本《三宝征彝集》,请专家"鉴定"的也只有明钞本《三宝征彝集》。况且此种"鉴定"也只能作为学者个人之见。其实,早在1983年5月九江"郑和下西洋学术研讨会"上,邱克先生发表的《郑和宝船尺度记载的可靠性》论文中就有如下一段论述:"'明钞说集本'卷末亦有'景泰辛未'一行……在'说集本'的卷首(不是序)……却有'宝船六十三号,大者长四十四丈四尺,宽一十八丈,中者长三十七丈,宽一十五丈……'"[7]如果邱克先生的这段论述无误的话,那么,明钞说集本《瀛涯胜览》的刊出时间就不是1617年以后,而是在"景泰辛未"年,即1451年。它比《西洋记》早了166年!这足以表明,记载宝船尺度的最早史籍不是《西洋记》,明钞说集本《瀛涯胜览》才是记有郑和宝船尺度的八种史籍中最早刊出的。关于明钞说集本《瀛涯胜览》究竟是不是"无出版年代可考"的问题,我们已在拙文《关于郑和宝船的论辩》[8]中详论,此外不再赘述。

苏明阳先生是见过还批评过邱克先生这篇论文的。对于在邱克先生的论文中提到的记载有宝船尺度的明钞说集本《瀛涯胜览》,在"卷末亦有'景泰辛未'一行",证明是刊于1451年的重大事实,苏明阳先生没有否定和批驳,是视而不见,还是隐而不述或另有见解我们无从知晓。但是在《宝船之谜》表6首栏的《瀛涯胜览》(1413—1451年)中仍以其不曾记宝船尺度昭示读者。这有失学者的严谨性,不免有误导读者之嫌。

2.2　《西洋记》是唯一本源说是不可信的

除《西洋记》之外的七种史籍关于郑和宝船尺度的记载都是"源于罗氏《西洋记》"[3]且是唯一的,这是《宝船之谜》专文所论述的重要观点。究竟是一源说还是多源说,这个问题,我们认为应该认真地思考下面三种可能性的存在。其一,难道所有的郑和下西洋档案被全部清除完全彻底地烧尽了,就没有少量的资料有所漏掉或无意中散失的可能?《郑和航海图》由明茅元仪编辑的《武备志》而传世就是一例。向达在《整理〈郑和航海图〉序言》中分析认为,《郑和航海图》"一定是渊源有自之作"。[9]其二,在皇室存藏的郑和下西洋档案资料被毁之前就没有尚未归档的资料在民间存传的可能?其三,下西洋随行人员的私人记录就没有存在的可能?只要有上述三种可能性存在,那么史籍所记宝船尺度的资料就可能是多源的而不是一源的,就不能说成只"源于罗氏《西洋记》"。[3]现存八种史籍完全可能是受益于这三种可能性的存在得以传世。《宝船之谜》专文认为《西洋记》是唯一本源说已被《郑和航海图》传世的事实所否定,是不可信的。

2.3 《西洋记》所记宝船尺度是夸张虚构的吗?

《宝船之谜》专文作者认为"《西洋记》中宝船尺度是小说家罗懋登夸张虚构,完全错误的说词"。[3]《西洋记》作者罗懋登是古代小说家,不会是船舶工程专家,不懂专业的小说家在其书中涉及专业的内容必然会去收集资料,去了解一些专业知识,哪怕是学点皮毛,否则想要夸张虚构也没有本钱!罗懋登在《西洋记》中对船舶布置、船舶属具、船舶驾驶及船舶制造描述得如此详尽,虚拟得如此生动正说明了这一点。

《西洋记》所载宝船、马船的长宽比例为 2.466 6……。粮船、坐船、战船的长宽比分别是 2.33、2.55、2.64,都在 2.5 左右。这样小的长宽比从前曾受到一些学者的非议,他们曾以长宽比过小为由而否定郑和宝船的存在。但是,《西洋记》所载各型船舶的长宽比,都得到了已出土的泉州宋船和韩国新安元船均具有较小的长宽比(2.4~2.8)的证实。[10]书中描述的宝船、马船、粮船、坐船、战船的桅数从九桅逐一递减至五桅,且宝船长尺度精确到尺,这些很难说是胡编乱造的。

冯承钧等老一代海外交通史学家以他们考究各古文献的体会曾一再强调:"因为《西洋记》所根据的材料,有一部分出于马欢书","向觉明从前也索取《西洋记》所载古里国的碑文。来校订《瀛涯胜览》古里条所记载碑文的错误"[11],"《西洋记》所采《瀛涯胜览》之文可资参证者不少,未可以为小说而轻之也"。[12]中国造船工程学会船史研究会顾问、厦门大学历史教授庄为玑也非常强调此点。[13]很明显,正是《西洋记》中这些具体的数据本身,否定了《西洋记》对郑和船舶的记载有随意的"夸张虚构"之说。我们认为,《西洋记》毕竟是一本小说,其中难免有虚构和夸张,甚至还有迷信等糟粕。但是,笔者作为造船工作者更认为,罗懋登在《西洋记》中所记载的各型船舶的尺度和桅数确可有助于对郑和宝船的复原研究。

2.4　猜测的史籍转抄途径依据不足

《宝船之谜》作者认为除《西洋记》是夸张虚构外,其他七种史籍都是相互转抄或直接抄自《西洋记》的。对转抄或直抄的可能途径有多种描述,不尽相同,在此不作罗列。总之,不是先"由《三宝征彝集》钞本者直接钞自罗氏《西洋记》",[3]就是先由《客座赘语》著作直接抄自罗氏《西洋记》。[3]那么,被认为与《三宝征彝集》同样时间刊出的《瀛涯胜览》(1617 年以后)抄自哪里呢?前面已述,明抄说集本《瀛涯胜览》比《西洋记》早得多。

对 1936 年发现的《郑和家谱》,专文作者认为"或可用以推测郑和家谱之宝船记载是钞自《三宝征彝集》本"[3]或抄自《客座赘语》。不知为何在专文表 6 中却又清楚地标明《郑和家谱》直接抄自《西洋记》?真不知是依据什么,或另有什么新意?

实际上连《宝船之谜》专文作者"本人尚无法确切论断,哪一条路途较可能"[3],看来更多的是猜测。既然如此,专文作者不惜笔墨论述自己不能论断的文献转抄途径究竟想说明什么呢?无非想说各种史籍都是直接或间接抄自错误的《西洋记》。这种依据不足的猜测当然是不能令人信服的。

3.　"新估计"的郑和宝船尺度

苏明阳先生在郑和宝船研究中有所"破",也有所"立",正如他自己所说的"完成了破坏工作,应当有新的建议"。[3]这里的"立"就是对郑和宝船尺度的"新估计"。《宝船多大》作者"依据可信的文献及出土文物"[4]对宝船作"新估计",得出的"主要的结论是,郑和大宝船之尺度比《明史·郑和传》等所述要小得多。其船长约只有其半,载重量不到其十分之一,排水量约只有一千吨左右"[4]。具体地说,郑和宝船"船长约230尺,宽约40尺,深约15尺"[4]"6 000料"[4]"载600人"。[4]这些结论是如何被"新估计"出来的?"新估计"是否有道理?这是我们所关注和感兴趣的。

3.1 "新估计"的史料依据

《宝船多大》专文列出了宋、元、明代的沉船、船坞、锚、舵杆、转轴等五种考古出土资料后,在论及龙江船厂大船坞旧迹时说,"船坞之大小,只能说如此大船,可以在里头制造,并不能说一定会有",[4]"大船坞常是为了同时建造许多船而设的,并非为一特别大的船只而已"。[4]看来,专文作者还没有否定"大船可以在里头造"。[4]至于至今没有发现考古出土的大沉船、大船锚、大舵杆、大转轴等,也不能由此断定大型宝船不存在。道理很简单,至今出土的最大文物不等于历史上曾出现过的之最,历史之最的文物,例如沉船、舵杆、锚等的存在不一定会被发掘出土,有的因已被腐损等原因而永远消失。事实上,专文作者也很清楚,"至今没有发现大的沉船,当然不能就说大宝船不存在"。[4]"假如能发掘到一艘郑和下西洋大宝船之沉船遗体,则问题就简单了"。[4]但愿如此,但令人大为吃惊的是,专文作者在"综观上述五种考古出土之明代古船或其部分结构"[4]后,竟然觉得"可利用于最大宝船者只有11公尺之舵杆。在没有发现比这舵杆更大之明代古船之部分结构前,我们只能依此为估计之一极限"。[4]于是,11公尺长的舵杆就成了"新估计"郑和宝船尺度的出土实物依据。"只能依此"所作的"新估计"实在太难令读者"觉得"也是如此。

《宝船多大》专文还列举了李昭祥《龙江船厂志》等"有关明代造船的可信文献",[4]除了强调这些文献的可信性外,没有实质内容,读后还是不明白专文作者引用这些文献又想说明什么问题。例如在说到《明实录》"因缺少船只大小的资料……很难用为宝船尺度估计之用",而自行否定了其引用价值。如果没有理解错的话,专文作者无非想用有船舶尺度记载的《龙江船厂志》所述的四百料战座船"为估计的基础"[4]"将多处利用此志",[4]因"其所述当是可信的"。[4]但问题是,在"可信的""估计的基础"上作出的"新估计"是否可靠。

下面的分析将表明其结果是很不尽人意的。

3.2　2 000 料海船有多大?

《宝船多大》专文作者认为,"郑和大宝船(或简称"帅船")"[4]的"船料数:至少2 000 料(此为下限)(郑和所立静海寺残碑)",并对 2 000 料海船的尺度作如下推算:

"据《龙江船厂志》,400 料战座船之尺度为:长=89.5 尺,宽=16.5 尺,深 6 尺。依照船型相似之假定,则 2 000 料船之尺度为:

长=89.5×(200/400)$^{1/3}$=89.5×1.72=153.9 尺

宽=16.5×1.72=28.4 尺

深=6.0×1.72=10.32 尺"[4]①

这种推算应究其所作的"假定"和"据"是否合理。很清楚,它是以船型相似为假定,以 400 料战座船为依据推算的。须指出的是,用相似方法是有前提的,只有当推算船(2 000 料海船)与母型船(400 料战座船)在船舶类型、航域、主尺度、尺度比、船型系数、建筑形式和船体结构等诸多方面比较相近时,推算结果才较为可信,否则会相差甚远。推算结果的可靠程度取决于母型船的选择是否合理。

现将史料记有主尺度和船料数的明代船舶为母型,推算 2 000 料海船的主尺度列于表1:

---

① ＊式中"200"疑为"2000"之原文笔误,长、宽、深计算分别为 153.04 尺、28.21 尺和 10.26 尺。

表1

序号	母型船船名	船料数	船长×船宽 ×船深(丈)	推算为 2 000 料海船 船长×船宽×船深(丈)	文献
1	400 料战座船	400	8.95×1.65×0.60	15.30×2.82×1.03	[4]
2	400 料战座船	400	8.69×1.70×0.88	14.86×2.91×1.50	[14]
3	400 料巡座船	400	8.69×1.70×0.74	14.86×2.91×1.27	[14]
4	明代宁波府 400 料战船	400	9.40×1.95×0.92	16.07×3.33×1.57	[15]
5	明代宁波府 500 料战船	500	12.25×3.00×1.15	19.44×4.76×1.83	[15]

注:1.《龙江船厂志》400 料战座船尺度数字取自《宝船多大》专文。

2.《南船记》400 料战座船船深数值按《南船记》所记各列侧材板宽之和(即舷侧围长),配合甲板宽和船底宽作图近似取得。

由表 1 可见,表列 5 种母型船按"船型相似"推得的 2 000 料海船尺度相差很大:船长为 14.86~19.44 丈,船宽为 2.82~4.76 丈,船深为 1.03~1.83 丈,最大相对误差分别高达 30.8%、68.8% 和 83%。其中以宁波府 500 料战船为母型推算的 2 000 料海船尺度最大。这种差距是由于母型船与 2 000 料海船在船型、主尺度大小、尺度比值等不相似所致。况且,船料数 2 000 料、500 料、400 料等都是取整值,不同船的船料数的不同取整也必造成较大的差异。《龙江船厂志》的 400 料战座船应与《南船记》同名的 400 料战座船一样似属河船而不是海船。《南船记》对海船是有专门介绍的,如"一千料海船""四百料钻风海船"[14]等,其所记其他船舶应属河船,这一点尚待进一步研讨。如果是这样,则 2 000 料海船与 400 料河船各方面的差别应很大,相似假定就更不适用了。再说,2 000 料与 400 料是 5 倍的关系,相差实在太大,难以用简单的尺度相似方法来推算。至于"新估计"的宝船为 6 000 料,它是 400 料的 15 倍,更是玄乎了(后面还会讨论到)。

可见,用船型相似假定以 400 料战座船为母型,"新估计"推算的 2 000 料海船主尺度是不可靠的,更不用说"新估计"的 6 000 料郑和宝船了。

3.3　郑和宝船有多大?

《宝船多大》中作者"依陈延杭等(1985)与席龙飞(1997)所做之估计,假定船型为福船而非周世德(1962)所假定之沙船型,则长 44 丈 4 尺之宝船应有 22 米长之舵杆。但在南京三汊口(原文如此)所发掘之舵杆只有其一半长(约 11 公尺)而已。若此 11 米之舵杆确为郑和大宝船之遗留者,则大宝船长只应有 22 丈 2 尺长。因为至今,这是考古出土最大之舵杆"。[4]在此暂且不去讨论"宝船应有 22 米长之舵杆"[4]的来由,但应知道,船长与舵杆长之间是不存在简单的正比关系的,依此得出的"大宝船只应有 222 尺长"[4]是不成立的。《宝船多大》专文作者还由此推得的宝船长为 222 尺和前面推得的 2 000 料海船船长为 153.9 尺求得的大宝船的船"料数$=2\,000\times(222/153.9)^3=5\,972$ 料",[4]得出"大宝船约为 6 000 料"[4]的结论。因取尺度比的相同,又算出大宝船的"宽$=28.4\times(222/153.9)=41$ 尺,深$=10.32\times(222/153.9)=14.8$ 尺"。大宝船的船料数和尺度的"新估计"实质上仍是取 400 料战座船为母型推算的,请看:大宝船料数$=400\times(222/89.5)^3=6\,104$ 料,即称为 6 000 料。而大宝船的宽$=16.5\times(222/89.5)=40.9$ 尺,深$=6\times(222/89.5)=14.9$ 尺,得到的结果是相同的。

这里清楚地表明,"新估计"就是在认定宝船船长为 222 尺的前提下,取与 400 料战座船相同的尺度比所作的换算。先换算 2 000 料海船是完全多余的。

若以宁波府 500 料战船为母型船来推算:

大宝船料数$=2\,000\times(222/194.4)^3=2\,979$ 料,或$=500\times(222/122.5)^3=2\,976$ 料,即称 3 000 料。

式中 122.5 尺为明代宁波府 500 料战船船长,194.4 尺为由该船推算得出的 2 000 料海船船长(参见前表)。

由此可见,用同一假设,依 400 料战座船和 500 料战船推得的大宝船船料数竟然相差一倍。

6 000 料船与 400 料船或 500 料船相比较是 15 倍或 12 倍的关系,在如此大的悬殊下,"新估计"能得出可靠的郑和宝船尺度吗?它究竟有多大的可信度?
"新估计"也不能太随意了。

3.4 郑和宝船只载600人?

《宝船多大》作者"据《纪效新书·治水兵篇》所述之福船(约是400料战座船),可载65人员,则2 000料船以此比例,可载65×5=325人员",[4]再由2 000料海船载325人,按此比例推算到5 972料(即称6 000料),"宝船总人数=325×(5 972/2 000)=970人"。[4]实际上,宝船总人数仍是从400料载65人推算得来的,请看:

宝船总人数=65×(5 972/400)=970人,完全相同。

既然如此,何必借用2 000料海船作一台阶分二步算呢?前面宝船尺度推算也是如此。当然分二步算从表面看,换算船之间的船料数相差小一些,但这不是多此一举,自欺欺人吗?

奇怪的是,不知为何《宝船多大》中作者在"可能的郑和宝船队之猜测编组"中却说成"帅船(6 000料)一艘,载600人"[4],在该专文的结论部分也明明白白地写道"一艘帅船(可载约600人)"[4]。怎么在未作任何解释的情况下,970人一下子改成600人了呢?是否专文作者觉得970人太多了就自主下调或是难以想象的笔误所致?不禁要问:郑和宝船究竟载多少人员?

实际上,元代就出现过千人以上的大海船。在马可·波罗之后半个世纪的摩洛哥旅行家伊本·拔图塔在其游记中曾有记述"中国船舶……大船一只,可载一千人,内有水手六百人,兵士四百人……"[16]

船料数与船舶载人数之间是不存在简单的比例关系的,用船料数直接换算出载人数是不合理、不确实的。船舶载人甲板面积大小倒是与载人数有关系。

4　结论

我们认为苏明阳先生没有破掉史籍对郑和宝船尺度记载的可信性，也没有立稳对郑和宝船尺度的新估计。既然没有破掉，也没有立稳，那么这样的又"破"又"立"当然是不成功的。

以这样的又"破"又"立"得出"有可能使长期悬而未决的郑和宝船之谜得以解决"[2]的结论似乎不合适了。更不用说专文作者"不仅用现代科学技术的方法由现实的可能性去研究当时郑和宝船尺度之谜"[2]的赞誉了。理由也是显而易见的，这是因为"新估计"所用的方法并不科学，讨论问题太随意。至于"不一味无条件地服从与现实可能性相差甚远的历史学家的结论，而是从出土文物以及历史文献中的众多破绽，进一步深入研究历史版本，写书作者的身份，宗教信仰，人文特点及行文的可能性等作多角度，多领域的剖析以辩问题的真伪……"[2]就令人更难以苟同了。

我们认为，在没有研究发现新的资料可以证实《明史》对郑和宝船尺度记载有不实之前，是不能轻率地予以否定的。若认为必要，可再"破"再"立"，我们愿与之继续研讨商榷。

参考文献

[1]（清）张廷玉等撰:《明史》,中华书局 1974 年版。

[2]《郑和下西洋与郑和宝船学术报告会纪实》,《船史研究》总第 17 期（2002 年）（郑和下西洋专刊）,第 162 页。

[3] 苏明阳:《历史与小说的错综交织——解开"郑和宝船"之谜》,《史船研究》总第 17 期（2002 年）（郑和下西洋专刊）,第 139—153 页。

[4] 苏明阳:《郑和宝船及船队究竟有多大》,《船史研究》总第 17 期（2002 年）（郑和下西洋专刊）,第 29—48 页。

[5] 唐志拔:《关于郑和宝船尺度出自〈瀛涯胜览〉的论点质疑》,《船史研究》总第 11—12 期(1995 年),第 130—131 页。
[6] 唐志拔:《郑和宝船尺度之我见》,《船史研究》总第 17 期(2002 年),(郑和下西洋专刊),第 22 页。
[7] 邱克:《谈明史所载郑和宝船尺寸的可靠性》,《文史哲》1984 年第 3 期。后被收入《郑和下西洋论文集》第一集,人民交通出版社 1985 年版,第 121 页。
[8] 席龙飞、何国卫:《关于郑和宝船的论辩》,收入《纪念郑和下西洋 600 年学术研讨会论文集》(2004 年 5 月),上海市老年科学工作者协会造船专业委员会编。
[9] 向达(字觉明):《整理〈郑和航海图〉序言》,《郑和研究资料选编》,人民交通出版社 1985 年版,第 336 页。
[10] 席龙飞、杨熹、唐锡仁主编:《中国科学技术史 · 交通卷》,科学出版社 2004 年版,第 205 页。
[11] [法]伯希和著,冯承钧译:《郑和下西洋考 · 序》,商务印书馆 1935 年版。参见《郑和研究资料选编》,人民交通出版社 1985 年版,第 60 页。
[12] 冯承钧:《瀛涯胜览极注序》,《郑和研究资料选编》,人民交通出版社 1985 年版,第 62 页。
[13] 庄为玑、庄景辉:《郑和宝船尺度的探索》,《海交史研究》总第 5 期(1983 年)。后被收入《郑和下西洋论文集》第一集,人民交通出版社 1985 年版,第 78 页。
[14] (明)沈啓:《南船记》,中国船史研究会 1989 年 12 月影印本。
[15] 陈肴育:《中国帆船与海外贸易》,厦门大学出版社 1991 年版。
[16] [日]上野一郎著:《船,世界史》上卷,舵社 1980 年版,第 287—290 页。

原文收录于《船海工程——纪念郑和下西洋 600 周年学术研究论文集》,(武汉)《船海工程》杂志社,2004 年版,第 35—40 页。

泉州湾宋代海船为郑和宝船正名

1　泉州湾宋代海船在中国船史研究中具有重大的学术价值

　　1974年,在福建省泉州湾的后渚港出土了一艘宋代木造航海货船。这一重大考古发现在中国和全世界都是罕见的。1975年3月29日在新华社播发了新闻电讯[1]之后,引起了国内外广泛关注。同年在《文物》第10期发表了发掘简报[2]以及相关学术论文。自此,在全国各种学术刊物上不断有关于泉州湾宋代海船的研究论文相继发表。1979年3月,在古港泉州召开了"泉州湾宋代海船科学讨论会",集中了考古、历史、造船、航海、海外交通、地质、物理、化学、医药和海洋生物等诸多学科约百余位学者,就宋代海船的船型、年代、建造地点、航线、沉没原因、古船的复原以及出土文物的鉴定与考释等问题进行了深入的讨论并得出相应的结论[3],诚开我国造船考古学多学科研究的先例。

　　泉州宋代海船的复原模型作为一项重要展品,1983年6月在美国芝加哥科学工业博物馆举行的"中国:七千年的探索"展览会上展出。美国《芝加哥论坛报》在6月5日发表评论文章《中国人对世界发展做出了贡献》[4]。文中对中国的水针罗盘、造船和航海技术给以高度评价。

　　泉州宋代海船现展出在泉州海外交通史博物馆的古船馆,已经成为国内外学者和旅游者热门的参观景点。

　　泉州古船残长24.20米,残宽9.15米,残深1.98米。许多史料都指出,宋代远洋海船吃水深且有良好的航海性能。"海中不畏风涛,唯惧靠搁"[5],"海行不畏深,惟惧浅搁。以舟底不平,若潮落,则倾覆不可救,故常以绳垂铅锤试之"[6]。据此,笔者依各种尺度比值的分析对比,船舶吃水取为 3.75 米,据古船残骸的测绘草图,将各舱壁和首、尾轮廓线顺势外延,可绘制出泉州古船的船体型线图。古船的各项主要尺度及其比值如下:[7]

船长	30.0 米	干舷	1.25 米
水线长	27.0 米	长宽比	2.64
甲板宽	10.5 米	宽吃水比	2.72
水线宽	10.2 米	深吃水比	1.33……
型深	5.0 米	方形系数	0.44
吃水	3.75 米	排水量	454 吨

1979 年春在古城泉州的"泉州湾宋代海船科学讨论会"上,与会的学者一致认为,泉州宋船对研究中国造船史有重大的学术价值。但是,泉州宋船的发现在关于郑和宝船尺度论辩中的例证作用却是笔者所始料未及的。

今天,可以这样说:泉州宋船的存在已经成为质疑郑和宝船尺度、不信《明史·郑和传》等文献对宝船尺度的记载,从而否定郑和宝船存在的诸种学术观点的巨大障碍。

2 郑和宝船的长宽比曾引起了各种质疑

记录郑和下西洋船队船数、宝船尺度及下西洋官兵人数的文献,首推《明史·郑和传》。

《明史·郑和传》记有:"成祖疑惠帝亡海外,欲踪迹之,且欲耀兵异域,示中国富强。永乐三年六月,命(郑)和及其侪王景弘等通史西洋,将士卒二万七千八百余人,多赍金币,造大舶,修四十四丈广十八丈者六十二。自苏州刘家河泛海至福建,复自福建五虎门扬帆,首达占城,以次遍历诸番国。"

除《明史》外,记录下西洋船队船数、宝船尺度以及下西洋官兵人数的文献尚有清谈迁的《国榷》、明马欢的《瀛涯胜览》和《三宝征彝集》、明罗懋登的《西洋记》《郑和家谱》等六种。依据对所记的出使次第、船队规模和出使人数等进行分析，各文献所记并非源于一书。就其资料来源的不同，盖可分为三个系统：即随行人员实录系统，家谱系统，官方文书系统。但是，三个系统的文献所记宝船尺度都是相同的。证明它们是可信的。[9][10]

对各文献所记郑和宝船尺度之庞大、其长宽比之较小持怀疑态度的学者，国内外不乏其人。在国内举其要者就有下述各位学者及其论述。

2.1 管劲承认为宝船的长宽比太小

早在 1947 年，曾任太仓教育局长的管劲承先生发表《郑和下西洋的船》，文章指出，宝船"长阔之比，约为七与三。于此，我们只凭常识为断，就不能无疑"。管先生继续写道："何致造成违反水性的'短短胖'呢？所以'(郑和)本传'云云，可说是史官笔下造成的船舶，并不会经过工匠用斧斤，斫大木。"[11]管劲承先生是我国早期以《明史·郑和传》所记宝船尺度的长宽比过小（"约为七与三"）并成为"短短胖"为由，对宝船尺度提出质疑的学者。管先生还以南京静海寺残碑为依据，认为郑和宝船不过是二千料海船而已。

2.2 周世德认为宝船的船型应为沙船

1962 年 10 月，中国科学院自然科学史研究所的船史研究学者周世德先生在"中国造船工程学会第一次会员代表大会"（上海 1962 年）的学术年会上，发表了《中国沙船考略》[12]。他以沙船的老船工对南洋航线很熟悉为由，提出郑和宝船取沙船船型"甚为合理"。周先生在论文中"按照江苏外海沙船比例计算"，"颇疑船宽记载有讹舛之处"。对"广十八丈"颇疑系"广于八丈"之误。周世德以在南京下关中保村宝船厂遗址发掘出的 11.07 米长的舵杆，用于他复原的长 44 丈、广 8 丈的"郑和宝船"，设九桅、张十二帆。当时更有沙船型的大型《郑和宝船》油画问世。周先生这一学术观点曾流行于海内外。

2.3　杨槱认为宝船的长与宽要互换且长度的单位要由丈改为尺

1981 年,上海交通大学杨槱、杨宗英、黄根余 3 位学者在《略论郑和下西洋的宝船尺度》一文中提出:"明史上记载的宝船,长四十四丈,宽十八丈。若将其宽作为长,将长度的单位改为尺,而改为四丈四广,十八丈长,则与一般(沙船)法式估算的尺度就相当接近了。"[13]

20 世纪从 40 年代到 80 年代,对郑和宝船尺度的三种质疑有个共同点,即都认为《明史·郑和传》所记宝船的长与宽之比只有 44/18,即 2.44,成了"短短胖"。

管劲承只提出郑和宝船应是二千料海船,并未提到应有的长宽比值。

周世德给出的长宽比是 44/8,即 5.5。

杨槱等三位学者给出的长宽比是 18/4.4,即 4.09。

3　泉州湾宋代海船的出土使《明史》所记宝船尺度比有了文物例证

《明史·郑和传》所记宝船的长宽比很小,且只有 2.44……,使管劲承等学者认为"只凭常识为断,就不能无疑"。然而,出土的泉州宋代海船正有着很小的长宽比,这就证明郑和宝船的小长宽比并无"讹舛"之处,也不应对《明史》肆意篡改。

对泉州湾宋代海船的研究认为:"泉州宋船的宽度大而长宽比小,这对保证船舶稳性是极为有利的。船长不过分大也有利于尽量减少板材的接头,对加大船体强度有利。这样小的长度也并不会影响到船的快速性,因为木帆船毕竟比现代船舶的航速低得多,对应于较低的航速,选小的长度比还是可行的。特别应当指出,古船的型线非常瘦削,这对保证快速性是很重要的。正如宋代徐兢在《宣和奉使高丽图经》中所说,'上平如衡,下侧如刃,贵其可以破浪而行也'。由复原的型线图可见,'横剖线呈 V 形,斜剖线很平缓,水流除满载水线附近是沿水线流动之外,主要是沿斜剖线流动。据计算,该船的方形系数为 0.44,中剖面系数为 0.69,均较现代货船小得多。这一点可弥补长宽比过小对快速性带来的不利影响,同时,平缓的斜剖线可使弯曲外板的加工工艺得到改善。V 形的横剖面有利于改善耐波性。尖底和深吃水相配合可有较好的适航性,受到横向风吹袭时,抗横漂能力也较强。由此可见,泉州湾宋代海船的船型设计是综合考虑了稳性、快速性、耐波性和加工工艺等多种要求的。从现代船舶设计理论的角度来评论,也是值得称道的。"[14]

中国古船长宽比之小,不仅限于泉州湾宋代海船。自从 1975 年出土了泉州宋代海船之后,在 1978 年又出土了宁波宋代海船[15][16],在 1976—1984 年更在韩国新安郡海底发掘出一艘中国元代海船。[17][18]

值得注意的是,这 3 艘出土的北宋、南宋和元代古船,都具有较小的长宽比。表 1 为各种文献和相关作者给出的已出土中国古船的长宽比。

表 1　已出土的北宋、南宋和元代 3 艘古船的长宽比值

古船名	发掘地点	发掘年份	古船年代	长宽比	作者及文献 发表年代
泉州船	泉州湾	1975	南宋	2.57 2.48	席龙飞、何国卫,1979 杨㮚,1982
宁波船	宁波市	1978	北宋	2.71 2.8	席龙飞、何国卫,1981 徐英范,1981
新安船	韩国木浦	1976—1984	元代	2.8 2.61	席龙飞,1985、1994 [韩]李昌忆,1991

由此可以看出,郑和宝船的长宽比值与出土古船的比值非常接近。同时也可以看出,管劲承、周世德及杨㮚等各位学者以长宽比过小而质疑郑和宝船并肆意篡改宝船尺度是多么缺乏依据。

4　泉州宋船成为新证

在纪念郑和下西洋 580 周年时,全国各学术界对郑和宝船的研究给予极大关注,加以泉州湾宋代海船的出土,使质疑郑和宝船长宽比过小的各种学术见解不攻自破。

在郑和下西洋 600 周年来临之际,又出现了对郑和宝船新的质疑。

2002 年刊出的《船史研究》总第 17 期"郑和下西洋专刊",刊登了辛元欧的《关于郑和宝船尺度的技术分析》,唐志拔的《郑和宝船尺度之我见》,杨槱的《现实的科学的探讨郑和宝船》,更有华裔美籍学者苏明阳的两篇论文《郑和宝船及船队究竟有多大》和《历史与小说的错综交织——解开"郑和宝船之谜"》。

上述 5 篇论文有一个共同点,即都对《明史·郑和传》关于宝船尺度的记载持否定态度。与 20 多年前稍有不同的是,以前杨槱教授认为,宝船尺度均源于马欢的《瀛涯胜览》这一孤证(上海《文汇报》1983 年 10 月 10 日),而今四位学者都认为宝船尺度均源于明末罗懋登的神魔小说《西洋记》。例如,苏明阳在他的文章中说:"宝船 63 号,大者长 44 丈 4 尺,宽 18 丈,中者长 37 丈,宽 15 丈之源于罗氏《西洋记》第十五回确是毫无疑惑的。"(《船史研究》第 17 期(2002 年),第 147 页)

4.1　郑和宝船尺寸均源于罗懋登的《西洋记》并无确切根据

读罢上述 4 位学者的 5 篇论文发现,他们否定《明史·郑和传》关于宝船尺度记载的最主要观点和结论都依赖于唐志拔的《关于郑和宝船尺度出自〈瀛涯胜览〉的论点质疑》[19]一文。

被 3 位质疑者作为重要依据的唐志拔的上述论文中,唐教授写道:

"在近 20 种《瀛涯胜览》的版本中,绝大多数版本都没有关于郑和宝船尺度的记载,只有明钞说集本《瀛涯胜览》和明钞本《三宝征彝集》两种版本,在卷首第一页上记载有郑和宝船的尺度：'宝船陆拾叁艘，大者长肆拾肆丈肆尺，阔壹拾捌丈；中者长叁拾柒丈，阔壹拾伍丈。'这两种版本内容相同，无出版年代可考。但据北京图书馆善本古籍部专家说，从纸质和笔迹鉴定，不会早于 1617 年《记录棠编》刻本（原文如此）。"

但是，唐志拔教授在《郑和宝船尺度之我见》（2002 年）一文中，说曾到北京图书馆查到明钞本《三宝征彝集》，并以其与"纪录汇编"本《瀛涯胜览》作对照，还请李姓专家对此明钞本《三宝征彝集》进行了"鉴定"，"认为其成书不会早于万历年间"。[20]

在唐志拔前一篇文章中，似乎明钞说集本《瀛涯胜览》也是"无出版年代可考"的。但是在后一篇文章中只明确提到明钞本《三宝征彝集》，请李姓专家"鉴定"的也只有明钞本《三宝征彝集》。

那么，明钞说集本《瀛涯胜览》究竟是不是"无出版年代可考"呢？

实际上，这个问题早在 20 世纪 80 年代在邱克的论文中已有论述。邱克当年是山东大学中西交通史硕士研究生，他在《谈〈明史〉所载郑和宝船尺寸的可靠性》[21]一文中提出："根据文献记载：郑和下西洋的最大宝船长四十四丈四尺，宽一十八丈。作者认为这一尺度的记载是信而有据的。从版本学来看，这是郑和下西洋活动的参加者马欢所记录的第一手资料，既不是后人擅自修改，又非流传过程中的舛讹。其他有关史料虽可能另有来源（如《明史》上有关宝船的记载似不是出自马欢的《瀛涯胜览》），但至今也未发现有何重大差异。作者还认为，这一最大的宝船决不是一艘普通的货船，而是有其政治和军事背景的特殊产物，当时特殊的历史条件为其提供了'存在的理由'。"

关于"明钞说集本"《瀛涯胜览》是否有年代可考，且看邱克的原文。"'纪录汇编本'（以下简称'纪本'）系明末沈节甫于 1617 年所辑刻。他收录了两种不同系统的《瀛涯胜览》，并录有张升的'小引'。冯承钧《瀛涯胜览》的校注即以此足本为底本。根据伯希和的研究，沈的足本可能就是景泰辛未年间初刻的一种版本，在其卷首无关于宝船尺寸的记载。而冯承钧于四十年代初看到的'明钞说集本'，也是与'纪本'相同的《瀛涯胜览》的初印本，卷末亦有'景泰辛未'一行，此钞本足以校订'纪本'之文很多，可以证明经校勘，较之'纪本'更为精审。在'说集本'的卷首(不是序)诸番国名之后却有'宝船六十三号,大者长四十四丈四尺,宽一十八丈,中者长三十七丈,宽一十五丈……'云云,所以很可能沈节甫在刊刻这个丛书时将关于宝船尺寸的记载删掉了。由于'说集本'是诸多版本中较早和较完备的一种,因此不能简单地根据其他较晚的版本无这条记载而怀疑'说集本'关于宝船尺寸记载的可靠性。"

"景泰辛未"是 1451 年,而明末罗懋登所撰小说《西洋记》成书于明万历二十五年(公元 1597 年)。景泰辛未年刊刻明钞说集本《瀛涯胜览》时,其时不仅无《西洋记》,更没有生下罗懋登,宝船的尺寸何能抄自《西洋记》呢?

4.2 泉州古船成为郑和宝船新质疑者的巨大障碍

罗懋登的文学著作《西洋记》,古今学者均普遍认为对考订郑和下西洋和郑和宝船有学术价值。冯承钧写道:"《西洋记》所采《瀛涯胜览》之文不少,未可以为小说而轻之也。"[22]向觉明从前也曾取《西洋记》所载古里国的碑文,来校订《瀛涯胜览》古里条所载碑文的错误。[23]拙作《试论郑和宝船》[24]将《西洋记》第十五回所记 5 种船型的桅数、长阔尺度及其比值一并列出如表 2。

表 2　罗懋登著《西洋记》所载下西洋 5 种船型

船型	桅数	长与阔尺度	长宽比值
宝船	九	长四十四丈四尺,阔一十八丈	2.466……
马船	八	长三十七丈,阔一十五丈	2.466……
粮船	七	长二十八丈,阔一十二丈	2.333……
坐船	六	长二十四丈,阔九丈四尺	2.553
战船	五	长一十八丈,阔六丈八尺	2.647

从表 2 中可以看出,各型船舶的长宽比值与表 1 所列泉州古船等三艘古船的长宽比值何其相似。这就说明,从宋代到元代,再到明代,中国古船的长宽比是一脉相承的。出土古船的长宽比已经成为《明史·郑和传》以及《西洋记》等文献所记的宝船长宽比的重要文物例证。泉州古船的存在已经成为郑和宝船新质

疑者难以逾越的巨大障碍。

值得注意的是,宝船与马船的长宽比值均为 2.466……。罗懋登时代既无计算机、计算器之类,罗氏也很难说是珠算高手,为什么两种船型的尺度比竟全相等而且成为除不尽的循环小数呢? 只有一种解释:宝船、马船等尺度并非罗懋登所杜撰,必是参考了有关实际的资料。

罗懋登写小说难免有许多虚构,但是也参考了实际存在的资料,不能一概加以否定。

20 世纪的郑和宝船诸质疑者,都拿宝船的长宽比说事。而今郑和宝船的新质疑者把宝船尺度的记载说成源于神魔小说《西洋记》,是胡编乱造、没有根据的,但是却不敢提及《西洋记》所述宝船尺度的长宽比。甚至在《船史研究》总第17 期(2002 年)的第一篇文章《关于郑和宝船尺度的技术分析》中,也不敢分析包括《西洋记》等各文献所记的宝船长宽比。因为各文献所记的长宽比值有泉州古船这一文物的例证,这成了他们想否定郑和宝船的障碍。

上述《技术分析》一文以小标题列出“郑和宝船 9 桅之说独出《西洋记》”,意思是这又是“孤证”,而孤证是靠不住的。

众所周知,中国古船是实行多桅多帆的。明代胡宗宪辑《筹海图编》和李盘辑《金汤借箸十二筹》中均有五桅沙船的图样和记载。笔者也亲自考察过太湖的七桅帆船“七扇子”,该船估计不超过 20 丈。长度 44 丈的宝船设九桅张十二帆并无不妥,而且与费信在《星槎胜览》中所述宝船“张十二帆”并不相悖。按中国古船“凡舟身长十丈,立桅必两”[25]的规律,宝船长 44 丈,立九桅也是适宜的。据笔者参与宝船模型和实尺宝船设计的体会,宝船设九桅并无多大“毛病”,这正是《西洋记》又一处凸显魅力之所在。

5　郑和宝船取型福船自然而合理

20 世纪 40 年代到 80 年代,在对郑和宝船尺度的质疑浪潮中,都是以沙船的长宽比为 4.0～5.5 为由，颇疑宝船尺度的记载有讹舛之处，从而肆意更改宝船尺度。而今，有了出土泉州古船、宁波古船和韩国新安古船，其长宽比与文献所记宝船的长宽比何其相近，而这 3 艘古船又是福船船型（宁波古船属浙船，但其特征又与福船相一致）。因此，宝船船型取福船型则是顺理成章的事情，自然而合理。

依此作《试论郑和宝船》[24]一文："由表 2 可以看出，为组建下西洋的船队，将造船任务分配到全国各造船中心，而且是采用新建与改建相结合的方针，所以船舶类型必然是繁多的。"其中在湖广和长江一线所造船舶当以沙船为主，但是文献所记大型宝船以其长宽比之小，与出土的泉州古船相近，当然应是取福船船型。这正是本文题目"泉州湾宋代海船为郑和宝船正名"之所由也。

参考文献

[1]《福建泉州湾发现一艘宋代木造海船》,《人民日报》1975 年 03 月 30 日；《福建省文物考古工作者在泉州湾发掘出一艘宋代木造海船》,《光明日报》1975 年 03 月 31 日。

[2]《泉州湾宋代海船发掘简报》,《文物》,1975 年第 10 期。

[3] 福建省泉州海外交通史博物馆编:《泉州湾宋代海船发掘与研究》,海洋出版社 1987 年版。

[4]《参考消息》1983 年 6 月 28 日、29 日、30 日。

[5]（宋）朱彧:《萍州可谈》卷二。

[6]（宋）徐兢:《宣和奉使高丽图经》卷三十四。

[7] 席龙飞、何国卫:《对泉州湾出土的宋代海船及其复原尺度的探讨》,《中国造船》,1979 年第 2 期,第 117 页。

    福建省泉州海外交通史博物馆编:《泉州湾宋代海船发掘与研究》,海洋出版社 1987 年版,第 94 页。

[8]［清］张廷玉等:《明史·郑和传》。

[9] 文尚光:《郑和宝船尺度考辩》,《武汉水运工程学院学报》,1984 年第 4 期。

[10] 文尚光:《郑和宝船之谜研究评述》,《船史研究》,1986 年第 2 期,第 39—46 页。

[11] 管劲承:《郑和下西洋的船》,《东方杂志》,1947 年。

[12] 周世德:《中国沙船考略》,《中国造船工程学会 1962 年年会论文集》(第二分册),国防工业出版社 1964 年版。

[13] 杨槱、杨宗英、黄根余:《略论郑和下西洋的宝船尺度》,《海交史研究》,1981 年第 3 期,第20 页。

[14] 席龙飞:《中国造船史》,湖北教育出版社 2000 年版,第 159—160 页。

[15] 林士民:《宁波东门口码头遗址发掘报告》,《浙江省文物考古所学刊》,文物出版社 1981年版,第 105—129 页。

[16] 席龙飞、何国卫:《对宁波古船的研究》,《武汉水运工程学院学报》,1981 年第 2 期,第23—32 页。

[17] 韩国文化公报部文物管理局:《新安海底遗物(综合篇)》,汉城:高丽书籍株式会社 1988年版。

[18] 席龙飞:《对韩国新安海底沉船的研究》,《海交史研究》,1994 年第 2 期,第 55—74 页。

[19] 唐志拔:《关于郑和宝船尺度出自〈瀛涯胜览〉的论点质疑》,《船史研究》,1995 年第 11—12 期,第 130—131 页。

[20] 唐志拔:《郑和宝船尺度之我见》,《船史研究》,2002 年第 1 期,第 22 页。

[21] 邱克:《谈〈明史〉所载郑和宝船尺寸的可靠性》,《文史哲》,1984 年第 3 期。后被收入《郑和下西洋论文集(第一集)》,人民交通出版社 1985 年版。

[22] 冯承钧:《〈瀛涯胜览〉校注序》(1934),《郑和研究资料选编》,人民交通出版社 1985 年版,第 62 页。

[23] 冯承钧:《伯希和撰郑和下西洋考序》(1934),《郑和研究资料选编》,人民交通出版社1985 年版,第 60 页。

[24] 席龙飞、何国卫:《试论郑和宝船》,《武汉水运工程学院学报》,1983 年第 3 期,第 9—18页。后被收入《郑和下西洋论文集》(第一集),人民交通出版社 1985 年版。

[25] (明)宋应星:《天工开物》,江苏广陵刻印社 1998 年版,第 264 页。

原文收录于《船海工程——纪念郑和下西洋 600 周年学术研究论文集》,(武汉)《船海工程》杂志社,2004 年版,第 49—53 页。

明代淡生堂抄本《瀛涯胜览》为郑和宝船佐证

2004 年夏，笔者同席龙飞教授去唐志拔教授家造访时，从唐教授处得知福建省图书馆可能藏有《瀛涯胜览》钞本的信息，便极为关注。趁赴福州市参加福建省纪念郑和下西洋 600 周年学术交流大会的机会，与席龙飞教授于 2004 年 12 月 15 日特地赴福建省图书馆寻访这本只闻其名未见真貌的《瀛涯胜览》明抄本。真是不负有心人，我们终于见到了这本内页纸张呈灰白兼带有淡淡黄色的《瀛涯胜览》明代淡生堂抄本。它就是该图书馆副馆长谢水顺研究员所说的海内孤本。我们已撰写《子孙永珍——马欢《瀛涯胜览》明淡生堂抄本寻访记》[1]一文供学者研究。

1. 珍贵的明代淡生堂抄本《瀛涯胜览》

《瀛涯胜览》是明代马欢所撰写，这本明代淡生堂抄本所记载内容与其他版本《瀛涯胜览》基本相同。全书共 88 页（即 44 张），纸页折摺处印有"淡生堂抄本"5 个字，该抄本上盖有"澹生堂藏书部""龚少文收藏书画所印记""子孙永珍""山阴祁氏藏书之章""淡生堂手迹"和"大通楼藏书印"等印章。祁氏为明代大藏书家，澹生堂是祁氏的藏书楼。该《瀛涯胜览》明抄本上还写有"福建省图书馆珍藏"字样。据在福建省图书馆见到的中国善本书目录，明代淡生堂抄本《瀛涯胜览》只有福建省图书馆珍藏的这一本。

明代淡生堂抄本《瀛涯胜览》卷首记有诸番国名、宝船尺度和下洋官兵数，现录之如下：

"诸番国名

占城国　爪哇国　暹逻国　旧港国　哑鲁国　苏门答剌国　黎伐国

溜山国　那孤儿国　南渤里国　榜葛剌国　锡兰国　小葛兰　柯枝国

右里国(疑系古里国之误)　阿丹国　祖法儿国　忽尔没斯　天方国

宝船六十三号

大者长四十四丈四尺　阔一十八丈

中者长三十七丈　阔一十五丈

计下西洋官校旗军勇士通士民梢买办书手通计二万七千六百七十员名"。[1]

该明抄本在全书的末尾一行写有"景泰辛未中秋望日会稽山樵马欢述"[1]15个字;该明抄本第1页是序,序末写有"永乐丙申黄中日会稽山樵马欢述"[1]14个字。

上录除了记载十几个番国名、下洋官兵人数为27670外,还记宝船大者和中者的具体尺度。更为重要的是,它写出了《瀛涯胜览》的成书及其抄本年代。这些必将有助于澄清当前学术界在郑和宝船研究中存在的不少疑虑,推进郑和宝船研究的深入发展。这是因为它有力地佐证了郑和大型宝船尺度无误;佐证了马欢《瀛涯胜览》的成书年代;佐证了郑和大型宝船没有62艘之多。

明代淡生堂抄本《瀛涯胜览》是一本研究郑和宝船极其珍贵的史料。

2. 佐证郑和大型宝船尺度无误

《明史·郑和传》记载:"永乐三年六月,命和及其侪王景弘等通使西洋……以次遍历诸番国,造大舶,修四十四丈,广十八丈者六十二。"[2]郑和宝船尺度特别巨大,不论用明尺为0.317米计[3],还是用福州出土的雕花黑漆木尺为0.283米计[4],其长和宽分别达140米和57米或125米和51米。对如此庞大的尺寸,学术界不少学者对史料的记载提出了众多质疑。1947年管劲承发表的《郑和下西洋的船》[5]中,首先对宝船"修四十四丈,广十八丈"的《明史》记载提出了怀疑,认为宝船的长宽比只有2.466,如此之小,这种"短短胖"[5]的船是"违反水性"[5]

的。1962年周世德按照沙船比例在《中国沙船考略》[6]中认为,宝船"广十八丈"疑系"广于八丈"之误。1981年杨槱、杨宗英、黄根余在《略论郑和下西洋的宝船尺度》[7]中提出"《明史》上记载的宝船,长四十四丈,宽十八丈。若将其宽作为长,将长度的单位改为尺,而改为'四丈四广,十八丈长',则与一般(沙船)法式估算的尺度就相当接近了"。[7]

船舶的小长宽比值虽与现代船舶学者认知的有所差异,但对属于低速船的古代木帆船而言,结合航行稳性的需要取较小长宽比值也是适宜的。古代木帆船的小长宽比也已被近年出土古船所证实。例如出土的泉州宋船[8]和宁波宋船[9]的长宽比也只有2.65和2.71。

1983年,邱克在九江市召开的"郑和下西洋学术讨论会"上首次披露了在北京图书馆见到了海内孤本《三宝征彝集》,其对宝船尺度全部以会计数码大写字书写的,并以复印件展示。至此,宝船尺度抄录书写有误的议论就不多见了。

现已知记有宝船尺度的史籍除《明史·郑和传》外,还有谈迁《国榷》、顾起元《客座赘语》《郑和家谱》、罗懋登《西洋记》、马欢《三宝征彝集》和三种版本的马欢《瀛涯胜览》共九种。现将已知史籍记载的郑和宝船尺度及船数汇总如下:

《明史·郑和传》:"造大舶,修四十四丈,广十八丈者六十二。"

谈迁《国榷》:"宝船六十三艘,大者长四十四丈四尺,阔一十八丈;次者长三十七丈,阔一十五丈。"

顾起元《客座赘语》:"宝船共六十三号,大船长四十四丈四尺,阔一十八丈;中船长三十七丈,阔一十五丈。"

《郑和家谱》:"拔舡六十三号,大船长四十四丈,阔一十八丈;中船长三十七丈,阔一十五丈。"

罗懋登《西洋记》:"宝船长四十四丈四尺,阔一十八丈;马船长三十七丈,阔一十五丈……"

马欢《三宝征彝集》:"宝船六十三只,大者长四十四丈四尺,阔一十八丈;中者长三十七丈,阔一十五丈。"

马欢《瀛涯胜览》(明钞说集本):"宝舡六十三号,大者长四十四丈四尺,阔一十八丈；中者长三十七丈，阔一十五丈。"

马欢《瀛涯胜览》（祁氏淡生堂钞本）："宝舡六十三号，大者长四十四丈四尺，阔一十八丈；中者长三十七丈，阔一十五丈。"

马欢《瀛涯胜览》（明代淡生堂抄本）："宝舡六十三号，大者长四十四丈四尺，阔一十八丈；中者长三十七丈，阔一十五丈。"

郑和下西洋的珍贵历史资料虽然被朝廷重臣刘大夏付之一炬，但这些出自随行人员实录、家谱和官方文书的史籍仍留传于世。这是因为客观上有下面三种可能性的存在：其一，郑和下西洋档案没有被完全彻底地烧尽，有少量的资料有被漏掉或无意中散失的可能，由明茅元仪编辑的《武备志》而传世的《郑和航海图》就是两例；其二，尚未归档的资料在民间传存的可能；其三，下西洋随行人员私人记录存在的可能，马欢所撰《瀛涯胜览》就是其中之一。只要有这三种可能性存在，史籍所记宝船尺度的资料应是多源的而不是一源的，不是唯一的。

这些史籍所记宝船尺度基本上是一致的：大者（或船）长四十四丈四尺，阔一十八丈；中者（或船）长三十七丈，阔一十五丈。稍有差别的是，对船舶的称谓有"宝船""宝舡""拔舡"之不同；对船舶艘数量词有"号""艘""只"之不同；对宝船的大者（或船）长度有"长四十四丈四尺"和"四十四丈"之不同。唯独《明史·郑和传》记载中未提及宝船有大者、中者之分，只说"造大舶"并用"修"和"广"来称谓船长和船宽，船长记为"四十四丈"，船舶数为"六十二"。这些不同对讨论宝船尺度来说不是实质性的区别。《明史》为清代张廷玉等所撰写，清代人写明史按史料记载取"宝船大者"（即大舶），尺度单位"丈"略记"尺"也是可以理解的。

马欢的《三宝征彝集》和三种《瀛涯胜览》除有"宝船""宝舡"的称谓上区别外，对宝船尺度和船艘数记载完全相同。《三宝征彝集》和《瀛涯胜览》都是曾随郑和于第四、第六、第七次下西洋的随行通事（翻译）马欢所撰，这是他随郑和漂洋过海，历涉诸多番国，多次往返数年，亲耳所闻、亲眼所见之记载。马欢撰书与官员修史写书有所不同，作为通事（翻译），文职人员作笔录记载是常理，这是第一手资料，理当可靠可信，没有充分证据难以轻易否定。

3. 佐证《瀛涯胜览》撰著年代

虽然几种史籍对宝船尺度记载相同(或类同),可信,但又有一些学者提出了史籍之间存在着以下可能性的问题。这就是,记载宝船尺度的各种史籍是互相转抄的;转抄都是源自刊出最早的那本史籍;最早刊出的史籍又是不可信的。那么,所有史籍记载也都不可信了。美籍华裔学者苏明阳先生就是持有这种观点中的一位。如果确实刊出最早的史籍是不可信的,它又被其他史籍所转抄,那么,上面的逻辑推论似可成立。现知的几种史籍情况又是如何呢? 苏明阳先生在其《历史与小说的错综交织——解开"郑和宝船之谜"》[11]一文中列出了记有宝船尺度的八种史籍,它们就是前面列出的除福建省图书馆所藏明代淡生堂抄本《瀛涯胜览》外的几种。该文断论其中"以罗懋登《西洋记》刊出最早(1597年)"[11],其他七种史籍都"源自罗氏《西洋记》"[11],它们是相互转抄或直接抄自《西洋记》。又因为"《西洋记》中宝船尺度是小说家罗懋登夸张虚构,完全错误的说词"[11],所以"所有八种文献的转抄之宝船尺度也是错误不实的"[11]。

罗懋登《西洋记》的宝船尺度记载是否可信,各种史籍如何相互转抄,本文暂且不论,罗氏《西洋记》是不是所有记载宝船尺度的史籍中刊出最早的成了问题的关键所在。马欢的《瀛涯胜览》是记载郑和宝船尺度最重要的史籍之一,它不仅记载可靠可信,而且刊出年代远早于罗氏《西洋记》。

国内外现存《瀛涯胜览》的明、清时代版本近 20 种,笔者所知载有郑和宝船尺度的《瀛涯胜览》有冯承钧于四十年代初看到的明钞说集本、福建省图书馆藏明代淡生堂抄本和苏明阳在其论文[11]中提到的傅斯年图书馆藏祁氏淡生堂钞本。三种版本所记"宝舡六十三号,大者长四十四丈四尺,阔一十八丈;中者长三十七丈,阔一十五丈"完全相同。马欢所撰写的《三宝征彝集》明钞本记载的宝船尺度与《瀛涯胜览》也相同,但未见成书年代。苏明阳先生认定,明钞说集本《瀛涯胜览》和傅斯年图书馆藏祁氏淡生堂钞本《瀛涯胜览》的成书年代分别为"1617

年之后"[11]和"1620 年"[11]，比 1597 年刊刻的罗懋登《西洋记》晚，由此认为《瀛涯胜览》有转抄自《西洋记》之嫌。

福建省图书馆藏明代谈生堂抄本《瀛涯胜览》序末的"永乐丙申黄中日会稽山樵马欢述"[1]表明了马欢在永乐丙申年就撰成了《瀛涯胜览》。永乐丙申年即明永乐十四年（公元 1416 年），就是说马欢随郑和第四次下西洋（永乐十一年十二月至永乐十三年七月）后一年，已写就此书。

现查到的福建省图书馆所藏明代谈生堂抄本《瀛涯胜览》书尾的"景泰辛未中秋望日会稽山樵马欢述"[1]一行字与明钞说集本《瀛涯胜览》在其"卷末亦有'景泰辛未'一行"[10]字相吻合。向达于 1929 年撰写的《关于三宝太监下西洋的几种资料》[12]论文中也提到"……纪录汇编本《瀛涯胜览》……书末有'景泰辛未'秋月望日会稽山樵马欢述"[12]字样，尽管纪录汇编本《瀛涯胜览》没有宝船尺度的记载。"景泰辛未"可能就是明钞说集本的钞书年代，即使不是，不论明钞说集本成书何年，总还有过一本成书于"景泰辛未"年的《瀛涯胜览》钞本。"景泰辛未"实为明景泰二年，即公元 1451 年。鉴于祁氏谈生堂是晚明时期，那么，现藏福建省图书馆的明代谈生堂抄本应晚于"景泰辛未"年所抄，但具体抄写年代尚不能确定，也有可能它是抄自明钞说集本或抄自另有一本目前尚还不知的"景泰辛未"年抄本。

苏明阳先生在其论文中提到的祁氏谈生堂钞本《瀛涯胜览》是"指'谈生堂'版，是台湾中央研究院历史研究所陈昭容博士于 2000 年在傅斯年图书馆找到而寄给本人（指苏先生）的。这版本是福建省图书馆之影印本"[11]。福建省图书馆副馆长谢水顺研究员又非常肯定该馆所藏明代谈生堂抄本《瀛涯胜览》是海内孤本，所以傅斯年图书馆藏抄本应是福建省图书馆抄本的同一版本，它只是后者的影印本。笔者所见到的明代谈生堂抄本《瀛涯胜览》是用毛笔书写的，而苏先生发表的附有一页涉及下西洋人员的影印件所显示的字迹却是用硬笔抄写（见下页图），疑其为在傅斯年图书馆查阅人士陈昭容博士用硬笔抄录字迹。但苏先生并未在其论文中提到该抄本中有"景泰辛未""永乐丙申"等与成书年代有关的介绍，不知何因。

马欢的《瀛涯胜览》应有钞本和原本之分，前面列出的几种版本都是钞本，不是原本。钞本是对原本或钞本的钞录，钞本成书年代当然晚于原本。结合明钞说集本和福建省图书馆明代淡生堂抄本可以佐证，马欢《瀛涯胜览》原本成书于永乐丙申(1416 年)，钞本成书不晚于景泰辛未(1451 年)。显然《瀛涯胜览》远远早于罗懋登的《西洋记》(1597 年)，由此可见，各种史籍对郑和宝船尺度的记载都"源于罗氏《西洋记》"[11]之说不能成立。

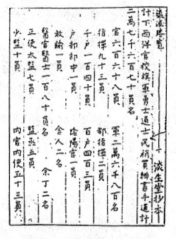

傅斯年图书馆藏祁氏淡生堂
抄本的硬笔抄录字迹

4. 佐证郑和大型宝船没有 62 艘之多

有学者把《明史·郑和传》记载的"造大舶，修四十四丈，广十八丈者六十二"理解为郑和下西洋舟师由 62 艘长 44 丈、宽 18 丈的大型宝船所组成。也就是说，郑和船队共有 62 艘排水量达万吨级的宝船。这可了得！难怪有"造一艘宝船所耗费的人工和材料可以造 3 座太和殿了……时间不足一年怎能建造 62 艘'盖古未有'的特大宝船呢"[13]的评论。也有认为"以 62 艘的 2 万吨级的郑和宝船这类从未造过的新产品，只要 8～10 个月就可以造好！当然是不可思议的事……"[14]"62 艘 2 万吨级郑和宝船所需木材数量巨大……而建造一艘 2 万吨级的郑和宝船可能需要砍伐大树 1 万棵以上，62 艘郑和宝船就要砍伐掉 1 百万棵树，砍伐这些树是一个很大的工程，必然会造成全国木材严重短缺；再把这 1 百万棵树运到造船地点又是一项浩大的运输工程，可是这一切在明代历史上却一无反映，岂不怪哉"[14]。

如果确有 62 艘长 44 丈、宽 18 丈的大型宝船，前面的分析似有道理。但对照明代淡生堂抄本《瀛涯胜览》和其他几种有宝船尺度记载的史籍后，笔者认为这种认识有所偏颇。除了《明史·郑和传》外，其他的几种史籍所记宝船尺度都有大者(船)和中者(船)之分，这清楚明白地否定了郑和舟师船舶只有长44丈、宽18丈这同一种宝船的说法。

明代淡生堂抄本《瀛涯胜览》对宝船的记载有一点特别重要，值得注意。这就是，该抄本卷首记载诸番国名、宝船尺度和船队人员的三句文字的句首字是并齐的，而在"宝船六十三号"一句文字之后是另起行记载大者宝船尺度和中者宝船尺度，而且这二句文字特意地比"宝船六十三号"一句文字低两格，并不是顶格并齐书写，句首是有空格的。这无疑只有63艘宝船之其中有大者和中者才会有这种书写格式，由此推论，63艘船舶中应还有小者及其他不同类型、不同规格的船舶，只是在文本中略记而已。

郑和船队庞大，其船舶由朝廷下令在全国各地建造。郑和宝船的建造在官方的文献中理应有所记载。《明实录》[15]所载永乐年间建造或改造海船中，明确记为下西洋所用或注明建造宝船的共有4批，即永乐二年福建造海船5艘，将遣使西洋诸国；永乐五年令都指挥使汪浩改造海运船249艘，备使西洋诸国；永乐六年令工部造宝船48艘；永乐十七年令造宝船41艘。永乐五年的改造海运船虽明载备使西洋诸国，但大型宝船属新建造船舶，应不在其中。永乐十七年建造的41艘宝船在马欢所撰《瀛涯胜览》之后，亦当不属其中。那么，属于大型宝船建造的可能就在永乐二年建造的5艘和永乐六年建造的48艘的两批之中了。就其建造数量来看，两批建造船舶总数只有53艘也没有超过62(或63)艘。换而言之，郑和大型宝船不可能有62艘之多。

如果说62艘全部是长44丈、宽18丈的同一种大型宝船，而船队载员总人数为27 800人，每艘平均载员只有450人左右，这有不合情理之处。继马可·波罗之后半个世纪的摩洛哥旅行家伊本·拔图塔在其游记中就曾有"中国船舶……大船一只，可载一千人，内有水手六百人，兵士四百人……"[16]的记载，难道郑和大型宝船载员人数连千人还不及。

《明史·郑和传》所记郑和船队船舶总数"六十二"[2]，船队编员人数"二万七千八百余人"[2]与马欢《瀛涯胜览》所记的船只总数"宝船六十三号"[1]和"通计二万七千六百七十员名"[1]是相近的。

郑和船队应该是由大型宝船、中型宝船及各种各样大小不一的众多船舶所组成,船舶总数是62(或63)艘。长44丈、宽18丈的大型宝船没有62艘之多,长44丈、宽18丈的大号宝船和长37丈、宽15丈的中号宝船只是62(或63)艘船中的极其个别特例而已。

参考文献

[1] 席龙飞,何国卫.子孙永珍——马欢《瀛涯胜览》明淡生堂抄本寻访记,发表于《海交史研究》2005年第1期.

[2] 张廷玉.明史·郑和传.中华书局,1974.

[3] 杨宽.中国历代尺度考.上海商务印书馆,1955:88—105.

[4] 陈延杭,杨秋平,陈晓.郑和宝船复原研究.船史研究,1986,(2).

[5] 管劲承.郑和下西洋的船.东方杂志,1947:33.

[6] 周世德.中国沙船考略.中国造船工程学会1962年年会论文集(第二分册),国防工业出版社,1964:44.

[7] 杨槱,杨宗英,荣根余.略论郑和下西洋的宝船尺度.海交史研究,1981,(3):20.

[8] 席龙飞,何国卫.对泉州湾出土的宋代海船及其复原尺度的探讨.中国造船,1979,(2):17.

[9] 席龙飞,何国卫.对宁波古船的研究.武汉水运工程学院学报,1981,(2):23—32.

[10] 邱克.谈明史所载郑和宝船尺寸的可靠性.文史哲,1984,(3):10—12.

[11] 苏明阳.历史与小说的错综交织——解开'郑和宝船之谜'.船史研究郑和下西洋专刊,2002,(17).

[12] 向达.关于三宝太监下西洋的几种资料.郑和研究资料选编,人民交通出版社,1985年,31—56原载《小说月报》第一号(新年号),1929年1月10日,47—64.

[13] 杨槱.再论"郑和宝船之谜".福建省纪念郑和下西洋600周年学术论文集,福建人民出版社,2004.

[14] 辛元欧.关于郑和宝船尺度的技术分析.船史研究,郑和下西洋专刊,2002,(17).

[15] 郑鹤声,郑一钧.郑和下西洋资料汇编.上册,济南:齐鲁书社,1980,199—201.

[16] 上野一郎著.船の世界史(上卷).东京:舵社,1980,287—290.

　　原文发表于《传承文明走向世界和平发展——纪念郑和下西洋600周年国际学术论坛论文集》,(北京)社会科学文献出版社,2005年第1版。

马欢《瀛涯胜览》明代淡生堂抄本寻访记

1 访福建省图书馆

为出席 2004 年 12 月 16 日在福州市召开的福建省"纪念郑和下西洋 600 周年学术交流大会",我们于 12 月 14 日下午乘火车离开武汉,15 日上午到达福州,并及时到西湖大酒店报到。由于事前已经与福建省交通厅筹办会务的同志取得联系,下午,由福州市交通局办公室连智明同志陪同,我们一行 3 人驱车赴福建省图书馆造访。

福建省图书馆书记兼副馆长谢水顺研究馆员在办公室热情地接待了我们。当他得知我们要查阅马欢撰《瀛涯胜览》的明代抄本时,就肯定地说,这是海内孤本,本馆有藏。于是就电话通知特藏部林永祥主任,要他携同另一位馆员,两人一道入库取出特藏的马欢撰《瀛涯胜览》明代抄本。

15 分钟后,谢水顺副馆长带领我们到该馆特藏部阅览室。边走边客气地向我们说明,按该馆规定,对这本书既不能复印也不能拍照。当林永祥主任将明抄本《瀛涯胜览》提供给我们时,还发给我们每人一副白手套。我们戴上白手套小心翼翼地开始翻阅这海内孤本,并且作摘抄。

2 《瀛涯胜览》抄本的年代

我们见到的《瀛涯胜览》抄本,内页纸张是灰白色还兼有淡淡的黄色。墨字是抄写在已经印有淡蓝色条的竖格中间,在两页纸的折摺处印有"淡生堂抄本"5字。在"淡生堂抄本"5字之上,按顺序写有页码数。《瀛涯胜览》抄本一卷,共抄写在44张"淡生堂抄本"的专用纸张上。按现代书籍的页码计算方法,这本书共有88页。

由于我们急于知道这个抄本的年代,于是翻到卷末。在全书的末尾一行写有15个字,即:

景泰辛未中秋望日会稽山樵马欢述

根据文物出版社1973年12月第1版《中国历史年代简表》第167页,"景泰辛未"实为明景泰二年,即1451年。略加计算就会知道,这本书已经传世553年了。

3 《瀛涯胜览》的撰著年代

翻开《瀛涯胜览》的第1页是序。序末的署名和年代共14字,即:

永乐丙申黄中日会稽山樵马欢述

"永乐丙申"实为明永乐十四年,即公元1416年。

《水运技术词典》"马欢"条:"马欢:明代航海家,字宗道,浙江会稽(今绍兴)人。信奉伊斯兰教,曾随郑和于第四次、第六次、第七次下西洋,担任翻译。归国后将其航海中的见闻写成《瀛涯胜览》一书。"[1]据长乐《天妃灵应之记碑》拓片[2],第四次下西洋则记有:"永乐十一年,统领舟师,往忽鲁谟斯等国,其苏门答剌国,有伪王苏斡剌寇侵本国,其王宰奴里阿比丁遣使赴阙陈诉。就率官兵剿捕,赖神默助,生擒伪王,至十三年归献。"由之可知,马欢随郑和第四次下西洋,是于永乐十一年(1413)冬启航,于永乐十三年(1415)夏归国。归国后一年,即永乐十四年(1416)撰成《瀛涯胜览》一卷。

《水运技术词典》也载有"瀛涯胜览"条目:"《瀛涯胜览》:明代马欢撰,书成于永乐十四年(1416)。"《瀛涯胜览》撰成于明永乐十四年(1416),与《天妃灵应之记碑》所记可互为印证。同时也证实了《水运技术词典》相关条目是正确无误的。

4 《瀛涯胜览》卷首记有宝船的尺度

明淡生堂抄本《瀛涯胜览》卷首记有下西洋所到国的国名、宝船尺度、下洋官兵人数。今录之如下：

瀛涯胜览

占城国　爪哇国　暹逻国　旧港国　哑鲁国　苏门答剌国　黎伐国　溜山国　那孤儿国　南渤里国　榜葛剌国　锡兰国　小葛兰　柯枝国　右里国（显系古里之误）　阿丹国　祖法儿国　忽尔没斯　天方国

宝舡六十三号

大者长四十四丈四尺阔一十八丈

中者长三十七丈阔一十五丈

计下西洋官校旗军勇士通士民梢买办书手通计二万七千六百七十员名

从马欢所记的第四次下西洋所到国家看，较前三次有重大突破。前三次的航线基本上以到古里国（在印度半岛东南）为限。而第四次则到达了忽鲁谟斯（在伊朗）和天方国（在沙特阿拉伯）。

马欢所记"宝舡六十三号"显然是包括大者和中者。是不是还包括小者以及其他各式船舶呢？从下西洋官兵"通计二万七千六百七十员名"这一数字看，当然是总数。所以，我们以为"宝舡六十三号"当包括大者、中者及其他型各式船舶的总数。

对于《明史·郑和传》所记"造大舶，修四十四丈广十八丈者六十二"句，我们的理解是，"六十二"是船舶总数，长 44 丈、宽 18 丈的大号宝船只是作为 62 艘船舶中的特例而已。我们并不认为长 44 丈的大号宝船有 62 艘之多。

5　关于《瀛涯胜览》淡生堂抄本上的印章

淡生堂抄本的第一页是序。在第一页的右数第1～3行上,自上到下盖有4个印章,它们分别是:

澹生堂藏书部

龚少文收藏书画印印记

子孙永珍

山阴祁氏藏书之章

看来这4个印章当是在全书抄写完毕之后就盖上的。第1个印章"澹生堂藏书部"的"澹"字,据上海辞书出版社《辞海》(1979年版)第994页,是"淡"的异体字。据北京商务印书馆《现代汉语词典》1996年修订第3版、1998年11月北京第224次印刷本的第249页,"澹",音 dàn;[澹泊]同"淡泊";[澹然]同"淡然"。因此可以认为,"澹生堂"即"淡生堂"。

"山阴祁氏藏书之章"所记"山阴"为旧县名,因在会稽山之阴而得名,即今浙江绍兴。祁氏为明代大藏书家,淡生堂即为祁氏的藏书楼。祁氏与马欢同乡,他能及时获得马欢的著作从而抄之,当在情理之中。

在淡生堂抄本《瀛涯胜览》卷首的下端,有一印章:

大通楼藏书印

据谢水顺研究馆员介绍,大通楼是清代福建省著名的藏书楼。据此可以认为,这本《瀛涯胜览》最晚在清代就为福建省所收藏。

6　结语

根据我们在福建省图书馆看到的中国善本书目录,明代淡生堂抄本《瀛涯胜览》只有福建省图书馆珍藏这一本。在湖南省图书馆还有一本清代的抄本。这有待我们去寻访。淡生堂藏书楼虽然处于明代晚期,但是我们看到的《瀛涯胜览》抄本却是抄自景泰辛未年(1451)的《瀛涯胜览》。这本书老一代海外交通史专家冯承钧先生是看见过的,这在邱克的论文中讲述过的。参阅这海内孤本的喜悦心情难以用文字表达。我们觉得有责任、有义务披露出来与海内外的学者共享。相信这部著作对研究郑和的航海活动、郑和宝船必有重大价值。

藏书家祁氏的一枚闲章"子孙永珍",当是让他们的子孙永远珍藏那些宝贵的书籍。我们想不仅如此,作为后人,我们应当宝贵和珍惜的,也包括中华传统文化中那些严谨、求实的学风。

所记如有错漏和不当,敬请赐正。

最后,我们要感谢海军工程大学的唐志拔教授。记得是在 2004 年夏季,我们俩去唐教授府上访谈时,是他通报我俩,说福建省图书馆可能藏有明代的抄本《瀛涯胜览》。我们大家都要感谢他。

参考文献

[1] 水运技术词典编委会. 水运技术词典·古代水运与木帆船分册. 北京:人民交通出版社,1980.

[2] 萨士武. 考证郑和下西洋年岁之又一史料——长乐"天妃灵应之记碑"拓片. 大公报·史地周刊. 1936 - 4 - 10.

原文发表于《海交史研究》2005 年第 1 期。

关于郑和宝船的论辩

1 郑和宝船尺度及船队规模的文献依据

记录郑和下西洋船队船数、宝船尺度及下西洋官兵人数的文献首推《明史·郑和传》。

《明史》为清代张廷玉(1672—1755)等撰,三百三十二卷。《明史》创修于清顺治二年(1645),未成而罢。康熙十八年(1679)再开史馆纂修,徐元文、徐乾学、王鸿绪等先后担任总纂,聘史学家万斯同核定稿件。所谓王鸿绪的《明史稿》多出自万斯同之手。雍正元年(1723)张廷玉等为总裁官,据王鸿绪《明史稿》增减续修,至雍正十三年(1735)定稿。乾隆四年(1739)刊行。张廷玉为安徽桐城人,康熙进士,官至保和殿大学士、军机大臣。雍正时设军机处,规制均出其手。乾隆时深得信任,加太保。前后居官五十年,《明史》在他任总裁官时编成。该书取材丰富,历经三次订正,在史学界有较好的口碑,被认为是继前三史(指《史记》《汉书》《后汉书》)之后的重要史学著作。

《明史·郑和传》记有:"成祖疑惠帝亡海外,欲踪迹之,且欲耀兵异域,示中国富强。永乐三年六月,命(郑)和及其侪王景弘等通使西洋,将士卒二万七千八百余人,多赍金币,造大舶,修四十四丈、广十八丈者六十二。自苏州刘家河泛海至福建,复自福建五虎门扬帆。首达占城,以次遍历诸番国。"

除《明史》外,记录下西洋船队数、宝船尺度及下西洋官兵人数的文献尚有谈迁的《国榷》、马欢的《瀛涯胜览》和《三宝征彝集》、罗懋登的《西洋记》和《郑和家谱》等。依据对其所记的不同出使次第、船队规模和出使人数等进行分析,各文献所记并非源于一书。就其资料来源的不同,盖可分为三个系统,即随行人员实录系统、家谱系统、官方文书系统。但是,三个系统的文献所记宝船尺度都是相同的,证明数据是可信的。[1][2]

2 对宝船尺度的质疑者不乏其人

由于各文献所记宝船尺度之大,对此持怀疑态度的学者国内外不乏其人。在国内举其要者就有下述各位学者及其论著。

早在 1947 年,管劲承发表《郑和下西洋的船》。他以静海寺残碑为据指出,宝船“长阔之比,约为七与三。于此,我们只凭常识为断,就不能无疑”。管先生继续写道:“何致造成违反水性的‘短短胖’呢? 所以‘本传’云云,可说是史官笔下造成的船舶,并不会经过工匠用斧斤,斫大木。”[3]

1962 年,周世德先生在《中国沙船考略》[4]中“按照江苏省外海沙船比例计算”,“颇疑船宽记载有讹舛之处”,“广十八丈”颇疑系“广于八丈”之误。

1981 年,杨㮮教授等在《略论郑和下西洋的宝船尺度》[5]中提出:“《明史》上记载的宝船,长四十四丈,宽十八丈。若将其宽作为长,将长度的单位改为尺,而改为四丈四广,十八丈长,则与一般(沙船)法式估算的尺度就相当接近了。”

杨㮮经过 1983 年航海史研究会的九江会议和船史研究会的扬州会议后,把有争议的问题加以概括[6]:① 《明史》等所载宝船尺度均源于《瀛涯胜览》一书实为孤证;② 据南京静海寺残碑推断,郑和的船仅长十余丈;③ 郑和航海不需要特大的船;④ 在明代要在三年内造出几十艘特大宝船“是不可思议”的。

3　对宝船尺度各种质疑的回应和论辩

3.1　席龙飞、何国卫的《试论郑和宝船》

　　席龙飞和何国卫两作者,为回应周世德和杨㮲两位先生关于郑和宝船的学术见解和论述,于 1982 年撰成《试论郑和宝船》[7]一文,并将打印稿首先寄呈周、杨两位先生恭请赐正。同时还将文稿寄呈上海海运学院院长陈嘉震教授、厦门大学历史系庄为玑教授、水运史学家房仲甫先生等。席、何在此文中提出"郑和宝船的尺度有文献依据和文物例证"。文中依据罗懋登《西洋记》所载五种船型的尺度和尺度比值,"可知郑和庞大的船队中,绝大多数船舶的长宽比值均在2.5 左右。这样小的长宽比虽然与现代造船工作者的认识相距很远,但却为近年在泉州、宁波出土的宋代海船所证实。泉州宋船的长宽比为 2.48(杨㮲)或2.65(席、何);宁波宋船的长宽比为 2.71(席、何)或 2.8(徐英范)。这样小的长宽比在历史文献中也能找到。像文献[4](周世德)[5](杨㮲、杨宗英、黄根余)那样,为附会'沙船比例'或'一般法式'而去修改尺度比,未免牵强。一系列资料说明,并非'修史的人未经仔细推敲',倒是文献[5](杨㮲、杨宗英、黄根余)把宽改作长,把长的单位丈改作尺,带有随意性,致使所论宝船尺度尚不及《西洋记》中最小的战船,这与郑和宝船是不相干的"。

　　顺便指出,郑鹤声[8][9]、周世德[4]以及本文都引用罗懋登的文学著作《西洋记》。我国著名海外交通史学者冯承钧曾一再强调:"因为《西洋记》所根据的材料,有一部分出于马欢书。'未可以为小说而轻之也'。"[10]

　　席、何在此文中提出"郑和宝船的出现合于事物的发展规律"以回应杨㮲、杨宗英、黄根余三位学者。文中以与他们同样的公式核算船体强度,认为"可以保证有足够的强度"。

此文在 1983 年九江会议上宣读,刊于《武汉水运工程学院学报》1983 年第 3 期。后被收入《郑和下西洋论文集》第一集。

3.2 郑鹤声、郑一钧发表《略论郑和下西洋的船》

山东大学教授郑鹤声、郑一钧在文中分别对宝船、战座船(一千五百料、二千料海船)、粮船、水船加以论述。他们认为:"郑和下西洋,组建了前所未有的世界上最庞大的远洋船队,这些船又依尺度、容量、所用橹的数目、用途以及产地的不同,归结为各种船型,所以郑和船队实际上是一支庞大的混合船队,马欢在《瀛涯胜览》卷首对宝船尺度的记载,为当事人第一手资料,是可以凭信的。在明代以前,中国造船业发达的程度,就接近于能造长四十四丈、宽一十八丈的大船的水平。明朝永乐年间,在社会经济高度繁荣的基础上,郑和下西洋所表现的大规模的洲际航海活动,有力地推动了当时的造船业进一步发展,完全可能具有建造大型宝船的技术水平。郑和宝船主要建造于南京宝船厂,福建也是重要的建造宝船的基地。郑和下西洋所乘一千五百料、二千料海船,是广大下西洋官兵所乘驾的'战座船',每船可载二三百人。郑和宝船与此有别,应为郑和、王景弘等领导成员乘坐的旗舰,或为使团重要成员、外国使节、一般行政官员和技术人员等非军事人员所乘坐的以及装载大宗'宝货'的船只。"

此文在 1983 年九江会议上宣读,其摘要刊于山东大学学报《文史哲》1984 年第 3 期。后被收入《郑和下西洋论文集》第一集。

3.3 庄为玑、庄景辉发表《郑和宝船尺度的探索》

厦门大学教授庄为玑、庄景辉在此文中提出:"郑和下西洋的档案,虽被付之一炬,宝船尺度却在随行人员马欢等纪行著作中得以保存,这是十分宝贵的。尤其像马欢这样的第一手资料,系记录者直接目击,因此,在没有发掘出更有力的史料之前,马欢所记录的宝船尺度不应轻易否定或随意修改。"

"郑和宝船的巨大,不仅是远洋航行的需要,更有明王朝在政治上'耀兵'和在经济上'示富'的需要。"

庄教授写道:"作为随郑和下西洋人员的纪行著作问世的还有巩珍的《西洋番国志》和费信的《星槎胜览》。在这两部书中,虽无明确记述宝船的尺度,但均对其规模作了描述。最为引人注目的是《西洋番国志》中的一段记载:'其所乘之宝舟,体势巍然,巨无与敌。蓬、帆、锚、舵,非二三百人莫能举动。'"

"这里所记宝舟'巨无与敌'跟前述马欢所记之宝舡'古所未有'恰相吻合,而'蓬、帆、锚、舵,非二三百人莫能举动'正是'大者长四十四丈四尺,宽一十八丈'的具体注释。巩珍的这一记述并不是无所凭据的,他与马欢、费信一样,曾于宣德六年(1431)'叨从使节,涉历遐方'随郑和第七次下西洋。如果说'所记各国之事迹……悉凭通事转译而得'的话,那么,对于'宝舟'的记述,正是巩珍所亲自目睹的事实。"

此文在 1983 年九江会议上宣读,并发表在《海交史研究》1983 年第 5 期。后被收入《郑和下西洋论文集》第一集。

3.4　邱克发表了《郑和宝船尺寸记载的可靠性》

山东大学中西交通史硕士研究生邱克的论文提出:"根据文献记载,郑和下西洋的最大的宝船长四十四丈四尺,宽一十八丈。"作者认为这一尺度的记载是信而有据的。"从版本学来看,这是郑和下西洋活动的参加者马欢所记录的第一手资料,既不是后人擅自修改,又非流传过程中的舛讹。其他有关史料虽可能另有来源(如《明史》上有关宝船的记载似不是出自马欢的《瀛涯胜览》),但至今也未发现其中有何重大的差异。"作者还认为,这一最大的宝船决不是一艘普通的货船,而是有其政治和军事背景的特殊产物,当时特殊的历史条件为其提供了"存在的理由"。

邱克的文章在九江会议上宣读,刊于山东大学学报《文史哲》1984 年第 3 期,后被收入《郑和下西洋论文集》第一集。

3.5 复旦大学章巽教授的回应并对宝船有明确的观点

在 1986 年北京商务印书馆第 2 版的《我国古代的海上交通》中,章巽写道:
"对于郑和船队大船长四十四丈、宽十八丈的记载,特别对宽十八丈是否太宽这
一点,近年学术界颇有争议。按:明初永乐时已很注意使用火器,海船中亦已有
炮铳火药装备,则船舶的宽度较普通船只为大,殊有可能。"

章巽教授写道:"郑和的伟大,是由于他继承了前人开创的事业,吸取了前人
丰富的航海技术与经验……我国不但最早发明指南针并将其应用于航海,而且
我国造船业开始得非常早,技术精良,世代有所进步,唐、宋、元各代的大海船,都
驰名于整个西太平洋和印度洋上——以上所说我国海上交通这一切光辉的经历
和巨大的业绩,正是郑和所继承了的。"

3.6 文尚光以《郑和宝船尺度考辨》回应了杨槱教授

文尚光吸收今人研究成果并具体分析了载有宝船尺度的各种历史文献,对
杨槱教授的四个问题逐一作了回答:① 明白记有宝船尺度的明清历史文献共有
七种,据其所记的不同出使次第、船队规模和出使人数等进行分析,指出它们并
非全部源于《瀛涯胜览》一书,就其资料来源的不同,可分为三个系统,即随行人
员实录系统、家谱系统和官方文书系统。但三个不同系统的文献所记载的宝船
尺度都是相同的,证明了这是可信的。② 南京静海寺残碑既无立碑人姓名,亦
无刊刻年月,与其所记的几次"将领官军"出航的时间同时奉使出洋者,除郑和
外,还有十四起之多,因而不能断定此碑确为郑和所立,更不能据以断定郑和所
乘的最大宝船为仅长十余丈的二千料船。③ 明成祖以一代雄主继承明太祖三
十多年奠定的经济基础,为"耀兵异域,示中国富强",且为主帅航行的安全与平
稳,在拥有二三万官兵的巨大船队中,专门配置少数的特大宝船,很难说"无此必
要"。我们不能以今天科学工作者的头脑替古代帝王的心意设计最经济的船队

配置方案。（4）明代自开国以来即已揭开了遣使远航的序幕，造船业在宋元以来的基础上进一步发展，以富有四海的一代帝王之尊，在两三年内造出少数（不是六十几艘）特大宝船，不是"不可思议"的。

除上述 6 篇论著之外，在《郑和下西洋论文集》第一集中，尚有上海李邦彦、北京王兆生的论文，兹不详述。

4 郑和宝船尺寸均源于罗懋登的《西洋记》并无确切根据

2002 年刊出的《船史研究》总第 17 期"郑和下西洋专刊"，刊登了辛元欧的《关于郑和宝船尺度的技术分析》、唐志拔的《郑和宝船尺度之我见》、杨槱的《现实的和科学地探讨"郑和宝船"》，更有华裔美籍学者苏明阳的两篇论文《郑和宝船及船队究竟有多大》和《历史与小说的错综交织——解开"郑和宝船"之谜》。

上述五篇论文有一个共同点，即都想彻底否定《明史·郑和传》中关于宝船尺度的记载。与 20 多年前稍有不同的是，以前认为宝船尺度均源于马欢的《瀛涯胜览》这一孤证（《文汇报》，1983 年 10 月 10 日），而今认为宝船尺度源于神魔小说《西洋记》。

读罢这五篇论文发现，他们否定《明史·郑和传》的最主要观点和结论都依赖于唐志拔的《关于郑和宝船尺度出自〈瀛涯胜览〉的论点质疑》[11]。

唐志拔的质疑如得到确认，上述五篇文章尚可讨论。否则，只能是言之无据了。

对于载有宝船尺寸的明钞说集本《瀛涯胜览》和明钞本《三宝征彝集》，唐志拔写道："这两种版本内容相同，无出版年代可考。但据北京图书馆善本古籍部的专家说，从纸质和笔迹鉴定，不会早于 1617 年《记录棠编》刻本（原文如此）。"

从行文看，这是唐与北京图书馆李姓专家的谈话，充其量是一家之言。唐志拔在《质疑》一文中有两种推理：一种是后人在采辑《瀛涯胜览》时有意删除或无意遗漏了；一种是原本无宝船尺度记载，只是后人有意加进去的。经过分析，唐教授同意后一种推理。

唐志拔在《郑和宝船尺度之我见》中说,曾在北京图书馆查到明钞本《三宝征彝集》,并以其与"纪录汇编"本《瀛涯胜览》作对照,还请李姓专家对此明钞本《三宝征彝集》进行了"鉴定","认为其成书不会早于万历年间"(《船史研究》第 17 期,第 22 页)。

在此需要澄清几个问题:① 在北图是否见到了明钞说集本《瀛涯胜览》? ② 请李姓专家"鉴定"的是否包括明钞说集本《瀛涯胜览》? ③ 该版本究竟是不会早于 1617 年,还是不会早于明万历年间?

唐志拔质疑宝船尺度出自《瀛涯胜览》并提出两种推理。为什么在苏明阳先生的各篇文章中像板上钉钉一样,把明钞说集本《瀛涯胜览》和明钞本《三宝征彝集》这两个版本定为 1617 年之后了呢?

唐志拔质疑的是《瀛涯胜览》。而今,在苏明阳笔下,所有文献都被质疑了。

实际上,这个问题早在 20 世纪 80 年代在邱克的文章中已有论述。且看邱克的观点,"纪录汇编"本(以下简称"纪本")系明末沈节甫于 1617 年所辑刻。他收录了两种不同系统的《瀛涯胜览》,并录有张升的"小引"。冯承钧《瀛涯胜览校注》即以此足本为底本。根据伯希和的研究,沈的足本可能就是景泰辛未年间初刻的一种版本,在其卷首无宝船尺寸的记载。而冯承钧于四十年代初看到的"明钞说集本",也是与"纪本"相同的《瀛涯胜览》的初印本,卷末亦有"景泰辛未"一行,此钞本足以校订"纪本"之文很多,可以证明经过校勘,较之"纪本"更为精审。在"说集本"的卷首(不是序)诸番国名之后却有"宝舡六十三号,大者长四十四丈四尺,宽一十八丈,中者长三十七丈,宽一十五丈"云云。所以,很可能沈节甫在刊刻这个丛书时将宝船尺寸的记载删掉了。由于"说集本"是诸多版本中较早和较完备的一种,因此不能简单地根据其他较晚的版本无这条记载而怀疑"说集本"关于宝船尺寸记载的可靠性。[12]

"景泰辛未"是 1451 年,其时既无《西洋记》,罗懋登尚未出生,宝船尺寸怎能是抄自《西洋记》呢?

笔者看过几个版本的《西洋记》,其中糟粕确实不少,它毕竟是带有迷信色彩的文学作品。但是对苏明阳先生在他的文章中［《船史研究》第 17 期（2002 年）第 147 页］所说"宝船 63 号，大者长 44 丈 4 尺，宽 18 丈，中者长 37 丈，宽 15 丈之源于罗氏《西洋记》第十五回确是毫无疑惑的"，笔者也要提出质疑：罗氏"杜撰"的大号和二号宝船的长与宽的比为什么都是 2.466 6……？罗懋登时代当然没有计算机计算器之类，罗氏也很难说是珠算大家，罗氏的"杜撰"不是过于神奇了吗？十分合理的解释是，罗懋登写神魔小说也是要搜集资料的。只此一点，也足以质疑苏明阳先生的一系列文章。

冯承钧等老一代海外交通史学家以他们考究各古文献的体会曾一再强调："因为《西洋记》所根据的材料，有一部分出于马欢书"[13]，"未可以为小说而轻之也"[14]。原中国造船工程学会船史研究学术委员会顾问、厦门大学史学教授庄为玑也强调此点。笔者作为造船工作者认为，罗懋登在《西洋记》中所提出的各型船舶的尺度和桅数可有助于对郑和宝船的复原研究。

5　一个不该回避的重大技术问题

《船史研究》第 17 期（2002 年）的第一篇论文名为《技术分析》，然而却"忽略"了罗懋登《西洋记》中所提出的各型船舶的长宽尺度及其比值。大号船和二号船的长与宽比值竟全是 2.466……，说明这是造船法式使然。既不懂造船术，又并非珠算高手的罗懋登能"杜撰"出这样长宽比全相等的两号船型吗？其他的几号船型长宽比也都比较小，而且，这样小的长宽比又获得了北宋、南宋、元代的出土中国福船型古船的证实，[15]这岂不是事关重大的技术问题吗？

对如此重大的技术问题避而不谈，笔者以为这不是疏忽，而是《技术分析》的作者有意回避这一关键问题。这是因为若罗懋登"杜撰"之说不能成立，则多位作者强调的各有关文献均抄自罗懋登《西洋记》的观点也自然就难以成立了。

《技术分析》以小标题列出"郑和宝船九桅之说独出《西洋记》"，意思是这又是"孤证"。

众所周知,中国古船是实行多桅多帆的。明代胡宗宪辑《筹海图编》和李盘辑《金汤借箸十二筹》均有五桅的沙船。笔者也亲自目睹太湖的七桅帆船"七扇子",该船估计不超过二十丈。对于长度超过四十丈的宝船设九桅并无不妥,而且与费信在《星槎胜览》中所述宝船张十二帆并不相悖。据笔者参与宝船模型和实尺宝船设计的体会,宝船设九桅并无多大"毛病",这正是《西洋记》又一处凸显魅力之所在。

参考文献

[1] 文尚光. 郑和宝船尺度考辨. 武汉水运工程学院学报,1984(4).

[2] 文尚光. 郑和宝船之谜研究评述. 船史研究,1986(2).

[3] 管劲承. 郑和下西洋的船. 东方杂志,1947(1).

[4] 周世德. 中国沙船考略. 中国造船工程学会 1962 年年会论文集(第二分册). 北京:国防工业出版社,1964.

[5] 杨槱,杨宗英,黄根余. 略论郑和下西洋的宝船尺度. 海交史研究,1981(3).

[6] 杨槱. 郑和宝船究竟有多大. 文汇报,1983 - 10 - 10.

[7] 席龙飞,何国卫. 试沦郑和宝船. 武汉水运工程学院学报,1983(3).

[8] 郑鹤声,郑一钧. 郑和下西洋资料汇编. 上册. 济南:齐鲁书社,1980.

[9] 郑鹤声. 郑和. 重庆:胜利书局,1944.

[10] 马承钧. 瀛涯胜览校注. 上海:商务印书馆,1934.

[11] 唐志拔. 关于郑和宝船尺度出自《瀛涯胜览》的论点质疑. 船史研究,1997.

[12] 邱克. 郑和宝船尺寸记载的可靠性. 文史哲,1984(3).

[13] [法]伯希和. 郑和下西洋考. 冯承钧,译. 上海,商务印书馆,1935.

[14] 冯承钧. 瀛涯胜览校柱. 上海:商务印书馆,1934.

[15] 席龙飞,杨熹,唐锡仁. 中国科学技术史·交通卷. 北京:科学出版社,2004.

原文发表在《云帆万里照重洋——纪念郑和下西洋六百周年》,(北京)中国社会科学出版社,2005 年版,第 176—180 页。

郑和宝船下洋出海的史实无可置疑

郑和于永乐三年(1405)至宣德八年(1433)的二十八年间,受明政府派遣统帅舟师七下西洋,其规模之大,人员之多,足迹之广,都是世界历史上前所未有的。郑和下西洋船队中大船长四十四丈四尺、阔一十八丈,中船长三十七丈、阔一十五丈。这种体型特别巨大的宝船是郑和涉洋过海的庞大下西洋船队的旗舰、帅船。近年来有学者对郑和宝船(本文系指郑和船队中大者和中者宝船)是否出过海、下过洋提出了质疑,并断言郑和宝船"不出外海"。事实果真是如此吗? 笔者的回答是否定的。

问题的提出

《海交史研究》2004 年第 1 期刊登了一篇题为《郑和宝船尺度"32"字解读》[1]的文章。文章作者"认为宝船中'大者'和'中者'两艘是永乐皇帝、皇室和中央机关高级官员乘坐的,参加隆重开航典礼后只在内江行驶或游览,不出外海,其余'小者'号宝船到浏家港和太平港逐渐更换或添补后下西洋"。对此还作了如下推论:第七次下西洋"大小船 61 只"与马欢第四次下西洋后撰写的《瀛涯胜览》所记载"宝船数目 63 艘""差了'大者'和'中者'两号宝船,于是郑和赶紧制造'龙舟'模型,派内官高定柱送往北京,原意可能是争取宣宗皇帝南下主持龙江开航典礼……"从而论断:"'大者'和'中者'号两艘宝船应该是宝船厂为永乐皇帝、皇室及中央机关高级官员参加隆重开航典礼特别建造的。"

简而言之文章作者的观点是,郑和大型宝船是为永乐皇帝参加下西洋开航典礼特别建造的;它只在内江行驶或游览,不出外海。这观点引起了不少学者的议论,本文愿与文章作者商榷。

宝船不出外海的依据不足

文章作者得出郑和宝船"不出外海"的结论依据是很不充分的,似乎猜测成分太多。

首先,文章作者不仅把第七次下西洋的 61 艘比第四次下西洋的 63 艘少了 2 艘船舶认为就是"'大者'和'中者'两号宝船",同时还把郑和献给宣宗皇帝的两艘龙舟模型与"大者"和"中者"两号宝船联系了起来,实在太牵强附会。郑和所献两艘龙舟模型看作正好是"差了的'大者'和'中者'两号宝船"是不合理的。第七次下西洋的 61 艘船难道刚好就是第四次下西洋 63 艘船舶中除了"大者"和"中者"两号宝船留存下来的"小者"船舶吗? 既然第七次与第四次两次下西洋"前后相隔了十七年,其'大者'和'中者'号宝船早已朽坏,不复存在了",那么,其余 61 船"中者"号船舶也应朽坏废之或有少数经多次维修勉强使用才是。何况还有第四次下西洋的部分船舶接着参加了第五、第六次下西洋航行,绝大部分船舶应该不再存在。

其次,文章作者在论述皇帝"参加龙江开航典礼"的猜测时,引用了宣宗皇帝收到郑和献上的龙舟模型后于宣德五年七月二十六日给郑和的敕谕,但在敕谕中,宣宗皇帝既没有提及为他建造两艘龙船,即马欢当年所见到的"大者"和"中者"两号宝船,也没有提到宣宗皇帝将"南下主持龙江开航典礼",敕谕中只是对郑和赞扬一番,说一些"其西洋番国事皆付托于尔"之类的话。实际上也没有见文章作者提到在"郑和赶紧制造龙舟模型,派内官高定柱送往北京"时,有郑和恭请皇上南下参加开航典礼的奏文,难怪宣宗皇帝在敕谕中没有回应是否南下主持开航典礼。不过文章作者对郑和制船模献皇帝之举分析为郑和"原意可能是争取宣宗皇帝南下主持龙江开航典礼"。笔者注意到,文章作者在这文句前面用了"原意可能是争取"七个字,这意味着,这仅仅是文章作者的一种没有多大把握的猜测。这个没有直接奏明的"原意"其"争取"也就只是"可能是"而已。事实上也没有实现这种"可能"。文章作者以自己的意愿来猜测没有被"争取"到的郑和的"原意"，能说明什么问题呢？宣宗皇帝没有南下主持龙江开航典礼却推而得出"永乐皇帝……参加隆重开航典礼"，不免太玄乎了。作者在其文章中还引用了《明会要》的一段记载："永乐四年七月，命朱能、张辅等讨安南，上亲饯于龙江。"并由此推断，"郑和屡次奉旨出使西洋自然也不例外"。这两者事实上不存在任何直接的因果关系。

文章作者的推理和结论没有充分的史料作依据，难以令人信服。

几个值得商榷的问题

现对文章作者的郑和大型宝船"是永乐皇帝……乘坐的，参加隆重开航典礼后只在内江行驶或游览，不出外海……"的观点及其论述再提出几点商榷意见。

(一) 皇帝重大活动未见史籍记载有违常理

众所周知，皇帝的活动必有详尽实录记载在案，更何况不仅是"永乐皇帝"，而且连"皇室和中央机关高级官员"都参加的，如此兴师动众的盛大庆典活动，理应能查到史籍文献记载，但对此却不见片言只语的文字留世，难道这种记载也连同郑和下西洋的档案材料一并被重臣刘大夏付之一炬不成？即便如此，马欢撰写的《瀛涯胜览》对郑和下西洋所到达的诸番国、"大者"和"中者"宝船尺度以及下西洋官兵人数都有细载，如果永乐皇帝"参加隆重开航典礼"，谅马欢在其《瀛涯胜览》里也会有所提及，但事实上并非如此。

（二）郑和宝船"不出外海"与郑和下西洋的目的相悖

不论郑和下西洋是为了"耀兵异域"还是"示中国富强"[2]，或是开展对外朝贡贸易，还是宣德柔远，敦睦邦交、发展对外关系，这些目的都是要通过对外来实现的，郑和下西洋就是实现对外目的之举。郑和宝船当为此对外目的而建造。可见，建成的宝船出海下西洋是无疑的。而且还漂洋过海航得很远。如果宝船"不出外海"，只"在内江行驶"或供皇帝等"游览"，建造尺度如此巨大的船舶难道要在海内"耀兵""示富"，在海内开展贸易活动和发展对外关系？

（三）宝船"不出外海"何必造得如此巨大

文章作者对郑和宝船"不出外海"的结论实际上并没有提出依据，只是猜测性的结论，当然也没有论述。按文章作者的推理逻辑只能理解成：因为皇帝坐宝船"……参加隆重开航典礼后只在内江行驶或游览"，所以宝船是"不出外海"的。既然如此，皇帝乘坐的宝船又何必要造得如此巨大。须知道，宝船"大者长四十四丈四尺，阔一十八丈；中者长三十七丈，阔一十五丈"，实在是大。不论用明尺为 0.317 米计[3]，还是用福州出土的雕花黑漆木尺为 0.283 米计[4]，大者宝船和中者宝船的长和宽分别达 140.75 米和 57.06 米或 125.65 米和 50.94 米。"不出外海"的宝船造得如此巨大是不必要也是不适宜的。其理由有七：其一，如果皇帝确实乘坐宝船参加开航典礼后游览长江，其次数屈指可数，不同于久住的皇宫；其二，内江遇微风或无风是常事，此时靠风力航行的尺度巨大的宝船就只能在江中动弹不得，若用几十艘小船来拖曳游览，也实在不可思议；其三，郑和宝船的干舷（吃水线以上至甲板的距离）很高，皇帝连同他的"皇室和中央机关高级官员"届时乘坐上船必成难事，总不会让皇帝等爬绳梯上下船吧；其四，没有与如此大尺度的宝船相匹配的码头，宝船只得停泊在江中，这是很不现实的；其五，古代木帆船船楼设在船尾，宝船甲板面上竖立的高桅宽帆无疑有碍观览；其六，宝船尺度如此巨大,在面窄水浅、弯曲多变的内江航道里航行时回转掉头等操作非常困难,极为不便;其七,一艘"中者"宝船的排水量约 7 000 吨左右,已经够大的了,何必再造一艘长四十四丈四尺、阔一十八丈的"大者"宝船呢?只有出外海为达到下西洋的目的才有建造大型宝船的必要。如果皇帝真要"主持龙江开航典礼"和"在内江行驶或游览",那么乘坐建造精美华丽的船体小一些的龙船才合情合理些。

(四)不出外海的郑和宝船该是何种船型

文章作者"认为宝船中'大者'和'中者'两艘……不出外海,其余'小者'号宝船到浏家港和太平港逐渐更换或添补后下西洋"。文章作者又在另一篇题为《福建对郑和下西洋的贡献》的论文中写道:"……从南京龙江关起至太仓浏家港止……郑和船队以沙船为主,福船为辅……""由太仓浏家港驶来的沙船到太平港后都要留下,换成福船才能出洋"[5]。虽然没有言明郑和宝船的船型,但所言之意还是很清楚的,这就是,若出外海必是福船型船舶,沙船型船舶就留在内江里了,郑和大型宝船既然不出外海定为沙船无疑。若是如此,凡出外海的郑和船队 61 艘船舶岂不是清一色的福船型了。

绝大多数学者认为,郑和舟师船舶的船型种类是多种多样的,不仅有福船还包括沙船、广船、鸟船、八橹船等船型。当然出外海的大型宝船非福船莫属。出外海的船舶不是也不可能把沙船全部排除在外。沙船也是一种性能优良的海船,只是福船比沙船更适宜远海深水航域航行。

沙船的主要船型特征是扁浅、狭长、平底、方首、方尾,它"能调戗使斗风,然惟便于北洋,而不便于南洋","沙船底平,不能破深水之大浪也"[6]。福船底尖、瘦削、吃水不深,正如宋代徐兢在《宣和奉使高丽图经》中所说:"上平如衡,下侧如刃,贵其破浪而行也。"[7]沙船的船长船宽比为 3.64~5.128,而以短宽为主要船型特征的福船,其船长船宽比只有 2.466……,两者相差甚远。按郑和宝船"不出外海"的观点,宝船应为长而狭的沙船型,这就与史籍记载的短而宽的大型宝船特征相矛盾。从宝船的船型来说,宝船"不出外海"的观点难以圆满其说。

总之,郑和大型宝船"不出外海"的观点经不起推敲,难以令人信服,郑和大型宝船下洋出海的史实无可置疑。

参考文献

[1] 徐恭生:《郑和宝船尺度"32"字解读》,载《海交史研究》2004 年 1 期。

[2] (清)张廷玉等:《明史·郑和传》,中华书局 1974 年版。

[3] 杨宽:《中国历代尺度考》,商务印书馆 1955 年版。

[4] 陈延杭、杨秋平、陈晓:《郑和宝船复原研究》,《船史研究》1986 年 2 期。

[5] 徐恭生:《福建对郑和下西洋的贡献》,《福建省纪念郑和下西洋六百周年学术论文集》,福建人民出版社 2004 年版。

[6] (明)茅元仪:《武备志》,明天启辛酉(公元 1621 年)刻本。

[7] 徐兢:《宣和奉使高丽图经》,故官博物院 1931 年影印本。

[8] 辛元欧:《上海沙船》,上海书店出版社 2004 年版。

原文发表于《云帆万里照重洋——纪念郑和下西洋六百周年》,(北京)中国社会科学出版社 2005 年版,第 199—201 页。

对《明史》所记郑和宝船的几点解读

前言

　　清代张廷玉等所撰写的《明史·郑和传》中有一段关于郑和下西洋及其宝船的文字:"永乐三年六月,命和及其侪王景弘等通使西洋,将士卒二万七千八百余人,多赍金币,以次遍历诸番国。造大舶,修四十四丈,广十八丈者六十二。"[1]这里涉及郑和下西洋的时间、人数、大舶尺度和船舶数量四个方面的内容。若对此解释为永乐三年(1405)郑和与王景弘受命统率 27 800 余人,以次遍历诸番国,为此建造了长 44 丈、宽 18 丈的大船达 62 艘,有些学者认为宝船尺度如此之大且数量如此之多不可思议,就此怀疑《明史》记载是否可信,进而否定郑和宝船的历史存在。笔者不认同这种解读。要作出合理的解读,焦点集中于三个问题:其一,大舶是否有 62 艘之多;其二,是否每次下西洋船队都有尺度如此巨大的宝船;其三,长 44 丈、宽 18 丈是否可信,本文试做几点解读。

　　"郑和宝船"一词按史籍所记,本意是指下西洋船队各种船舶的统称,凡郑和下西洋取宝船队的船舶不论其大小和船型皆称作"宝船"。而在"郑和宝船之争"的学术研讨中通常将"郑和宝船"专指长 44 丈、宽 18 丈的大舶。为避免混淆和方便论述,本文将长 44 丈、宽 18 丈和长 37 丈、宽 15 丈的宝船分别称为"大型宝船"和"中型宝船"。

1 大型宝船仅是个例

《明史·郑和传》所记"造大舶,修四十四丈,广十八丈者六十二"中的"者"字该如何解读?笔者认为,不能将"者"字当作"的"字来理解。《辞海》解释:"者"字"通'诸'"[2]字,"诸"字有"众;凡。如:诸位;诸如此类"[2]的意思;"凡"字又可作"总共;总计"[2]解释。因此,此句可读为"造大舶,修四十四丈、广十八丈,诸如此类(或"众"或"总共"或"总计")的六十二"。"造大舶,修四十四丈、广十八丈"与"者六十二"是并列的两层意思,显然就其含意,不能理解成有 62 艘同样的大舶,应该是包括大舶在内的船舶多达 62 艘。

以下几个方面更可以佐证《明史·郑和传》所记的大舶(即大型宝船)不可能有 62 艘。

1.1 从相关的史籍记载看

除《明史》外,记有宝船数量和大、中型宝船尺度的其他史籍的记载基本一致,有异者只是大型宝船的船长为四十四丈四尺,船数为六十三,两者差异无关宏旨。

1.1.1 《瀛涯胜览》是现能见到的史籍中最早记载大型宝船的,它是由随郑和先后三次下西洋的马欢所撰,今将笔者与席龙飞教授在福建省图书馆寻访到的《瀛涯胜览》明代淡生堂抄本的记载现录如下:[3]

"诸番国名

　　占城国　爪哇国……天方国

宝舡六十三号

　　大者长四十四丈四尺　阔一十八丈

　　中者长三十七丈　阔一十五丈

计下西洋官校旗军勇士……二万七千六百七十员名"

值得注意的是,在"宝舡六十三号"一句之后另起两行分别写出宝船之大者和中者的尺度,并且句首比"宝舡六十三号"一句退了两空格(笔者注:原文竖行书写)。这说明了两点:一是,63 艘宝船中包括大型和中型宝船在内,而不是大型宝船有 63 艘;二是,既然宝船有大、中之分,无疑还应有小者和其他船舶的存在,史籍记载有略。

1.1.2 谈迁的《国榷》是明末清初史学家谈迁所撰的编年体史书,其记载如下:"永乐三年六月,命太监郑和赐劳古里、满剌加主国。役卒共二万七千八百七十余人。有宝船六十三艘,其大修四十四丈、博十八丈,次修三十七丈、博十五丈。"[4]这里不但清楚明白地写有"大修"和"次修",并且在"大修"前面有一个"其"字,当然是指"宝船六十三艘"其中有"大修"和"次修"宝船,不应该将这段记载误读成郑和船队共有 63 艘长 44 丈、宽 18 丈的大型宝船吧!把这段记载宝船的文字与同为史书的清代《明史·郑和传》相比较后发觉,两者同样在短短的一段文字里都记有下西洋的时间、人数、船舶尺度和船数等关键要素;都只写第一次下西洋的时间,即永乐三年六月;所记大型宝船尺度一致,即"四十四丈",这是何等的类同。只是《明史·郑和传》将尺度中表示宽的"博"字写为"广"字而已;《明史·郑和传》没记中型宝船,且将船员人数记作 27 800 余人,而不是《国榷》所记的 27 870 余人。这些都是《明史·郑和传》对《国榷》的进一步概略。62 艘也完全有可能是 63 艘的笔误。可见,张廷玉在编撰时可能参考过《国榷》。

1.2 从船队需要多种船舶看

郑和下西洋船队因远洋航行的需要,船队中必有官员的座船、武装的战船、运输的货船以及用作联络交通的小艇等用途各异、大小不同的多种船舶,况且郑和船队的船舶是在全国各地建造和改造的,船型也必然是多种多样。总而言之,组成船队的 62 艘船舶决不可能是清一色的单一船种,也不可能是大小完全相同的姐妹船,如果这样,也就不称其为一个船队了。这样的船队也是古今中外所没有的。

1.3 从船舶数量和船员人数看

如果说郑和船队有 62 艘大型宝船的话,那么按船队乘员 27 800 余人计算,平均每船载员 450 人左右,这连摩洛哥旅行家伊本·拔图塔在游记中曾记有"中国船舶……大船一只,可载一千人,内有水手六百人,兵士四百人……"[5]的规模都不及? 太不合情理了。

1.4 从造船用材量看

有学者认为,"62 艘 2 万吨级的郑和宝船所须木材数量巨大……可能需要砍伐大树一百万棵以上……这一切在明代历史上却一无反映,岂不怪哉"[6]。此言有理,这正说明了造 62 艘大型宝船是不可能的,但是,如果"建造一艘 2 万吨级的郑和宝船可能需要砍伐一万棵以上"[5]的话,倾全国之力也不是做不到的,更何况按大型宝船尺度计算,其排水量约一万吨多一点,没达到 2 万吨级。

1.5 从造船周期看

若第一次下西洋就用上 62 艘大型宝船,那么,"以 62 艘的 2 万吨级郑和宝船这类从未造过的新产品只要 8~9 个月就可以造好! 当然是不可思议的"[6],实际上要造一艘也是不可能的。

由上所述,大型宝船不可能有 62 艘,可以揣度,尺度如此巨大的宝船作为船队统帅郑和乘坐的帅船,只造过一艘的可能性要大一些,仅是个例。

2 大型宝船出现在第 4 次下西洋

大型宝船在第一次下西洋时就出现了吗? 如果不是,它会在哪一次出现呢?

笔者认为它出现在第四次下西洋的可能性最大,可从下列诸方面看出:

2.1　从《明实录》记载中看

不用多说,建造郑和下西洋的宝船均由朝廷下令督办,在全国各地建造,这在《明实录》中就有记载[7],但其中注明是"造宝船"或"使西洋"的只有如下 4 次:

1)永乐二年(1404)正月癸亥,"将遣使西洋诸国,命福建造海船五艘";

2)永乐五年(1407)九月,"乙卯,命都指挥汪浩改造运海舡二百四十九艘,备使西洋诸国";

3)永乐六年(1408)正月丁卯,"命工部造宝船四十八艘";

4)永乐十七年(1419)"乙卯,造宝船四十一艘"。

讨论大型宝船的建造时间,这还需要考虑下西洋的时间,被学术界基本认同的郑和七次下西洋的往返时间,列于下表1。

表1　郑和七次下西洋往返时间表

航海次序	出航日期	返航日期
第一次	永乐三年(1405)十月至十二月	永乐五年(1407)九月
第二次	永乐五年(1407)十二月	永乐七年(1409)八月
第三次	永乐七年(1409)十二月	永乐九年(1411)六月
第四次	永乐十一年(1413)十二月	永乐十三年(1415)七月
第五次	永乐十五年(1417)冬	永乐十七年(1419)七月
第六次	永乐十九年(1421)正月	永乐二十年(1422)八月
第七次	宣德六年(1431)十二月	宣德八年(1433)七月

在上引 4 次造船中的永乐五年那次,虽然言明"备使西洋诸国",但它是"改造运海舡"。"运海舡"就是海运船。"改造"是为了满足下西洋大量用船又来不及大量建造新船的补救措施,毫无疑问,大型宝船属新建船舶,当不在其中。永乐十七年"造宝船四十一艘"中也不会有大型宝船,因为它发生在由随郑和第四、第六、第七次下西洋的马欢所撰的成书于永乐十四年(1416)的《瀛涯胜览》之后,

该书已经记有大、中型宝船的尺度。永乐二年"造海船五艘",明确为"将遣使西洋诸国",但从时间上看是难以赶上第一次下西洋的,这里的"将遣"一词似乎已告诉船的使用离永乐二年也不会太久,这五艘海船有可能参加过第二、第三、第四次下西洋;从时间上看,永乐六年"命工部造宝船四十八艘",不可能赶上永乐七年的第三次而参加第四次下西洋是完全可能的。

2.2　从大、中型宝船的尺度关系上看

众所周知,事物都有由小到大的发展过程,不可能一蹴而就,造船也是如此,因此,认为永乐二年是第一次为"将遣使西洋诸国"而建造"造海船五艘",其中不可能有大型宝船。《瀛涯胜览》所记大型和中型宝船的尺度分别为长 44.4 丈、宽 18 丈和长 37 丈、宽 15 丈,两者的长宽比完全相同,都是 2.466 6,大型宝船的长宽尺度正好是中型宝船的 1.2 倍,这是巧合还是设计所为? 可以推测,明朝为下西洋的需要建造更大的船舶,又因时间紧迫,就简单地取现已设计或已建造或已建成的中型宝船尺度的"1.2 倍比例放大,故二者长宽比完全相同"[8]。以致产生了巨大无比的大型宝船。笔者认为合乎逻辑的理解应该是先有中型宝船之后才有大型宝船。

因此,永乐二年"造海船五艘"中就有中型宝船的可能,则大型宝船应是在永乐六年(1408)"命工部造宝船四十八艘"之中了,建成后即投入了第四次下西洋出海远航。

2.3　从郑和下西洋的历史分期看

郑鹤声、郑一钧在《郑和下西洋简论》[9]一文中论述了郑和下西洋的历史分期问题,明确地提出了"郑和下西洋的七次航海,前三次可划归为下西洋的前期,后四次可归结为郑和下西洋的后期"的观点。指出郑和下西洋的"前三次均以古里为限,不出东南亚和南亚的范围;从第四次开始,每次均往忽鲁谟斯以远西域

诸国";前期"为下一步向东南亚及南亚以西更远的地方航行,建立中途候风转航的据点"。"郑和经过三下西洋……积累了丰富的航海经验";"郑和第三次下西洋回国时,永乐朝已进入鼎盛时代,政治经济实力更为强大";"从第四次下西洋开始,每次都远航阿拉伯及东非遥远之国,以当时的地理知识水平,这似乎囊括了极远的海外国家"。第四次下西洋是郑和后期远航的开始,大型宝船在此次出现合乎情理。

3　郑和大型宝船的历史存在

郑和宝船究竟有多大以及它在历史上是否出现过,这是学术界争论已久的问题。笔者认为《明史》记载的"大舶"是可信的,于 1983 年与席龙飞教授合作撰写的《试论郑和宝船》[10]一文,就大型宝船尺度的文献依据、文物例证以及船型、建造地和事物发展规律等方面都有论述,兹不赘述。笔者也在拙文《郑和宝船空前绝后》[8]中指出:由于大型宝船的"尺度不仅特别巨大,而且特别扁宽,不可避免地导致船舶技术上的缺陷存在",这也"如同历史出现过的产物不一定都是精品一样,我们不能以宝船曾在历史上出现过,就得出宝船必定是优秀船型的结论"。不过应当指出的是,"郑和宝船是遵明朝皇帝的旨意集全国财力、物力和人力建成的,它以继承历代先进的造船技术作基础,它在历史上的出现不是偶然的,而是必然的,是空前的"。"它的技术缺陷是它昙花一现的一个重要原因,它的绝后的结局也在情理之中。"问题是不应该把大型宝船的一些技术缺陷及其绝后的结果当作否定其历史存在的依据,首先应肯定它是空前的历史存在。"在没有发现新史料足以证明史籍记载确有不实之前,不应轻率地予以否定。"

4 《明史》所记是对七次下西洋的综合概述

据上所论,可以认为,郑和大型宝船不可能有 62 艘之多,它是宝船中的个例,极可能只有一艘。不是七次下西洋都有大型宝船的,极可能在第四次下西洋才出现。说每次下西洋都有 62 艘大型宝船,那就更不符历史的实际了。

只提第一次下西洋的时间,只字未提其余六次下西洋;只记大型宝船尺度,只字未涉其他船舶;对"大舶"的船长只记到单位"丈",即"四十四丈"而不是如《瀛涯胜览》记到单位"尺",即"四十四丈四尺";船员人数记为"二万七千八百余人"[1]而不如《国榷》所记精确到"二万七千八百七十余人"[4]等,足以表明《明史·郑和传》对郑和七次下西洋壮举的记载是一种高度的综合性概述,所以我们对它的解读要考虑整体性和综合性。

船史学者金行德先生在与笔者交流《明史》记载问题时提到,历史是后代写前代,明史完成于清代,清代不会高度赞颂明代,因此,在写《明史》中,对郑和下西洋一事的记述,在态度上只是平平而已,此说合乎逻辑。

笔者对《明史·郑和传》中关于郑和下西洋及宝船的一段文字现解读如下:郑和与王景弘等人受明皇之命于永乐三年六月起,前后七次通使西洋,率领约二万七千八百余人,多赍金币,遍历诸番国,船队由 62 艘船舶组成,其中所造船舶以长 44 丈、宽 18 丈的为最大。

应该承认的是,以上的解读确实有不少推测的成分,这在当前资料相当匮乏的情况下只得如此,至于解读妥当与否,就要看对资料的分析是否合乎逻辑和是否合乎情理了。

《明史·郑和传》记载的郑和下西洋的大型宝船尺度的可信性及它的历史存在已被越来越多的学者所认同和肯定,尽管还有各种质疑,但其缺少很有说服力的论据,不过,笔者始终认为质疑和研讨无疑有助于学术上的"郑和宝船之争"向纵深发展,这正是笔者撰写小文的期望所在。

参考文献

[1] (清)张廷玉等撰:《明史·郑和传》,中华书局 1974 年版,第 7766 页。

[2] 辞海编辑委员会编:《辞海》缩印本 1989 年版,上海辞书出版社 1990 年版,第 1394、450、387 页。

[3] 何国卫:《明代淡生堂抄本〈瀛涯胜览〉为郑和宝船佐证》,《记念郑和下西洋 600 周年国际学术论坛论文集》,社会科学出版社 2005 年版,第 537—543 页。

[4] 谈迁:《国榷》卷十三,"永乐三年"条,张宗祥校点,古籍出版社 1958 年版,第 953—954 页。

[5] [日]上野一郎著:《船の世界史》(上卷),东京:舵社,1980 年版,287—290。

[6] 辛元欧:《关于郑和宝船尺度的技术分析》,《船史研究》2003 年第 17 期,第 1—20 页。

[7] 郑鹤声、郑一钧编:《郑和下西洋资料汇编》(上册),齐鲁书社 1980 版,第 199—201、219 页。

[8] 何国卫:《郑和宝船空前绝后》,《船海工程》2004 年 12 月,第 31—34 页。

[9] 郑鹤声、郑一钧:《郑和下西洋简论》,《郑和下西洋研究文选》,海洋出版社 2005 年版,第 22—27 页。

[10] 席龙飞、何国卫:《试论郑和宝船》,武汉水运工程学院学报 1983,(3),第 9—18 页。

原文发表在《郑和研究》2011 年第 1 期,总第 81 期,第 37—40 页。

这不是弯木地牛

一、"弯木地牛"竟成了"船台说"的主要根据

1974年年底,广州市文化局大院地表下5米处发现了大型汉木结构遣存,自1975年8月起至1998年1月止,经历了三次考古发掘,发掘出土的"颇像铁路轨道的木结构遗迹"[1]被认为是"由枕木、滑板和木墩组成水平式的造船台"[1](见图1),错误地定性为"秦汉时期的造船工场遗址"[2]这种观点后来就被称为"船台说"。

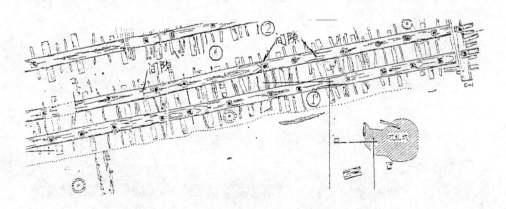

图1 枕木和木墩组成水平式的造船台

"船台说"一出台就遭到了众多学者的质疑和否定。这在2000年12月广州召开的"广州秦代造船遗址真伪学术研讨会"的《"秦代造船遗址"学术争鸣集》[3](简称《争鸣集》)上有详尽的论述。但是"船台说"的错误至今未得到纠正,这在

《广州秦造船遗址论稿专辑》[4]（简称《论稿》）有集中地反映。从《论稿》刊登的诸多文章中看出，"船台说"学者认为在"木料加工场地特设的"弯木地牛"及遍地都是炭屑与小木片的现象与今日广东的木船厂所见相同"，[5]"弯木地牛""是木船厂不可缺少的""烤弯船板的专用设施"[1]，且把"弯木地牛"当作"船台说"的重要物证和王牌论据大加论述。"弯木地牛"果真"是确定遗址性质，属于造船工场的一个很重要根据"[6]了吗？尽管持"船台说"观点的杨槱教授也觉得它"并不是造船遗址定性的主要依据"[7]，但一些"船台说"学者仍抓住"弯木地牛"不放，在他们看来，要坚持"船台说"非"弯木地牛"莫属了。

　　遗址出土的真是弯木地牛吗？它能成为"船台说"的重要根据吗？这就是本文所要论述的问题所在。不过，笔者未能见到过出土的"弯木地牛"，只能依据几篇论及"弯木地牛"的"船台说"学者的文章加以研究探讨，并与"船台说"学者商榷。

二、无法认定的"弯木地牛"

1. 同一遗址竟出土了 3 个"弯木地牛"

　　三次遗址发掘都有"弯木地牛"出土，按发掘次序分别称其为第 1、第 2 和第 3 号"弯木地牛"。

　　第 1、3 号"弯木地牛"分别在《广州秦汉造船工场遗址试掘》[2]（简称《试掘》）和《广州秦代造船工场遗址第三次发掘》[6]（简称《三掘》）都有介绍，而介绍第二次发掘的《秦代造船工场遗址试掘简报》[8]（简称《二掘》）却未见提及第 2 号"弯木地牛"，不知何故。但在黎显衡、陈茹所编写的《广州秦造船遗址发掘纪事》[9]（简称《发掘纪事》）中清楚明白地记载着"1994 年 7 月 23 日，在 G1S 段……发现'弯木地牛'和炭屑、木片"，在 6 月 25 日还记有"试掘正式开始……首先发掘 G，分为 SN 两段"。在《二掘》中也有对应的记载："西探沟（94SWⅢG1），参照第 1 号船台'横阵'以西 40 米处为基点……先挖南段，后挖北段，与北段探沟连接。"[8]这些记载表明，第二次发掘是发现过第 2 号"弯木地牛"的。1 号"弯木地牛"在"距离 1 号横阵之西约 24 米处"[1]（见图 1），其残存的照片见图 2。第 3 号"弯木地牛"的部分遗物是在"第Ⅱ发掘区 T41 探方清理出"[6]的，它位于 1 号"船台"南侧偏西稍远处（见图 3、图 4）。第 2 号"弯木地牛"则在"第 1 号船台'横阵'以西 40 米处"[8]，这在图 5 上可找到它的出土位置。从图 3、图 4 所标比例估测，第 2 号与第 3 号"弯木地牛"的连线近于垂直"船台"。

图 2　遗址残存的"弯木地牛"

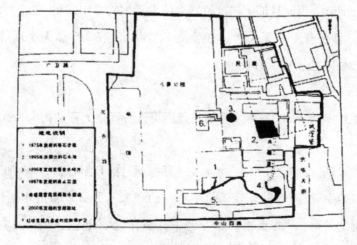

图 3　宫苑遗址分布图

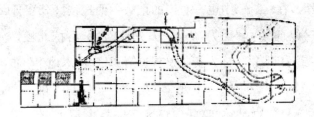

图 4　试掘探方位置图

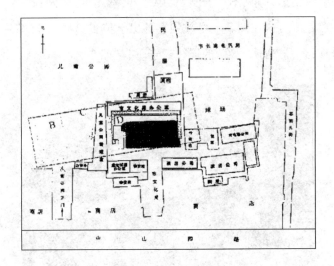

图 5　两次试掘位置图

在同一个遗址竟出土了 3 个"弯木地牛",实在太离谱了。木船厂的"弯木地牛"只在特别坚硬粗厚且加工曲度特别大的少量木构件中使用,它的工作量是非常有限的。即使有 1 个弯木地牛,也常处闲置状态,有 2 个就无法理解了,多达 3 个"弯木地牛"岂不成天方夜谈。

2. 出土"弯木地牛"与今木船的不是所见无异而是大不相同

"船台说"学者在论述出土"弯木地牛"时异口同声地说道:"木料加工场地特设的'弯木地牛'及遍地都是炭屑与小木片的现象与今日广东的木船厂所见相同。"[5]"所见无异"[2]"多么相似"[10]和"十分吻合"[1]。是这样吗?其实不然,试把被"船台说"学者当作对照对象的广东阳江木船厂的弯木地牛(见图6)与遗址出土的"弯木地牛"作一次比较,两者除了在结构上都有木桩(柱)和木板、圆木(横木)外,可以说没有一点共同之处。

图6　阳江木船厂弯木地牛

　　阳江木船厂的弯木地牛的横向栏板只是在两端处被两侧仅有的两对木桩紧夹着,出土的"弯木地牛"是"两排木桩相错树立"[6]的;且由多根木桩树立,例如第3号"弯木地牛"的木桩在"东边一排3根,西边一排4根"[6](见图7),第1号

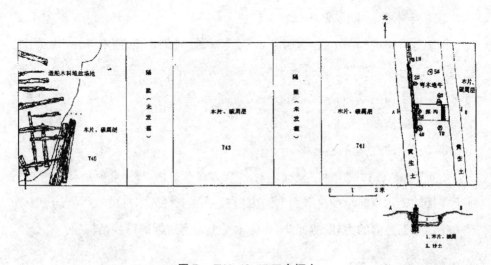

图7　T41、43、45三个探方

"弯木地牛"残存东排 2 根、西排 3 根(见图 1);另外,第 1、3 号"弯木地牛"的两排木桩分别有"0.5 米"[2]和"0.85 米"[6]的间隔。

3. "弯木地牛"形制不明

出土"弯木地牛"有如下几方面的形制不明。

1) 关于两个"井"字形相对木架

《试掘》在其注释⑨中称:"推想遗址中'弯木地牛'可能是两个'井'字形相对的木架。"遗址"尚存两排立桩和下面的一层横木","中宽 0.50 米"原高度不详,"残朽较甚"[2]。这到底是什么样的"井"字形木架?为何"弯木地牛"是两个"井"字形的相对木架?广东阳江木船厂的弯木地牛也未见到有这样的木架(见图 6)。不禁要问:究竟是如何"推想"出这种不明不白的"可能"的。

2) 关于两排木桩相错树立

《三掘》对第 3 号"弯木地牛"有比《试掘》稍为详细的记述,实为难得。"两排木桩相错树立,大致呈平行走向,留宽约 0.85 米"[6],东西两排木桩的间距各不相同。这里要问的是:为什么"弯木地牛"成"井"字形相对木架?两排木桩要相错树立的作用是什么?

3) 关于木桩与木板、圆木的相对位置

仔细观看图 1 和图 7 会发现,第 1 号"弯木地牛"的木板、圆木等在木桩的外侧,第 3 号"弯木地牛""在两排木桩的外侧有木板、圆木等叠砌如围栏"[6],两者的木桩都位于内侧,如同一辙,这是不谋而合,或是一种巧合?还是"弯木地牛"结构上的特殊需要所致?

4) 关于木桩上端的小凸榫

出土"弯木地牛"的木桩"上端均有一个凸榫"(见图 7)。众所周知,在这凸榫上榫接的横木只能承受自下而上的力,在"两排平行的木桩的栏板"[6]其中必有一排承受上方向的力,既然如此,为何木桩上端有这样的榫接结构呢?

5) 关于木桩与木板、圆木的连接

在发掘报告中都未见有木桩与木板、圆木是如何连接的介绍,也没有除木桩上端有凸榫外还有其他的榫头、榫孔或钉接的痕迹发现。结构连接也是"弯木地牛"形制的一个方面。

6) 关于1号"船台"南北两侧出现2个类似木构遗迹的关系

在1号"船台"的北侧有1个与南侧1号"弯木地牛"位置相对应的类似的木构遗存(见图1),它也是有平行走向的两排木桩,也是在木桩外侧有木板、圆木,两排木桩也是相错竖立,只是西排和东排的木桩只遗存2根和1根,比1号"弯木地牛"都少1根。总不会在1号"船台"北侧(与2号"船台"间)又出现了一个"弯木地牛"。

要指出的是,1号"船台"南北两侧的木构遗迹的两排木桩近成与"船台"垂直的一条直线,前面提到的第2、3号"弯木地牛"所处位置的连线也是如此。这种南北对应的木构遗存是否反映出一定结构上的联系? 这是一个值得深究的问题。

上述诸多问题足以表明出土"弯木地牛"形制不明,由此得出这是"弯木地牛"的错误就不足为奇了。

在此附上遗址出土的"弯木地牛"与阳江木船厂的弯木地牛的比较表(见表1)。

表1 "弯木地牛"比较表

弯木地牛	1号	2号	3号	阳江木船厂
木柱数	东排2根西排3根	未见发掘记载	东排3根西排4根	每排2根
木柱分布	错位竖立		错位竖立	在两端处成对位竖立
木板、圆木的位置	木板、圆木在两排木桩的外侧		同1号	木板、圆木夹在木桩中间
木柱并列间距	0.5米		约0.85米	同横栏板厚度
端头木柱	未见		未见	见有

（续表）

弯木地牛	1号	2号	3号	阳江木船厂
出土位置	在"1号船台南侧""距离1号船台横阵之西约24米处"	"GIS段"，"第1号船台横阵以西40米处"	"第Ⅱ发掘区T41探方""第11层"	
资料来源	[1]、图1	[8]、[9]、图3	[6]、图3、4、5	图6

4. "弯木地牛"结构无法满足弯木作业的要求

据《三掘》文后的注释14的描述："今天的广东阳江江城造船厂的'弯木地牛'设备是由两排平行的木桩和栏板构成，要烤弯木板一端插入其一排栏板下部，中间搭在另一排栏板面上，另一端用大石或其他重物把其压住，就可以把木板弯成一定的弧度，用火烤弯定型。"[6]但从图6上看，阳江木船厂的弯木地牛的弯木作业并非如此，它是由一个被两端侧木桩紧夹栏板的地牛和一个可移动的木支架所组成，要加工的木板是搭在可移动的木支架上的。

木板在弯曲加工时有三个受力点：木板一端处承受向下的压力，即"木板一端插入其中一排栏板下部"[6]的地牛处；木板需要弯烤部位的向上支撑力，即图6上所见的高木架处；被"用大石或其他重物"[6]施加向下压力的木板另一端处。

按出土"弯木地牛"的结构是无法满足弯木作业的。这是因为：第一，它的两排木桩是"埋入地下呈南北向并列"[6]，"木桩……挖坑栽入生土层中"[6]，也就是说两排中的一排是承受向上顶住木板的支撑点，即弯曲加工点是被固定的，无法移动。常识告诉我们：弯曲木板要使其弯成一定形状，是要通过在木板上多个加工点位，施以弯曲作业方能达到目的。所以支撑点应可以按在不同加工位置方便移动才是。阳江木船厂的弯木作业，就是采用了可移动的高木架作弯曲支撑点。第二，出土"弯木地牛"的两排并列木桩相距如此之近，且木桩低矮等高，以第3号"弯木地牛"为例，两排木桩分别为木板承受的压力点和支撑点，因其"柱间留宽约0.85米""高约1.1米"[6]，那么它只能对距木端很近的一个点作弯曲加工,该弯曲点离木板一端最远也不会超过约1.4米,这显然是无法满足要求。

笔者不得不提出这样的质疑:被认定为"弯木地牛"的木构是用作弯木的专用设施吗?

三、不存在必然联系的炭屑、弯木地牛和木船厂

1. 弯木地牛与木船厂

弯木地牛是用作对木材进行强制矫形加工的设备。它对加工木材施加弯曲力并配以烘烤作业使其达到弯曲或矫直的目的。在船厂是有用弯木地牛进行弯曲定形加工的,不过木材的火烧烘烤不仅颇费工时,而且有损材质性能,所以在造船装配的过程中,即使在曲度较大的船首部位的木船身板等,也尽可能地避免使用弯木地牛,一般会采用一种叫作"强制弯曲法"[12]的方式。它的做法通常是将木料锯裁修整后,一端钉连在横骨架上,在附近用工具将板材强制贴紧相邻构件,上钉固定,这样逐点钉固,直至全部按船型弯曲完毕。

秦汉时期的木船外形虽然没能见到文献资料有详尽的描述记载,但船型的发展总有一个由简单平直到流线型弯曲的演变过程。秦汉时期的木船外形应该是比较平直少曲的,这也得到了广州东汉墓中出土的一只陶模船[15]和广州西汉的木椁墓中出土的一只木船模[16]的印证。这两艘船模的船型都是船底略平,首尾略收窄的平直简单线型,陈伟权、冯永驱在撰写的论文中也指出,遗址的"船台""是做平底船的"[10]。既然如此,何必非用"弯木地牛"来使劲呢? 对待平直简单船型的船体外板不会这样做的,否则真的是杀鸡用牛刀了!

有的木船厂有弯木地牛,但不等于木船厂必有弯木地牛,今日的木船厂没有弯木地牛的也很普遍。因此木船厂与弯木地牛不存在直接的因果关系,这种"弯木地牛""是木船厂不可缺少的"[1]断言实有不妥,尤其对秦汉时代的造船工场。

2. 弯木地牛与炭屑、木片

"船台说"学者认为,"遗址随处都有炭屑、木片","在'弯木地牛'处的木片与屑特多","弯木地牛""正是用来烤弯船板的专用设施"[1],"木船体外边的木板经过烧烤定型后要把木板表面烤焦了的炭屑刮去所以随地留下许多炭屑"。[11]

如果遗址随处都有的炭屑、木片是"弯木地牛"加工遗留,那么,第三次发掘的除 T43 探方外在 T45 和 T41 探方处也都有见到(见图 7)。按图比例估计,紧挨造船木料堆放场地的 T45 探方距离 T41 探方约有 15 米之远,难道"弯木地牛"加工产生的炭屑和木片能如此广地散播吗?"遗址随处都有炭屑、木片"[1]表明,在离"弯木地牛"更远的地方也都有的。否则广为散播的炭屑、木片不是"弯木地牛"所遗留,就是还有尚未被发掘出土的"弯木地牛",这可能吗?

常识告诉我们,燃木取暖、烧水煮食都会有炭屑的遗留,只要是木工场地,"见到满地都是木屑、劈口木片和残板剩木"[6]是不足为奇的。炭屑怎能是"弯木地牛"的专利产品? 可见,炭屑、木片与弯木地牛之间并不存在必然的联系,不能以见到今日广东的木船厂随处都有炭屑、木片,也有弯木地牛,就得出因见到遗址有炭屑、木片,所以也该有"弯木地牛"的认定。

四、"弯木地牛"是如何被认定的

遗址的"弯木地牛"是如何被认定的呢? 简而言之,这是以先入为主的逻辑思维从"推想"出发经所谓的"鉴定"得出的。

1. 认定的依据似有二:其一,今日木船厂"遍地木片、炭屑的情况,与所见无异"[1];其二,"今天珠江河道上的木船厂都有这个设备(指弯木地牛)"[14],前面已经论述,就弯木地牛而言,今日木船厂与遗址毫无"相似"的可比性。

2. 从"推想"到"鉴定"

《试掘》这样说:"现在广东的木船厂都有'弯木地牛'的结构……推想遗址中'弯木地牛'……"[2]也就是说,遗址的"弯木地牛"是被"推想"出来的。冯永驱等三人的论文进一步说"它是经木船厂的老工人鉴定这是'弯木地牛'结构"[13]的,又说"'弯木地牛'是论证中有多间木船厂的老师傅认定的"[14]。《三掘》对第3号"弯木地牛"的认定就免除了"推想"和必要的"鉴定"了,直言"……清理出'弯木地牛'的部分遗构……"[6]"推想"是有一定猜测性的,那这种"鉴定"具有科学性吗?为此必须搞清楚,哪些木船厂老工人,在什么时间、什么地点做的"鉴定"?"鉴定"的依据是什么?又是如何鉴定的?是否有"鉴定"意见的文字记录?到目前为止一概不知,如此的"鉴定"能被广大学者认同吗?

3. 先入为主的逻辑思维

综观"船台说"对"弯木地牛"的论述,可以发现,这种论述犯了先有结论后找论据的先入为主的逻辑思维错误。自"1974年底在广州市文化局大院地表下5米发现大型的木构遗存"[13]后的1975年1月3日"初步认为是年代较早的古建筑遗址"[9],时隔不到半个月的"1月15日,在遗址现场召开遗址性质鉴研会"[9]上却被"认为是造船遗址"[9]了,这是最早把遗址认定为"造船遗址"的。这离1975年8月开始的第一次发掘出土"弯木地牛"还早着哩!在第一次发掘后的"1976年1月11日"[9],听红旗造船社的黄主任说:"造船工场随地都是炭屑、木片,这是造船的一大特点。"[9]这位黄主任只提到"炭屑、木片",并没有提到"弯木地牛"。最早提到"弯木地牛"的是1977年发表的《试掘》。这个认知过程是这样的,"先认为是造船遗址"[9],因为后来见到了"炭屑、木片",认为它是"造船的一大特点",就把它与造船遗址挂上钩。为寻找更多的造船遗址的证据,就把发掘出土的有木桩的木板、圆木等一堆木构遗迹牵强附会地向"弯木地牛"靠拢,又联系到弯木地牛在弯木加工时会产生炭屑、木片,说它"又是木船厂不可缺少的"[1],况且经调查,"今天珠江河道上的木船厂都有这个设备",又有船厂老师傅的"鉴定",这样认定"弯木地牛"似乎名正言顺很在理了。焉知在这种先入为主的错误逻辑思维下得出的结论,是经不起推敲的,当然无法令人信服。

五、不是弯木地牛

通过上述的论述,可以得出这样的结论:它不是弯木地牛。这是因为:

1. 遗址出土了3个"弯木地牛"是不合情理的,也是不可能的,因为这大大超过了一个木船工场弯木作业量对"弯木地牛"的需求。

2. 遗址的"弯木地牛"与今日广东阳江木船厂相比,不论木构的结构形式还是物件的数量与分布都很不相同,无"所见无异"可言。

3. 遗址"弯木地牛"的两个"井"字形相对木架、两排木桩相错树立,木桩与木板、圆木的相对位置、木桩上端的小凸榫以及结构连接形式等方面,因"弯木地牛"的形制不明,无法认定。至于1号"船台"南北两侧出现的两个类似木构遗迹之间存在何种关联,更让人多了一个联想的空间。

4. 从遗址"弯木地牛"结构上看,它无法满足木船厂对船板弯曲加工作业的要求。

5. 弯木地牛并不是木船厂不可缺少的设备,遗址满地的炭屑、木片没能证明是"弯木地牛"的产物,所以炭屑、弯木地牛和木船厂之间不存在必然的联系。

6. 缺乏过硬和充分的出土文物佐证的"鉴定"是不可靠的,它的结论只是缺乏科学性的牵强附会的"推想"而已。

7. 先入为主的逻辑思维是错误的,由此得出的认定结论必然是缺乏说服力的。

既然这不是弯木地牛,那么把遗址出土的"弯木地牛"作为认定遗址为造船工场的重要依据也就不成立了。

参考文献

[1] 麦英豪、黎金、陈伟权:《秦代造船工场遗址两次试掘综述》,麦英豪:《广州秦汉考古三大发现》,广州:广州出版社1995年版,第42页。

［2］广州市文物管理处、中山大学考古专业 75 届工农兵学员：《广州秦汉造船工场遗址试掘》，《文物》1977 年第 4 期。

［3］广东省立中山图书馆编：《"广州秦代造船遗址"学术争鸣集》，中国建设工业出版社 2002 年版。

［4］广州市文物考古研究所编：《广州秦造船遗址论稿专辑》，广州出版社 2001 年版。

［5］麦英豪、冯永驱：［4］之《序论》。

［6］李新灶：［4］之《广州秦代造船遗址第三次发掘》。

［7］杨橞：［4］之《对广州秦代造船遗址考古学术争论的一些看法》。

［8］广州秦汉造船遗址试掘办公室：［4］之《广州秦代造船遗址试掘简报》。

［9］黎显衡、陈茹：［4］之《广州秦造船遗址发掘纪事》。

［10］陈伟权、冯永驱：［4］之《论证秦造船遗址性质与兴废》。

［11］陈伟权：［4］之《对秦造船遗址与建筑基础争议之我见》。

［12］《水运技术词典》"古代水运与帆船"分册，人民交通出版社 1980 年版。

［13］冯永驱、陈伟权、全兴：［4］之《广州秦代造船遗址考辨》。

［14］冯永驱、陈伟权、全兴：［4］之《读评'积沙为洲屿激水为波澜》。

注：本文引用的部分附图仍保留原图片的编号及图名。

原文收录于《南越王宫苑里假船台论文选集》，（广州）广东旅游出版社，2012 年第 1 版，第 38—48 页。

四、史海钩沉

从明代舵杆上的印烙看早期船用产品检验标志

　　船用产品检验是保证船舶具备安全航行和安全作业技术条件的一项重要工作。为此,船用材料和产品经监督检验认可后应打上检验标志。"检验标志的基本内容为:验船部门签发的证书编号、船检局检验标志、检验部门代号,验船师姓名的首字、日期。根据各产品的具体情况,在基本内容的基础上可作必要的增减"[1];还对"打标志位置作了规定"[1]。例如,对舵杆检验标志位置"如安装后舵杆顶端不能显露在外时,则钢印打在舵杆与舵扇或舵柄接触部位的下方"[1]。

　　我国古代有没有类似的检验标志? 若有,始于何时? 1984 年山东蓬莱水域出土的一根明初海船紫檀木(即红木)舵杆给了明确的回答。

　　这根出土舵杆长 8.18 米,两端截面尺寸为 0.41×0.42 米和 0.51×0.35米,在舵头闪脚破开处,即装接舵叶上缘处为 0.44×0.38 米,详见图 1[2]。这是一根做了一定程度粗加工的古船舵杆坯料件。在其靠近上端处刻有 3 行 48个字,"黄字三百十五号壹根长二丈八尺口厚一尺二寸舵颈破心闪破开一尺五寸巴节三个永乐十年六月　　日进四百料"[2],详见图 2[2]。

　　这段文字引起了船史学者极大的研究兴趣。从船检角度出发,这段文字活生生地展现出初期检验标志的端貌。它以文字刻记在实物上的方式,标明了舵杆的编号、舵杆的几何尺寸、舵杆材质的缺陷和年代日期。所记尺寸与出土实物实测相符。这种在实物上印烙的标志方式和标志内容与现代检验标志是何等相似! 尤其是记录舵杆存在"巴节三个"的缺陷,古人以安全为目的确保质量是显而易见的,实令今人惊叹不已。

　　成书于明嘉靖二十年的《南船记》是一本著名的船史文献。它曾对船用材料检验标志的重要性有这样一段令人信服的精彩描述:"……楠木中间心空皮烂者

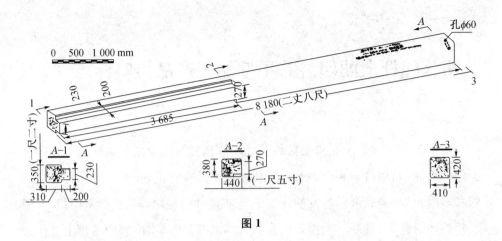

图1

有之,弯曲尾小者有之……彼此授受原无印烙记号,又无丈尺围圆……以小易大何以稽考?况原料丈尺有限,若料大而用小,不无破费之欺。若料小而用大,难免包补之累。"[3]可见,古代检验人员在所检验材料上印烙记号的目的与现代检验标志是完全一致的。

图2

　　从出土舵杆上的文字表达方式、表述的内容及其目的分析,可以认为:蓬莱出土的明代舵杆上的印烙是我国早期检验标志的实物佐证;《南船记》是对早期检验标志最早的文字说明。因此可以说,在明代我国已出现了与现代类似的检验标志。

参考文献

[1] 中华人民共和国船舶检验局:《船用产品检验规则》,北京,1983,5。

［2］顿贺、罗世恒:《蓬莱明代古舵杆研究》,《武汉造船》,1993 年第 3 期。

［3］［明］沈啓:《南船记》。

原文发表在《港航监督》,1993 年第 2 期,第 42—43 页。

中国最早的验船师探索

众所周知，中国是造船与航海的古老大国，历史悠久，文物典籍丰富，历历可考。我们的祖先对古代船舶航行的安全性很早就有所认识，并曾设有专人从事船舶安全检查的工作，无非方法与工具非常原始和简陋而已。史载，周朝时就有叫作"舟牧"的一种职务，其所执行的职责类似于现在的验船师。《礼记·月令》上有这样一段话："命舟牧覆舟，五覆五反，乃告舟备具于天子焉。"

这段记载告诉我们：舟牧当时受命去执行对天子要乘坐的船舶进行安全检查任务，具体项目似乎是船舶稳性，方法是对船舶进行摇摆试验，目的是确保天子乘船的安全。检查结果是安全可靠的。

这位舟牧所作的这项试验看来是很有道理的。所谓"命舟牧覆舟，五覆五反"，说的是通过外力将船向一侧倾斜，然后撤消外力，靠船舶自身的复原力矩使船舶左右来回摆动，这样摆动了五次就可以大概得知船舶稳度的状况了。这是符合当今船舶摇摆基本原理的，船舶自摇周期与初稳性高度的开平方成反比。初稳性高的船自摇周期就小，反之，初稳性低的船自摇周期就大。

古人虽然还不可能掌握这一原理的计算表达，但从船舶摇摆的快慢及五次的摇摆是可以感觉得出来的，从而就能判断船舶稳性之优劣。祖先的聪明才智和丰富的实践经验实令今人感叹不已！

文献中虽然未提到舟牧是否对庶民所乘的船也同样做此种检验，是否职掌船舶安全发证的有关事宜，但仅从舟牧干的以上这件具体工作来分析，舟牧是作为船舶安全检验的执行者最早出现在历史舞台上。"舟牧"是验船师的雏形。认为"舟牧"为我国最早的验船师应该是有一定道理的。

原文发表在《中国船检》1993年第3期，第70页。

展造船历史风貌　探技术发展规律

——喜读席龙飞教授撰著的《中国造船史》

1　前言

《中国造船史》已由湖北教育出版社于 2000 年 1 月出版，这是席龙飞教授竭尽多年心血完成的一部船史专著。它全面地展现了我国造船业发展的历史风貌，科学地探索了造船技术的发展规律。它是一部迄今为止最具影响力的船史专著。它是中国科技史的重要组成部分。它不仅展现了我国造船历史源远流长，更突现了我国造船技术曾经有过的辉煌。它雄辩地论证了中国造船技术在世界造船史上的重大贡献和应有地位。正因为如此，《中国造船史》不仅是一部专业技术史，而且还是一本爱国主义教育的好教材。

2　内容全面

《中国造船史》是一部以中国古代造船史为主要内容、以造船技术史为主线的部门技术史。众所周知，造船技术史是与航运业的发展密切相关的，而航运业的发展又与各个历史时期的经济、政治形势有着紧密的联系。作者在该书中始终结合着这种必然的关系进行阐述。

全书共分十章。所跨时域，自石器时代的原始社会水运工具起源至近代洋务运动对造船业的影响。所涉船型，由最原始的筏舟发展到机械推进的钢质船。造船技术上涉及木船的连接与捻缝、水密隔舱等，还有风帆、桨、舵、碇的演变与发展。书中有各时期造船场所的地域分布、造船规模、代表人物以及各时期的代表船种，例如汉代的楼船、唐代的车轮战舰、宋代的神舟与客舟，到明代成型的沙船、福船、广船三大著名船型。书中还对古代造船技术方面的重要著作有专门的介绍和评说。例如汉代的《释名·释船》、唐代的《太白阴经》以及明代的《南船记》《龙江船厂志》《漕船记》《筹海图编》《武备志》和《天工开物》等。

该书汇集了大量的船史文献资料及出土文物资料，引用船史资料、文献数百篇，可以说该书已收编、引用了迄今已知的绝大部分的重要造船史料。《中国造造船史》是中国造船史料的大汇集，其史料价值不可低估。

作者还将船史研究成果，尤其是近期的主要研究成果收入该书并作全面的论述。《中国造船史》是中国造船史研究的大汇展，因此，该书具有很好的学术研究价值。

总之，《中国造船史》是一部内容丰富、史料翔实、研究深入、论述全面、广征博引的造船史书。

3　论证有力

《中国造船史》全方位和多角度地展现了中国造船史的研究动态和可喜的研究成果。

该书在读者面前展示了船史研究中的重大学术争论。这无疑有助于船史研究的繁荣和发展。就拿中国船舶风帆出现的年代来说，作者在书中将诸家学者持有的各种异议的论据、论点一一列出并层层对照分析，最终得出"甲骨文中的凡字不能释为帆"，"中国的风帆始于战国时代"的结论，将为大多数学者所接受。

船史研究中规律最大且最典型的学术之争就数所谓"郑和宝船之争"了，而宝船之争的核心在于郑和宝船尺度究竟有多大？《明史》所记的宝船尺寸是否可信？作者作为争论的主要参与者之一，在书中的阐述十分细致，对各种学术观点的争论焦点论述得淋漓尽致。虽然船史界对这场争论尚未形成共识，但作者的倾向一清二楚。

书作者在该书中对造船技术的发展有意展开了中外比较，以更客观地认识中国造船技术的历史地位。譬如，在分析中外船舶风帆的史料后认为："若论帆出现的年代，外国可能比中国早得多。"但中国在汉代就出现和使用了船舶尾舵，这远远早于西方。作者进而指出，"看风使舵"表明帆与舵二者的相得益彰，凸现了中国船舵技术应用对航海业做出的不可低估的贡献。

作者治学严谨，对问题的研究有分析、有比较、有深度，始终以史实和史料为依据，既客观地摆出各种论点，又有自己的研究见解，论述评议皆具，很好地体现了船史研究的百家争鸣学风。

4　成功地引用了文献与文物

对史的研究离不开古籍文献资料，同样，古文献中涉及造船的内容对造船史的研究也极其重要。不过古文献的记载难免有其倾向性或有文字讹舛的可能性。也就是说，古文献存在着一个可信度的问题。但是，不论是对古文献记载的肯定或否定都不能轻易下结论，需要有充分的依据和科学的论证。郑和宝船尺度的各种疑窦也是由此而产生的。出土文物是客观存在的实物再现，是研究论断的最强有力的佐证。正因为如此，书作者特别重视考古学成果和出土文物的价值，树立了文献与文物相结合研究的典范。

书作者还特别重视对古文献中古诗画方面的史料作用。最为突出的是对北宋《清明上河图》的汴河船的研究。既是对古代船运技术和造船技术的研究，也是从造船角度对名画的鉴赏。

书作者擅长工程技术人员用图说话的手法，插图运用清晰、确切，形象地说明了所要表述的事实。全书共有插图 178 幅，其中有古籍原图、文物照片、出土古船实测图、古船复原图等。图片中不乏船史资料之珍品。书作者独具特色地运用插图，与流畅的文笔相呼应，全书图文并茂。书中论述既严肃又生动，有血有肉，可读性很强。

书作者席龙飞教授是一位活跃在船史研究领域的著名造船学者。他将造船知识与造船技术史有机地结合起来，促使船史向微观的深层次发展。例如，席龙飞教授亲自参加了"泉州宋代海船""宁波宋代海船""明代梁山古船""蓬莱古战船"等出土古船的复原研究，成果显著。又如，书中对我国古代船舶的推进属具桨、篙、纤、橹、帆，操纵属具舵、梢、帆以及停泊属具碇等的产生、演变和发展，以船舶专家的眼光从技术角度作了令人信服的剖析，确具独到之处。正因为如此，通读全书，不因其学术性强而感到枯燥，也不因其论证篇幅长而感到乏味。

我们也不得不意识到，中国造船史研究中还存在着许多有待研究和船史界尚在争论的问题。笔者认为，《中国造船史》中涉及的某些问题尚可进一步商榷，如出土的所谓舟形陶壶，被认为是"舟"的反映，是否有点牵强；从战国青铜器上的船纹断定当时战船已设有甲板也不太令人信服；对《礼记》所记西周专设主管舟船的官员——"舟牧"的职责之一"……舟牧覆舟，五覆五反……"理解成"翻来覆去检验五遍"，恐不是原文之意；对出土古船龙骨呈曲线形上拱解释为船舶"呈中垂状态时具有较好的强度"，这难以帮助理解船舶呈中拱状态时对强度的影响等等。

虽然还有许多问题尚处在深化研究之中，有待学者的继续努力，但是席龙飞教授的《中国造船史》却是填补中国科技史空白之作，读者将首次窥见中华民族博大精深的海洋文化以及舟船文明的全貌，这值得引起我国学术界和广大读者的重视。

原文发表在《武汉造船》2000 年第 1 期（总 130 期），第 44—45 页。

蓬莱舟船文化

一、舟船文化是蓬莱文化的重要组成部分

蓬莱阁建于宋嘉祐六年(1061 年)与黄鹤楼、滕王阁和岳阳楼齐名为中国古代"四大名阁",它的所在地就是与泉州、明州、扬州并称中国四大通商口岸的登州古港,它是当时久负盛名的中国东方门户。

蓬莱阁坐落在丹崖极顶濒临大海,在依山傍海的自然地理环境哺育下的蓬莱阁文化散发出浓厚的海洋气息,由大海造就的海洋文化是蓬莱阁文化的精髓所在,是蓬莱文化的主体。

海上撒网渔猎、交通运输的载体是船,船舶是海洋大舞台上最活跃的主角演员,有了它才使海洋变得生气勃勃精彩无比。海洋文化与舟船文化密不可分,论蓬莱海洋文化必言蓬莱舟船文化,蓬莱舟船文化是蓬莱文化的重要组成部分。

著名的水城与蓬莱阁相邻而居,水城形势险要负山控海,筑有防波堤、平浪台、码头等海港设施,尤其建有水门一座,门闸的开闭可调节水城里面的水位,控制出入海口通道,做到可进可退、可攻可守。水城自古就是中国古代别具特色的海防要塞,它也是目前我国保存最完好的古代海军基地。就在这水城小海清淤中于 1984 年和 2005 年先后发现四艘元、明时期的古船,向世人展现了蓬莱舟船文化的光彩。

二、蓬莱舟船文化底蕴深厚

　　论蓬莱文化而涉及其舟船文化的丰富内涵,还得从"八仙过海"说起。美丽的神话传说"八仙过海"出自明代吴元泰的《东游记》,其"八仙同过海,独自显神通"一语被后人引用为"八仙过海,各显神通""八仙飘海,各显其能"等,不论"过海"也好,"飘海"也好,都是渡海活动,而使用的渡海工具就各显"神通"和"其能"了。八位仙人法力无边,汉钟离率先把大芭蕉扇往海里一扔,坦胸露腹似躺在扇子上向远处漂去,何仙姑将荷花往水中一抛,顿时红光万道,仙姑伫立荷花之上随波漂流,随后各位仙人也纷纷将各自宝物抛入海中,借助宝物大显神通,游向东海。这些宝物就是能漂浮在水上的器物,当属原始浮渡工具,"过海"动力就靠它的法力无边了,这种充满神秘色彩的神话给人以无限的遐想。

　　蓬莱阁凌空而建,阁下面临大海,海疆碧波连天,四季海雾飘绕,素称"仙境"之地,史称蓬莱、方丈、瀛洲三座神山引得齐威王、燕昭王都派人到海上寻找;秦始皇、汉武帝都曾分别来到蓬莱巡东求药、御驾访仙;更有秦始皇遣方士徐福由蓬莱乘船入东海求仙丹去而不回的故事。从时间上推测,徐福东渡所乘海船应该接近于汉代的楼船。

　　登州港早在战国时期就是北方远海航线的重要港口,是通往日本、朝鲜的起航点之一,它地处沿海南北航行要冲,还是中国古代海上丝绸之路的起航港之一。蓬莱水城背山面海,陡壁悬崖自成天险,早在汉唐时期就是水军要地,明代抗倭名将戚继光曾在水城备战抗倭,当时水城"舳舻相接,奴酋胆寒","商船战舰之抛泊近岸者,不知其数"。

　　1984年在蓬莱水城发现出土一艘古船,编称为"蓬莱一号",2005年继而发掘出土三艘古船,其中两艘比较完整,编称为"蓬莱二号"和"蓬莱三号"。"蓬莱一号"和"蓬莱二号"的"制造和使用时代为明代中晚期,废弃时代为明代晚期"[1],"由蓬莱三号船的技术特征判断它是一艘韩国古船"[2],它的"制造和使用时代为元代,废弃时代为明代初期"[1]。蓬莱一、二号船所反映出来的造船技术虽然大同小异,但它们生动地展现了中国古代先进的造船技术,例如水密舱壁、舱壁边肋骨、构件连接、龙骨补强材、桅座等,这些先进造船技术正好与泉州宋代沉船、宁波宋代海船、象山明代海船等诸多出土古船互为印证。蓬莱水城沉船是蓬莱舟船文化的亮点,蓬莱一、二号船所折射出的许多古代造船技术的重要信息以及蓬莱三号船所体现的中韩造船技术交融更是蓬莱舟船文化的精华所在。

三、科学的龙骨连接形式及其补强结构

龙骨的端接强度与端接工艺直接相关。木船构件的端接取用钩子同口的连接方式相对于用直角同口等其他同口形式,纵向连接强度好多了,蓬莱一、二号船的构件端接也是采用钩子同口的连接方式。钩子同口的端接又分带榫和不带榫的钩子同口两种情况,蓬莱一号船龙骨及外板的端接都采用了带榫钩子同口方式,即除了采用钩子同口外还同时加有凹凸榫,蓬莱二号船龙骨的端接也是如此,而蓬莱二号船主龙骨的前端连接有水平方向横通榫。构件端接采用钩子同口加凹凸榫的连接方式使端接构件在端接处可能产生移动的方向减少了一个,使连接处的整体固定性更佳(见图1),带凹凸榫的钩子同口在技术上比不带凹凸榫的钩子同口更胜一筹,这正是蓬莱船结构连接的独特之处。不言而喻,带凹凸榫的钩子同口对制作工艺要求更高,这正反映了船匠的高超技艺和聪明才智。

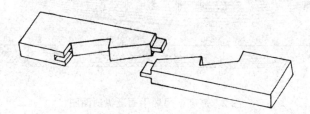

图1　蓬莱古船的外板采用凸凹榫的钩子同口

　　龙骨是木船承受总纵强度的强力构件,龙骨接头处的连接强度至关重要。中国古船的龙骨通常由中龙骨、尾龙骨和首柱三段端连而成,主龙骨与首柱、尾龙骨的连接部位通常在首柱、尾龙骨起翘的转折处,龙骨端接部位在交变应力作用下容易发生断裂。为提高连接强度,除了端接工艺外,端接部位采取一定的结构补强措施是很有必要的,蓬莱船龙骨端接处的补强是采用加置龙骨补强材,顾名思义,它的作用就是对龙骨端接的补强。补强效果如何关键在于补强结构的处理。

　　从图 2 上可清楚地发现,蓬莱一、二号船和象山明船都有龙骨补强材,其龙骨补强结构的形式与特点在于:其一,在龙骨端接处上方加置龙骨补强材,增加了端接断面处的横截面尺度;其二,在龙骨补强材所叠压的龙骨端接处或附近设置舱壁,强有力地支撑端接部位的水压力;其三,龙骨补强材跨搭龙骨端接部位的前、后舱壁,即龙骨补强材共跨了 2 个舱,跨搭了 3 个舱壁,舱壁是对龙骨接头的强力支撑,它们不仅使补强材与龙骨牢固结合,还使补强材的受力跨距缩小,形成一个三支点的简跨梁;其四,龙骨补强材与龙骨用铁钉钉连。这种龙骨接头补强技术对增加连接处节点的结构强度非常有效,其接头结构的科学性令人称道。采用了上述的龙骨端接补强结构是否就能达到等效连接,或者达到多大程度的连接效果? 乃是古代木船结构强度中很有学术价值的研究课题之一。

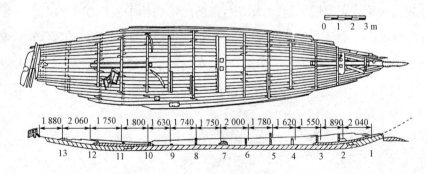

图 2　蓬莱一号船平面及纵剖面图

四、合理的圆舭船型

中国古代的传统船型曾被分为沙船、广船、福船、鸟船四大船型，也有学者认为鸟船仅是福船的一种派生船型，不能独树一帜，因而成了沙船、广船、福船三大船型。

沙船主要航行于长江口及以北一带水域，它的长与宽比值较大，是方头方稍平底浅吃水船，其横剖面近于矩形，因而船底稍搁无碍；福船"上平如衡，下侧如刃"，广船"下窄上宽，状若两翼"，可见横剖面形状相近，福船和广船都属尖底船，二者在首尾形状布置和用料上有所不同。福船是福建、浙江沿海一带用途相当广泛的尖底海船；广船是南海一带的尖首高尾深吃水的尖底海船。

船型是船舶适应航域自然环境而形成的，不同海域的自然条件不同必有船型的不同。中国沿海有渤海、黄海、东海和南海。为适应不同海域的不同自然条件，船型必然有所差异。不同海域各具特点，所以有诸多船型的出现，即使同为福建的福船和广东的广船，还有许多不同种类的船型存在。有人将中国古代海船船型以长江口为分界，简单地划分为航经北方大陆棚浅水沙滩海域的平底船和航行于南方深水海域的尖底船，就是分平底船和尖底船两大类，从大的方面来说也无可非议，但毕竟过于简单化了，所以对既不是平底船也不是尖底船的宁波船、象山船和蓬莱一、二号船来说如何分属就无所适从了。

从出土的宁波宋代海船和象山明代海船的实测复原型线的横剖面图来看，象山船横剖面在首部呈 V 形，中部略呈 U 形，平底大圆舭，近尾部弧度变小，头尖尾方船首上翘（见图 3），宁波船与象山船相近，它的中部横剖面呈无平底的大圆舭（见图 4），而泉州宋代海船（见图 5）和新安元代海船（见图 6）是典型的尖底船，横剖面呈极 V 形，且有向里反曲，两船只是反曲程度有所不同，新安船更有甚之。由此可见，将船型介于平底船和尖底船之间的浙江海船另归一类，称其为"浙船"也是言之有理。当然浙船是以宁波（古称明州）地区海船为主。浙江海域地处江苏大陆棚浅水沙滩和浙、闽、广等地的深水海域之间,长江口南北正是浙船频繁活动的海域,它的圆舭船型就兼有尖底船优良的适航性和平底船稍搁无碍的适浅特性,圆舭船型正符合浙船航行海域的自然环境的需要。

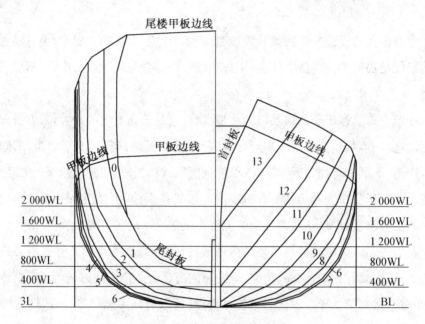

图3　象山明代海船横剖线图

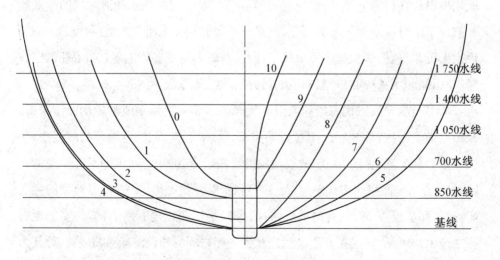

图4　宁波宋代海船横剖线图

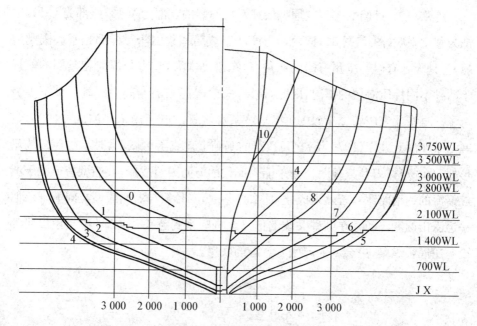

图 5　泉州宋代海船横剖线图

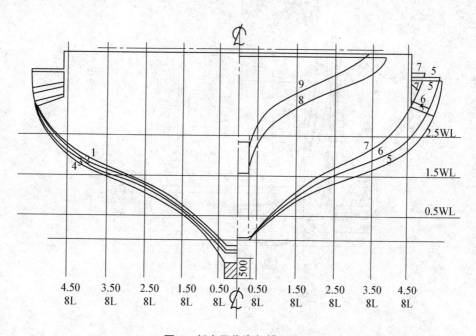

图 6　新安元代海船横剖线图

　　蓬莱一、二号船的实测复原型线显示出两船的首部为V形,尾部为U形,中部为圆舭平底(图7、图8),该两船与浙江宁波船和象山船一样都是平底圆舭型船,正是无独有偶。登州海船南航黄海,东渡日本海,它有与浙船相类同的航行于两种不同性质海域的情况,因此,蓬莱一、二号船与浙船同为圆舭船就不足为奇了。早在北宋庆历二年(1040年),蓬莱水城就建造了用来停泊战船的"刀鱼寨",于明洪武九年(1376年)在刀鱼寨的基础上建成了水城,当时水师所驾战船形似刀鱼故称"刀鱼战棹"。"蓬莱船为元代的海防刀鱼战船,其船型特征源于浙江沿海的钓槽船"[3],若此说成立,那么蓬莱一、二号船与浙船船型类同的现象似乎透露出两者之间存在某种关联的信息。再联系到蓬莱一、二号船与象山船都设有舱底板纵梁,更会令人产生有意思的联想。

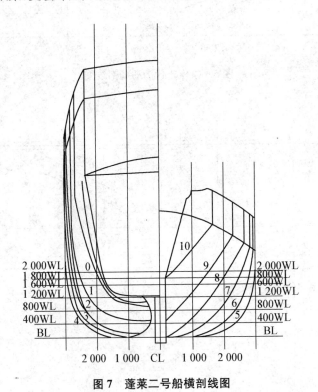

图7　蓬莱二号船横剖线图

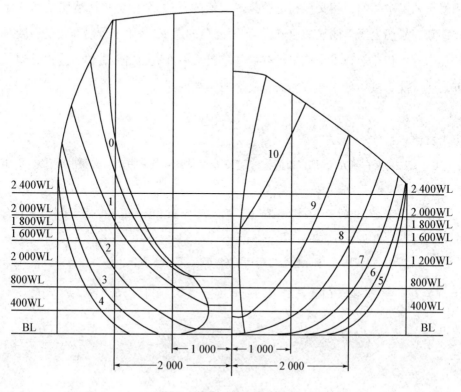

图8　蓬莱一号船横剖线图

五、中韩造船技术的交融

出土的蓬莱三号船不论在船舶形制还是结构工艺特征上都与蓬莱一、二号沉船大相径庭,笔者曾在《蓬莱出土的三艘古代海船初探》[2]一文中指出,"蓬莱三号船既具韩国古船的典型特征又含中国造船技术","笔者认为有一种不可排除的可能性存在,它就是蓬莱三号船曾在蓬莱进行过大修改造,保持船舶的主体不动,较多地采用中国造船技术的可能性"。

"蓬莱三号是一艘韩国古船,它含有许多中国造船技术,是中韩古代造船技术交流的结果。蓬莱三号韩国古船与蓬莱一、二号中国古船在同一地点出土本身就反映了中韩的密切交往和造船技术交流的必然。""中韩古代造船技术交流在蓬莱三号船上留下明显的痕迹,得到了充分的展现,蓬莱三号船确实是一艘对研究中韩古代造船技术交流史具有极其重要文物价值的出土古船。"这也是到目前为止最能直接体现中外舟船文化交融的实物佐证。

参考文献

[1] 山东省文物考古研究所、烟台市博物馆、蓬莱市文物局:《蓬莱古船》,文物出版社 2006 年版,第 4—5 页。

[2] 何国卫:《蓬莱出土的三艘古代海船初探》,席龙飞、蔡薇主编:《蓬莱古船国际学术研讨会文集》,长江出版社 2009 年版,第 155—156 页。

[3] 席龙飞:《中国造船史》,湖北教育出版社 2000 年版,第 216 页。

原文发表于《蓬莱阁文化学术研讨会论文集》,2011,8,第 470—477 页。

漂泊百年的中国古船模

2011年5月17日,比利时安特卫普市新建的 MAS 博物馆开馆,MAS 是"Museum ann de Stroom"的缩写,意思是"建在河上的博物馆",故也有译为"河上博物馆"的。它是由原安特卫普海运与贸易博物馆、安特卫普海港博物馆等四个文博单位联组而成的博物馆。2011年12月,我们不远万里奔赴安特卫普,特意造访 MAS 博物馆,那里有着沉默了一个多世纪的百余艘中国清代古船模,它们正在静静地等候着来自故里的访客。所幸的是我们在中国驻比利时大使馆的大力支持和馆方的积极配合下终于见到了漂泊海外百余年的中国古船模的真颜。

一、无比珍贵的百余艘中国古船模

时间拉回到2010年。比利时安特卫普市副市长、港务局局长马克·范·皮尔(Marc Van Peel)先生赴中国上海参加世博会,带来了一个让中国古船研究界兴奋不已的消息:在遥远的比利时安特卫普海运与贸易博物馆收藏了125艘中国清朝晚期的精美船模。令人吃惊的是,我们居然尚未见到中国文献的记载,这些船模的详情还是见诸于一本由安特卫普海事博物馆1993年编写介绍这批船模的书,英文版书名是 *Shaky Ships*。我们特将该书作了翻译和初步研读,对这125艘船模有了一个大致的了解。

众所周知,清末中国木帆船受到带有机械动力的先进西洋钢质船舶的冲击,开始走向衰落,因此,清末的木帆船应该最能体现和反映中国木帆船的终结技术。可是,现在再也看不到当时木帆船的完整实船了,这批船模却非常直观和真实地展现在我们的面前。学者研究造船史通常只能依赖于局限性很大的打捞沉船、出土文物、历史文献和书画作品等，这批船模在很大程度上弥补了这种不足，它们的研究价值不言而喻。这批数量众多的百年中国古船模包括了货船、客船、官船、兵船、渔船等众多船种；船模出产地西至重庆、东临大海、北达丹东、南抵琼州，它们广泛涉及江海河湖各地的广大航域；众多船模的桅、帆、舵、锚、橹、桨、篙、索等船舶属具齐全；彩画旗字历历在目，清晰可见。这批船模清晰、直观、完整地反映出清代木帆船的实况和当时舟船文化的历史背景。古船模将中国古代木帆船的特征展现无遗，中国先进的造船技术得到充分地展示。

图 1　MAS 博物馆藏中国古船模之一

完全可以这样说，这是一批数量最多、船种最齐、地域最广、最真实和最全面反映中国木帆船终结技术的古船模。这批船模对研究造船史、航海史以及海外贸易史等方面都具有极高的价值，正因为如此，许多研究人员都以能够一睹这批船模的真颜为快。带着对漂泊在外的中国古船模的热爱和学术研究的渴望，为亲眼看看这批令人魂牵梦萦的中国古船模真颜，促成了我们万里访船模之举。

二、曾被遗忘的百年漂泊史

百余艘中国古船模怎么会出现在比利时呢？这里原来有着一段实在令人心酸的百年漂泊史。在 *Shaky Ship* 一书中收录了一篇题为《中国船模收集的历史》(*History of the Cellection of Chinese Junks*)的文章，文章的撰述使我们对中国古船模百年漂泊的历史有了一个大概的了解。

这批船模早在 1904 年的美国圣路易斯安娜(St. Louis)世博会上就惊艳亮相，当初中国政府提交给美国用于参加 1904 世博会的展出品是由大清帝国海关负责收集的，当时中国的主要海关大臣都由欧洲洋人担任。接踵而至的是 1905 年比利时列日世博会，当时比利时政府邀请中国政府将这批船模接着在比利时列日市(Liege)举办的世博会上再次展出。可悲的是，据该文所述，"在 1904 年 6 月 3 日，比利时政府提出中国政府以开放比利时到中国的通商口为代价，换取了世博会后中国展览品留在比利时的条件，它们就成为比利时国家博物馆选用的展品"。就这样，"中国的这些船只模型都被运到了比利时"，"这些船只模型就被这样记录在了世博名单中，这批船只和当时在美国路易斯安那展出的是一模一样的"。在列日世博会再次亮相后的这批船模从此成了漂泊海外的"中国游子"，而且逐渐被人遗忘，变得无声无息，在寂寞中度过了 20 个年头。

直到 1925 年，艾米力·贝科力尔斯·东奇(Emile Beuckleers-Donche)在访问布鲁塞尔皇家艺术历史博物馆时意外地发现，如此之多的中国古船模竟然参差不齐地被放置在展览区里。幸有他和时任安特卫普部长的开米尔·忽斯曼思(Camille Huysmans)的努力，最终于 1927 年将所有的模型都收集到安特卫普海洋贸易博物馆，可是直到 1935 年，这些船模才被博物馆正式登记注册，才真正可以公诸于世。

在 1947 年，凡登霍特(P. Vandenhoute)教授将此模型作为安特卫普市的考古研究项目来加以研究，并将这个独一无二的收集介绍给鹿特丹博物馆地理和民族学的主管诺特波姆（C. Nooteboom）博士，这位博士慧眼识宝，他相信这个收藏对于研究中国文化和中国经济以及社会历史有着极其重大的意义。后来成为安特卫普副市长的诺特波姆博士接管了这些船只的修复工作，然后这些模型被带到了当时的国家海洋博物馆。

　　从1948年9月一直到1950年1月，安特卫普市海洋博物馆的两名船工在诺特波姆的指导下，对船模进行了精心的修复工作，终于完成了125艘船模中的85艘的修复工作，其余40艘因残缺不全而未能修复。一支由国际科学家组成的团队对船模开展了科学研究工作，然后撰写了这本有英文和荷兰文两种语言版本的书——*Shaky Ship*，并于1993年成功面世。在安特卫普省被宣称为"欧洲文化之都"的1993年，这批修复的中国古船模才真正意义上的第一次全部展出。现在这批船模已由新建的安特卫普MAS博物馆收藏，只挑选少数几艘展出，绝大部分仍存在库里。

图2　安特卫普MAS博物馆展厅里的中国古船模

三、成功的探访

　　我们为考察百年古船模而造访MAS博物馆得到了我国驻比利时大使馆的

高度重视和大力支持,大使馆领导认为,中国船史研究专家到比利时实地考察研究这批中国古船模是一件很有价值的中、比文化交流活动。12月13日上午,我们在使馆文化参赞和文化三秘的带领下,冒着大雨赶到了盼望已久的安特卫普MAS博物馆,安特卫普市港务局远东顾问与博物馆工作人员早已翘首等候,我们受到了热情的接待,博物馆特地派科学技术工作部负责人带领我们参观展馆并作详细讲解。东道主还特设午宴表示欢迎。

图3 何国卫、杨雪峰向 MAS 博物馆赠送中国船模

当天下午,卡尔·迪保(Carl Depauw)馆长接见了我们,并高兴地接受了我们从国内带去的一艘中国古船船模及中国出版的船史书籍等礼物。馆方表示,将尽一切力量配合我们对这批中国古船模开展研究。当天下午,由博物馆选展策划主任丹克·艾尔次(Dirk Aerts)先生和几位熟悉中国古船模的研究人员一起带领我们观看了展库里的几艘中国船模并展开了有益的讨论,由于时间关系,当天只能粗略地观看了几艘船模。正如馆长在邀请函中所说的,博物馆让我们近距离地仔细观察我们所感兴趣的船模,馆方为了满足我们细察全部百余艘船模的要求,特许将原给我们安排的一天时间延长到16日结束,共花了3天多时间。馆方还特地派库房展品维修部的盖森·格尔特(Geysen Geert)先生全程陪同我们,他对中国古船具有浓厚的兴趣而且颇有研究。他不辞幸苦地将库房的

图4　何国卫、杨雪峰与博物馆工作人员一起探讨船模历史

船模一条一条地取出来让我们观看、摄影和进行重点的测量,我们边工作边讨论。因为有些船模存放在其他地方,他主动帮我们联系,并亲自驾车陪同前往。盖森格尔特先生是这批船模复原维护的直接工作者,我们得以成功地探访,盖森·格尔特(Geysen Geert)先生功不可没,他已成了我们的好朋友。我们除了看到1935年的85艘被复原的船模外,同时也见到了残缺不齐的40艘未能复原的

图5　杨雪峰和格尔特在测量船模

船模残体部件。不仅如此,我们还看到了 MAS 博物馆先后于 1949 年、1950 年、1992 年、2003 年入库收藏的十多艘中国船模,这些船模都很有研究价值。

鉴于主宾双方对这批中国古船模的文化内涵和研究价值的共同认识和我们对百年中国古船模的执著探索,MAS 博物馆意识到,来自中国古船模家乡的船史研究者的到访无疑非常有益于研究的深入和合作活动的开展。博物馆对我们的破例接待充分表明了馆方对我们到访的高度重视和对合作的热情期盼。

图 6　共同研讨中国古船模

图 7　愉快的切磋交流

四、我们该做些什么

当安特卫普藏存百余艘中国古船模的消息传到中国时，引起了一片热议，"难得难得，可惜可惜""船在比国，痛在我心""既为有如此精美的船模感到自豪，又为这些船模漂泊海外觉得惋惜"的感慨之声不绝于耳，不少人还提出了"中国船模何时能回家"的问题。

上海海事大学副校长金永兴教授在上海世博会比利时国家馆活动日上得知，在安特卫普市海运与贸易博物馆"躺着"这批中国清王朝时期的精美船模时，非常认真地提出："应该让这些国宝'回家'，即便不能全部回来，至少也该努力促成其中几艘来中国、来上海展出。"令人高兴的是，现闻悉已有三艘船模在中国航海博物馆展出。也有人提出"如果有人（把这些船模）绘制成图纸，应该价值更高"，我们有同感。因此，我们认为当前应该做的是，在成功探访基础上，应尽早地绘制出这批百年中国古船模的制作图和完成复原制作，以满足展出和研究的需要；并且正如 MAS 博物馆所表示的那样，中、比两国学者将对百年中国古船模进行深入有效的合作研究并开展学术交流活动，对此，中国驻比利时大使馆也极为重视。

原文发表于《中国船舶报》，2012 年 4 月 18 日，第 008 版。此为报刊稿，刊登稿有所删减压缩。

解析明州舟船文化内涵　展显宁波辉煌造船历史

——《宁波造船史》序

宁波自古至今就是世界级大港和中国重要的航海造船基地之一，宁绍地区舟船文化内涵丰富，底蕴深厚，对中国造船史做出过重大贡献。《宁波造船史》作者林士民先生以他丰富的文博学识和深厚的考古功底，精辟地解析了明州舟船文化，成功地展显了宁波辉煌的造船历史，著就了一部地方特色明显且具有很高学术水准的宁波地区造船史专著，读后甚感欣喜，特序之。

《宁波造船史》凸显浙东地区的舟船文化亮点。例如，表征长江流域是中华文明发源地之一的河姆渡文化，反映越族先民水上活动的跨湖桥文化，不断开拓的明州港以及南北航路的开通，秦汉时期开创的"海上丝绸之路"，名扬南北的明州"神舟""封舟"等名船，记有古代先进航海造船技术的古籍《宣和奉使高丽图经》，出土的北宋宁波海船和明代象山海船，别具特色的浙江船型等，这些都牢固地确立了宁波舟船文化在中国舟船文化中的重要地位。

《宁波造船史》在论述中不仅广引丰富的古籍文献资料，而且充分发挥了宁波出土古船研究成果的优势，得出令人信服的结论。河姆渡遗址出土 7000 年前的雕花木桨和跨湖桥遗址出土的 8000 年前的独木舟充分证明了浙江先民善于航海；若鄞州战国青铜钺上的船纹早期风帆形象成为共识，那么它就成了最早的风帆记录；北宋宁波海船的舭龙骨是中国古代造船技术的重大发明之一，它领先西方约 700 多年；首见于明代象山海船的舱底铺板纵梁和既能减小构件跨距又不减小船舱空间的舱间肋骨，无不反映出先民们的聪明才智。

《宁波造船史》在论述宁波造船发展史的过程中把它与航海史和海外交通史以及当时的经济、政治、文化背景等有机地结合起来，宏观地探索造船史发展的内在联系。秦始皇南巡、徐福东渡、海上丝绸之路、罗盘用于航海、明代海禁对造船的影响、鸦片战争后西方造船技术的冲击等都是很好的例证。

《宁波造船史》是一部贯通上下数千年的地域性造船史专著,它开创了中国地域性造船史专著的先河。它为推动宁波地区造船史的研究和宣传做出重要贡献,并极大地丰富了中国造船史的研究,它对中国造船史研究深入发展所起的作用是不可低估的。相信不久将会有广州(广东)造船史、泉州(福建)造船史、上海造船史等地域性造船史专著随之问世,这正是学术界所期待的。

《宁波造船史》不仅是一部造船史学者爱不释手的好书,还将受到航海史界、海交史界、考古学界、文史学界等广大学者的欢迎,也是一部船史学科课程教学的重要参考书。

尽管《宁波造船史》的作者掌握丰富的珍贵史料和出土沉船文物,但相对于该书所要探索的全部问题来说毕竟是有限的,还有一些课题有待反复探索,有待发掘考证,有待深入研究,这些正是该书给我们指出的今后需要花大力气的方面。

当然,任何著作都不可能十全十美,《宁波造船史》也是如此,不过,《宁波造船史》虽然还存在一些不能尽善尽美的地方,但毕竟小疵无伤大体。《宁波造船史》是林士民先生多年悉心研究的硕果之一,该书内容丰富、考证详尽、论述精辟、观点正确,它的成书实在是可喜可贺。

原文发表于林士民著《宁波造船史》,浙江大学出版社,2012年4月第1版,序二。

丰硕的研究成果　宝贵的经验总结

——读《中国造船通史》有感而发

如果把 1979 年 4 月与席龙飞教授合作撰写的《对泉州湾出土的宋代海船及其复原尺度的探讨》一文的发表作为我俩从事船史研究的起始标志，那么至今已有整整 38 个年头了，在这近 40 年的船史研究工作中，我俩始终是亲密的合作者，经常在一起切磋学术问题、投入古船考古研究、现身讲授船史课程、积极参与学术活动和开展学术争论，并不断撰写论文发表研究成果。席龙飞教授对船史研究的执着好学精神、严谨治学作风、勤奋耕耘态度受人尊敬，自然而然地成为中国船史研究的学术领军人物。席教授在船史研究领域取得的丰硕成果和宝贵经验在其近作《中国造船通史》（简称《通史》）中得到了充分的体现，学读后体会甚深，感受良多，特提笔造文略述一二。

一、《通史》集船史研究之大成

自 2000 年至今，席龙飞教授先后撰写了三部船史专著，第一部是 2000 年出版的《中国造船史》，这是席龙飞教授撰写的第一部船史研究专著，也是我国第一本造船史专著，该书极大地推动了船史研究，并被高校用作船史课程的教材。记得本人曾撰写并发表过《展造船历史风貌探技术发展规律——喜读席龙飞教授撰著的〈中国造船史〉》一文，以祝该书发行成功。时隔 8 年，席教授与宋颖合作撰著了第二部船史专著《船文化》出版，它是在《中国造船史》的基础上撰列四篇，除"帆船篇"外，还有近、现代的"轮船篇"和"舰船家族篇"，最后的"延伸篇"专论了舟船精神和人文情结,该书的出版受到了广大读者的欢迎,本人还曾有幸作为专家组组长主持了该书的评审会。又5年后的今日,席龙飞教授的第三部船史专著《通史》胜利问世。

席教授以其渊博的船舶知识和丰富的船史研究实践经验撰成自原始舟船开始直至当今船舶的《通史》,全书13章68万字。《通史》是一部内容最丰富最完整、论述最深入最透彻的船史专著。《通史》是对《中国造船史》内容的充实和研究的升华。《通史》展现了船史研究的丰硕成果,透析出船史研究的宝贵经验,书作者近40年的船史研究活动通过《通史》得以全面总结,《通史》乃集船史研究大成之作。

二、《通史》展现船史研究丰硕成果

一辈子与船结缘的席教授在船史研究领域中耕耘不止,耄耋之年还撰文写书,粗略统计在国内外发表的学术论文约百篇,这既是他的研究成果,也是著书素材的基本保证,在全书中可见到不少材料引自自己的论文。

《通史》是研究成果的总结。书作者自2000年的《中国造船史》到今年出版的《通史》经过了13年不断的研究实践,把取得的研究成果充实到《通史》,这是《通史》内容丰富的基础和著书价值所在。例如,浙江杭州萧山跨湖桥遗址发现8000年前的独木舟、广州秦代造船遗址考辩、宋代古沉船"南海一号"连同沉箱的成功出水及保护、山东菏泽元代古船测绘研究、山东梁山县明代河船的发掘研究、蓬莱二号古船的测绘复原研究等,无一不是书著者自《中国造船史》之后研究成果的展现。

席教授船史研究的最大特点在于,亲临考古实践第一线,掌握第一手资料,以此为基础开展深入的研究,正因为论证依据来自实际、第一手资料的充分可靠使论述和研究结论有很强的说服力和可信度。《通史》中引用的《蓬莱二号古船结构特征及其复原研究》一文就是与合作者实地考察、现场测量、船图绘制、复原研究的结果,菏泽元代古船和梁山明代河船等研究也是如此。

席教授的最大研究优势在于将厚实的船舶专业知识运用到古船的发掘、考古和复原研究中。韩国新安海底打捞出水的中国元代海船"新安船"顶边水仓的发现很能说明这一点,席教授在2006年和2008年两次访问韩国木浦海事博物馆时,发现舭部"顶边水仓"部位在其舭部外板上有上下成对的圆孔,经对其作用的分析后,得出它是现代船舶所使用的被动式减摇水仓。没有扎实的船舶专业知识是不可能有此发现的。

《通史》充分体现出席教授严谨的治学态度。对不同的学术观点直截了当地予以学术争论从不回避,以求历史的真实。郑和宝船尺度和广州秦汉造船工场遗址的真伪是中国造船史领域两个最重大的争议课题,席教授学术观点明确,积极投入学术争辩。席教授在学术上一旦发现自己有不够全面或不很确切的论述,也会予以纠正,这是学术进步所必须、学者应该具备的优良学风。例如,对照《中国造船史》,《通史》在章节的编排上增加了"三国两晋南北朝时期的造船技术发明"一章是很有必要的,晋代具有水密舱壁分隔的八槽舰和南北朝时期制造和使用的车轮舟都是中国古代造船技术的重大发明,都出现在这个历史时段。

三、《通史》透析船史研究的宝贵经验

《通史》透析出的席教授船史研究的宝贵经验是非常丰富的,席教授在回顾从事船舶技术史的工作时,归纳出研究应注意三个方面,其实就是船史研究经验总结。

其一,船史研究与出土古船发掘相结合。从探讨出土的泉州湾宋代海船和宁波宋代海船开始,紧接着的韩国新安沉船、安徽淮北一批唐代沉船,对继1984年发现蓬莱一号古船之后的蓬莱二号、三号古船的研究都是与出土古船发掘紧密结合,从中研究发现了许多古代重要的造船技术。

其二,注重对古代船舶进行微观的复原研究。众所周知,史籍记载的古船通

常极为简洁抽象,而出土古船往往仅遗存船底部分,古船微观研究中的最大难点就在于此。古船复原设计是古船研究的一个重要方面,古船模的复原设计和制作贯穿着古船研究的全过程。

在席教授领导下,20世纪80年代,为中国人民革命军事博物馆复原研究制作的隋代五牙舰以及明代戚继光抗倭大福船等4型古船;为纪念郑和下西洋580周年,与集美航专合作,首次复原设计和制作了郑和宝船模型,30多年来,先后为北京军事博物馆、澳门海事博物馆、嘉兴船文化博物馆等诸多博物馆复原研究并设计制造了吴国王舟"艅艎"、楼船、车轮舟、八槽舰、汴河客船和货船、蓬莱战船、郑和宝船等舰船模型近20余艘并在各博物馆展出。这些复原研究有力地促进了船史研究向着纵深发展。

其三,积极参与造船史重大课题的讨论与争鸣。不同学术观点的讨论和争鸣是学术研究中的常态,也是发展学术的有效途径。学术的讨论和争鸣有利于学术观点的交流和对论证论据的研讨,促使研究的不断深化。《明史》记载的郑和宝船尺度是否可信和广州秦汉造船工场遗址真伪,是中国造船史领域两个最重大的学术争议课题,学术观点分岐之大、争鸣时间之长、影响之深远实属少见。

席教授和本人共同撰写的《试论郑和宝船》首先从船舶技术分析入手,以出土古船为依据,论述了《明史》所记郑和宝船尺度可信的结论,给学界很大的震动,尽管学界当前对郑和宝船尺度大小尚未取得共识,但席教授在争论中的观点获得众多学者的认同。鉴于出现以美籍华裔学者苏明阳先生发表于2002年《船史研究》第17期的两篇文章为代表对郑和宝船提出的新质疑,引发更为深入的研究,并与本人共同撰写针锋相对的文章,将投入新一轮的学术论辩。

对广州秦汉造船工场遗址真伪的论辩,席教授曾于2000年7月26日在《中国文物报》上发表《广州秦代造船遗址考辩——兼评杨鸿勋的"南越王宫殿辩"》文章,引起了学界的极大关注,在2000年12月和2008年12月在广州先后召开的两次关于广州造船工场遗址专题的全国性学术研讨会上,席教授发表的论文非常专业,论述的观点获得了绝大多数学者尤其是船史学界学者的赞同和支持。

就《通史》透析的船史研究的宝贵经验,除如上三点外还可补充二点:

其一，指导一个团队共同开展船史研究效果显著。席教授研究船史并不是单枪匹马孤军作战，从船史研究一开始就团结凝聚了一些有志于船史研究的学者，逐步形成了一个以席教授为领军人物的研究团队，他们经常共同赴沉船现场进行测绘、考古研究、复原设计，发表学术论文，确实是一支很有战斗力的队伍，当前这个以武汉理工大学为主体的船史研究团队继续活跃在船史学界。该团队受益于席教授的指导，席教授同时也得益于团队的支持和合作。

其二，船史研究必须注重学习相关的学科知识。船史属于边缘学科，它涉及面极广，关联到历史、考古、天文、地理、材料、工艺以及航海史、交通史、贸易史、人文史等许多学科，这就要求船史研究者必须学习更多的相关知识，既向书本学习，还向专家学者求教，正因为如此，船史学者有着广泛的学术朋友，这是船史研究所必不可缺的知识资源，席教授就是很好的榜样。

四、中国船史研究任重道远

图文并茂是席教授书著的一贯特色，《通史》更显突出，它确是一部学习和研究中国船史难得的好书，定将受到学者的欢迎和追索。《通史》的出版发行是船史学界值得庆贺的大事，但就历史的要求来说，中国船史研究仍然任重道远。船史研究的队伍不论在人数上还是研究素质上还属弱小，尤其缺少年轻学者和具有船舶专业知识的研究人员。目前老年研究学者所占比例还是不少；船史研究的价值尚未被更多地理解和重视，古沉船发掘考古往往更多地注重船舱出土的瓷器等货物的文物价值，而缺乏对沉船本身就是最大和最重要的出土文物的认识；船史研究史料的系统收集、汇编等基础性工作的紧迫性业已凸显出来；走访民间船工，收集造船工艺、航海技术经验的抢救性工作已到急不可待的地步；如何更有效地发挥船史研究会的作用也值得关注……我们对船史研究的前景充满信心，我们期盼着有更多的类似《通史》的船史专著问世。

《通史》同任何书著一样，难免存在一些不尽完美的地方和无伤大体的小疵，读后也提一二。虽说《通史》不是世界造船通史而是中国造船通史,如果《通史》对中外对比性的论述给予更多的充实和加强,则可更加突出中国古代造船技术的辉煌和中外舟船文化的交流。《通史》在山东菏泽元代古船的测绘与研究中提到,现场有舷伸甲板翻转了 180°的迹象,实为误解,已被古船修复实践所纠正;该船舷侧列板搭接连接的铲钉是由外向里钉入的,而不是相反。

原文发表于《海交史研究》,2013 年第 2 期(总第 64 期),第 127—130 页。

愿为广东地区舟船文化研究添砖加瓦

——祝贺"杨式挺研究员从事考古文博五十周年暨八十寿辰学术座谈会"的成功举办

今天有幸参加"杨式挺研究员从事考古文博五十周年暨八十寿辰学术座谈会",在此,祝杨式挺老师健康长寿,贺学术再结硕果。杨老师毕生从事考古文博工作,为广东以至全国的考古文博工作做出了杰出的贡献,令人感慨万分。

尽管早闻老师大名,但从未见过面,杨老师是考古文博工作的老前辈,而晚辈却是搞造船史研究的,似乎有点不搭界,但搞史离不开考古,宽广无比的大海和辽阔的疆域把造船史研究与考古紧紧地联系在一起了。与杨老师的相识也是一段缘分。记得在一次学术会议上得知杨老师也到会,特地与同行好友金行德先生前往拜访求教,得到了热情的接待,亲切地交谈、沟通,受益匪浅,至今记忆犹新。话题当然三句不离本行,就是广东船史、航海史研究的现状以及与考古的关系等问题。记得当时我俩在杨老师面前大胆地说出了如下几点看法:

1. 船舶是水上运载工具,通过它才能实现物质和人员的海上交通,才有海外贸易和人文交流,因此,沉睡于地下的古海船与古沉船必定是海外交通史研究的重要考古对象。古代海上沉船对航海史、海外交通史、海外贸易史、海外人文交流史及造船技术史的研究价值是不可低估和不可取代的。显而易见,船史研究必然是海上丝绸之路研究的重要课题之一。

2. 中国古代水上航运发达,船舶众多,相应沉船也多,这些出水的古沉船以及船舶属具等实物与史料记载从不同的侧面互为补充和印证,让中国古代许多先进造船技术得以生动的展示。现已探明的中国古沉船不论河船还是海船何其之多,近50年来中国古沉船不断出水,真可谓中国古沉船考古高潮迭起,考古研究硕果累累。

3. 近年来，"南海 1 号"和"南澳 1 号"古沉船的水下考古举世瞩目。"南海 1 号"和"南澳 1 号"都是远洋贸易商船，它对广东古代航海史和海外交通史有着不可低估的文物研究价值，它是"海上丝绸之路"研究的最直接史料。这两艘相当完整的古代远洋货船更是古代造船史研究不可多得的实物资料。"南海 1 号"和"南澳 1 号"是水下古沉船考古中的两颗海上明珠，虽然目前还不能看到它们的真面目，但人们对它们寄予极高的期盼，广东地区的水下沉船考古在全国是名列前茅的。

4. 古沉船出土（或出水）时必将伴随着大量文物的出土（水），这些文物中不乏价值连城的珍品，这已被许多古沉船的发掘所证实。不过光看到这些从沉船中的出土文物是远远不够的，也是很片面的，因为古沉船本身相对船载物而言是体型最大、最珍贵、最重要、最具研究价值的文物。考古工作者对古沉船必须要有这样的认识，也只有有了这样的认识才能把古沉船本身的考古放在应有的位置，才能避免和减少在古沉船考古发掘打捞中产生不必要的损坏和无意的失误。

5. 对出土（水）文物的考古是一项多学科多专业的综合性学术研究，作为最重要文物的古沉船本身，对它的考古也当如此。沉船考古涉及的专业学科更为广泛，它涉及造船、航海、水文、海流、气象、地理、天文、测量、生物、材料、贸易、人文历史等，它不仅仅是考古专业也应是各相关专业的工作。它的研究成果是各学科相互配合、相互融合、相互印证、相互补充、互相支持的合作研究结果。沉船考古学术会议活动出席的专家学者通常也来自众多学科领域。不同专业与考古研究之间的关系是一种相互不可取代的紧密合作关系。

6. 从事古沉船考古的人员掌握一定的古船知识非常必要，从现状来看，在这方面可能还是比较薄弱的。若沉船考古人员缺乏古船知识，就难免在考古中忽略或遗漏对出土古船遗存的观察，或记录不详等，这无疑为沉船考古带来损失。

7. 鉴于沉船考古工作者掌握古船知识的重要性，造船技术史学者应该成为沉船考古的重要工作者之一，对沉船本身的考古来说，他们往往能提出比较专业的合理见解、建议和判断,相信他们定能在考古中发挥更大的作用,更有作为。船史学者同样需要更多地学习考古知识,虚心向考古学者学习,只有这样,才能与考古学者在古沉船考古中默契配合,达到有效工作的目的。

8. 不得不看到,目前广东地区的船史研究工作与其他沿海地区比较而言是后进了,已到了该迎头赶上的时候了。

上述的认识得到了杨老师的认同,表示要向有关部门反映,并鼓励我们在学术会议上大声呼吁和广泛宣传,我们是在这样做。

杨教授对古船、海洋史也很有研究,有所贡献,他的《试论海上"丝绸之路"的考古学研究》《加强水下考古是重现"海上丝路"昔日辉煌的必由之路》的两篇专题研究论文,引用丰富的文献史料和考古资料,研究扎实,论述严谨。杨老师提出的加强水下考古是重现"海上丝路"昔日辉煌的必由之路的重要学术观点,对"丝绸之路"的研究具有很深刻的指导意义。杨老师近年来对广东地区水下古沉船考古中的两颗海上明珠——"南海1号"和"南澳1号"也特别关注。

我们船史工作者与杨老师有太多的共同语言,他是我们的师长,也是同一战壕里的战友。杨老师老骥伏枥、锲而不舍的治学精神和深厚学术功力,令学生敬佩。愿与老师一起共同为推动广东地区的舟船文化、海洋文化的研究添砖加瓦。

原文发表在《稽古探源——杨式挺研究员从事考古文博五十周年暨八十寿辰文集》,广东人民出版社2014年5月第1版,第225—227页。

读三则广东古船史信息有感

近年来涉及广东、广州古船历史的消息媒体多有报道,例如,《羊城晚报》2010年4月23日刊登一篇题为《古港山坡上满目青花瓷》的文章、2008年7月14日《中国新闻网》记者报道了《中国保存最完整的木制古帆船珠海沉没》的新闻、《新快报》于2014年06月11日有《广州首次发掘出3艘清代古沉船》一文见于报端,笔者读后感受颇多,故撰此小文以述所受震惊、惊喜后的感慨,更有从古船史研究角度的深思。

第一则　黄埔古港的破瓷废弃物专用堆放场

《羊城晚报》在2010年4月23日有一篇题为《古港山坡上满目青花瓷》的新闻报道,读后颇感兴趣,报道中说,"在本周北帝诞民俗活动上,5岁的明仔随家人到黄埔古港,偶然在一处田基边发现一大堆破碎瓷片",据"中国古陶瓷研究会会员刘坚"的"判断大部分是明、清至民国初期的青花瓷"。"村中上了年纪的村民对这些碎瓷片并不感到惊奇","据村民介绍,以前碎瓷片更多……以往田头地边俯拾即是"。"记者在古港一处古埗山坡上证实了村民所言非虚,只见满目碎片,随便一翻,就能找到明、清到民国各阶段代表性瓷器,简直就是一座瓷器山。""虽然这些碎片数量巨大,但由于年代久远,已极难找到一件稍为完整的器物。"[1]

读后思之,觉得黄埔古港破碎瓷片的历史遗存非同一般,很有深究的价值,油然而生四个问题:

第一,为什么瓷片如此之多?

第二,为什么碎瓷片如此集中?

第三,为什么极难找到一件稍为完整的瓷器?

第四,为什么破碎瓷片跨越的历史时段如此之长?

对此可作这样的解释:发现大量破碎瓷片的这个黄埔古港山坡处原本是古代海港的一个破碎瓷器废弃物专用堆放场所,只有这样,才能合理地解释这四个问题。广州在历史上就是一个重要的海外贸易港口,它是海上丝绸之路始发港之一,瓷器又是中国历史上最主要的大宗出口商品之一,作为外港的黄埔当是船舶集散之地,必有众多船舶在黄埔转运装卸大量的瓷器,因瓷器是易碎商品,在装卸、转运过程中必定会有一定数量的破损,这种已失去使用价值的破损瓷器成了回收无用的废弃物,大量破碎瓷片只好集于港口附近的某一个地方作堆放处理。至于出土现场"已极难找到一件稍为完整的器物"是不能仅用"年代久远"来解释的,众所周知,年代久远的完整瓷器出土屡见不鲜,拙见以为,这是当时为了搬运堆放的方便,有意地将较大瓷块敲碎的结果。这种年代久远的堆放结果就是形成了一座瓷片数量巨大、难以找到一件稍为完整的瓷器和破碎瓷片集中在海港近处的破碎瓷片堆积场。

若拙见合乎情理,那么,黄埔古港所呈现的正是这种破碎瓷片废弃物的专用堆放场,古代海港针对瓷器这种特殊商品的废弃物,采取设置专用堆放场的处置措施,这在海港史上尚属首见,而说不定还有陶瓷器专用仓库哩!虽说因"碎片数量巨大"而"无收藏价值",但它所散发出来的历史信息及其内涵却不可低估。它是广州在海上丝绸之路的重要地位的有力佐证,它对海外交通史、海外贸易史以及海港史具有很高的学术研究价值。

第二则　中国保存最完整木帆船"金华兴号"在珠海悲惨地沉没了

2008 年 7 月 14 日,中国新闻网记者以"中国保存最完整的木制古帆船珠海沉没"为题报道了一则令人震惊的消息[2]。2005年还从福建东山港自航到珠海的"金华兴"号木帆船于2008年7月7日夜至8日天明之间突然遭受了"灭顶之灾",它在珠海香洲港北堤码头竟然悲惨地沉没了！沉没时的"金华兴"船体大部分已沉入水中,只有船尾些许翘出水面,三根桅杆依然耸立在海水中(见图1)。笔者于该船沉没近5年半后的2014年3月18日到沉船现场看到的沉船景象更是惨不忍睹,船桅已经不见了,船尾部尚有一小部分露出水面,只见到上段舵杆以及舵柄,还有漂浮在水面上的沉船木片(见图2),对照"金华兴"号昔日的雄姿

图1　2008年7月沉没后不久的"金华兴"号

图片来源：中新网。

图2　"金华兴"号沉没在海边码头旁的景象(笔者摄于2014年3月18日)

（见图 3A），实在令人心寒不已，感到痛心之极。百年古船"金华兴"号的沉没究竟是受外力发生碰撞进水的"他杀"，还是船的年久腐朽产生破裂导致自然进水的"老死"？至今还没有个说法，总不可能因晚年无所依靠而厌世"自杀"吧?! 年迈的"金华兴"号为何在它生前得不到保养呢？它可是一件体型极大、研究价值极高的珍贵文物啊，按理不该沉的"金华兴"号，沉得实在冤哪!

"金华兴"号在沉没前是中国最后一艘保存下来的海上三桅古帆船，也是全国迄今发现的造型最大、保存最为完整的木制帆船。金华兴号是一艘广东型渔船，其外形尾高首低，首部尖瘦呈 V 字形，尾部圆满呈 U 形（见图 3B、图 3C）。"金华兴号总长 26.63 米，甲板长 24.53 米，船宽 7.10 米（不含橹桥），型深 2.9

图 3A "金华兴"号全景照

图片来源：中国船文化论坛。

图 3B "金华兴"号前侧照（引自参考文献[3]）

图3C　"金华兴"号尾部照（引自参考文献[3]）

米，型吃水 1.6 米，头桅高 16 米，主桅高 21.5 米，后桅高 10.5 米，排水量约为 200 吨"，"船体采用水密隔舱结构，由 9 道隔舱壁将全船分成 10 个独立的船舱"，"金华兴号的帆装为扇形硬式斜桁半平衡帆，帆布用料为白色合成纤维布"，"主帆面积约为 270 平方米"。"金华兴号的同类船型主要在广州或地处珠江口的香山、澳门、香港建造，其确切建造地和建造船址也需要进一步考证。无论结果如何，金华兴号展示晚近广式风帆海船最成熟、最完美、亦即最后的体型。"[3]

"金华兴"号保存有水密隔舱、轴转舵、平衡硬式斜桁四角帆等多个中国木帆船的标志性特征，由此开孔舵、扇形帆等广船的技术特色得到了实物见证。作为唯一曾成功留至 2008 年的一艘木质海上帆船，"'金华兴'号的存在、操控、作业、修造为一种业已消逝的生产技术文化传统提供了独特的物证"[3]，它是研究造船史、航海史、交通史的珍贵"活标本"，其历史价值和文物价值不论如何评估都不会过分。正因为如此，沉没之前，不少博物馆对"金华兴"号的收藏表现出极大兴趣，但是，它已经沉没了！尽管船沉了，它仍具极大的打捞价值，引起各界尤其船史学界学者的高度关注，不少部门仍有打捞复原的意向，在此呼吁有关部门和有识之士以历史的责任感予以充分的支持，我们要对得起前人留下来的遗产，这是我们的历史责任。

第三则 广州首次发掘出 3 艘清代古沉船

今年 3 月在位于广州市区北京路靠近"天"字码头的地方发现了三艘古沉船,笔者有幸曾于 2014 年 5 月 13 日应邀前往观察,"在一个南北长 20 米,东西宽 10 米的探方内,两艘较为完整的船只正南正北摆放着,另一艘仅见残存 2 米的小船叠压在大船上面。最大一艘船残长 19.2、中部宽 3 米……次之的一艘长 15.2 米、中部宽 2.5 米……另一艘小船破坏厉害,仅见 2 米长的船头"。新快报记者曾于 2014 年 06 月 11 日有过报道(见图 4)[4]。

广州古沉船的出土打破了广州从未发掘过古代船只的考古现状,弥补了广州考古的一项空白。考古人员据挖掘出"大清嘉庆年制"和"大清道光年制"的瓷碗以及嘉庆通宝和道光通宝等钱币,以此判断这几艘古船废弃于清代嘉庆、道光年间,亦即 1796 至 1850 年间,沉船地处广州区域,映证了广州清代船运的繁荣。

发现的沉船处于地表水位以下的位置,目前沉船基本上浸泡在水里,地表水隔绝了空气,反而对船只起到了很好的保护作用,露出水面较多的船头因接触空气,受损明显。广州同时同地出土三艘古船实在令人感到惊喜,沉船主体结构基本完整,显露清晰。平排的两艘沉船大小有所差异,从两艘沉船的船体结构上看,稍大的一艘是肋骨为主的结构,而稍小的那艘却是舱壁与肋骨相结合的结构,说明清代中国木船采用肋骨框架结构已是相当地成熟。从船形看,两船的首尾都很尖瘦,而且细长扁宽,船长与船宽之比很大,应属快速船无疑,它与广东地区曾出现过的"快蟹船"快速船似有类同之处,快速船通常用作海盗船或官方的缉私船。

广州清代沉船的发现为研究广州船史提供了不可多得的实船资料,幸运的是,当前沉船现场得到了很好的保护,并着手安排测绘研究工作,我们期盼着早日目睹它们的历史真面貌。

图4 广州出土清代沉船

参考文献

[1] 邝穗雄:《古港山坡上满目青花瓷》,《羊城晚报》2010年4月23日。

[2] 邓媛雯、冒韪:《中国保存最完整木制古帆船珠海沉没》,《中国新闻网》2008年07月
14日。

[3] 许路:《晚近广式帆船考略——以金华兴号为例》,《中国航海文化之地位与使命》,上海:
上海书店出版社2011年版,第236—253页。

[4] 周雯、林泽玲:《广州首次发掘出3艘清代古沉船(图)》,《新快报》2014年06月11日。

原文发表于《广东造船》2015年第一期(总第140期),第86—88页。

收录于《"广州新海上丝绸之路与航船"学术研讨会论文集》,第37—42页。

论中国古代"海上丝绸之路"的技术基础

一、古代海上丝绸之路

"丝绸之路"是中国对外贸易的交通轨迹,鉴于丝绸之路有陆上和海上两条不同的路线,故有"陆上丝绸之路"与"海上丝绸之路"的区分。

(一) 始于汉代的"海上丝绸之路"

两条"丝路"有着明显的同异之处以及各自的优缺点。大体如下:

共同之处有:① 丝绸之路始通于西汉时期;② 皆以中国传统产品如丝绸、陶瓷、茶叶、漆器等为主要出口贸易货物;③ 有明确的目标地、有确定计划的贸易运输活动;④ 丝路的主线都是由东方的中国通向中亚、西亚、欧洲等地域,也有西方通过丝绸之路来中国进行的贸易活动;⑤ "海路"与"陆路"都不是单一的线路,途中都有不同的分叉线路;⑥ 在漫长的丝路上同样经历着长途跋涉的苦难和遭遇着牺牲生命的艰险等。

不同之处在于:① "海路"以船舶为运输工具,"陆路"主要以骆驼为运输工具;② 陶瓷等重物运输以走"海路"为主,"陆路"以丝绸等轻品为主;③ "海路"运输队伍的人员基本上由中国船民组成,而"陆路"运输队伍既有中国马队或驼工,也有雇佣中亚和西亚胡人的骆驼队驮工参加运输;④ "海路"起运点在东南海岸几大海港,"陆路"基本上是从西安启程。

两条丝路各自的优缺点是比较明显的:① "海路"运量比"陆路"大,运输成本比"陆路"低；②"海路"不仅比"陆路"路程长，还会因候风和补给问题不得不驻泊停留，所以航行时间较"陆路"长；③"海路"货损比"陆路"小；④"海路"运输技术要求比"陆路"高。

"海上丝绸之路"始于汉代，班固撰《汉书·地理志》记有："自日南、障塞、徐闻、合浦，船行可五月，有都元国……有黄支国……自武帝以来，皆献见。……市明珠、璧琉璃、奇石、异物、赍黄金杂缯而往。"[1]这是有关"海上丝绸之路"的最早记载，"日南"即今越南广治省，"徐闻"即今广东省徐闻县，"合浦"即今广西省合浦县。许多学者考证认为"黄支国，约为今印度半岛东岸马德拉斯附近的康契普腊姆"[2]，"杂缯"是各种丝绸织物。由此可清楚地知晓，早在汉武帝时期，中国船舶就装载各种丝绸织物沿印度半岛远洋航海进行海外贸易活动，这条航路是中国最早的"海上丝绸之路"。

(二)"海上丝绸之路"的定义

这条漫长而艰险的贸易航线其实质是什么？即"海上丝绸之路"的定义是什么？

众所周知，海上客运、海上捕捞、海上战争、海上探险等都是海上活动，但这些都不属于"海上丝绸之路"的范畴。"海上丝绸之路"是指一种有特定含义的海上运输活动。如何理解"海上丝绸之路"？笔者以为，中国古代"海上丝绸之路"是指中国古代对外海上贸易的运输路线。具体而言，它是由中国人驾驶中国航船，载运中国典型的传统产品陶瓷、丝绸、茶叶、漆器等为主要货物，以出口为主体的中国海外贸易运输活动之轨迹。

现代"海上丝绸之路"的内涵相对古代"海上丝绸之路"而言，已有了很大的改变，它不再仅仅以中国传统产品为主要贸易货物，也不一定是以中国出口贸易为主体，不一定主要由中国航船来载运，而已发展为中国与世界各国和地区、以海洋为平台的现代海上贸易活动，但沿用了"海上丝绸之路"的名称，传承的是中国自古以来"走出去"、面向世界的理想，故称为现代"海上丝绸之路"。其定义与古代"海上丝绸之路"亦有区别,中国现代"海上丝绸之路"应该定义为中国现代海上贸易与运输活动。

从中国古代"海上丝绸之路"的定义出发,可明确其有别于其他海上活动。

1. "海上丝绸之路"是指中国的海外贸易活动,且以中国海外出口贸易为主体,而不是指外国向中国输出的贸易活动,也就是说,中国"海上丝绸之路"是指中国的对外贸易,它基本上是一种单向的海外贸易活动,当然,海上贸易活动中也有外国商船运载当地或他地的货物(例如香料等)来华贸易,或可称为外国的"海上香料之路",它有别于中国的"海上丝绸之路",因此不属此列。

2. 中国的"海上丝绸之路"是以贸易为目的,"海上丝绸之路"与西方的海上探险航海活动、海上劫掠活动、海上侵略活动有着本质的不同。

3. 中国"海上丝绸之路"既然是中国的海外贸易活动,那么,在中国境内沿海、近海之间各港口内的国内海上贸易运输理当不属"海上丝绸之路"的范畴。

4. 由客轮载客来提供人员交通的海上活动,由于其不存在海上货物贸易性质,也不能进入"海上丝绸之路"之列。例如,元代马可·波罗同船护送"阔阔真公主"下嫁到波斯的航海活动,再如鉴真和尚渡海到日本,这些海上活动都不是"海上丝绸之路"的内容。

5. 渔民在海上捕捞生产活动显然不是货物贸易运输活动,亦不能计入"海上丝绸之路"范畴。

6. 不言而喻,海战和海盗都是特殊的海上活动,它只能有害于"海上丝绸之路",与"海上丝绸之路"无关。

无需讳言,时下研讨的"海上丝绸之路"中,出现与"海上丝绸之路"并不相干的海上活动的内容并不少见。如果现代"海上丝绸之路"之称已经成为一个文化符号,那么,现代"海上丝绸之路"也可被称为广义"海上丝绸之路",而中国古代海上丝绸之路为狭义的"海上丝绸之路"。

（三）"海上丝绸之路"的三要素

"海上丝绸之路"贸易是目的,航海是手段,船舶是载体。海船为海外贸易而航,若没有船舶的货物装载和航行运输,货物就不能抵达贸易目的地,那么"海上丝绸之路"的贸易目的就是一句空话。有船不能航不行,运货没有船不行,运输没有货不行,于是,这条航海之路,由货品、船舶、贸易、航海组成"海上丝绸之路"大合唱。这其中,航海和造船技术的不断发展和相互促进,是"海上丝绸之路"赖以维系和拓展的技术关键,是中国航海业和造船业的发展推动了海外贸易的发展,而海外贸易的发展又促进航海业和造船业的不断进步。

中国古代优良的船舶技术、先进的航海水平和一流的出口商品造就了中国古代"海上丝绸之路"的历史辉煌,"海上丝绸之路"的海船、航海和贸易三者缺一不可,正如已故船史学者金行德先生所说的,海船、航海和贸易是"海上丝绸之路"的三要素。中国的"海上丝绸之路"是一部海船、航海、贸易的史诗,没有作为载体的海船,没有披风斩浪的航海,没有丝绸、陶瓷等商品与外国的交易,是不能构成"海上丝绸之路"的。"海上丝绸之路"的开拓促进了中国与外国的政治、经济、文化、技术等多方面的相互交流。

应该指出的是,在现代"海上丝绸之路"的研究中,文史学界往往偏重于经济贸易和人文交流,而船史学界总把海船在"海上丝绸之路"中所起的作用看得很重要,航海界则看重航行线路、航海技术。虽说不同专业的学者在"海上丝绸之路"研究中对其三要素有所偏重是可以理解的,但笔者觉得,时下似有重贸易、人文而轻造船和航海研究的倾向,尤其作为载体的船舶常常被学者所遗忘或疏漏而一笔带过,这种倾向势必影响对"海上丝绸之路"的全面研究和正确认识。

二、航海与造船是"海上丝绸之路"的技术基础

华夏民族是古代典型的农耕民族,不同于游牧民族和航海民族(如古希腊),那么,是什么原因让中国人在古代就有了环游世界的航海壮举? 首先,自然是大量优质产品寻求市场以及西亚和欧洲对这些商品需要市场的存在,这些产自中国的商品"走出去"的欲望成为"海上丝绸之路"形成的驱动力。同时,作为"海上丝绸之路"三要素的另外两个方面——航海和造船,则是使这条海上贸易之路成为可能的先决条件,不可预见没有勇于开拓海上航线之雄伟的想象力的远洋,也难以想象没有强大船舶制造业的跨洋航海。

(一)"海上丝绸之路"的航线开拓

"海上丝绸之路"的航线在历史进程中是一个不断拓展的过程,大体经历了几个重要发展阶段:

西汉时的商船队已经能够通过马六甲海峡抵达印度半岛南端东岸的黄支国(今马德拉斯附近);南朝时期,中国船队已绕过印度半岛,沿岸航行抵达北印度洋、阿拉伯海和波斯湾地区;唐代的"海上丝绸之路"从广州出发,南下穿过马六甲海峡,横越孟加拉湾直至印度半岛南端,再沿印度半岛西岸和阿拉伯海沿岸经波斯湾再度南下至东非海岸,实现了连接亚非的洲际航行;宋元时期,中国船队横跨印度洋,航迹遍及西太平洋和北印度洋沿岸;明代郑和七下西洋是规模最大的航海活动,船队最远到达赤道以南的东非海岸;到了清代,中国航船已远航至美洲。

宋元之际是中国航海史上的重要时期。这一时期从航海的航行路线看,中国船队的航行由马六甲海峡自东向西横跨印度洋,直抵阿拉伯与东非,不需要再沿着印度半岛东西海岸航行了;从航海造船技术角度看,宋元时期"海上丝绸之

路"航路在中国古代航海史上有了重大突破,实现了中国船队的跨洋(印度洋)航行,开拓意义极其深远,是郑和下西洋航海壮举的先声。

宋元之前的印度洋航路基本上属于沿海和近海性质,唐代也仅实现了横渡孟加拉湾的航行。跨洋航海比沿海、近海航行难度大得多,由于跨洋航行离岸远、跨度大、航程长,势必对船队的食品、淡水等储存和供应量要求大幅度增加,对抵御航途中可能遭遇恶劣自然条件的危险和自救能力的要求更高,没有先进的船舶和航海技术是不可能做到的,因此,跨洋航海具有航海史上划时代的意义,宋元时期的跨洋航海是"海上丝绸之路"历程中的一个重要里程碑。

(二)"海上丝绸之路"与航海造船技术的发展

造船和航海是"海上丝绸之路"的技术基础,造船和航海的发展促进了"海上丝绸之路"的拓展,"海上丝绸之路"的拓展又为造船和航海技术的进步注入了动力,二者相辅相成。在"海上丝绸之路"的形成和拓展史上,造船技术和航海技术的推进作用是密不可分、互促共进的。

1. 汉代

汉代船舶最具代表性的特征是设有多层建筑、体型高大的楼船,《史记》曰:"治楼船,高十余丈,旗帜加其上,甚壮。"[3]据诸多学者考证,"从文献和文物两方面求索,在战国时期,风帆已出现"[4],"到了汉代则获得广泛应用"[4]。广州展出的东汉陶船模型显示中国最早的船尾舵(拖舵)和木石碇(船锚),具有极其珍贵的文物研究价值(见图1)[5]。陶船模上的拖舵无疑表明,汉代已用船尾舵操纵船的航向,风帆与尾舵的结合两者相得益彰。"西汉时期人们已经广泛使用铁钉来联拼船板"[4],使船舶的联接强度得到增加。汉代船舶的桨、橹、碇等属具,都已有完备的配置。

汉代的天文导航技术较之前有了明显的提高,已能熟练地观察星体,特别是利用北斗星和北极星进行定向导航,"夫乘舟而惑者,不知东西,见斗极则寤矣"[6]。这些技术条件造就了汉代"海上丝绸之路"形成的基础,当时的造船和航

图1 广州东汉陶船模图

（资料来源：百度百科数字博物馆）

海技术满足了航船在沿岸或沿海的航行。

2. 三国

三国时期，不仅船大而且开始使用多桅多帆，还掌握了偏风时的驶帆技术。晋代"卢循新造八槽舰九枚，起四层，高十余丈"[7]，八槽舰被学界认为是被水密舱壁分隔为8个舱的船，水密舱壁是中国造船技术的一项重大发明。

3. 隋唐

隋唐的航海技术有了进一步的提高：① 不仅能认识掌握季风的规律，而且在航海中得到成功的应用；② 当时已经能较为精确地测量海岸或海中地形地物的距离和高度；③ 已有初步应用以测量天体高度用作航船定位的导航技术；④ 对海洋的潮汐运动规律认识有了理性上的提高。除了以上新技术的发明和运用，唐代的造船以量多、体型大而闻名。

4. 宋元

宋元时期，船舶技术也已高度完善和发展：

（1）已有了升降舵和多副舵的运用，有了用游碇稳定船身等技术。这一时期，泉州后港渚出土的宋代海船[8]显示了其尖底、吃水深、适于航海的船型，它的多重板船壳结构凸显了造船工艺的先进。同一时期宁波出土的宋船装有"比国外大约要早七百年"[9]的舭龙骨（即减摇龙骨），它对航海的贡献不可低估。

（2）宋元时期的罗盘导航、天文定位以及航迹推算使跨洋航海的宏愿与构想得以实现。指南针是中国古代四大发明之一,指南针水浮法的出现,为指南针在航海中的应用奠定了基础。成书于北宋宣和元年(1119 年)的《萍洲可谈》记载:"舟师识地理,夜则观星,昼则观日,阴晦观指南针。或以十丈绳钩取海底泥嗅之,便知所至。"[10]这是中国利用指南针进行海上导航的最早文字记载,也是对天文导航与地文导航配合的生动描述。

(3)宋元时期已经出现了叙述性的航路指南和航海用图,中国人对海洋季风、潮汐规律的掌握和应用已很成熟,而且针对斜侧风的船舶操帆技术具有了相当高的水准。

以上各种航海和造船技术的进步与成熟,为一个大航海时代到来预备了条件。

5. 明代

明代时,当航船遇到正逆风时,中国航船已经能够熟练地掌握和运用转动船帆和操舵相结合、走"之"字形航线的打戗驶风技术,使航船在风向不利的情况下驶向目标。由茅元仪撰写、成书于明代天启元年(1621 年)的《武备志》,已有"沙船能调戗使斗风"的明确记载[11]。

15 世纪的明初永乐三年(1405 年)开始了历时 28 年的郑和七下西洋的航海壮举,是中国"海上丝绸之路"处于巅峰时期的表征:① 郑和下西洋是当时世界上航行距离最远、航行次数最多、耗时最长、途径停留国家最多的航海活动;② 郑和下西洋船队是当时世界上人数最多、船舶体型最大、船舶种类最齐的船队——15 世纪规模最大的远洋船队,它在当时世界航海史上占据绝对的领先地位;③ 明代的郑和航海图有 20 页航海地图、109 条针路航线和 4 幅过洋牵星图,图中标明了航线所经亚非各国的方位、航道远近、深度以及航行的方向牵星高度,对何处有礁石或浅滩也都一一详细注明,故郑和航海图在世界地图学、地理学史和航海史上占有重要的地位。它的出现和使用足以表明当时在认识海洋和掌握航海术等方面都达到了很高的科学水平,是中国航海技术与实力的具体体现。

6. 清代

清代实行的海禁政策使对外海上贸易受到极大的压制,但远洋贸易并未停止,只是逐步落后于西方。"鸦片战争结束后广东所造的一艘船名叫'耆英号'的特大型红头船载重达 800 吨"[12],是典型的远洋 3 桅商船,1847—1848 年"耆英号"远涉重洋,经纽约到伦敦,轰动英国,"耆英号"被视为中国木帆船航程最远的商船(见图 2)。

三、开创 21 世纪"海上丝绸之路"新时代

中国"海上丝绸之路"自两汉时期形成后,经历了发展、兴旺、昌盛、鼎盛以及衰落、动荡时期,在历史上曾经有过辉煌,也备受落后挨打的痛楚。新中国成立后,经历了 30 年恢复时期的中国又经历了 30 年的奋进,现已成为世界重要的造船国,并跻身于世界造船大国和造船强国的行列。同时,中国的远洋航运得到飞速发展,已成为世界上举足轻重的航运大国之一。这一切,都为开创一个崭新的 21 世纪"海上丝绸之路"创造了条件。

图 2 清代"耆英号"远洋商船

(资料来源:凤凰资讯《"耆英"号:第一艘远航欧美的中国式帆船》)

(一) 开创"海上丝绸之路"新时代

21 世纪的"海上丝绸之路"与古代"海上丝绸之路"有所不同：

1. 在货物和贸易上的变化。① 中国的海外贸易输出货物早已不是以往的丝绸、陶瓷、茶叶、漆器等传统产品了，取而代之的是更多的工业产品和高科技产品；② 中国的海外贸易已经不是以单向出口为主了，而是进出口贸易同时进行；③ 中国商船不仅运输外贸商品，而且还为其他国家运输货物，其商业价值更凸显；④ 大宗货物的运输贸易成为主体。

2. 建立了一支庞大的现代化海洋运输船队。庞大的现代化海洋运输船队的建立，标志着在航海技术上有了质的进步，表现在：① 将全球定位导航系统服务于航海；② 全自动驾驶航船；③ 对先进通讯手段的应用等。

3. 在运输船舶的建造量和建造水平方面有着飞跃性的提高。① 船舶向大型化和自动化发展，如超大型油船达 30 万吨；② 广泛采用专用船舶运输特定货物，如原油船、矿砂船、集装箱船、液化天然气（LNG）船、液化石油（LGC）船、滚装船等；③ 先进科学的船舶设计、船舶建造工艺。

在"海上丝绸之路"经济带的发展中，"海上丝绸之路"在货物运输工具和运输手段方面，已经不仅限于船舶航海了，公路上的汽车、铁轨上的火车和天空中的飞机，甚至远距离铺设的油气管道等，都是运送货物的方式，实现了运输手段的多样化，已经使"海上丝绸之路"的含义发生了巨大的变化，然而，在这些巨变之中，始终不变的是贸易目的。

(二)"走出去"是"丝绸之路"的核心精神

不论"陆上丝绸之路"还是"海上丝绸之路"，其核心精神都是"走出去"三个字。"走出去"，就是打开国门，走向世界，闭关自守、夜郎自大是其反面。"海上丝绸之路"的构建，秉承的是中国传统文化中敞开的胸襟、高远的目光和勇于探索的精神,用新思维、新创建开拓丝路的大宗贸易、外海经济乃至政治格局、外交局面、文化交流等等。因而,开创 21 世纪的"海上丝绸之路"新时代,须学习、继承和发扬光大"丝绸之路"的"走出去"精神,"走出去"是现代"海上丝绸之路"的真谛所在。

21 世纪的"海上丝绸之路"、新时代的"走出去"的内涵丰富,就是要比以往任何时期的丝绸之路走得更远,走得更频繁,走得更有效,走得更畅通。走得更远意味着中国船队可以航遍全球五大洋,到达七大洲的每个角落;走得更频繁是指航行在五大洋的中国船队在航船、航程和航次数量上名列前茅;走得更有效是凸显中国船队运输的运量大、节奏快和效益高;走得更畅通即中国船队在大洋大海中航行应该畅通无阻。

历史上中国人缩于陆地的原因来自两个方面:自我海禁,列强封锁。当这种"禁足"的时代已成为过去时,中国人不影响他人的自由航行,但也绝不允许他人阻碍中国人的正常航行和通过海路与世界各国人民的友好交往。现代"海上丝绸之路"与古代"海上丝绸之路"一样,是中国与世界政治、经济、思想和文化技艺交流的重要通道,是开创 21 世纪"海上丝绸之路"新时代精神的具体体现,是时代赋予今日中国人的使命。在此,必须清醒地看到差距的存在,在不断学习进取的路上,在已经走出了艰难求进阶段后,有理由相信,中国定将出现更多如郑和航海船队般的大型航海船队,在新时代的"海上丝绸之路"上乘风破浪。

参考文献

[1] 班固. 汉书. 地理志[M]. 北京:中华书局,1962:1671.

[2] 孙光圻. 中国古代航海史[M]. 北京:海洋出版社,1989:165.

[3] 司马迁. 史记[M]//二十五史. 上海:上海古籍出版社,1986:180.

[4] 席龙飞. 中国造船史[M]. 武汉:湖北教育出版社,2000.

[5] 广州市文物管理委员会. 广州市东郊东汉砖室墓清理纪略[J]. 文物参考资料,1955(6):61—276.

[6] 刘安. 人间训[M]//刘安. 淮南子. 陈广忠,译注. 北京:中华书局,2012.

［7］欧阳洵.舟船部［M］//欧阳洵.艺文类聚:第71.上海:上海古籍出版社,1982:1234.

［8］席龙飞,何国卫.对泉州湾出土的宋代海船及其复原尺度的探讨［J］.中国造船,1979(2):107—117.

［9］席龙飞,何国卫.对宁波古船的研究［J］.武汉水运工程学院学报,1981(2):29:23—32.

［10］朱彧.萍洲可谈［M］//王云五.丛书集成初编:卷2.上海:商务印书馆,1939:18.

［11］郑若曾.沙船图说［M］//郑若曾.筹海图编:卷13(上).北京:中华书局出版,2007:880.

［12］广东省地方史志编纂委员会.广东省志.船舶工业志［M］.广州:广东人民出版社,2000:29.

原文刊于《南海学刊》2015年9月第1卷第3期,第8—13页。